남조국(南詔國)의 세계와 사람들

- 8~9세기 동아시아의 서남 변방

이 저서는 2010년 정부(교육부)의 재원으로 한국연구재단의 지원을 받아 수행된 연구임
(NRF-2010-812-A00019)
(과제명: 南詔王國의 疆域과 境界 - 고대 동아시아 세계의 '國'에 관한 일고찰)

남조국(南詔國)의 세계와 사람들
- 8~9세기 동아시아의 서남 변방

초판 1쇄 발행 2015년 4월 30일
초판 2쇄 발행 2016년 9월 10일

저　자 | 정　면
발행인 | 윤관백
발행처 | 도서출판선인

영　업 | 이주하
등　록 | 제5-77호(1998.11.4)
주　소 | 서울시 마포구 마포동 324-1 곳마루 B/D 1층
전　화 | 02)718-6252/6257
팩　스 | 02)718-6253
E-mail | sunin72@chol.com

정가 28,000원
ISBN 978-89-5933-886-3 93910

남조국(南詔國)의 세계와 사람들

8~9세기 동아시아의 서남 변방

정 면 지음

머리말

이 책은 2010년 한국연구재단에서 인문 사회 분야 저술 출판 지원 사업의 지원을 받아 수행한 연구 과제 "남조왕국의 강역과 경계: 고대 동아시아 세계의 '국'에 관한 일고찰"의 결과물이다.

필자가 '운남'의 역사에 처음 관심을 갖게 된 것은 대학원 박사 과정 세 번째 학기였던 1998년 2학기 수업에서였다. 김한규 선생님께서 제시하신 세미나의 주제는 '비중국적 중국 지역사'였다. 현재 중화인민공화국 영토 안에 속하지만, 역사상 '중국'이 아니었던 지역을 선택하여 한 학기 동안 다루는 것이었다. 그때 필자가 덜컥 고른 곳이 운남이었다. 어릴 때부터 흠모하던 제갈량 때문이었는지, 좋은 추억을 지니고 있던 사천성과 가까운 곳이어서 그랬는지, 그도 아니면 '구름의 남쪽'이라는 다소 낭만적인 이름 탓이었는지도 모르겠다. 그리고 나서 『신당서』「외이전」강독 수업에서는 '남만전'의 역주를 도맡으며 운남의 역사와 더욱 가까워졌다. 그렇게 시작된 인연은 지금까지 이어지고 있다.

2000년 6월 27일 저녁, 달리는 침대버스에 누워 평지에 우뚝 솟은 봉우리들 사이로 지나가는 붉은 노을을 바라보고 있었다. 구이린에서 난닝으로 가는 길이었다. 베이징에서 청두, 구이양을 거쳐 양수어까지 일주일의 여행길을 동행한 벗을 상하이로 보내고 돌아선 참이었다. 이렇게 한 달여의 운남 여행이 시작되었다. 난닝에서 쿤밍으로, 추슝과 야오안, 따야오, 웨이산, 따리까지 운남사의 복심 지역에서 마주친 허름한 전통 복장의 여인들과 인민복 차림의 남정네들은 '중화인민공화국'의 일부가 되어 버린 운남을 대변하는 것 같았다. 그러나 북쪽으로 굽이굽이 아뜩한 산길이 이어지고 설산과 빙천을 마주하는 리쟝, 쭝디엔(샹거리라), 데첸에 이르는 길은 작은 티베트와의 만남이었다. 다시 서쪽으로 바오산과 텅충을 거쳐 루이리로 가는 길에 만난 낯선 탑들과 사원, 그리고 봉우(封牛)의 행렬은 또 다른 세계였다. 남쪽 십송판나 징홍에서 마주한 란창은 어느

새 메콩으로 변해 있었고, 걸어서 만난 다이주 마을의 하룻밤은 "'중국'이 아닌 중국 지역"의 체험이었다. 그렇게 운남과 가까워졌다.

이 연구의 기획은 박사 학위 논문인 "고대 운남 '서찬국' 연구"의 연장선상에 있었다(학위 논문은 일찍이 출판의 기회가 주어졌으나, 필자의 게으름으로 아직 빛을 보지 못하고 있다. 배려해 주신 선생님들께 죄송할 따름이다). 남조국이 서찬국을 이어 운남을 장악한 국가이기도 하지만, 그 시간적 선후 관계보다는 두 '국'의 성격과 차이에 대한 의문 때문이었다. 사실 '서찬국'은 학회 발표에서 '국'으로 인정받기 어려웠다. 심지어 어느 발표에서는 사전에 지정 토론자로부터 '국'을 빼고 '세력' 정도로 바꾸어 발표를 진행하면 안 되겠느냐는 어색한 제안을 받기도 했다. 학회의 어른들이 불편해한다는 이유였다. 고대 동아시아 세계에서 '국'의 자격을 부여하는 기준은 무엇이었을까? 이번 연구 과제 부제에 '국'을 넣은 이유도 이 때문이었다. 그리고 '강역'과 '경계'라는 다소 고루해 보이는 주제는 당시 참여하고 있던 "동북아 역사지도 편찬 사업"의 영향 때문이었다. 이 지도 편찬의 주제가 영역과 경계였던 것이다. 그러나 내심 기대했던 연구 내용은 교통로 위에 점으로 구현되는 경계들과 층층이 중첩되는 강역의 모습을 드러내는 것이었다. 남조국과 주변 국가들 사이, 특히 당 제국과의 사이에 중첩되는 경계들과 그 사이에 존재한 수많은 정치체(국)를 드러내고, 그 성격을 묻는 작업이었다. 지난 5년이라는 시간은 그리 길지 않았고, 당초의 목표에 많이 미치지 못하였음에도 이렇게 내어 놓는 것이 그저 부끄러울 따름이다.

느리게나마 이 길을 계속 가는 데는 많은 분들의 도움이 있었다. 우선 학부 때부터 지금까지 지도해 주신 김한규 선생님을 만난 것은 필자에게 더할 나위 없는 행운이다. 선생님의 대학원 세미나는 늘 엄격하고 빡빡한 일정으로 진행되었지만, 자유로우면서 치열했던 토론 과정은 지금도 향수를 자아낸다. 학기 말이면 늘 당

시 부암동 선생님 자택에서 기말보고서 발표회를 가졌다. 저녁 시간에는 작은 마당에서 마른 나무 가지로 불을 피워 고기를 굽고 잔을 돌리며 이야기꽃을 피웠다. 힘들었던 서로의 한 학기를 위로하던 소박한 만찬은 이제 돌아갈 수 없는 추억이 되었다.

조병한 선생님, 이종욱 선생님, 고 정두희 선생님, 윤병남 선생님께도 감사의 인사를 전하고 싶다. 대학원에서 필자의 공부에 기초를 놓아 주신 분들이다. 너무나 일찍 세상을 등지신 고 정두희 선생님에 대한 마음은 더 특별할 수밖에 없다. 서강대학교에서 인문과학연구원 조교부터 국제지역문화원 연구교수까지 일을 맡았던 데는 모두 선생님의 배려가 있었고, 처음 뵈었을 때부터 마지막 가실 때까지 늘 과분할 정도로 따뜻하게 대해 주셨다. 마지막으로 찾아뵌 병상에서 오히려 위로의 말을 건네며 힘겹게 지어 주셨던 옅은 미소를 잊을 수가 없다.

또한 짧지 않았던 한양대학교 비교역사문화연구소(RICH)에서의 시간도 이 책을 만드는 데 일조하였다. 이제는 서강대학교로 자리를 옮기신 전 소장 임지현 선생님을 비롯하여, 윤해동 선생님과 김상현 선생님, 그리고 목요세미나 자리를 통해 많은 조언을 주셨던 여러 선생님께 감사의 말씀을 전한다. 이 책에 트랜스내셔널 히스토리와 변경 연구의 문제의식이 조금이라도 스며 있다면, 모두 이분들 덕택이다. 아울러 언제나 따뜻한 마음으로 필자를 깨우치고 관심을 표해 주시는 박환무 선생님에 대한 감사의 마음도 여기에 적어 두고 싶다.

현재 몸담고 있는 서강대학교 디지털역사연구소의 소장이신 윤병남 선생님께도 재차 감사의 마음을 밝힌다. 석사 논문과 박사 논문의 심사를 맡아주셨고, 이후에도 줄곧 마음을 많이 써 주셨다. 아울러 동북아 역사지도 편찬실 식구들에게도 고마움을 표하고 싶다. 특히 김유철 선생님은 '중국정사 외국전 역주 사업'과 '동북아 역사지도 편찬 사업'에 참여하도록 이끌어 주셨는데, 이 과정은 이 책을 구성하는 데 일정한 역할을 하였다. 더하여 지도 제작에 많은 도움을 준 김현종 선생에 대한 감사 또한 여기에 적어 둔다.

서강대학교 대학원에서 시간을 함께 보낸 선후배 동학들에게도 감사의 마음을 표하고자 한다. 특히 1998년 2학기 수업 당시 아무 대책 없이 '운남'을 택한 후배에게 '남조문화론(南詔文化論)'을 비롯한 운남사 관련 책 몇 권을 선뜻 내준 김석우 형에게 감사를 전한다. 이 책에서 가장 기본적인 사료로 사용한 『만서』 또한 북경에 있던 형이 직접 구해 보내 준 것이다. 이제는 멀리 미국 대학에서 학생들을 가르치는 김광민은 첫 운남 여행의 전야를 함께 해 주었을 뿐 아니라, 여전히 필자의 공부에 관심과 도움을 주고 있다. 그리고 박사 과정 세미나를 함께 했던 장재진, 홍승현, 황지영, 허지은, 이성제, 정선용, 김영두 등의 선후배 동학들에게도 마음을 전한다.

촉박한 일정에도 불구하고 꼴을 갖춘 책을 만들기 위해 애써 주신 도서출판 선인의 윤관백 사장님과 박애리 실장님께 감사의 말씀을 전한다.

마지막으로 오랫동안 아들을 위해 뒤에서 기도해 주시고 희생해 주신 부모님께 이 책을 통해 작게나마 감사와 위로의 마음을 전한다. 아울러 이제는 병석에 계신 장인어른, 간병으로 힘든 와중에도 늘 따뜻하게 사위를 대해 주시는 장모님께도 이 자리를 빌려 작은 감사와 사랑의 마음을 전하고 싶다. 그리고 아빠는 늘 바쁜 사람으로만 알고 자라 온 병우와 민우, 이 모든 것을 감내하고 곁을 지켜주는 아내 용인에게 말로 다 못하는 마음을 여기에 남겨 둔다.

2015년 4월 정면

목 차

도론

남조국은
고대 동아시아 세계의 국가였는가?

도론

남조국은
고대 동아시아 세계의 국가였는가?

이 연구의 대상은 본디의 과제 제목과 같이, 대략 7세기 중반부터 10세기 초까지 운남 지역을 중심으로 존속했던 남조국의 강역(疆域)과[1] 경계이다. 남조국 또한 역사적 존재였던 만큼, 국가의 성쇠에 따라 그리고 시간의 변화에 따라 강역과 경계가 끊임없이 변화하였다. 그러나 이런 변화를 추적하는 것이 주된 목적은 아니다. 그보다는 강역과 경계가 구성되는 방식에 더 많은 관심을 두고자 한다. 즉 남조국이 세력을 확대해 가면서 외교적으로 혹은 전쟁을 통해서 포섭한 정치체(인간 집단)들을 어떻게 배치하였는가, 그리고 이 과정에서 남조국의 세력권 내에 편입된 정치체들이 어떠한 모양으로 존속했는가를 입체적으로 살펴보고자 하는 것이다. 이는 현재 '국사(National History)' 체제 속에서 이차원적으로 단순하게 그려지는 강역과 경계에 대한 비판이기도 하다.

남조국의 형성 과정과 그 강역을 구성했던 정치체들을 본격적으로 추적하기에 앞서, 이 연구의 학술사적 배경과 이 연구가 지닌 관점들에 관

---

1) '강역'은 전근대 시기에 많이 쓰이던 용어로, 오늘날의 '영토'와는 구별되는 말이다. 葛劍雄은 강역에 대하여 기본적으로는 현대의 영토와 같지만, 역사 조건이 같지 않기 때문에 그 구체적 함의 또한 완전히 같을 수는 없다고 하였다. 아울러 강역은 일개 국가 혹은 정치체의 경계가 도달한 범위이고, (현재의) 영토는 일국의 주권이 미치는 구역으로 규정하였다. 그리고 양자의 가장 큰 차이를 영토가 명확한 주권에 근거하는 것에 비하여, 강역이 가리키는 경계는 반드시 완전한 주권에 귀속되는 것은 아니라는 데에서 찾았다(葛劍雄, 1997, p.7).

하여 설명해 두고자 한다. 우선, 남조국에 대한 기존 학설사를 소개할 것이다. 현재 중화인민공화국은 남조국과 대리국(大理國)을 비롯한 '운남'의 역사를 자국사의 일부로 주장하고 있다. 그러나 중화인민공화국 혹은 중화민국만이 남조국과 대리국의 역사를 자국사에 귀속시키려 했던 것은 아니다. 얼마 전 고구려사를 비롯한 요동사의 귀속 문제가 한국과 중국 사이에서 논쟁이 되었던 것과 마찬가지로, 남조국 및 대리국의 역사적 귀속 문제도 오랫동안 중국사와 태국사 사이에서 다툼의 대상이 되었다. 이 논쟁을 비롯하여 '운남사'에 관한 기존 연구의 시각들을 소개할 것이다.

둘째로, '동아시아 세계론'과 본 연구의 관계에 대해 언급해 두고자 한다. '남조국은 고대 동아시아 세계의 국가였는가?'라는 물음은 반드시 추궁해야 할 문제이다. 남조국이 중국 국가를 중심으로 한 고대 동아시아 세계 질서에 참여한 것은 사실이지만, 그것이 전부는 아니기 때문이다. '동아시아'를 하나의 역사 서술 범주로 삼는 방법론은 유럽 중심주의와 민족주의적(일국사적) 역사 서술의 함정을 피하는 좋은 도구가 될 터이지만, '동아시아 세계론'이 필연적으로 내포하게 되는 또 다른 중심주의에 빠질 위험이 있다. 게다가 남조국은 당시 당 제국과 토번이 주도한 동아시아 세계 뿐 아니라, 힌두화된 동남아시아 세계와도 접해 있었다. 따라서 '동아시아 세계(론)'와 남조국 사이의 관계는 끊임없이 의심되어야 하고, 노출되어야 한다.

셋째, 이 연구는 교통로에 많은 관심을 두고 있다. 우선, 교통로의 노선과 그 형성 과정, 그리고 그 변화를 추적하는 것이 정치체들 사이의 관계를 이해하는 데 도움이 되리라 생각하기 때문이다. 교통로의 개척은 그것이 연결하는 인간 집단 사이의 상호 인식과 교류의 필요성을 의미하는 것이고, 교통로의 존속과 쇠락은 그들의 성쇠와 그 관계의 제양태를 반영한다. 또 교통로는 경계의 파악에도 중요한 역할을 할 수 있다. 경계선에 대한 인식은 모호하더라도, 교통로에서 특정 지점에 대한 귀속 여부는 비교적 명확하게 기록된 경우가 많기 때문이다. 그리고 이들 교통로와 함께 운남 지역의 독특한 지형 또한 강조되어야 한다. 크고 작은 분지들이 산지와 하수에 의해 격절된 운남의 독특한 지형은 다양한 정치체의 형성과 존속 양태에 적지 않은 영향을 끼쳤을 것이기 때문이다.

앞으로 이상 세 가지 문제에 대해 보다 자세히 살펴볼 것이며, 그 과정에서 이 연구의 관점을 강조할 것이다. 그리고 이에 더하여 본문에서 서술할 내용을 아래에 소개하는 것으로 도론을 대신하고자 한다.

1. '남조국'과 '운남(雲南)'의 역사: 왜 남조국 시기인가?

남조국은 대략 7세기 중반에 등장하여 10세기 초 역성혁명에 의해 교체될 때까지 운남 지역을 중심으로 존속하였다. '운남'은 현재 중화인민공화국의 최상급 지방 행정 구역 이름이지만, 그 지역의 역사를 대변하는 명칭 중의 하나이기에 당연히 역사적 산물이다.[2] 이 연구는 '운남' 혹은 '전 (滇)'이라 불리는 역사적 범주의 일부를 구성하는 '남조국의 역사'에 관심이 있다. 우선 남조국의 역사에 대한 기존의 연구 동향을 간단히 정리할 것이다. 그리고 왜 '운남'사에서 남조국 시기가 문제인지, 또 남조국의 '강역'과 '경계'가 지니는 문제점에 대해서도 살펴보고자 한다.

지금의 윈난성은 다양한 족군(族群, ethnic group)이 거주하는 공간이다. 윈난성의 인구 구성을 살펴보면 다음과 같다. 현재 중화인민공화국의 윈난성에는 2011년 기준으로 총 4,631만 명의 인구 가운데 33.37 퍼센트에 해당하는 1,545만여 명의 '소수민족'이 거주하고 있다.[3] 중화

---

2) 이 글에서는 '운남'과 '윈난'을 구분하여 사용하고자 한다. 즉, 전근대 시기 역사적 범주를 지칭할 때는 '운남'으로, 현재의 행정 구역을 지칭할 때는 '윈난'으로 표기할 것이다.

인민공화국 정부는 1949년 이래 수차에 걸친 인구 조사와 '민족 식별(民族識別;Ethnic Classification Project)' 작업을 통해 공식적으로 '소수민족'을 구분하였다. 현재 윈난성에는 인구 5,000명 이상의 '세거 소수민족(世居少數民族)'이 25종에 달하며, 7,404명의 '미식별' 민족이 거주하고 있다.[4] 이러한 인구 구성은 윈난성을 비롯하여 윈구이[雲貴] 고원, 그리고 쓰촨[四川]성 남부 등 이 이야기의 무대가 되는 지역의 복잡한 자연환경을 그대로 닮아 있다.

현재 윈난성은 전체 4,061킬로미터의 국경선을 미얀마(1,997킬로미터), 라오스(701킬로미터), 베트남(1,353킬로미터)과 맞대고 있다. 이 국경 지대(Border zone)에는 수많은 '족군(ethnic group)'이 '국경을 가로질러' 살고 있다.[5] 물론 이 국경은 이들 '족군'의 입장과는 무관하게 만들어졌다. 그리고 이들에게는 서로 다른 국적과 '민족' 명칭이 부여되었다. 중화인민공화국 안에서 지방 행정 단위인 윈난성의 행정 경계도 비슷한 역할을 한다. 따라서 국경 안에 있든 밖에 있든 '윈난성'에 적을 두지 않은 '소수민족'은 윈난성의 시민이 될 수 없다. 그러나 '운남' 혹은 '전(滇)'이라는 용어를 사용할 때는 상황이 달라진다. 이들 용어는 역사적으로 오랫동안 사용되어 온 이름이고, 그 역사적 경험들이 용어에 그대로 축적되어 있기 때문이다. 그래서 '운남사'나 '전사(滇史)'는 현재의 경계 밖에 있는 사람들을 포섭하기도 한다. 물론 그 반대의 역할을 하기도 한다.

이러한 역사적 '운남' 혹은 '운남'의 역사적 범주는 어떻게 설정해야 하는가? 그리고 그 역사는 어디로 귀속되어야 하는가? 이 문제와 관련하

---

3) 이 통계는 雲南省人民政府門戶網站의 '雲南槪況' '省情槪貌' '人口及民族' 페이지의 기록에 의거한 것이다(http://www.yn.gov.cn/yn_yngk/yn_sqgm/201111/t20111107_1896.html: 2013년 8월 27일 검색). 참고로 2008년 기준의 통계에 따르면, 총 4,543만 명의 인구 중 35퍼센트에 해당하는 1,590만 명의 '소수민족'이 거주하고 있었다.

4) 현재 중화인민공화국의 '미식별 소수민족'은 약 73만 명에 달하며, '서남지구'에 그 98.3퍼센트인 72만 2,011명이 거주하고 있다고 한다. 그중의 대부분인 71만 486명이 구이저우성에 살고 있다고 한다(http://baike.baidu.com/view/1547635.htm: 2013년 8월 27일 검색).

5) 金春子, 王建民(1994), pp.192-349.

여 중국의 역사학계 혹은 운남사 학계는 격렬한 투쟁의 경험을 가지고 있다. '운남'의 고대사를 두고 태국의 '국사'와 중국의 '국사'가 충돌했기 때문이다. 인도차이나 반도를 식민지화한 영국과 프랑스에 속한 '동양학자(Orientalist)'들이 운남 고대사를 태국사로 귀속시키는 주장을 한 탓이다. 즉 남조국(南詔國)과 대리국(大理國)의 역사를 태국사의 시작과 연결시키고, '타이(Thai) 족 역사'의 일부로 귀속시켰다. 따라서 남조국 왕족의 족속(族屬) 문제가 논쟁의 핵심이 되었다. 19세기 말 이후 20세기까지 서구 세계와 동남아시아에서 "대태족설(大傣族說)"과 "남조태족왕국설(南詔傣族王國說)"이 유행하였다.[6] 이러한 견해를 처음 제기한 것은 떼리 드 르꾸뻬리[Terrie de Lecouperie]이지만, 이 아이디어를 발전시킨 것은 영국인 외교관이자 학자였던 파커[E. H. Parker]였다. 1893년 그의 논문이[7] 발표된 뒤, 많은 학자가 그 논지를 답습하였다. 이미 다른 글에서 인용한 바 있지만,[8] 이 설의 요지는 다음과 같다. ① 태국의 주체 민족인 타이 족(Thai; 泰族), 미얀마 경내의 샨 족(Shan; 撣族), 중국 경내의 다이 족(Dai; 傣族)은 본디 동족이다. ② 이 민족은 본래 중원 및 장강 유역에 거주하다가, 한족(漢族)의 압박을 받아 운남으로 이주하여 독립 왕국을 세웠는데, 그것이 남조국과 이를 이은 대리국이다. ③ 13세기 몽골의 쿠빌라이가 공격하여 대리국이 멸망하자, 이들은 다시 운남과 미얀마 및 태국의 연변 지역으로 이동하고, 또 대량으로 섬라(Siam; 暹羅) 지역으로 이동하여 섬라국을 이루는 주체 민족이 되었다.

이 학설은 별다른 검증 없이 1960~70년대까지도 태국, 서구 세계와 동남아시아 역사학계에 널리 받아들여졌다.[9] 특히 태국에서는 13세기 이전

---

6) 이의 내용과 관련하여서는 다음의 논문들 참조. 凌純聲(1938), 方國瑜(1936), 方國瑜(1939), 羅香林(1941), 聞宥(1941), 羅常培(1944), 許雲樵(1947), Modern Carthew(1952).

7) E. H. Parker(1893).

8) 정면(2010a), pp.247-248 주1).

9) 이 설은 1970년대까지도 중국을 제외한 세계의 모든 학계에서 거의 정설로서 받아들여졌다. 이를테면, 소련 과학원의 경우 1957년 출판된 『世界通史』에서 "南詔"와 "大理"를 "500년 간 존재한" "이 국가"라고 지칭하며,

의 고대사를 설명할 수 있는 유일한 논설로 확신되었다. 중국의 역사학자들이 민국(民國) 시기부터 '남조국'과 그 족원 문제에 크게 집착한 것은 어쩌면 당연한 일이었다. 근대 국민국가 건설을 위해 분투하던 중국 역사학계에서는 이 논설에 반박하는 연구들을 줄기차게 내놓았다.[10] 그 결과 남조국의 왕족은 다이 족[傣族]이 아니라 바이 족[白族]이나 이 족[彝族]의 선민(先民)이었으며,[11] 또 남조국은 바이 족과 이 족의 선민이 연합하여 세운 국가라는 설이 중국 학계에서 다수의 지지를 얻었다. 그리고 13세기에 다이 족의 대규모 남천 또한 존재하지 않았음을 논증함으로써, "대태족설·남조태족왕국설"의 가장 중요한 논리적 고리 가운데 하나를 약화시키기도 하였다.[12] 이러한 중국 학계의 연구 성과와 그 주장은 1980년대를 고비로 다른 나라 학계에서도 수용되기 시작하였다.[13] 그뿐만 아니라, 태국 내에서도 이미 또 다른 이유로 '남조태족왕국설'을 부정하는 연구가 축적되기 시작하였다.[14]

운남을 "인도차이나" 지역 범위 안에 포함시키기도 하였다(方國瑜·繆鸞和, 1975, p.45). 이설의 계보와 중국학계의 대응에 관하여는 賀聖達의 논문이 상세하게 다루었다(賀聖達, 1990). Modern Carthew(1952)는 이 설에 기반하고, 명청대에 생산된 운남 지역 자료들에 근거하여, 기원전 2205년부터 기원후 1253년 대리국의 멸망까지의 역사를 다루었다. 어쨌거나 19세기 말 서양의 이른바 東洋學者(Orientalist)에 의하여 계발된 "南詔傣族王國說"은 중국학자들에 의한 南詔國 연구를 촉발시켰으며, 특히 그 族源 問題에 관한 연구가 진척되도록 하는 데 기여하였다. 그리고 이러한 성과들은 이후 중국학계에서 운남사의 체계가 세워지는 데 중요한 발판이 되었다. 한편 "大族說"·"南詔彝族王國說"의 그림자는 여전히 짙게 남아 있다. 1990년에 개정판을 낸 East Asia에도 이러한 입장은 사라지지 않고 나타난다. "고고학에서는 몽고 인종이 동아시아의 북부와 중부로부터 남방과 외곽으로 뻗어나 앞바다의 섬들까지 확산되었음을 시사하고 있다. 약 7세기 전에 타이족이 서남 중국에서 타일랜드에 있는 지금의 본거지로 옮겨 간 것도 이와 같은 대이동의 일부였다"(김한규 등 역, 1993: p.7).

10) 다음은 모두 남조태족설을 비판하는 연구들이다. 方國瑜(1936), 方國瑜(1939), 許雲樵(1947), 劉堯漢(1954), 陳碧笙(1956), 劉運東(1956), 江應樑(1959), 方岳 王方(1961), 劉堯漢(1962), 黃惠焜(1976), 杜玉亭 陳呂范(1978), 肖秋 黃德榮(1978), 楊永新 趙寅松(1984), 胡紹貨(1985), [越]武文戎 范宏貴(1985), 賀聖達(1990), [泰]威奈朋希迪(1991), 單文(1991), 張錫祿(1990), 韓軍(1994).

11) 南詔 왕실이 彝族의 先民인가 白族의 先民이었는가에 관한 논쟁은 지속되고 있으나, 왕실은 이주[이족]의 선민, 왕실을 제외한 대부분의 지배 집단은 바이주[백족]의 선민이었다는 설이 지지를 넓혀 가고 있다.

12) 杜玉亭 陳呂范(1978), pp.57-65.

13) 白鳥芳郎(1985), pp.24-25)에 따르면, 이러한 연구 성과가 중국학계에 의해서만 이루어진 것은 아니다. 사실 "南詔傣族王國說"은 이미 1904년 프랑스 국적의 오리엔탈리스트 Paul Pelliot에 의하여 의문이 제기된 바 있다(P. Pelliot, 1904, p.165). 그리고 "南詔彝(羅羅)族國說"은 1929년 R. Grousset가 南詔는 Lolo(羅羅)族의 왕국이라는 Maspero의 설을 소개하면서 처음 제기되었다(R. Grousset, Histoire de l'Extrême-Orient, Paris, 1929). 그리고 이후 현지조사들을 통해 연구가 진척되면서 이 설도 1950년대 초에 이미 유력한 설의 하나로 자리 잡았다.

중국 학계의 운남사 연구 그리고 남조국사 연구는 처음부터 근대적 '국사'의 일부를 구성하는 데 기여하였고, 1980년대 이후에는 두 가지 경향에 의해 연구가 추동되었다. 하나는 '민족 관계사(民族關係史)'의 유행이고, 다른 하나는 '구역 문화사(區域文化史)'로 표현되는 지방사의 유행이다. 민족 관계사는 이른바 '중국사 범주' 논쟁을 거쳐 확립된 중화인민공화국 정부의 공식 입장을 대변하는 사관과 이에 근거한 역사 서술 경향을 지칭한다.[15] 간단하게 말하면, 중국은 유사 이래 '통일적 다민족 국가(統一的多民族國家)'라는 '중국사'의 관점에서 중화인민공화국 경내 각 민족 사이의 역사를 서술하는 것이다. 공식적으로 25개 소수민족이 거주하는 '원난성'의 역사 또한 필연적으로 '민족 관계사'의 서술 대상이 되었다.[16] 1949년 중화인민공화국 성립 이후 시작된 민족 식별 작업은 1953년에 최초의 인구조사와 '민족 식별 조사단' 파견을 통해 어느 정도 성과가 축적되었지만, 1956년에 보다 구체적이고 총체적 정보 수집을 목적으로 하

14) 군부독재에 저항하던 운동그룹은 타이민족의 그랜드 히스토리보다는 각 지역의 로컬 히스토리에 주목하였고, 그 결과 타이족 이동설에 대한 의문을 제기하기 시작하였다(Liang Yongjia, 2010, pp.8-10).

15) 金翰奎는 新中國이 건설된 뒤부터 1990년까지 중국의 民族關係史學界에서 축적된 주요한 연구 성과들을 '역사상 중국의 범주'에 관한 논쟁을 중심으로 정리하면서, "비록 대다수와 극소수의 다툼이었지만, 이 논쟁은 '현재의 중국 강역으로 역사상 중국의 범주를 획정해야 한다'와 '역대 왕조의 강역을 역사상 중국의 범주로 삼아야 한다'는 상반된, 그러나 대등한 가치를 갖는 두 가지의 命題를 중심으로 전개되었다"라고 하였다. 그리고 김한규는 이 논고에서 이 두 가지 견해 모두 한계를 갖는다고 지적하였다(金翰奎, 1992, pp.1-34).

16) 新中國 성립 이후의 雲南史(雲南民族史)에 관한 연구들은 '中國은 有史이래 統一的 多民族國家'라는 '중국사'의 관점에서 서술되었다. 운남사에 관한 연구들을 살펴보면, 우선 이른바 '社會歷史調査'라는 현지 조사에 이은 '民族識別' 작업을 통해 '소수민족'의 종류를 확정하였다. 이 작업은 1950년대에 집중적으로 이루어졌는데, 처음에는 '名從主人'의 원칙 아래 각 소수민족들이 스스로 중앙에 스스로의 이름을 보고하게 하였다. 이에 의하여 1954년 전국적으로 400여 개 雲南省에서만 260여 개의 少數民族 族體가 그 칭호를 보고하였다(王建民 等, 1998: p.107). 그러나 운남성의 260여 개의 족칭은 이른바 '민족 식별' 작업을 통해 추려지고(林耀華, 1984:pp.3-4), 결과적으로 현재 중화인민공화국 정부에서 인정하는 운남성 내 소수민족의 수는 25개로 확정되었다. 따라서 운남의 민족 관계사는 이들 25개 소수민족과 각종 역사 문헌들에 등장하는 만이들과의 계통 관계를 확인하는 것으로 시작한다. 이른바 현존하는 것으로 公認된 소수민족의 '源과 流'를 밝혀 그 소수민족의 개별사를 서술하는 것이다. 그리고 그 서술 내용은 그 소수민족 자체의 사회·경제·정치사적 전개 뿐 아니라 '中華民族大家庭'의 구성원으로서 다른 구성원과의 관계 특히 중원과의 관계를 주요하게 다루었다. 그 서술 과정에서 '중화민족대가정'의 화목을 해치는 민족차별과 '大漢族主義'를 드러내는 것은 늘 경계의 대상이 되었다. 따라서 중국 '운남사학계'가 생산한 연구 성과의 주종을 이룬 것은 각 소수민족의 族源 문제와 각 시기 소수민족 즉 만이들에 의해 성립한 정치체들과 중원 국가들과의 각종 교류와 관계를 다룬 것들이었다. 흥미로운 점은 21세기 들어, 이 '민족 관계사'로부터 '변강사'로의 전환이 시도되고 있다는 것이다. 이러한 입장은 민족간의 '평등'보다는 중앙 왕조의 정책을 강조하고, '화이관(華夷觀)'보다는 '夷狄觀'을 중시해야 한다고 주장한다(方鐵, 2013).

는 '소수민족 사회 역사 조사 사업'으로 이어졌다. 그리고 이 사업의 성과 중 하나로 제출된 것이 '각족사(各族史)' 혹은 '각족간사(各族簡史)'의 출간이었다.[17] 당연히 남조국의 역사는 '바이주[백족(白族)]사', '이주[이족(彝族)]사', '운남(간)사' 혹은 '운남 민족사' 등의 한 대목을 구성하게 되었다. 이 과정에서 '남조국 왕족'의 족속 문제는 꾸준히 논쟁의 대상이 되었다.

'구역 문화사'는 일종의 지방(지역)사이다. 1980년대 말 이후 각 지역사와 지역 문화사에 관한 연구들이 축적되면서, 1990년대에는 각 지역의 고고 발굴부터 각종 지방 사료와 문화사 등을 정리한 전집들의 출판이 유행을 이루었다. 그리고 1990년대 말부터는 '구역역사지리(區域歷史地理)'로 발전하게 된다. 이는 『중국역사지도집』으로 대표되는 중국 역사지리학계의 성과와 축적, 그리고 발전을 반영하는 것이기도 하다.[18] '전(滇)' 즉 운남은 서남(西南) 지구의 한 문화 구역으로 규정되었다. 그리고 내부의 정치적, 경제적, 문화적 중심지에 따라 다시 작은 구역으로 세분되었다. 이를테면, 독특한 청동기를 자랑하는 '전국'의 역사를 간직한 쿤밍 지역의 역사는 '전문화(滇文化)'로 규정되었고, 서찬국(西爨國)의 중심지였던 취징(曲靖) 지역의 역사는 '찬문화(爨文化)'로 규정되었다. 그리고 디엔시(滇西) 지역의 중심지인 따리(大理) 지역에 근거를 두었던 '남조국'은 따리 · 얼하이 구역 문화사의 대표적 요소로 재구성되었다.[19] 남조 · 대리 문화는 필연적으로 '바이주[백족(白族)]'의 문화 및 역사와 연결되었다.[20]

---

17) 정면(2012), pp.24-25.
18) 역사자연지리를 비롯하여, 역사산업지리, 도시역사지리, 역사인구지리, 역사교통지리, 역사문화지리 등의 역사인문지리로 나뉘어 발전해온 역사지리학이 80년대 말 90년대 초에 이르러 '구역'을 단위로 종합적 연구의 필요성이 제기되고, 이후 '구역'을 획분한 종합적 연구와 저술이 이루어지게 되었다. 즉 구역역사지리의 등장은 즉 『중국역사지도집』의 출간 등 기간 역량을 축적한 중국 역사지리학계의 발전의 결과였다. 이에 관하여는 다음의 연구 참조. 李孝聰(2004), pp.1-9, 79-148; 陳橋驛 鄒逸麟 張修桂 葛劍雄(1994), pp.701-709; 侯甬堅(1994); 魯西奇(1996), pp.81-86; 魯西奇(2000), pp.222-228; 鄧輝(2001), pp.117-123; 葛金勝 何凡能 鄭景雲 滿志敏 方修琦(2005), pp.6-15; 徐國利(2007), pp.121-128; 侯甬堅(2009), pp.5-23; 吳松弟(2012), pp.5-13.
19) 李孝聰(2004), pp.86-89.
20) 2008년에 바이주[백족] 연구 100년을 기념하는 논문 선집이 출간되었는데, 남조국사에 관한 연구는 당연하게도 바이 족 및 대리국과 함께 상당한 비율을 점하고 있었다(趙寅松 主編, 2008).

'운남'과 '남조국'의 역사를 '국사'의 일부로 사수하기 위해 분투한 '운남 민족 관계사' 학자들 덕분에, 중국 학계의 운남사 연구는 상당한 양의 성과와 자료를 축적하였다.[21] 이는 남조국에 관한 연구도 마찬가지였다. 20세기 초·중반 남조국 왕족의 족원 문제와 남조국 역사의 귀속 문제를 다룬 논문부터 오늘날 바이주 관련 각종 논문들에 이르기까지 다양한 방면에서, 일일이 살펴보기 어려울 정도로 많은 연구가 제출되어 있다. 그럼에도 남조국의 역사만을 다룬 저서는 비교적 많지 않았다.[22] 남조국의 역사는 대개의 경우 여전히 '운남 민족사' 혹은 '바이주[백족]사'와 '이주[이족(彝族)]사', 그리고 '따리 문화사' 안에서 다루어지고 있다. 주제와 관심의 다양화에도 불구하고, 흔들림 없이 견지되는 것은 '중국사(민족 관계사)' 혹은 '변강사'의 입장에서 남조국을 '지방 정권'으로 보는 관점이었다.

일본 학계의 경우, '화남 문화사(華南文化史)' 혹은 '화남 민족사'의 일부로서 운남사 연구가 비교적 일찍 시작되었지만, 그 양이나 관심의 집중도 면에서 중국 학계의 그것에는 미치지 못하였다. 여기에서 '화남'이란 본디 양쯔 강 이남의 중국을 지칭하는 공간 개념이다. 그리고 '중국'이란 중화민국과 중화인민공화국으로 이어지는 근대 국민국가의 국경선 안에 존재하는 공간이다. 『화남 문화사 연구』를 지은 시라토리 요시로[白鳥芳郎]는 '화남'을 '중국 남부 전역을 포괄하는 것'으로 규정하였다.[23] 그리고 타니구치 후사오[谷口房男]는 '화남 민족사의 의의'라는 글에서 "화남 민족사

---

21) 이 부분에 관하여는, 雲南大學校 史學科와 이를 이끌었던 故 方國瑜, 그리고 그의 제자들의 노력과 헌신에 힘입은 바가 컸다. 특히 『雲南史料叢刊』 열세 권의 출간은 많은 연구자들의 노고를 덜어 주었다.

22) 우선 눈에 띄는 대로만 추려보면, 다음과 같다. 馬長壽(1961); 王忠(1963); 林旅芝(1981); 江鴻(1985); 李昆聲 祁慶富(1984); 楊仲錄 張福三 張楠 主編(1991); 雲南省文物管理委員會 編(1992); 張錫祿(1992); 趙鴻昌 輯著 袁任遠 審訂(1994); 詹全友(2002); 傅永壽(2003); 谷躍娟(2007); 李曉岑(2010); 梁曉强(2013). 이 중에서도 楊仲錄 등이 주편한 책과 張錫祿의 책은 개별 논문들을 모아놓은 책이다. 그리고 나머지 책들도 『南詔編年史稿』만큼은 아니지만, 거의 편년체로 이루어진 개설서이다. 다만, 최근에 발간된 梁曉强의 『南詔史』는 중국학계의 남조국 관련 연구를 나름 총합하였다고 해도 좋을 만큼 방대하고 자세하지만, 그 관점만큼은 기존 연구에서 크게 벗어나지 못하였다. 그리고 傅永壽의 책은 남조국의 불교 문제를 심도 있게 다루었는데, 이 연구의 구성에 많은 도움이 되었다.

23) 白鳥芳郎(1985), p.3.

라는 것은 중국의 화남에 거주하는 소수민족에 대한 역사 연구이다. 특히 후베이[湖北], 후난[湖南], 쓰촨[四川], 구이저우[貴州], 윈난[雲南], 광시[廣西], 광둥[廣東] 같은 양쯔 강 이남의 소수민족사 연구이다."[24]라고 하였다. 화남 문화사 혹은 화남 민족사 또한 일국사로서 중국사의 일부, 즉 중국 지역사의 하나였다.[25]

일본에서는 중국 지역사의 하나로 화남사 연구가 다른 아시아 지역사에 비해 늦게 시작되었다. 시라토리 요시로는 "이제까지 장기간 화남사에 관한 연구는 아시아사 연구 중에서 가장 소외되어 온 지역"이라고 하였고,[26] 타니구치 후사오는 이에 관하여 다음과 같이 소개하였다. "전전(戰前)의 일본에서 중국 변강사 연구 혹은 중국 주변사 연구의 틀은 일본의 대륙 팽창 정책과 밀접하게 결부되어 주로 지역사 연구로써 지나사(支那史)와 만선사(滿鮮史) 연구가 우선 개시되었다. 이윽고 몽강사(蒙疆史) 연구와 서역사(西域史) 연구로 진전되었는데, 화남사 연구는 거의 없는 것이나 다름없었다. 전후(戰後) 일본의 중국 변경사 연구는 전전의 지역사 연구로부터 민족사 연구로 변화하는 가운데, 중국 북방사를 중심으로 하는 연구에 더하여 점차 중국 남방사에 대한 연구도 진행되어 가고 있다."[27]라고 하였다.

시라토리의 정리에 따르면, 일본에서 화남사 및 동남아시아사 연구가 활성화되기 시작한 계기는 두 가지였다. 하나는 제2차 세계대전이 발발한 이후 일본의 전선이 확대되면서 화남과 동남아시아의 여러 국가와 민족에 대

---

24) 谷口房男(1997), p.6.
25) 시라토리 요시로는 "오늘날 동남아시아에 살고 있는 제민족과 제문화의 연원을 더듬어 밝히면, 그 원류가 화남의 땅에서 발상하고 있는 것이 많고, 화북 문화 중에 화남의 그것과 상통하는 것이 적지 않다. 따라서 화남의 땅은 중국사의 일부이기도 하고, 또 동남아시아사의 일부로도 간주되는 연구영역인 것이다."(白鳥芳郎, 1985, p.4)라고 말하고 있다. 국경을 가로지르는 문화적 역사적 실체의 존재를 스스로 인정함에도 불구하고, 여전히 근대적 '국경'을 기준으로 '화남사'를 중국사의 일부이자 동남아시아사의 일부로 규정하고 있는 점은 그의 연구 또한 '국사' 프레임 속에 존재함을 잘 보여 준다.
26) 白鳥芳郎(1985), p.4.
27) 谷口房男(1997), p.5.

한 관심이 높아지고, 이들 지역의 국가 · 민족 · 역사에 관한 논저와 논문이 소개되기 시작했다는 것이다.[28] 그리고 전후에는 많은 학자가 일본 문화의 계통과 기원을 논하면서 화남 지역의 도작 농경과 습속 등을 언급하기 시작했다는 것이다.[29] 이렇게 보면, 일본의 화남사 연구는 일본 제국의 확대, 그리고 일본 국사의 서술과 함께 관심의 대상이 되었던 것이다. 따라서 그 발생부터 근대 국사의 패러다임 안에서 한 치도 벗어나 있지 않았음을 알 수 있다. 일본의 운남사 연구는 이러한 화남 문화사 혹은 민족사의 일부로[30] 연구되기 시작했고, 남조국에 대한 관심 또한 이 수준에서 제기되었다. 그리고 연구자의 수 또한 그다지 많지 않았다.[31]

한편, 한국의 경우는 운남사에 대한 연구의 축적이 거의 이루어지지 않았다. 다만 중국사에서 지역사 내지 만이(蠻夷) 통치 정책 등에 관심을 둔 연구가 있고, 최근 동북공정의 여파로 변강에 대한 연구가 진행될 때 언급되는 경우가 종종 있을 뿐이다. 특히 남조국의 역사에 대해서 거의 무관심에 가까울 정도로 연구가 없다.

영어권의 경우도 크게 다르지는 않았다. 19세기 말과 20세기 초에 오리엔탈리즘적 견지에서 작성된 글들을 제외한다면, 1981년에 남조국의 역사를 전론으로 다룬 연구가 있었을 뿐이다.[32] 이 연구에서도 남조국의 역사는 중국사의 일부였다. 다만 근자에 들어 청대사나 현대사의 경우이

---

28) 白鳥芳郎(1985), p.6. 시라토리 요시로는 1941년 동경제국대학 문학부 동양사학과 졸업논문 「한대에 있어서 남월왕국경략」을 작성할 때도 의지할 만한 선행연구가 하나도 없었다는 자신의 경험을 소개하고 있다. 시라토리 요시로는 20세기 초 일본의 저명한 동양사학자였던 시라토리 구라키치(白鳥庫吉)의 손자이기도 하다.

29) 白鳥芳郎(1985), p.6.

30) 白鳥芳郎(1953a); 白鳥芳郎(1953b); 白鳥芳郎(1957); 藤澤義美(1969).

31) 일찍이 白鳥芳郎이 화남민족사의 관점에서 남조국 및 운남사 관련 연구들을 발표한 바 있지만, 남조국사 연구와 관해 가장 대표적인 업적은 후지사와 요시미(藤澤義美, 1969)의 작업을 들 수 있다. 선사 시기부터 남조국 시기까지 운남 지역의 역사를 쿤밍 지역과 따리 지역으로 나누어 꼼꼼하고 치밀하게 정리하고 있다. 그리고 중견학자로서 1990년대 '운남지방사'의 입장에서 남조국과 대리국사에 관한 논문을 쏟아내었던 하야시 켄이치로(林 謙一郎)의 작업들도 연구사적 의미가 있다. 또 최근 젊은 연구자인 타테이시 켄지(立石謙次)가 내어 놓은 연구도 매우 흥미롭다. 남조국의 건국 설화부터 백자국 설화까지 명청대 운남 지역 바이주 지식인들의 창조물로 보고 있는데(立石謙次, 2010), 주목할 만한 가치가 있는 관점이다.

32) Charles Backus(1981).

긴 하지만, 변경 연구의 관점에서 운남 지역을 다루는 연구가 늘어나고 있다. 변경 연구의 입장에서 이루어지는 연구들은[33] 이 연구의 관점을 형성하는 데 많은 도움이 되었다.

이상 간략하게나마, 운남사와 남조국의 역사에 관한 연구 동향을 살펴보았다. 남조국의 역사를 중국사의 일부로 보든 태국사의 일부로 간주하든, 공통적인 특징은 남조국 역사와 운남사를 근대 국민국가의 '국사' 패러다임 안에서 서술하고 있다는 점이다. 근대 국민국가를 역사 서술의 단위로 삼는 '국사'의 유용성을 부정하려는 것은 아니다. 다만, '국사' 패러다임이 갖는 문제점들에 대해 주의하려는 것뿐이다. '일국사'의 관점과 '현재주의적 관점'으로 대표되는 '국사'의 문제점은 이미 충분히 논의되어 왔지만, 이 연구에서는 특히 '국경'이라는 경계선이 만들어 내는 역사와 기억의 왜곡에 주의하고자 한다. 그리고 이 연구는 복수의 역사가 존재할 수 있고, 또 그러한 복수의 역사가 중첩될 수 있다고 생각한다.

'소수민족'을 포함하여 현재의 윈난성 안에 거주하는 사람들은 거의 대부분 스스로를 '중국인'이라고 주장한다. 그리고 '운남'이라는 이름도 중국 사서에서 '중국'인들의 관점으로 만들어졌다. 따라서 '운남'의 역사를 서술하면서 중국과의 관련성을 배제하는 것은 있을 수 없는 일이다. 그러나 그렇다고 해서 과거에 '중국' 바깥에 있었던 역사가 사라지거나 '중국'의 역사가 되는 것은 아니다. 남조국은 당시 중국인들이 '중국'이라고 여기던 범주 바깥에 존재하였다. 그리고 남조국에 속했던 사람들 또한 스스로 '중국'인이라 여기지 않았다. 따라서 '중국'의 역사와는 별개의 역사로 이해되어야 한다. 앞서 언급한 바 있듯이, 이 연구는 남조국의 역사를 운남사의 일부로 이해한다. 다시 말해서, 남조국을 '운남' 혹은 '전'의 국가로 간주한다. 그리고 이 '운남' 혹은 '전'을 '중국'과 구별되는 역사 서술의 범주로

---

33) C. Patterson Giersch(2006); Bin Yang(2009); Thomas S. Mullaney(2011).

파악하고자 한다.

그렇다면 '운남'과 '전'이 무엇이고, 그 범주는 어떻게 되는가가 문제일 것이다. 이 연구에서 말하는 '운남'과 '전'은 고정된 공간 범주가 아니다. 앞서 언급했듯이, '운남' 또한 역사적 산물이고, 그것이 표상하는 공간 범주와 내용은 시간 변화에 따라 바뀌어 왔다. 이 연구에서 주목하는 바는 각각의 시기마다 그 범주에 대해 당시 사람들이 가졌던 인식의 역사성이다. 물론 이것을 추적하는 것은 매우 어려운 일이다. 남겨진 기록이 대부분 한문 자료인데다, 그 양 또한 많지 않아서 추적의 결과는 불완전할 수밖에 없을 것이다. 그럼에도 이것이 포기되어서는 안 되는 이유는 이것이 '중국' 중심의 역사 해석과는 다른 해석의 가능성을 지니기 때문이다. 다시 말해 중화인민공화국의 국경을 기준으로 한 '중국사'의 서술이 묻어 버리거나 왜곡한 역사적 기억들을 다시 시야에 넣을 수 있는 관점을 제공하기 때문이다.

이러한 의미의 '운남'사에서 남조국의 역사는 중요한 의미를 갖는다. 우선, '운남'이 주로 디엔시[滇西] 따리 지역의 일부를 지칭하던 것에서 디엔뚱[滇東] 지역을 아우르는 보다 넓은 지리적 공간을 지칭하는 이름으로 확대되는 데에, 남조국의 세력 확장이 일정한 역할을 하였다. '운남'이라는 명칭은 기원전 109년 익주군(益州郡)에 운남현이 설치된 이래 삼국시대에는 운남군으로 그 공간적 범주가 확대되었고, 다시 남조국의 남중(南中) 제패를 계기로 운남 전역을 지칭하는 이름으로 자리 잡았다. 8세기에서 9세기 사이의 남조국은 현재 윈난성 범위를 모두 하나의 통치 영역 안에 넣은 최초의 정치권력이었을 것이다. 그리고 몽골이 대리국을 정벌하고 '운남행성'을 설치한 뒤로 명대와 청대에는 '운남포정사(雲南布政司)'와 '운남성(雲南省)' 같은 중국 제국의 지방 행정 구역을 지칭하는 명칭이 되었으며, 이러한 상황은 지금까지 이어져 오고 있다.

명 제국 이후 운남의 별칭으로 사용된 '전(滇)'이라는 명칭은 현재 쿤밍시 지역의 고국(古國) 이름에서 비롯하였다. 사마천이 전하는 전설에 따르면, 전국(滇國)은 기원전 279년에 초(楚)나라 장수 장교(莊蹻)가 세웠다. 그리고 기원전 109년 한 제국에 항복하여 익주군에 편입되었으며, 기원후 115년에 소멸하였다. 그러나 이 고국에 대한 기억은 대대로 유전되었다. 이 지역에 설치된 행정 구역을 설명할 때는 그 이름이 어김없이 등장했으며, 결국 명·청 제국 시기에는 운남성의 별칭으로 사용하였다. 당시 운남 안에 있던 사람들은 '전인(滇人)', '운남인(雲南人)' 혹은 '전운인(滇雲人)'으로서 역사의식을 숨기지 않았다. 특히 자신들이 사는 땅의 역사와 지리를 기술할 때 이들 이름을 즐겨 사용했으며, 스스로 '전인'으로서 정체성을 기꺼이 표명하였다.[34] 남조국(南詔國)과 대리국(大理國) 또한 운남을 지칭하는 명칭으로 간혹 사용되었다.

이렇게 놓고 보면, 명과 청 제국 시기에 완성된 '운남(전)'의 공간 범주가 형성되기 시작한 것은 8세기 중반부터 9세기 중반까지 남조국 시기이다. 특히 디엔시(滇西)의 '운남' 지역에서 발생하여, '전'으로 대표되던 디엔뚱(滇東) 지역을 통합한 남조국의 성장이 중요한 역할을 한 것으로 판단된다. 그런데 남조국의 성장과 영향력의 확대가 '운남'과 '전'의 공간적 통합에 기여한 것은 사실이지만, 남조국의 강역과 '운남(전)'의 범주가 반드시 일치하는 것은 아니었다. 군사적 정복 혹은 외교적 복속에 의해 남조국의 세력권 혹은 강역의 확대가 이루어질 수는 있었지만, 그것이 바로 단시간에 당시인들의 의식 안에서 '운남'이나 '전'의 공간을 확대시키지는 못하였다. 실제로 남조국은 본디 애뢰이(哀牢夷)의 땅이었던 '영창' 지역을 넘어 현재의 미얀마 북동부 지역까지를 그 세력권 안에 편입시켰다. 그리고 나서 원·명·청 제국 때는 이 지역에 토사(土司)가 설치되었지만, 청 제국 때는 '영창' 지역조차도 '전(운남)'의 바깥에 존재하였다. 이

---

34) 「滇略」, 「滇載記」, 「滇考」, 「滇志」, 「雲南通志」, 「滇雲歷年傳」, 「南詔野史」 等.

연구가 '운남'사에서 '남조국' 시기를 문제 삼는 까닭이 바로 여기에 있다.

정리하자면, '운남(전)사'에서 남조국 시기가 문제인 까닭은 각기 형성되어 온 '운남' 지역과 '전' 지역을 통합한 정치체라는 데에서 시작한다. 즉 '운남'의 형성과 남조국의 존재는 밀접한 관계를 가지고 있다. 그리고 그 강역과 경계에 관심을 가지는 이유는 남조국이 '운남' 혹은 '전'의 국가이지만, 강역과 경계가 '운남(전)'과 일치하지 않는다는 데에 있다. 이는 '중국' 개념이 '중국'의 국가들과 서로 구분되는 것과[35] 마찬가지이다. '중국' 인들은 중국의 국가가 '중국' 이상으로 커졌을 때, 그 국가의 내부에서 '중국'과 비(非)'중국'의 공간을 구별하였다. 남조국의 전성기에 '운남'의 범주는 어디에서 어디까지였을까? 또 남조국의 강역 내에서 '운남'과 비'운남' 지역 사이에는 어떠한 차이가 있었을까? 당 제국의 경계와 남조국의 관계는 어떻게 이해해야 할까? 통합된 '운남' 안에서 옛 '운남' 지역과 '전' 지역 사이에는 어떠한 문제가 존재했을까? 이렇듯 많은 질문이 가능하고, 이러한 질문들은 고대 시기 '운남'의 국가가 어떠한 구조를 가졌는지로 수렴될 수 있다. 그리고 남조국의 강역과 경계의 문제를 고찰하는 것은 남조국과 주변 세계의 관계, 또 당시 '운남'과 주변 세계와의 관계를 살피는 일이 될 것이다.

2. '동아시아 세계'와 '운남'사 연구: 중심과 주변

'남조국은 고대 동아시아 세계의 국가였는가?' 이는 이른바 '동아시아 세계론'의 입장에서만 '운남사'를 보아 왔던 필자가 스스로 던진 반성의 물음이다. 따라서 이 연구에서는 굳이 남조국이 고대 동아시아 세계에 속하였는지 여부를 따져 묻지는 않는다. 더구나 '동아시아 세계론'을 부정하거나 비난할 의도도 없다. 다만 '동아시아 세계론'의 시각으로 '남조국'을 바라

---

35) 金翰奎(1994), pp.1421-1422.

보는 것이 타당한지를 돌아볼 것이다. 전근대 시대의 동아시아는 자기 완결적 역사 구조를 가진 독자적 세계로 존재했는가? 이러한 '동아시아 세계'에는 보편적 질서가 유지되고 있었는가? 고대 동아시아 세계 질서는 어떠한 외교 체제에 의해 성립·유지되었는가? 이러한 질문들이 일본 학계에서 만들어진 '동아시아 세계론'의 핵심 문제일 것이다. [36]

일본에서 한국 고대사를 연구하는 이성시(李成市)에 따르면,[37] '동아시아 세계론'이란 서구를 중심으로 하는 근대 세계가 형성되기 이전에 지중해 세계, 유럽 세계, 이슬람 세계, 남아시아 세계와 구분되는 일원적이고 자기 완결적 세계, 즉 독자적 문화권과 완결된 정치 구조를 가진 세계가 동아시아에 존재했다는 가설을 지칭하는 것이다. 이러한 '동아시아 세계(체제)론'이 처음 제기된 것은 일본 학계에서였다. 주지하듯이, 고대 동아시아 세계를 하나의 단위로 파악하는 이 논리는 마에다 나오노리[前田直典]에 의해 처음 제기되었고, 니시지마 사다오[西嶋定生]의 '책봉 체제론'에 의해 보다 체계화된 이후 1970년대 일본 학계에서 널리 공유되었다. 그리고 니시지마의 논설이 지닌 단점들을 극복하고 보완하는 연구들이 이어지면서 일본 학계에서의 '동아시아 세계론' 연구는 더욱 활발하였다.[38]

이에 비하여 중국 학계에서는 동아시아 세계의 역사가 존재할 수 없었다. 다만 '외교사'만 존재할 뿐이었다. 최근 들어, 『동아 세계 형성사론(東亞世界形成史論)』 등 '동아 세계' 즉 '동아시아 세계'라는 이름을 붙인 연구서들이 나오고 있지만, 그 내용은 여전히 한·중·일 사이의 외교사에 불과하였다.[39] 이는 과거 역사의 경계를 현재 국민국가의 국경으로 재단하

---

36) 김한규(2005), p.24.
37) 이성시 지음, 박경희 옮김(2001), p.146.
38) 이 부분에 관하여는 김한규(2005)의 「문제의 제기」 부분에서 충분히 요약하고 있으므로 여기서는 생략하겠다.
39) 이를테면, 2009년에 출간된 『東亞世界形成史論』(韓昇, 復旦大學出版社)도 '통일적다민족국가'로서의 '중국사'를 전제로, 한반도 및 일본열도 국가들과의 관계만 다루고 있다.

는 태도와 과거 사실 사이의 모순을 '정치적'으로 해결했기 때문에 발생한 문제이다. 같은 형식과 같은 종류로 파악되는 국제 관계를 현재의 국경에 따라 하나는 중앙 정부와 지방 정부의 관계로, 다른 하나는 외교 관계로 분류해 버렸다. 이러한 자의적 분류는 자기 완결적 세계로서 '동아시아 세계'를 설명할 수 없게 만들었다.

한편 일본 중국사학계의 성과를 비교적 충실하게 수용해 온 한국의 중국사학계도 한동안 이 '동아시아 세계 체제론'만은 쉽게 받아들이지 않았다. 1990년대 이후 타학문 분과에서 '동아시아'라는 용어가 유행하기 시작할 때도 반응이 크지 않았다. 그나마 이를 소개하는 것조차 인색하여 이 기간 동안 일본 학계의 '동아시아 세계 체제론'과 그 계보를 소개하는 논문만 두 편 정도 나왔을 뿐이다.[40] 이는 이성시가 지적했듯이, 과거 '대동아 공영권'의 논리와 '만선일체론', '일선일역론(日鮮一域論)'에 대한 기억에서 비롯한 의심과 위구(危懼)에 기인한 바가 컸을 것이다. 그러나 2000년대에 이르러서는 '동아시아', '동아시아 세계', '동아시아 국제 질서' 등의 용어가 유행처럼 쓰이고 있다. 하지만 여전히 '동아시아 세계론'이라 할 만한 이론적 분석 작업은 거의 없었다.[41] 다만, '중국적 세계 질서'에 대한 연구(1982)부터 동아시아 막부 체제에 관한 연구(1997), 한·중 관계 연구(1999) 등을 통해 고대 동아시아 세계 질서의 이론화 작업을 꾸준히 이어 온 김한규가 일본 학계의 '동아시아 세계론'과 '책봉 체제론'이 지닌 문제점들을 비판하고, 보다 입체적이고 유연한 체제의 동아시아 세계론 즉 '천하국가론'을 제시하였다(2005).[42]

---

40) 김유철(1987).
41) 여전히 일본학계의 성과를 비판적으로 소개하는 데 그치고 있다(가네코슈이치, 정병준, 2011, pp.325–355; 이성시, 2012, pp.57–80). 다만, 개별 시대사 및 지역사에 '동아시아세계론'을 적용하는 문제를 고민하는 정도의 논고가 심심치 않게 등장하고 있다(박원호, 2007, pp.40–58; 윤재운, 2012, pp.123–151; 박원호, 2012, pp.33–56).
42) 이 연구는 우선 '동아시아 세계', '책봉' '조공', '외신', '중국' 등 핵심 용어들을 엄격하게 규정하였다. 그리고 '책봉 체제'만으로 설명되어 온 고대 동아시아 세계 질서의 운영 구조를 입체적으로 구성하여, 다양하고 복합적으로 전개되어 온 국제 관계의 모습을 설명하였을 뿐 아니라, 그 속에 내재되어 온 책봉 조공 체제의 연속

김한규의 천하국가론(동아시아 세계론)은 지금까지 나온 어떤 가설보다 복합적이고 유연한 논리를 가지고 있지만, 여전히 '동아시아 세계론' 자체가 가진 치명적 약점으로부터 빠져나오지는 못하였다. 즉 동아시아 세계의 범위와 '중국' 중심주의에서 자유롭지 못하다. 그의 연구는 일본 학계의 부정확한 용어 사용을 비판하며, '고대 동아시아 세계'를 구성하는 범주를 확대하여 규정했는데, '중국, 북방 초원 유목 공동체, 요동, 티베트, 일본, 월남, 한국 등의 국가들'을 제시했다. 그리고 그 기준으로 제시한 것은 이 구성원들이 중국에서 한(漢)부터 당(唐)까지 여러 국가가 존속했을 때, 정치·경제·사회·문화적으로 밀접한 연관을 가지면서 그 바깥 지역과는 구별되는 별개의 세계를 형성하여 생활하고 있었다는 것이다. 하지만 이에 대한 구체적 설명 없이, '구별되는 별개의 세계'를 구성하는 핵심적 동력으로 '중국'의 힘과 '중국적 세계 질서'를 제시한다.[43]

물론 '천하국가론'은 고대 동아시아 지역에서 국가 간의 관계 혹은 질서를 비교적 객관적으로 이해하는 데 유용한 틀이다. 특히 국가와 역사공동체를 구분하기 때문에 '국사'의 시각으로부터 상대적으로 자유롭다. 그러나 역시 '중국'을 중심에 둘 때 더욱 유용하고 유효하다. 다양한 역학 관계와 다양한 문화적 특징을 지닌 동아시아 세계의 구성원들은 각기 다른 방식으로 국제 질서에 참여한다. 그런데 그 참여의 대상은 대부분 '중국'을 점유한 제국의 외교 질서이다. '천하국가'라는 말이 이미 중국적 세계관을 내포하고 있지만, 천하국가론의 동아시아 세계는 결국 '중국'을 점유한 제국의 지배 대상으로서 세계이고, 그 질서일 것이다. 따라서 '중국'을 중심

성 또한 논리적으로 설명해 내었다. 즉 한대의 변군 체제, 위진남북조 시대의 막부 체제, 수당대의 기미부주 체제가 결국 시대적 특수성을 나타낸 책봉 조공 체제의 다양한 표현이었다는 것이다. 또 고대 동아시아 세계의 와해와 변용에 대하여도 10세기 '통합국가'의 출현이라는 개념을 이용하여 그 본질적 변화를 보다 논리적으로 설명하였다. 이 연구의 가장 독창적인 부분은 역시 동아시아 세계의 구성 성분으로 국가가 아니라 '역사공동체'를 내세운 것이다. 이 글에서 천하국가론을 언급하고 또 문제 삼는 것은 이것이 '고대 동아시아세계론'에 관한 최신의 연구이고, 가장 선진적인 연구이기 때문이다.
43) 김한규(2005), pp.41~44.

에 두지 않는 '동아시아 세계'는 존재할 수 없다.

운남과 티베트 그리고 월남이 동아시아 세계의 변방 혹은 끝에 존재하게 되는 이유는 '중국'에 중심이 두어지기 때문이다. 과연 8세기 운남 지역에 살았던 사람들은 당시 동남아시아 지역에 살았던 사람들과 정치 · 경제 · 사회 · 문화적으로 덜 밀접한 연관을 가지면서 서로 구별되는 별개의 세계에 살았을까? 당시 운남에 살았던 역사적 행위자들에게 동아시아 세계의 범주는 어디부터 어디까지였을까? 연구 방법이나 분석 수단으로써 '동아시아 세계'를 부정하려는 것이 아니다. 다만 그 분석의 중심 대상을 중원이 아닌 운남 지역으로 옮겼을 때, 어떤 문제를 노정할 수 있는지를 따져 보려는 것이다. 8세기 운남 지역에서 활동했던 다양한 역사적 행위자들이 '중국적 세계 질서'에 접속하려고 노력하였고, 또 이 지역에 중국 제국인 당의 영향력이 강하게 미쳤던 것도 사실이었다. 하지만 그것이 운남 지역 사람들과 주변 지역 사람들의 관계까지 끊어 놓지는 못했다.

8세기 장안(長安)에서 출발한 길은 성도(成都)와 검주(黔州), 그리고 안남(安南)을 거쳐 남조국의 수도였던 양저미성(陽苴咩城)까지 이어졌다. 그런데 거기서 끝나지 않고 다시 서쪽으로 인도로 이어지고, 진랍(眞臘, 캄보디아)으로, 표국(驃國, 버마)으로 이어졌다. 사실은 '중국' 사람들이 거기서 끝난다고 생각하고 있었을 때도 길은 이어져 있었다. 다만, 무슨 일이 있었는지 자세히 알려 줄 자료가 부족할 뿐이다. 길이 이어진다는 것은 사람들이 오고 갔다는 뜻이고, 사람들이 오고 갔다는 것은 물품과 문화도 오고 갔다는 의미이다. 그리고 그것은 경제도, 정치도, 세계도 서로 이어졌다는 의미이다. 이 글에서는 이러한 입장에서 남조국의 강역과 경계 문제를 살펴볼 것이다.

3. 운남의 지리적 환경: 산지 속의 평지들, 그리고 교통로

이 연구의 일차적 대상은 8,9세기의 남조국인데, 당시 남조국은 운남 지역을 중심으로 성장하였다. 따라서 운남 지역의 지리적 환경에 대해 살펴보고자 한다. 굳이 지리적 환경을 설명하고자 하는 까닭은 운남이 지닌 지리적 특성이 이 지역의 역사를 이해하는 데 도움이 되리라 판단하기 때문이다. 윈난성의 총면적은 38.4만 제곱킬로미터이다. 이중 산지 면적은 약 33만 제곱킬로미터로 총면적의 84퍼센트를 점하고, 고원이 약 3.9만 제곱킬로미터로 총면적의 10퍼센트를 점한다. 평패(平壩)와 하곡(河谷)이 약 2.5만제곱킬로미터로 총면적의 6퍼센트를 점할 뿐이다. 운남성의 조감도는 6퍼센트의 평패와 하곡이 크고 작은 수천 개의 분지로 나뉘어 94퍼센트에 달하는 산지 속에 점점이 박혀 있는 모양이다.[44] 이처럼 독특한 이곳 지형과 환경은 소규모 정치체들이 복수로 존재하는 상황을 만들어 내고, 그러한 상황의 장기화를 초래하는 기능을 하였다. 아울러 '대군장(大君長)'의 출현과 그 지속을 방해하였으리라 짐작된다.

윈난성의 전체 지형은 서북쪽에서 동남쪽으로 향하는 경사 지형으로, 다음과 같은 여섯 단계의 층차로 나눌 수 있다. 제1층은 운남성 서북 지역의 헝돤 산맥[橫斷山脈] 상단으로 메이리[梅里]설산과 비밍[碧夢]설산, 까오리공[高黎貢]산 그리고 윈링[雲嶺] 산맥이 주가 된다. 이곳 산봉우리는 대부분 해발 5,000미터 이상으로 북에서 남으로 뻗어 이어지는 고산지대이다. 제2층은 주로 운남 서북부 헝돤 산맥에 분포하는 해발 4,000미터 안팎의 지질이 오래된 평면 지대와 서북부 고산대의 초원이며, 목장들 또한 이 층차에 속한다. 제3층은 해발 3,000~3,200미터의 오래된 평면 지대로, 대소 쭝디엔[中甸; 이중 대중전은 샹거리라로 개칭]과 리쟝[麗江] 남부가 바로 이 층차에 속한다. 비교적 큰 함락 분지[패자

---

44) 雲南省의 자연적 환경에 관한 내용은 楊毓才(1989, pp.1-18)와 馬曜 主編(1994, pp.6-15)으로부터 해당 내용을 발췌 정리하였다.

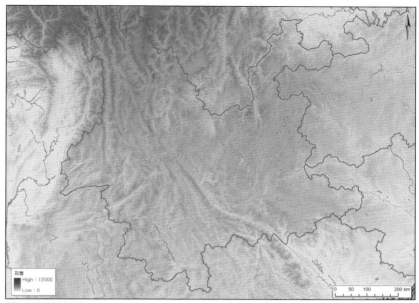

〈운남 지역 지형도〉

(壩子)]로 농목업 분포 지구이다. 제4층은 디엔쭝[滇中] 지역으로, 해발 2,000~2,500미터의 평대(平臺)로 솟아오른 오래된 평면 지대이다. 모두 하류에 의해 침식 분할된 곳으로 들쑥날쑥 끊겼는데, 운남 고원의 주체를 형성하는 부분이다. 남조국이 운남 전역을 장악하기 이전 서찬국(西爨國)의 주요 기반이 된 지역이기도 하다. 제5층은 디엔난[滇南]의 해발 1,300~1,400미터의 평탄한 대지이다. 제6층은 위엔쟝[元江] 강 남부의 하곡(河谷) 평원으로, 고도가 급강하하여 수백 미터에서 수십 미터에 이른다. 난시허[南溪河] 강이 위엔쟝 강으로 흘러 들어가는 허커우[河口]는 해발이 겨우 76.4미터에 불과하여 운남성 내의 최저점이다.[45] 이렇듯 북고남저에 계단 모양의 층차를 이룬 지형은 바로 운남 지역에 다양한 경제 환경과 산물, 그리고 다양한 생활 환경을 만들어 주었다.

　지질과 토양 또한 사람들의 삶에 영향을 끼쳤을 것이라 생각된다. 운남

---

45) 楊毓才(1989), p.3.

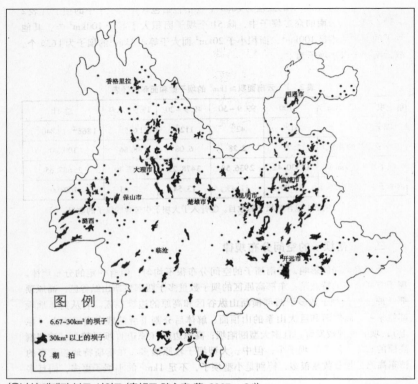

〈운남성 대패자 분포 시의도 (童紹玉 陳永森 著, 2007, p.24)〉

의 산간 분지 내지 평대지[壩子]는 형성 원인과 침적물 유형에 따라 단함
패(斷陷壩), 암연패(岩演壩), 빙성패(冰成壩), 그리고 화산패(火山壩)로
나눌 수 있다. 단함패는 하류 혹은 호박의 퇴적물이 있고, 토층은 두텁고
비교적 평탄하며, 가경지 면적이 크고 수리 조건이 좋아서 농업이 비교
적 발달한 지구이다. 그래서 고대부터 농업 경제가 발달한 지역이다. 이
를테면, 쿤밍, 따리, 추슝[楚雄], 바오산[保山], 청쟝[澄江], 자오퉁[昭
通], 루량[陸良], 야오안[姚安], 멍즈[蒙自], 징홍[景洪], 위엔쟝[元江] 등
의 패자는 모두 이러한 종류의 유형에 속한다. 암연패는 주로 석회암 지
구 혹은 유사 카르스트 지형에 분포한다. 토층이 비교적 엷고 지표에 물

이 부족하며, 어떤 패자에는 석주(石柱)가 종생(從生)하여 농업 생산 조건이 비교적 열악하다. 농업은 내한작물을 위주로 하지만, 수도작 또한 있다. 이를테면 루난[路南], 원산[文山], 빠바오[八寶], 뤄핑[羅平], 치우베이[邱北] 등이 이에 속한다. 빙성패의 침적물은 일반적으로 비교적 거칠며, 진흙과 자갈이 섞여 있다. 그리고 그 연변 지대에는 항상 대형 빙수선(氷水扇)이 있다. 일부 빙성패는 특수한 빙호니(氷湖泥)로 조성되어 침적물의 과립이 비교적 미세하다. 이러한 종류의 패자는 해발이 비교적 높고 기온이 낮아, 내한작물을 경작하는 것이 적당하고 축목업이 발달하였다. 화디엔[花甸]패와 리쟝[麗江]패 등이 여기에 속한다. 이러한 지형과 토양은 북열대, 남아열대, 중아열대, 북아열대, 남온대, 북온대의 다양한 기후 조건과 함께[46) 넓지 않은 공간 안에서 다양한 산업을 영위하는 집단들이 동거 공존하는 현상을 만들어 냈을 것이다.

지형 구조로 말하자면, 산지와 고원 위에 형성된 허다한 크고 작은 부등 형태의 각기 다른 산간 분지(패자)들이 형성되어 있다. 성 전체에 토지 면적이 1제곱킬로미터 이상의 분지는 1,840곳으로 총면적이 25,687제곱킬로미터이며 성 전체 토지 면적의 6.52퍼센트이다. 그중 1제곱킬로미터 이상 20제곱킬로미터 미만이 1,635곳, 20제곱킬로미터 이상 50제곱킬로미터 미만의 큰 분지가 112곳, 50제곱킬로미터 이상 100제곱킬로미터 미만의 분지가 42곳, 100제곱킬로미터 이상의 분지가 51곳 있다.[47) 그리고 이중에 250제곱킬로미터를 초과하는 패자(壩子)가 6곳 있다.[48) 이 6대 분지 가운데 디엔츠[滇池]패, 자오루[昭魯]패, 잔취[霑曲]패, 루량[陸良]패가 바로 디엔츠[滇池] 이동 지역에 있다. 디엔시 지역의 유일한 대분지인 얼하이[洱海]패가 바로 남조국의 중심지였다.

---

46) 楊毓才(1989), pp.8-11.
47) 童紹玉 陳永森 著(2007), pp.22-23.
48) 楊毓才(1989), p.3.

이러한 지형의 구성은 넓은 바다에 점점이 떠 있는 크고 작은 섬들을 연상하게 만든다. 앞서 제시한 지형도와[49] 〈운남성 대패자 분포 시의도〉는 이러한 사정을 잘 보여 준다. 이러한 지형은 여러 인간 집단이 소규모 부락 단위로 산재하는 자연 환경을 제공하였다. 그리고 이러한 좁은 분지나 평대지는 대규모 정치체의 성장을 방해하였을 터이고, 여러 자연적·정치적·경제적 이유로 부락 단위의 빈번한 이동을 촉진하였을 것이다. 또 이러한 빈번한 이동은 서로 다른 종족과 부락 사이의 융합을 촉진했겠지만, 이 지형의 격절성과 협애함은 한편으로 새로운 소규모 족군과 정치체의 탄생 또한 촉진했을 것이다.

이렇듯 복잡한 지형과 지질 토양이 만들어 낸 다양한 환경은 운남 지역의 다양한 족군(族群)이 살아갈 수 있는 땅으로 만들었다. 지금도 25종의 국가 공인 '소수민족'들이 다양한 형태의 삶을 영위하고 있는 곳이지만, 역사 시대 이래로 '중국' 사람들의 눈에 비친 운남 지역은 다양한 '만이(蠻夷)'들이 존재하는 곳이었다. 이를테면, 명 제국 말기의 문인 사조제(謝肇淛)는 『전략(滇略)』이라는 책에서 "서남 지역의 제이(諸夷)는 종류가 지극히 많아서 이름을 다 기록하기 어렵다. 그렇지만 크게 나눈다면 두 종류이다. 흑수(黑水)의 바깥에 있는 것을 북(僰)이라 하고, 흑수의 안에 있는 것을 찬(爨)이라 한다. 북은 100종이 있고, 찬 또한 70여 종이 있다."라고[50] 적었다. 이에 따르면, 명 제국 시기의 서남 즉 운남 지역에는 170여 종의 인간 집단이 존재했던 것이다. 그리고 사조제가 말한 북과 찬의 차이는 중국인들에게 익숙한 생업에 따른 이분법이었다. "북은 습한 것을 잘 견뎌 낮은 곳에 사는 것을 좋아하고, 찬은 건조한 것을 잘 견뎌 높은 곳에 사는 것을 좋아한다. 북은 베짜기와 농사를 생업으로 삼고, 찬은 생축(生畜)과 사냥을 생업으로 삼는다." 여기서 낮은 곳이란 해발이 낮은 저지대를, 높은 곳이란 해발이

---

49) 이 지형도와 Ⅱ장 지도들의 디자인 부분은 서강대학교 디지털역사연구소 김현종 연구원의 도움을 받았다.
50) 『滇略』卷9 『夷略』, p.15/ 494-223 下.

높은 고지대를 지칭한다. 그리고 이들 북과 찬, 그리고 낮은 곳과 높은 곳을 가르는 경계로 제시된 것이 '흑수'였다.

'흑수'는 『우공(禹貢)』에서 말하는 양주(梁州)의 흑수를 가리킨다.[51] 위치 비정에 논란이 있지만,[52] 『전략』이나[53] 『원사』 「지리지」[54] 그리고 『청사고』[55] 등에 따르면, 명 제국 시기의 흑수는 란창쟝[瀾滄江] 강과 누쟝[怒江] 강 그리고 위엔쟝[元江] 강을 지칭하는 것으로 보인다. 이 세 강이 만들어 내는 경계선은 앞서 지형을 설명하면서 언급했던 제4층과 제5층 사이의 경계와 대체로 일치한다. 즉, 앞서 여섯 층위의 계단을 세 개로 단순화하면, 데첸[德欽] · 쫑디엔[中甸] 일대, 디엔쭝[滇中] 고원, 서남-남부 지대로 구분할 수 있다. 데첸 · 쫑디엔 지역은 해발 4,000미터를 넘는 설산이 즐비한 고원 지대로, 문화적으로는 티베트에 속하는 지역이다. 디엔쭝 고원은 쉬엔웨이[宣威]부터 시작하여 취징[曲靖], 쿤밍, 추슝[楚雄]을 거쳐 따리에 이르는 지역으로, 대체로 해발 2,000~2,200미터의 분지가 형성된 고원 지대이다. 그리고 서남-남부 지역은 킬로미터당 평균 6미터씩 낮아져서 최저점이자 난시허 강과 홍허[紅河] 강의 교차 지역인 허커우에 이르면, 앞서 언급했듯이 해발 76.4미터에 불과하게 된다. 흑수 그중에서도 특히 위엔쟝 강은 바로 디엔쭝 고원 지대와 서남-남부의 저지대를 가르는 선과 대체로 일치한다. 그리고 이 경계선은 전통 시대 내내 중요한 경계로 인식되어 왔다. 특히 운남 지역을 바라보는 '중국'인들에게 그러했다.

이렇듯 지형과 지질을 포함한 자연환경은 사람들의 삶에 영향을 주고, 그 사이에 경계를 만들어 왔다. 따라서 이에 대한 이해는 그 지역의 역사

---

51) 『尚書』「禹貢」第1 〈夏書〉, "華陽黑水惟梁州."
52) 전통적으로, 四川省 南坪 白水江 상류 유역으로 보는 扶州黑水說, 雲南의 瀾滄江說, 고대 金沙江의 일부 지칭하는 瀘水說, 怒江으로 보는 설, 怒江 상류 유역의 㑩喇烏蘇로 보는 설, 麗江와 합류하는 彌諾江 등의 설이 있어왔지만(王子今, 1994, p.4), 각 시기마다 또 문서마다 조금씩 그 대상이 달라져 왔다고 보는 것이 진실에 가까울 것이다.
53) 『滇略』卷2 「勝畧」, p.12/ 494-110下.
54) 『元史』卷61 「地理」4 〈雲南諸路行中書省 元江路〉, p.1478.
55) 『清史稿』卷525 「藩部」8 〈西藏〉, p.14573.

를 살피는 데 많은 도움을 준다. 이것이 운남 지역의 자연환경에 대해 정리한 까닭이다. 요약하자면, 운남 지역은 높은 산들과 많은 물로 격절되고 흩어진 크고 작은 분지들로 구성되었고, 이로 인해 교통이 불편하다. 또 급격한 고저의 차이에 따라 다양한 생물학적 환경을 갖춘 탓에 다양한 생활 방식이 존재하는 곳이다. 이러한 점들이 역사 시기 내내 다양한 족군과 군소 정치체들이 존재하게 된 원인의 일부가 되었을 것이다. 그러나 절대적인 것은 없다. 교통이 불편하지만 교통로가 존재하였고, 또 그 길들을 따라 많은 인간 집단이 이동하여 투쟁하고 융합하면서 더 큰 통합적 공동체를 만들기도 하였다.

오늘날 구이저우성의 고원 산지로부터 윈난과 광시를 거쳐 동남아 대륙부의 산간 지대까지 널리 분포하는 야오(猺) 족에 관한 연구는 흥미로운 사실을 전해 준다. 그 연구에 따르면, 야오 족의 경우 광대한 지역에 분산하여 거주할 뿐만 아니라 의상과 풍속 등에서 많은 차이를 가지고 있다. 또 지역마다 다양한 이름의 지족을 형성하였으면서도 '야오'라는 이름과 저 유명한 '반고전설(盤古傳說)'을 종조(種祖) 설화로 공유하고 있다고 한다.[56] 그리고 그 연구에서 조사한 태국 서북부 산지에 거주하는 야오 족들의 경우, 자신들과 동종의 야오 족이 베트남 통킹(東京) 지역까지 거주하고 있음을 잘 안다고 한다. 또 이들 연구에서 매우 흥미로운 점 가운데 하나는 이들만이 아는 '산길'이 존재한다는 사실이다. 인적이 닿지 않는 험절한 산중에도 이들만이 아는 길들이 종횡으로 이어지며, 이들은 이 길을 이용하여 친척 등을 일상적으로 방문하기도 하는데 그 범위가 700~800 킬로미터에 미치기도 한다는 것이다.[57] 이렇듯 길은 이어진다.

---

56) 白鳥芳郎(1985), pp.492-523.
57) 白鳥芳郎(1985), p.493.

4. '남조국'의 구성과 경계, 공간의 연쇄

지금까지 이 연구의 대상과 관점, 그리고 운남 지역이 처한 자연지리적 환경에 관해 소개하였다. 우선, 이 연구에서 고찰하고자 하는 대상은 '남조국'과 그 강역 및 경계이다. 그것은 필연적으로 남조국의 구조와 주변 세계의 관계로 확대될 것이다. 그리고 이 연구는 종적으로는 '운남'사의 관점에서 남조국을 바라볼 것인데, 남조국의 강역과 '운남' 혹은 '전'의 공간 범주와의 관계에 주목할 것이다. 또 횡적으로는 '중국적 세계 질서'로부터 자유로울 수 없는 '동아시아 세계'보다는 더 넓은 시야에서 남조국을 고찰할 것이다. 중국과의 관계뿐만 아니라 티베트와 동남아시아 대륙부, 그리고 인도와의 관계에도 관심을 가질 것이다. 아울러 운남 지역이 가진 자연지리적 특성을 소개했는데, 바다처럼 펼쳐진 '산지'에 섬처럼 산재한 '평지'들을 강조하였다.

이에 더하여, 교통로를 강역과 경계 문제에 접근하는 도구로 이용하고자 한다. 즉 경계 지점을 확인하기 위한 방법의 하나로 교통로를 살펴보고자 한다. 근대인들이 보기에 전근대 시기 국가 간의 경계선은 거의 늘 불명확하다. 그러나 교통로 상에서 경계는 하나의 점으로 표시될 수 있다. 사실 오늘날에도 국경을 몸으로 느끼는 것은 공항의 출입국 심사 데스크나 국경에 가로놓인 다리 이편과 저편의 체크포인트이다. 휴전선처럼 철책이 쳐지고 총을 든 군인이 지키는 경우가 아니라면, 눈에 보이지 않는 국경선은 경계 혹은 장벽으로서의 의미가 거의 없다. 오히려 길 위에 놓인 관문이 훨씬 선명한 국경의 이미지를 드러낸다. 그래서 우선 남조국으로 통하는 주요 간선들의 관문 혹은 경계로 인식되는 지점들을 확인하고자 한다.

길은 또 공간과 공간의 연쇄를 가능케 하는 고리 역할을 한다. 당연한 이야기이지만, 교통로는 마을과 마을을 연결하고 도시와 도시를 연결하며 인간 집단을 서로 연결한다. 그것이 동질적인 집단이건 이질적인 집단이

건 서로 차지하고 있는 공간들은 길로 이어진다. 교통로 상의 어느 지점에서 경계가 만들어져야 한다면, 그에 합당한 이유가 있을 것이다. 또 그 지점은 거기에 연결된 공간들 사이의 관계를 파악할 수 있는 가장 직접적인 현장이 될 것이다. 따라서 길은 공간과 공간의 연쇄를 가능하게 만드는 역할을 하며, 한편으로는 공간 사이의 관계를 체크하는 포인트를 제공하기도 한다.

남조국으로 이어지는 도로에는 다양한 인간 집단이 공존하였다. 구이저우성 지역에서 남조국의 도성으로 향하는 길에는 장가만(牂柯蠻)의 장가국이, 나전국(羅殿國)이, 곤명이(昆明夷)의 곤명국이, 또 동찬오만(東爨烏蠻)에 속하는 부락들이, 그리고 백만(白蠻) 부락들이 이어졌다. 그리고 이 길은 중국 쪽으로만 이어진 것이 아니었다. 동남아 대륙부의 버마 쪽으로, 태국 쪽으로, 라오스 쪽으로도 이어졌다. 그리고 그 길의 연변에는 '남조국'을 운영했던 사람들과 구별되는 종족(또는 부락) 공동체가 점점이 이어졌다. 이들에게 남조국은 어떤 의미를 가진 존재였을까? 그리고 이들은 남조국의 출현과 존속에 어떠한 영향을 끼쳤을까?

대체로 이러한 문제의식과 시야를 가지고 남조국의 강역과 경계 문제에 접근해 보도록 할 것이다. 우선 I장에서는 8세기 중반 남조국이 '남중' 지역을 자신의 통치 아래로 통합하기 전까지 어떠한 과정을 거쳐 성장하였는지 살펴볼 것이다. 현재의 얼하이[洱海] 지역 남변의 작은 '국'으로부터 출발하여 당 제국의 기미 지배를 벗어나기까지, 어떠한 일들이 있었는지를 설명할 것이다. 특히 '백자국(白子國)'의 '선양(禪讓)' 설화를 '서쪽으로부터의 영향'과 관련하여 주목할 것이다. II장에서는 남조국의 수도였던 양저미성[오늘날의 따리]으로 이어지는 주요 간선 도로들과 그 노선상의 '경계' 지점들을 살펴볼 것이다. 이를 통해 남조국이 어느 정도 규모의 강역을 형성하였는지, 그리고 그 강역을 이루는 경계 안팎에 어떠한 사람들이 살고 있었는지를 대략이나마 파악해 볼 것이다. 그리고 이 작업의 결과는 이해의 편의를 위해 지도로 표현할 것이다.

Ⅲ장으로부터 Ⅴ장까지는 각기 중국의 당 제국, 티베트의 토번, 그리고 동남아시아의 해남제국(海南諸國)과 남조국 사이에 존재했던 공간들을 분석할 것이다. 그리고 그곳에서 드러나는 중층적 경계와 공간 사이의 위계 관계에 대해 살펴볼 것이다. 특히 당과의 관계에서는 쓰촨성 남부, 구이저우성, 광시성과 베트남 북부 지역에 산재했던 기미주들에 대한 세밀한 고찰을 진행하고자 한다. 이들 지역 모두 당 제국의 기미부주 체제와 번진 체제의 힘이 남조국의 통치력과 중첩되는 지역이었다. 이에 대한 조사와 분석은 남조국의 역사는 물론 당 제국 시기의 중국을 이해하는 데도 도움이 될 것이다. 그리고 이 과정에서 동아시아 세계에서의 '국' 개념에 대해 성찰해 볼 것이다. 아울러 남조국이 왜 성도와 안남(安南)에 대한 공략에 나섰는지에 대해서도 자세히 살펴볼 것이다.

토번과의 관계에서도 양자의 지배가 어떻게 중첩되었는지에 관심을 둘 것이다. 여기에는 마사만(磨些蠻)과 순만(順蠻), 동만(東蠻) 등으로 지칭된 여러 족군과 정치체가 존재하였다. 그리고 남조국이 얼하이 지역을 비롯하여 남중 지역을 통합해 나가는 과정에서 '토번'이 어떠한 역할을 하였고, 어떠한 요인들이 토번 세력을 이 지역으로 끌어들였는지에 대해서도 살펴볼 것이다. 또 '해남제국'과의 관계에서는 남조국의 '심전(尋傳)' 지역 경영과 목적, 그리고 당시 동남아시아 대륙부에 존재했던 국가들과의 관계에 중점을 두고 분석을 진행할 것이다. 당시 남조국은 이 지역에 적극적으로 개입하였으며, 활발한 교류 관계를 유지하고 있었다. 그리고 이 과정에서 '서쪽으로부터 온 영향'과 '남조국'을 중심으로 한 '동남아시아 국제 질서'의 실체에 접근해 보고자 한다.

I

남조국의 등장과
남중(南中) 지역 통일

I

남조국의 등장과
남중(南中) 지역 통일

'남중(南中)'은 촉한이 운남을 지배하던 시기에 등장한 공간 개념으로, 익주 남부의 변군 지역을 지칭하였다. 익주(益州) '남중'의 의미를 글자 그대로 풀면 익주의 남부라는 뜻이다.[58] '남중' 또한 역사적 산물이다. '남중'의 등장과 관련하여 가장 강조해야 할 부분은 '서남이(西南夷)'로부터 '남중' 지역이 비로소 구분되었다는 점이다. 다시 말하면, '서남이'로 인식되던 공간의 일부가 '남중'이라는 이름으로 인식되기 시작했다는 것이다.[59] 오랜 변군 지배에 의해 탄생한 남중 개념은 촉한 정권과 성한(成漢) 정권의 연이은 성립, 촉한 지역을 중심으로 기술된 역사서의 등장, 내항도독(庲降都督)을 필두로 이 지역을 권역으로 하는 막부·행정 기구의 성립 등에 의해 더욱 강화되었다.[60] 전통적으로 남중의 중심은 전지(滇池) 동안에서 취징[曲靖]에 이르는 지역이었고, 이 지역은 토착 한인 대성들의 본거지였다.

---

58) 『漢語大詞典』(縮印本, p.375)에서는 '南中'의 의미를 세 가지로 나누어 설명하고 있다. ① 川南과 雲貴 일대를 지칭한다. ② 嶺南 지구를 가리킨다. ③ 남방 남부 지구를 범칭한다. 또 중국의 正史를 검색해 보아도 『한어대사전』에서 제시한 범위를 크게 벗어나지 않는다. 굳이 益州를 앞에 붙인 것은 交州·交趾를 중심으로 한 중국의 嶺南 지방을 지칭하는 '남중'과 또 중국의 남방 혹은 단순히 '남방'을 의미하는 '남중'과 구분하기 위해서이다. 특히 교주·교지를 지칭하는 '남중'은 익주 '남중'과 얼마 되지 않는 시차를 두고 출현하기 때문에 더욱 구분할 필요가 있다. 이 뒤에 사용한 '南中'은 모두 익주 남중을 가리킨다.

59) 鄭勉(2007a), pp.115–150.

60) 鄭勉(2007b), pp.199–232.

중국 국가의 지배력이 약화되자, 이곳 남중을 장악한 것은 이들 토착 한인 대성을 중심으로 하는 '남인(南人)'들이었다.[61] 그리고 이들이 세운 나라가 '서찬국(西爨國)'이었다. 이 서찬국은 4세기 중반부터 8세기 중반까지 전지 지역을 중심으로 남중 지역에 영향력을 행사하였다. 바꾸어 말하면, 남조국에 의해 멸망하기 전까지 남중 지역을 통치한 셈이다. 서찬국 시기에 따리 분지를 중심으로 한 서부 지역은 남중의 변방이었다. 이 지역은 한 제국 무제 시기 이전 수(巂)와 곤명(昆明)이 활동하던 곳이고, 이후 애뢰이(哀牢夷)의 땅이었으며, 또 곤(昆)과 수(叟)의 땅이었고, 수와 당 제국 전기까지는 백만(白蠻)이라 불리는 선주민의 땅이었다.

이 장에서는 오만(烏蠻)의 별종으로 작은 부족 국가에 불과했던 남조가 남중 지역을 통치하는 고대국가로 성장하는 과정을 간략하게 살펴볼 것이다. 우선 남조국과 백자국(白子國)의 관계를 살피고자 한다. 남조 건국 설화에 따르면, 백자국은 남중의 서부 지역에 세워진 백만의 국가였고, 여섯 조의 하나였던 몽사조(蒙舍詔) 즉 남조는 이 백자국을 계승하였다. 그 다음에는 남조국이 나머지 5조와 서이하만(西洱河蠻)을 제압하고 따리 분지 지역을 장악해 나가는 과정을 살펴볼 것이다. 이때 남조국은 당 제국의 기미부주 체제하에 있었다. 마지막으로 서부를 장악한 남조국이 중심부로 진입하여 서찬국을 무너뜨리고, 남중 전역을 장악하는 과정을 살펴볼 것이다. 남중 지역 장악의 결과는 당 제국과의 분쟁으로 이어졌고, 끝내 천보(天寶)전쟁을 통해 당 제국의 영향력으로부터 이탈하였다.

1. 남조국의 기원과 백자국

『신당서』「남만전」의 〈남조전(南詔傳)〉은 다음과 같은 개략적 설명과 함께

---

61) 이 핵심 지역의 大姓 세력을 중심으로 漢과 蠻夷의 문화적 습속을 공유하는 세력이 등장하는데, 이들이 바로 '南人'이라 불린 이들이었다. 이 남인은 토착 한인 대성을 중심으로 정치적·사회적으로 결합한 夷帥들을 포함하는 인간 집단이었다. 이들은 '漢法'에 의지하기 보다는 상호간의 盟約에 의해 서로의 이해관계를 조절하였으며, 중국 국가의 官府 또한 남인 통치에 있어서 이러한 질서에 상당 부분 의지하였다.

시작된다.

> 남조(는), 혹은 학척(鶴拓)이라고 하기도 하고, 혹은 용미(龍尾), 혹은 저미(苴咩), 혹은 양검(陽劍)이라고도 한다. 본디 애뢰이의 후예이며, 오만의 별종이다. 이어(夷語)에서는 왕이 「조(詔)」이다. (남조국이 일어나기 전) 선대에는 거수(渠帥)가 여섯이 있어 「육조」라 불렸는데, 몽수조(蒙雟詔), 월석조(越析詔), 랑궁조(浪穹詔), 등섬조(邆睒詔), 시랑조(施浪詔), 몽사조(蒙舍詔) 따위가 그들이다. 군사력이 서로 비슷하여 서로 간에 군신 관계는 생기지 않았다. (옛날) 촉의 제갈량이 토벌하여 평정하였다. 몽사조는 여러 부(部)의 남쪽에 있었기 때문에 남조라 불리었다. 영창(永昌)과 요주(姚州) 사이 그리고 철교(鐵橋) 남쪽에 거하였다. (그 영역은) 동으로는 찬(爨)과 사이가 좀 떨어져 있고, 동남쪽으로는 교지(交趾)에 닿아 있다. 서쪽으로는 마가타(摩伽陀), 서북쪽으로는 토번(吐蕃)과 접하여 있다. 남쪽으로는 여왕(女王), 서남쪽으로는 표(驃)와 접하였다. 북으로는 익주와 맞닥뜨리고 있고, 동북쪽으로는 검(黔) · 무(巫)의 가장자리까지 이르렀다. 왕은 양저미성(羊苴咩城)에 도읍하였고, 별도(別都)를 (두어) 선천부(善闡府)라 하였다.[62]

위의 기사는 남조국의 전사를 잘 요약하고 있을 뿐 아니라, 그 공간적 범주도 잘 드러내고 있다. 6조의 하나로 다른 5조와 병립할 때부터 남중 지역을 넘어 팽창할 때까지 공간적 범주를 간단하게나마 모두 설명하고 있다. 영창과 요주 사이 그리고 철교 남쪽은 남조를 비롯한 육조의 종족적 거주 구역이고, 그 뒤로 이어지는 영역은 남조국이 남중을 장악한 뒤의 국가적 강역이라 할 수 있다. 동쪽의 찬은 서찬이 멸망한 뒤, 서찬의 고지에 거주하게 된 동찬오만을 지칭하며, 교지는 지금의 베트남 북부를 지칭한다. 서쪽의 마가타(摩揭陀; Magadha)는 인도의 고국이다.[63] 석가모니 시기의 국가가

---

62) 『新唐書』 卷222上 「南蠻」 上 〈南詔〉上, p.6267.
63) 王鲲(2010), p.14; 孫修身(1997), pp.85-102. 摩揭陀는 산스크리트어로 Magadha이고 파리어로도 같다고 한다. 또 摩羯陀國, 摩竭陀國, 摩竭提國, 默竭陀國, 默竭提國, 摩訶陀國 등으로 표기하기도 한다. 석가모니

8세기까지 존속하였을 리 없으니, 인도 동북부를 지칭한 것이라 보면 될 것이다. 토번은 당시 티베트 고원 위에 존재했던 고대국가이고, 여왕과 표는 동남아시아 대륙부에 존재했던 고국이다. 그리고 익주는 현재의 쓰촨성 청두평원, 검·무는 검중과 무산을 지칭하는 것으로 현재의 구이저우성과 충칭 지역 및 후난성 서부의 창쟝산샤[長江三峽] 일대라고 할 수 있다.

위 기사는 남조가 애뢰이의 별종으로 오만의 별종임을 밝히고 있는데, 『만서』에 따르면 나머지 5조도 모두 오만종이었다.[64] 당시 남중 지역에는 일종의 보편 문화였던 '한 문화(漢文化)'에 익숙한 만이와 그렇지 못한 만이들이 공존하고 있었으며, 남중의 서부 지역에도 오만과 백만이 교착하여 살고 있었다.[65] 학척, 용미, 저미, 양검 등은 모두 얼하이 지역의 지명이다.[66] 즉, 남조가 얼하이 지역을 모두 점령한 뒤에 남조국을 지칭하는 명칭으로 이 지명들을 사용한 것이다. 이에 비하여, 몽사조는 남조가 현재의 웨이산[巍山] 분지 남반부를 근거지로 하고 있을 때의 사정을 반영하고 있다. 남조국의 기원을 탐색하는 것이 이 절의 목적이므로, 이 몽사조와 오만-백만의 문제로부터 출발하고자 한다.

오만과 백만, 곤명과 수

'백만=타이어계[傣族]', '오만=티베트·버마어계[彝族]'의 등식을 부정하기 위해 애쓰던 중국의 운남사 학자들은 이[彝]족과 바이[白]족의 족원 문제를 추적하다가, '서찬백만=바이 족', '동찬오만=이 족'의 등식을 두고 논쟁을 벌였다. 현재 운남성에 존재하는 소수민족의 족원 문제는 이 연구의 일차적인 관심이 아닐 뿐 더러, 오랜 기간 복잡한 천사와 융합 그리고

시기 인도 16개 대국 중의 하나이다. 현재 인도의 비하르(Bihar) 지방에 위치하였으며, 파트나(Patna, 즉 華氏城)와 가야(佛陀伽耶, Gaya)가 그 중심지였다고 한다.

64) 『雲南志補注』, p.29.
65) 오만과 백만의 구분에 관하여는 정면(2010a) 참조.
66) 楊廷福(1984), pp.54-55.

분화 과정을 통해 형성되거나 규정되었을 현재의 소수민족과 8,9세기에 만들어진 만이 구분을 등치시키는 일이 온당하지 않다고 생각한다. 다만 이 족과 바이 족의 족원 논쟁 과정에서 백만의 족원 문제가 남조국의 기원과 관련이 있기 때문에 간단하게나마 짚고 넘어가고자 한다. 우선 쟁점이 되는 부분은 다음 『화양국지(華陽國志)』 「남중지(南中志)」 기사의 '곤'과 '수(叟)'에 대한 해석이다.

이인(夷人)의 대종(大種)을 일러 곤(昆)이라 하고, 소종(小種)을 일러 수(叟)라 한다. 모두 곡두(曲頭)에 목이환(木耳環)을 하였는데, 철로 안을 묶었다(鐵裏結).[67] 큰 후왕(侯王)이 없는 것은 문산(汶山)과 한가(漢嘉) 이(夷)와 같다.[68]

진녕군(晉寧郡)은 본디 전국(滇國)이다. 원정(元鼎) 연간 초에 관리를 두었는데[군현을 설치하였는데], 장가군(牂柯郡)과 월수군(越巂郡)에 나누어 속하게 하였다. 기원전 109년[元封 2年]에 수(叟)가 반란하자 장군 곽창(郭昌)을 보내 토평(討平)하였다. 이어서 군을 개치하여 전지(滇池) 변에 치소를 두었는데, 익주(益州)라고 불렀다.[69]

첫째 기사의 곤은 『화양국지』 「촉지(蜀志)」의 다른 기사로 보건대,[70] 곤명종(昆明種)을 지칭한다. 이에 대하여 다른 의견을 제출한 연구는 아직 보지 못하였다. 이 곤명종은 바로 한 무제 때 신독국도(身毒國道)를 찾던 사신단을 번번이 가로막은 이들이었다. 이후 한 제국의 군사 행동 혹은 스스로의 내속에 의해 익주군의 서부에 예속되었지만, 한 제국 시기 내내 걸핏하면 반란을 일으켰던 족속이었다. 수(叟)의 경우, 사마천이 말

---

67) 張增祺(1997, p.43)는 이를 曲頭, 목이, 환철, 리결로 끊어 읽고, 곡두는 머리카락을 묶는 굽은 모양의 동조각이라 설명하였고, 목이는 칠과 木을 제재로 한 이환이라 풀었다. 그리고 환철은 철환으로 팔찌의 일종으로 설명하였다. 그러나 리결에 대하여는 분명치 않다고 했다.
68) 『華陽國志校補圖注』 卷4 「南中志」 4, p.247.
69) 『華陽國志校補圖注』 卷4 「南中志」 8, p.267.
70) 『華陽國志校補圖注』 卷3 「蜀志」 23, p.210.

한 '곤명·수(巂)'의 수와 동음이자로 보고 신쟝성[新疆省]의 이리 지역에 거주하다가 칭쟝[靑藏] 고원과 헝돤[橫斷] 산맥을 거쳐 윈난 지역으로 진입한 스키타이 기마 문명을 가진 유목 민족이라 주장하는 설도 최근에 제기되었지만,[71] 전통적인 통설은 파촉(巴蜀) 지역에 거주하다 남하한 저강계(氐羌係) 종족으로 설명하고 있다. 한편 두 번째 기사에서는 한 무제 때 익주군의 설치 계기를 기원전 109년 수의 반란으로 적고 있는데, 『사기』의 관련 기사에는 '수'가 등장하지 않는다. 『사기』에서 설명하는 익주군은 전왕(滇王)의 동성인 '미막의 족속(靡莫之屬)'을 군대로 토벌하고 전왕의 항복을 받아 설치한 군이었다. 즉 둘째 기사는 한대 전국과 미막의 무리를 바로 '수'족의 일부로 파악하고 있는 것이다.

이 「남중지」〈진녕군(晉寧郡)조〉의 기사에 대한 학자들의 평가는 갈래가 나뉘는데, 그중 하나는 '전북(滇僰)'을 '전의 북'으로 파악하고, 이를 '북'에서 '수'로의 교체로 보는 시각이다. 이때 '전'은 지명이며 '미막'은 북의 또 다른 음차로, 결국 전국은 북인들이 세운 국가가 된다. 이 설은 북인과 수인과의 관계를 융합, 교체의 시각으로 보는 것이다. 이때 수는 본디 촉이(蜀夷)를 이르는 말이었다. 그런데 진·한에 이르러 파촉 지역의 군현화와 한인의 지속적 유입으로 촉이가 점차 남하하여, 전지(滇池) 지역까지 이르렀다는 것이다. 그리고 이 수인의 남하에 결정적 역할을 한 것이 중국 제국에 의한 무력 행사였다. 그중에서도 신대(新代) 약두(若豆)와 맹천(孟遷)의 봉기에 20만 명을 동원한 왕망(王莽)의 군사 행동이 특히 중요한 영향을 끼쳤다고 한다. 이 원정이 비교적 문화 수준이 높은 수족을 단시간에 대량으로 이 지역에 옮겨다 주었다는 것이 이 주장의 설명이다.

또 이 설에 따르면, 이들 '수이'들은 '군이(郡夷)'로서 변군 통치에 협조하면서, 북인들과 융합하여 점차 북인 세력을 교체하였다. 이들이 후한

---

71) 張增祺(1997), pp.46-48.

과 위·진 시기 남중 지역의 수인(叟人)이며, 이들은 이후 찬인(爨人)으로 융합 교체되었다. 이 설의 가장 큰 단점은 곤명과 전북, 수를 지나치게 대립적으로 파악한다는 것이다. 여기에는 운남 지역 만이를 이주[이족]와 바이주[백족], 오만과 백만의 이항대립적 존재로 파악하는 중국인들의 전통적 시각이 숨어 있다. 그리고 이들 이주와 바이주, 오만과 백만을 하나의 단일한 근대적 민족으로 여기는 착시도 깔려있다. 사실 한이든 위·진이든 곤명과 대립한 것은 한군현이었지, 전북이나 수 같은 전지 지역 만이들이 아니었다. 개별 부락 사이의 분쟁은 있었을지도 모르지만, 잡처한 '곤명'과 '수'의 '거족적' 대결을 전하는 사료는 아직 발견된 바 없다.

한편 '수'를 곤명의 별종으로 보아 곤명 제종의 하나로 파악하는 연구도 있다.[72] 그러니까 첫째 기사의 '소종'을 별종으로 이해한 것이다. 이 설명은 첫째 기사에 충실하다 할 수 있다. 즉 첫째 기사에서는 '곤'과 '이'가 같은 습속을 가지고 있고, 비슷한 정치적 존재 형태를 가지고 있는 것처럼 서술하고 있기 때문이다. 이 설은 북인이 고금을 막론하고 전지 지역까지 진출한 적이 없었음을 논증하며, '전북'='전의 북인'설을 부정하였다. 이 연구는 문신, 경도(竟渡), 간란(干欄) 거주, 종도(種稻), 동고(銅鼓) 사용 등 출토된 청동기 문화의 허다한 특징이 모두 사적 중에 기재된 복월(濮越) 계통의 민족 습속과 같다는 점을 지적하면서, 전국의 '주체 민족'이 북인이 아님을 다시 한 번 강조하였다. 그리고 '수'의 기원에 관하여는 설명하지 않았다. 다만 아마도 전국의 '주체 민족'은 여러 번 변천하였을 것이지만, 전한 시기에 이르러서는 수가 되었으며, 수는 "곤명제종"에 속한다고 주장하였다. 그리고 이 수가 바로 '서찬백만'을 형성하였다고 주장했다.

후한 말 남중 지역에 출현한 수의 족원에 관하여 판단하는 것은 쉬운 일이 아니다. 촉이로서 수의 존재는 일찍부터 문헌 사료에 등장하지만, 그

---

72) 段鼎周(1994), pp.52-56.

들이 대거 남하하였음을 전해 주는 사료는 없다. 앞서 언급했듯이, 일부
연구자들은 서남이 지역 토벌에 종군한 수병(叟兵)의 존재를 말하지만,
그들의 낙적(落籍)과 이후의 발전 과정을 증명해 줄 직접적인 근거 또한
없다. 모두가 추정에 불과할 뿐이다. 또 수를 곤명의 별종으로 보는 시각
은, 『사기』의 '곤명과 수'에 관한 기재, 그리고 월수군(越嶲郡) 수수(叟帥)
고정원(高定元)의 존재가 그를 방증하는 근거가 될 수 있지만, 이 설 또한
확실한 사료적 근거를 갖지 못하였다. 따라서 중국 측 기록에 산재하는
단편적 기록들에 의지한 족원 규명이 꼭 필요한 것인지, 의미가 있는 일
인지는 다시 생각해 볼 필요가 있다.

어쨌든 위 두 기사와 남중 지역 특히 그 핵심 지역의 만이로 사서에 등
장하는 '이와 수'의 존재는 익주군의 본부에 있던 수와 익주군의 서부에 예
속되었던 곤명이 남중 지역에서 교착하여 잡처했음을 보여 준다. 이들의
교착 잡처는 양자의 공간적 이동을 의미한다. 곤명은 본거지로부터 동쪽
으로 이동하였고, 수는 서쪽으로 이동하였다고 볼 수 있다. 다음의 기사
는 후한 초기 이미 곤명이가 남중의 중심부에 진입했음을 보여 준다.

> 42년[建武 18年]에 이수(夷帥) 동잠(棟蠶)과 고복(姑復), 접유(楪榆),
> 농동(橋棟), 연연(連然), 전지(滇池), 건령(建伶)의 곤명 제종(諸種)이 이
> 반하여, 장리(長吏)를 죽였다. 익주 태수 번승(繁勝)이 더불어 싸웠으나
> 패하였으며, 후퇴하여 주제(朱提)에서 수비하였다.[73]

> 고복(姑复)은 현이며 월수군(越嶲郡)에 속한다. 나머지 6현은 모두 익주
> 군에 속한다.[74]

> [集解] ……. 속한지(續漢志)에는 곤명이 없고, 곤택(昆澤)이 있는데, 지
> 금의 곤양주(昆陽州) 땅이다.[75]

---

73) 『後漢書』 卷86 「西南夷」 〈滇〉, p.2846.
74) 『後漢書』 卷86 「西南夷」 〈滇〉 [李注], p.2847.
75) 『後漢書集解』 卷86, p.996 下左.

색은(索隱)에서 살피다: 황도(黃圖)에 이르기를, "곤명지(昆明池)는 둘레가 40리이며, 수전을 익혔다"라고 하였다. 또 순열(荀悅)이 말하기를, "곤명자(昆明子)가 전하(滇河) 가운데에 거한 까닭에 수전을 익혀 치려한 것이다."[76]

『후한서』「광무제본기(光武本紀)」에는 43년[건무(建武) 10년] '서남이'가 익주군에 침구하였는데, 무위장군(武威將軍) 유상(劉尚)을 파견하여 토벌하게 하였고, 45년[건무 21년] 춘정월에 유상이 익주이를 토벌하였다는 기록이 있다. 이 '서남이'와 '익주이'는 『후한서』「서남이열전」에 구체적으로 적시되어 있는데, 위의 첫째 기사가 그것이다. 문제는 '고복, 접유, 농동, 연연, 전지, 건령, 곤명 제종'의 해석이다. 이의 해석에는 두 가지 방법이 있다. 하나는 '고복, 접유, 농동, 연연, 전지, 건령, 곤명 등 현의 이(夷) 제종'이라고 해석하는 것이고, 다른 하나는 '고복, 접유, 농동, 연연, 전지, 건령 등 현의 곤명이 제종'으로 해석하는 것이다. 둘째 기사는 첫째 기사에 대한 이현(李賢)의 주인데, 곤명을 익주군의 현으로 보았다. 그리고 셋째 기사는 왕선겸(王先謙)이 편찬한 『후한서집해(後漢書集解)』의 해석으로 곤명을 현으로 이해했으나, 『속한지』에 곤명현이 없는 까닭에 '곤택'의 오기 가능성을 조심스럽게 제기하고 있다. 곤택현은 전지의 동북쪽에 있으며 온수(溫水) 가에 위치한 현이다. '고복, 접유, 농동, 연연, 전지, 건령'의 표기 순서를 보면, 서쪽에서 동쪽으로 향하고 있다. 따라서 곤명 자리에 곤택이 들어가도 전혀 어색하지 않다. 그러나 곤명이 곧 곤택을 가리킨다는 것을 확증할 증거는 없다.

이에 비하여 후자의 해석은 셋째 기사에서도 지적하듯이 '곤명'이라는 현이 『한서』「지리지」나 『속한지』에 존재하지 않았다는 점에서 그 타당성을 갖는다. 뿐만 아니라 『구당서』에 곤명성이 등장하기 전까지 다른 정사에

---

76) 『史記』卷30「平準書」〈索隱〉, p.1428.

서 곤명지 이외의 지명은 찾아볼 수 없다.[77] 그리고 이 해석은 '고복, 접유, 농동'이 모두 본디 곤명족의 활동 근거지라는 점에서 근거를 갖는다. 그리고 「남중지」에서는 남중의 이(夷)를 '곤명'이라 칭하였다는 점[78] 또한 근거를 제공한다. 현 이름이 5개나 나열되고 여섯 번째로 어떤 만이의 종 이름이 등장하고 제종이라 적혀 있다면, 5개 현의 모(某) 제종이라고 읽는 것이 합리적이다. 후자의 해석이 타당하다면, 43년에 이미 익주군 서부에 거주하던 곤명이가 전지 주변까지 진출하였다는 것을 의미한다. 넷째 기사는 『사기』 「평준서」에서 곤명지를 만들었다고 한 데 대하여 『색은(索隱)』이 인용한 말들이다. 순열(荀悅)은 주지하듯이 후한 말 조위(曹魏) 시기 인물로 『한기(漢紀)』를 지은 인물이다. 곤명지의 조성 이유를 곤명자(昆明子)가 전하(滇河) 가운데에 거하였기 때문으로 적은 것은 순열이 처음으로 보이는데, 당시 곤명이 이미 전지 주변까지 진출한 상황을 염두에 두고 적은 것이라 생각된다.

여기에서 짚고 넘어가야 할 것이 하나 있다. 『신당서』 「양찬만전」에 등장하는 '곤명만'과 '곤명이'의 차이이다. 곤명이는 일찍이 한대부터 익주군 서부에 거주하였다가, 점차 전지 방향으로 이동하여 와서 '남중이'로 불렸다. 하지만 「양찬만전」에서 그리는 곤명만의 모습은 지금까지 살펴본 곤명이의 모습과 사뭇 다르다. 「양찬만전」에서 곤명만은 곤미국(昆彌國)이라고도 불리었다. 한대의 곤명과 어떠한 관계를 갖는지 알 수 없지만, 「양찬만전」이 보여주는 당대의 곤명만은 본디 거주지에서 동북쪽으로 많이 이동하였으며, 그 분포 범위가 매우 넓었던 것으로 보인다. 변발(辮髮)에 좌임(左衽)하며 풀과 물을 따라 축목한다는 것과 찬(爨)의 서쪽에 있고 서이하(西洱河)를 경계로 하고 있다는 점은 사마천의 곤명 묘사와 상통하지만, 당대 그들의 주요 거주지는 사마천이 제시한 그곳이 아니었다.

---

77) 『三國志』 「李恢傳」에 地名인지 種名인지 해석하기 모호한 사례가 하나 나올 뿐이다.
78) 『華陽國志校補圖注』 卷3 「蜀志」 23, p.210.

당 고조 무덕(武德) 연간 수주(舊州)의 치중(治中) 길홍위(吉弘偉)가 초무한 곤미국과 이후 이들의 내속에 의해 설치된 기미주들의 위치는 융주(戎州)도독부 북동부에 해당하는 지역이었다. 이 지역은 '동찬오만' 7부락의 북동쪽 바깥에 해당하는 곳으로, 경계 지역에서는 동찬오만 부락과 이들 곤명만이 서로 섞여 거주하였을 것으로 생각된다. 또 특이한 점은 『신당서』에서는 그 풍속이 돌궐과 같다고 한 것과 호응하여, 『당회요(唐會要)』나 『통전(通典)』의 〈곤미국조〉에서는 그 풍속이 돌궐과 대략 같고, 그들 스스로 본디 흉노의 형제국으로 여긴다고 적고 있다. 이들이 『사기』에서 묘사한 곤명과 깊은 관련을 가진 것은 분명해 보이지만, 「촉지(蜀志)」에서 남중이로 규정한 곤명이와는 거리가 있어 보인다. 또 『통전』이나 『당회요』의 〈곤미국조〉에서 곤명만에 대한 정벌로 기록한[79] 정관(貞觀) 연간 양건방(梁建方)의 군사 행동을 「양찬만전」에서는 송외만(松外蠻)과 서이하만(西洱河蠻)에 대한 정벌로 기록하고 있다.[80] 이는 『자치통감(資治通鑑)』에서도 마찬가지이다.

결국 이를 모두 받아들이면서 합리적으로 이해할 방법은 다음 정도가 될 듯하다. 『사기』에 등장하는 곤명종이 당대에 이르러 세 가지 종류로 분화되었다고 이해하는 것이다. 한 갈래는 따두허[大渡河] 강 이남 윈난성과 구이저우성 북부의 고산 지대로 이동하여, 선주민들과 융합하면서도 곤명만의 이름을 지닌 채 이전의 문화와 풍속을 유지하였다. 또 한 갈래의 곤명만은 월수군(越嶲郡) 서남부의 본디 거주지에 남아, 송외만과 백수만(白水蠻) 같은 새로운 이름을 가진 집단이 되었다. 마지막으로 본디 익주군 서부에 거주하다가 점차 전지 방면으로 이동하여 '남중이'로 불린 곤명이 집단은 수족과의 잡처와 융화를 거치면서 전혀 새로운 만이로 전화한 것으로 보인다. 아마도 마지막 집단이 서찬국 '백만'의 주류에 포함

---

79) 『唐會要』 卷98, p.1750; 『通典』 卷187 「邊防」 3, p.5065.
80) 『新唐書』 卷222下 「南蠻」 下 〈兩爨蠻 松外蠻〉, p.6321.

되었으리라 생각된다.

수(叟)의 서진을 직접적으로 전해 주는 사료는 아직 찾지 못하였다. 다만
정사는 아니지만, 원 제국 시기 이경(李京)이 지은『운남지략(雲南志略)』과
장도종(張道宗)이 찬술한『기고전설(紀古滇說)』등에 전왕 장인과(張仁果)와
그의 33대 후손인 당대의 수령·대장군·운남왕 장락진구(張樂進求)의 이
야기 그리고 '백자국'이 처음 등장한다. 또『남조도전(南詔圖傳)』에는 장씨로
부터 몽씨로 선양하는 설화의 배경이 되는 '철주고사'가 처음 등장한다.

'장몽선양(張蒙禪讓)' 전설과 백자국

'장몽선양'과 백자국이 실재하였는가의 문제에 대하여는 연구자들의 입
장이 갈라진다. 우선 부정하는 입장인데,[81] 이들의 결론을 모아 보면 '백
문[白(僰)文]'을 사용하는 후대 사람들에 의해 처음 만들어졌으며, 특히
남조국 이후에야 비로소 날조된 것으로 결코 역사적 진실이 아니다. 특히
'장몽선양'에 관하여 허우충[侯冲]은『남조도전』에 등장하는 '철주 제사' 이
야기에는 '선양'이 등장하지 않는다는 점을 들어, '장몽선양' 또한 후대에
날조된 것이라 주장한다. 그리고 회의적 혹은 유보적 태도를 보이는 연구
들이 있는데,[82] 이들의 결론은 전설에 불과하지만 그 전설이 반영하는 역
사상에 대한 다른 증거를 기다리겠다는 것이다. 마지막으로 백자국의 존
재를 긍정하는 연구들은[83] 이 전설이 완전히 허구일 수는 없으며, 허구
속에 숨겨진 진실을 복원해야 한다는 입장이다. 특히 이 연구들은『남조
도전』의 '철주 제사' 이야기와 제기(題記)에 등장하는『국사(國史)』및『장
씨국사(張氏國史)』에 주목한다.

사실 이 글은 백자국의 실재 여부에 큰 관심을 두지 않는다. 이 소절에

---

81) 向達(1933), 包鷺賓(1942), 祁慶富(1987), 侯冲(2002).
82) 立石謙次(2006), pp.1079~1104; 楊愛民(2012), pp.187~200.
83) 方國瑜(2001Bc), 林超民(1991), 段鼎周(1998), 楊政業(2001), 趙懷仁 主編(2004).

서는 '백자국'에 관한 기록이 어떠한 모양을 가지고 있는지만 소개하고자 한다. 다만 지면상의 이유로, 백자국을 처음 언급하고 있는『기고전설집(記古滇說集)』, '철주 제사' 고사의 내용이 처음 나타나는『남조도전(南詔圖傳)』, 그리고 청 제국 초기에 만들어진『백국인유(白國因由)』에서 그리는 백자국의 모습만 살펴보고자 한다. 먼저『기고전설집』에서는 '장몽선양'의 장면을 다음과 같이 적었다.

> 당대(唐代)에 장인과(張仁果)의 33대 손 장락진구(張樂進求)가 건녕(建寧)을 고쳐 운남(雲南)으로 하였으며, 당은 낙진구를 책립하여 수령 대장군 운남왕으로 삼았다. 낙진구가 철주(鐵柱)에 제사 지내다가, 금으로 주조한 봉황(鳳凰)이 습농락(習農樂)의 왼쪽 어깨에 내려앉는 것을 보았다. 낙진구 등이 놀라서 특이하게 여겼다. 이로 인하여 마침내 그 애뢰왕(哀牢王)의 자손에게 왕위를 양보하였다. 왕이 '몽(蒙)'을 국호로 삼았고, 왕을 일러 '기가(奇嘉)'라 불렀다. 사직(社稷)이 이곳에서 비롯한 까닭에 몽사(蒙社)라고 칭하였다. 653년[唐 高宗 永徽 4年]의 일이며, 바로 몽 13왕의 비조(鼻祖)이다.[84]

위 기사가 '장몽선양'에 관한 가장 오래된 기록이다. 같은 문헌에 따르면, 장인과는 백애(白崖)에서 창업의 기틀을 닦고 '백씨국[白(氏)國]'을 세운 이다. 한 무제 시기에는 장교(莊蹻)의 후손을 대신하여 '전주(滇主)', '전왕(滇王)'으로 책봉되었다고 한다. 하지만 그는 전왕으로 책봉되었음에도 불구하고 여전히 '백씨국'에 머물렀다고 한다. 그리고 장락진구가 운남으로 고쳤다고 하는 건녕에 대하여는, "(제갈량이) 군대를 돌려 백애에 이르렀고, 철주를 세워 남정을 기념하게 하였으며, 익주군을 고쳐 건녕이라 하고, 인과의 17세손 장용우(張龍佑)로 하여금 거느리게 하였다."라고 적었다. 선양의 대상자가 된 '습농락'은 바로『만서』와『신당서』등에 등장하

---

84)『雲南史料叢刊』(第2卷), p.658.

는 남조국의 시조 세노라(細奴邏)이다. 『기고전설집』은 '백(씨)국'을 개창한 장인과와 17세손 장용우, 그리고 653년에 세노라에게 선양하는 33대손 장락진구의 이야기를 점점이 배치하여 백애 지역을 중심으로 '백(씨)국'이 오랫동안 존속하였음을 시사하고 있다.

898년에 작성된 것으로 알려진 『남조도전』 「문자권」은 첫머리에 『철주기(鐵柱記)』를 빌려 다음과 같은 내용을 적고 있다.

> 『철주기』에서 (다음과 같이) 말하였다: 처음에 삼탐백대수령(三賧白大首領) 장군 장락진구(張樂盡求)가 흥종왕(興宗王) 등 9인과 더불어 철주 곁에서 하늘에 제사를 지냈다. 주조(主鳥)가 철주 위로부터 날아와 흥종왕의 팔뚝 위에서 쉬었다. 장락진구는 이 일 이후 더욱 놀라서 의아하게 여겼다. 흥종왕이 이에 기억하기를, 이것은 '우리 집의 주조이다'라고 하면서, 비로소 스스로 기뻐하였다.[85]

위 기사는 앞서 『기고전설집』의 '철주 제사' 이야기가 『남조도전』으로부터 비롯하였을 가능성을 시사한다. 한편 이야기를 『철주기』에서 인용하는 형식은 이것이 『남조도전』이 만들어지기 전부터 유행하여 문헌에 기록되었음을 보여 준다. 그리고 『남조도전』 「도권(圖卷)」의 철주와 9인 사이 공간에 표시된 문자표주(文字標註)에는, "살피건대 『장씨국사(張氏國史)』에서 이르기를 운남대장군(雲南大將軍) 장락진구, 서이하우장군(西洱河右將軍) 양농동(楊農揀), 좌장군(左將軍) 장의모동(張矣牟揀), 외봉자사(巍峯刺史) 몽라성(蒙羅盛), 훈공대부락주(勳公大部落主) 단우동(段宇揀), 그리고 조람우(趙覽宇), 시동망(施揀望), 이사정(李史頂), 왕청세막(王靑細莫) 등 아홉 사람이 함께 철주에 제사 지낼 때"라고 하여, 9인의 명단을 밝히고 있다. 또 9인의 사람들 왼쪽에 "도지운남국조 서이하후 전배대수령 장군 장락진구(都知雲南國詔西洱河侯前拜大首領將軍張樂盡求)"라고

---

85) 李霖燦(1967), plate ⅩLⅢ.

적어 장락진구가 '운남국조'였음을 밝혀놓았는데, 앞서 『기고전설집』에서 장락진구가 '건녕'에서 '운남'으로 바꾸었으며 당이 그를 운남왕으로 책봉하였다는 것과 조응한다.

이렇듯 『기고전설집』과 『남조도전』의 '철주 제사' 기록은 서로 크게 다르지 않으며, 『기고전설집』이 『남조도전』에 실린 같은 종류의 이야기를 참조했음을 시사한다. 물론 두 기록이 완전히 일치하는 것은 아니다. 우선 『기고전설집』의 경우, 제사에 참여한 인사를 '습농락[細奴邏]'이라고 한 데 비해 위 기사는 '흥종왕'이라고 적고 있고, 『남조도전』「도권」은 나성(羅盛)이라 적고 있다. 흥종왕과 나성은 동일 인물로, 세노라의 아들 나성을 지칭하는 것이다. 무슨 이유에서인지 알 수 없지만, 『기고전설원집』은 철주 제사에 참여한 몽씨의 수령을 나성에서 세노라로 바꾸어 놓았다. 그리고 허우충(侯冲)의 지적대로 이 '철주 제사' 이야기에는 선양에 관한 직접적인 언급이 없고, 『남조도전』 전체로 보아도 '백국'에 관한 직접적인 언급은 존재하지 않는다.

다음은 청 초(淸初) 성원사(聖元寺)의 주지 적유(寂裕)가 찬술한 것으로 알려진 『백국인유(白國因由)』의 기사이다. 〈파세배유주이거몽사관음수기(波細背幼主移居蒙舍觀音授記) 제구(第九)〉에는 세노라에 대한 관음의 수기와 '철주 제사' 이야기, 그리고 남조국의 건국을 언급하고 있다.

관음(觀音)이 예언하여 이르기를, 너는 대리국토(大理國土)의 주인이 되어 자손 대대로 인민을 안락하게 할 것이라고 하였다. 말을 마치자 떠났다. 이때에 장락진구가 운남조(雲南詔)의 추장이 되었는데, 구정(九鼎)에 희생을 갖추고, 세노라를 청하여 철주묘(鐵柱廟)에 나아가 하늘에 제사 지내고 길상을 점치고자 하였다. 갑자기 금곡조(金穀鳥)가 나타났는데, 일명 금한왕(金漢王)이라 한다. 세노라의 오른쪽 어깨로 날아와, 연이어 천명이 노라에게 있다고 세 차례 울었다. 무리가 모두 마음에 새겨 복종

하였다. 세노라가 마침내 위에 올라 기왕(嵜王)을 칭하였으며, 마침내 당
(唐)에 조공하였다. 자손이 뒤에 대대로 왕에 봉해졌는데, 순화진(舜化
眞)에 이르기까지 모두 13대를 전하였으며, 모두 237년이었다.[86]

그런데『백국인유』의 서문에는 다음과 같은 내용도 있다.

[아육왕(阿育王)이 백국에 봉한 둘째 아들] 표신저(驃信苴)는 호를 신명
천자(神明天子)라 하였는데, 곧 5백신(五百神)의 왕이다. 왕위를 전하
여 17대손 인과(仁果)에 이르렀는데, 한의 제갈량이 전(滇)에 들어와 장
성(張姓)을 사여하였다. 36대손 장락경구(張樂敬求)가 조근(朝覲)하니,
상이 운남진수장군[雲(南)鎭守將軍]에 봉하였다. 628년[唐 貞觀 2년
(628)]에 천사(天師)가 별을 보고 상주하여 말하기를, 서남에 왕자(王者)
가 일어날 것이라 하였다. 상이 명하여 찾아보게 하니, 세노라(細奴邏)가
태어났고, 마침내 백국왕(白國王)이 되었다.[87]

'철주 제사' 이야기에서는『기고전설집』과 마찬가지로 세노라가 등장하
고 예언의 대상도 세노라였지만, 세노라에 대한 직접적인 선양은 언급하
지 않는다. 그러나 세노라가 "마침내 백국왕이 되었"다고 하여, 같은 백
국의 연속선상에서 세력 교체가 있었음을 분명히 하고 있다. 그리고 서문
에서는 새로운 내용들을 밝히고 있는데, 인도 아육왕(阿育王 Ashoka,
B.C. 273~ B.C .236)의 둘째 아들 표신저(驃信苴)가 백국(白國)의 왕
으로 등장한다. 그리고 장인과와 장락경(진)구는 모두 이 표신저의 후손
으로 편입되었으며, 제갈량이 장인과에게 '장성(張姓)'을 수여한 것으로
덧붙여졌다. 백(자)국의 시조가 장인과에서 인도 아쇼카왕의 아들 표신저
로 변경되고, 장씨 계보는 인도 아쇼카왕의 혈통으로 변신한 것이다. 세
노라의 남조국 건국 또한 백국의 연속으로 그려지고 있다.『백국인유』에
서 장씨 가계와 백자국은 남조국·대리국과 더불어 자연스럽게 백국의 역

---

86) 方國瑜 主編,『雲南史料叢刊』(第11卷), p.164.
87) 方國瑜 主編,『雲南史料叢刊』(第11卷), p.161.

사를 구성하는 요소가 되었다.

　이상 현전하는 문헌 가운데 장씨와 몽씨 사이의 선양과 백자국의 존재를 처음으로 기록한『기고전설집』,『백고통기』계통의 문헌 중 거의 마지막으로 '백국'의 역사를 기록한 것으로 평가되는『백국인유』의 관련 기록, 그리고『남조도전』의 '철주 제사' 관련 기록을 살펴보았다. 비슷한 내용들을 담고 있지만, 구체적 내용이나 그 맥락은 조금씩 달랐다. 가장 오래된 문헌인『남조도전』은 '철주 제사'의 고사와 장락진구의 존재 그리고 세노라의 아들 홍종왕 나성의 이야기를 담고 있지만, 장씨와 몽씨 사이의 '선양' 및 '백국'의 존재는 직접적으로 언급하지 않았다.『기고전설집』은『남조도전』의 '철주 제사'와 비슷한 내용을 전하면서 '선양'을 직접 언급했을 뿐만 아니라, 장락진구의 조상으로 개국 비조 장인과와 장용우를 언급하고 백애 지역에 중심을 둔 백(씨)국의 존재를 명시하였다.『백국인유』에서는 '철주 제사나 세력 교체에 관하여 보다 직접적이고 구체적으로 언급하였다. 그리고 무엇보다도 아소카왕의 둘째 아들을 백국의 시조로 제시하였고, 장씨 계보를 그 혈통에 편입시켰으며, 세노라의 남조국 또한 백국으로 규정하였다.

　일본의 운남사 연구자 후지사와 요시미[藤澤義美]는 이들 기록들이 모두『백고기(白古記)』를 저본으로 한 것임을 논증하고,『백고기』의 정체를『남조도전(南詔圖傳)』「문자권(文字卷)」에 기재된「장씨국사(張氏國史)」로부터 찾았다. 그리고『남조도전』의 작성 연대를 추적하여 이러한 기록들이 남조국 시기에 이미 작성되었음을 논증하였다.[88] 결국 위의 이야기는 남조국 시기 지배 계층이었던 '백만' 계통 귀족들이 자신들의 입장에서 작성한 것이라 추정된다. 즉 자신들과 구분되는 이주민 애뢰의 후손들과 다

---

88) 藤澤義美(1969), pp.19-31. 이 圖卷은 7部의 繪圖로 구성되어 있고, 문자권의 설명문도 제1化로부터 제7化로 分記되어 있다. 최초에 南詔 개국의 祥瑞 고사(건국 설화)가 그려지고, 이어서 불교 전래와 이것에 귀의하는 데 이르는 이야기가 이어진다.『남조도전』「문자권」제1화에서 인용한 '鐵柱記」에는 위의 '鐵柱故事'가 遜位 대상을 2代 왕인 興宗王(羅盛)으로 바뀌었을 뿐 거의 그대로 적혀있다고 한다.

른 기원을 쿤밍 분지의 전국에서 찾은 것이다.

『기고전설』이 남조국 및 대리국 계의 사료로부터 작성된 것이라면, 장인과에게 부여된 역사적 역할은 전국의 역사적 전통을 익주군 서부 지역 즉 얼하이 동안 지역으로 옮겨 오는 것이었을 것이다. 그리고 장용우(張龍佑)라는 인물도 등장하는데, 제갈량의 남정 관련 설화에 나온다. 맹획(孟獲)을 감복시킨 제갈량은 백애에 이르러 철주를 세워 남정의 공훈을 기록하고, 익주군을 고쳐 건녕(建寧)이라 한 뒤에 인과의 17세손 장용우에게 통령하게 하였다는 것이다.『전략』에서는 제갈량이 거수(渠帥) 용우나(龍佑那)를 등용하여 추장으로 삼고, 장씨(張氏)를 사성한 뒤에 건녕으로 이름을 바꾸었다고 적었다. 다소 황당한 내용과 정사의 기록들을 엮어서 이야기를 전개하고 있지만, 장인과라는 이름과 장락진구 그리고 장락진구가 습농락 즉 세노라에게 손위할 때의 철주 제사 설화는 중요하게 반복된다. 그리고 장인과의 33대 손 장락진구에게는 백자국의 마지막 왕으로서 그 역사적 정통성을 남조국에 물려주는 역할이 부여된 셈이다.

백애는 지금의 따리 분지 남부에 위치한 미두[彌渡]현이다. 미두현은 남조국의 발상지인 웨이산[巍山]에 치우친 채로 따리와의 사이에 위치한다. 지금도 미두현 내의 철주묘(鐵柱廟)에는 철주가 남아 있다고 하는데, 후지사와 요시미는 리쟈루이[李家瑞]를 인용하여[89] 남조국의 11대 세륭(世隆)의 치세인 건극(建極) 13년(872)에 건립된 것이라 하였다. 위 '철주기'에서 장락진구 등이 철주에 제사하였다고 했는데, 이 철주에 대한 제사는 전국 유민과의 관련성을 시사한다. 전국의 청동기 유물 가운데 '제동주저패기(祭銅柱貯貝器)'라고 이름 붙인 동기(銅器)가 있는데, 이 저패기의 위에는 가운데 기둥을 세우고 사람들이 제사 지내는 모습이 장식되어 있다. 물론 전혀 다른 시기이지만, 그리 멀지 않은 공간에 존재한 인간 집

---

89) 李家瑞(1958), pp.55-74.

단이 비슷한 문화를 가졌다는 것은 주목해 볼 필요가 있다고 생각한다.[90] 또 제갈량이 미두현에 철주를 세웠다는 전설도 있다. 그리고 『신당서』와 『곡강집』의 칙서에 따르면, 당대의 당구징(唐九徵) 또한 전지에 철주를 세웠다.[91] 이들이 철주를 세운 이유는 '늑공(勒功)'에 있었지만, 굳이 그 방법으로 철주 건립을 선택했다는 것은 분명 의미가 있다. 이와 관련하여 후한 초기 마원(馬援)의 동주(銅柱) 전설 또한 기억해 둘 만하다. 꿰어 맞춘 듯한 황당한 내용들로 가득 차 있지만, 『기고전설집』에서 장인과 등의 인물을 통해 전국에 대한 계승 의식을 표시한 것은 전국 주민이었던 수인(叟人)의 이주와 그 문화의 확산을 반영한 것이 아닐까 하는 조심스런 추정을 해 본다.

결론적으로 남중의 본부와 전지 서안으로부터 서이하 동안에 이르는 '백만'의 주된 거주 지역은 삼국 및 서진 시기에 곤명이와 수가 잡처하던 공간이었음을 알 수 있다. 이 잡처는 곤명이의 동진과 수족의 서진에 의해 이루어진 것으로 보인다. 여기에 다시 애뢰이의 문화와 전통이 추가로 융합하여 '백자국' 설화로 대표되는 정치체들이 출현한 것은 아닐까 추정해 본다. 백자국은 당·송 시기 정사를 비롯하여 중국 국가의 정통 사료에는 전혀 등장하지 않는 점이 가장 큰 특징 가운데 하나일 것이다. 이것은 당·송 시기까지도 남중의 서부 지역은 중국 국가의 영향이 크지 않았음을 보여 준다. 그리고 남조·대리 시기에 작성된 것으로 추정되는 『장씨국사』 혹은 『백고기』 등에서 전국, 백자국[장씨국], 남조국으로 이어지는 왕조 계승을 보여주는 것도 흥미롭다. 어쨌든 중국 측 기록에서 곤명이 계열의 '오만종'으로 분류되는 몽사조는 스스로의 전설 속에서 '오만'과 '백만'이 잡처하는 지역의 정치체였던 백자국으로부터 탄생하였다. 이것이 의

---

90) 馬曜는 『南詔中興二年畵卷』 중에서 鐵柱에 제사하는 그림을 "滇僰"의 遺俗으로 규정하였다(馬曜, 1987, p.57).
91) 『新唐書』 卷216上 「吐蕃 上」, p.6081. 뒤에 다시 살펴겠지만, 실제로는 전장에서 가까운 서이하 지역에 세웠을 것이라는 주장이 있다.

미하는 바는 남조국의 탄생에 적어도 절반은 서쪽으로부터 온 힘이 영향을 끼쳤다는 것이다.

2. 남조국의 서이하 지역 통일과 기미부주

이 절에서는 남조국의 얼하이 지역 통일 과정을 다룰 것이다. 남조는 5조와 서이하만을 복속시킴으로써 따리 분지를 제패하였다. 그런데 이러한 남조국의 발흥은 당 제국과 토번의 존재를 빼놓고는 설명하기 어렵다. 4세기 중반 중국 국가의 지배력이 소거된 남중 지역에는 서찬국이 성립하였고, 이후 남중 지역은 중국 국가의 지배로부터 거의 벗어나 있었다. 이러한 남중 지역에 다시 '중국'의 영향력이 미치기 시작한 것은 쓰촨 지역을 장악한 서위(西魏) 이래의 북조 국가들에 의해서였다. 수대(隋代)에 사만세(史萬歲)에 의한 군사적 정벌이 있기는 하였으나, 당 초기까지 중국 국가의 남중에 대한 지배는 자사직을 요령(遙領) 요수(遙授)하는 정도에 그쳤다.

당 제국에 들어서 초유와 무력시위를 통해 기미부주(羈縻府州)의 설치가 확대되었으며, 태종 이후에는 이 지역을 '주현화(州縣化)'하려는 시도까지 진행되었다. 이러한 과정 중에서 쿤밍 분지를 비롯한 남중의 동부 지역 정치체들은 당 제국에 협조적이었으나, 서이하만을 비롯한 서부지역의 거민들은 협조에 소극적이었다. 이 과정에서 여타의 주변 세력들과 달리, 남조국은 당 제국의 기미부주 지배 체제에 적극 협력함으로써 그 세력을 신장할 수 있었다고 보는 것이 일반적 설명이다.

당 제국은 검남도(劍南道) 지역에도 다른 지역과 마찬가지로 수많은 기미부주현을 설치하였다. 그리고 『신당서』「지리지」에 따르면, 검남도에 속한 '만주(蠻州)'는 92곳이었고, 이들은 융주(戎州)도독부, 요주(姚州)도독부, 노주(瀘州)도독부에 나뉘어 예속되어 있었다.[92] 그리고 남조국이 통

---

92) 『舊唐書』卷43「職官」2〈尙書都省 戶部尙書〉, p.1825; 『新唐書』卷43下「地理」7下, pp.1119-1120); 『新唐書』卷43下「地理」7下, p.1140.

령을 받은 요주도독부는 32개의 기미주를 관할한 것으로 되어 있다. 요주가 처음부터 도독부로 설치된 것은 아니었다. 요주 역시 처음에는 한대의 익주군 운남현 고지에 설치된 기미주였다. 621년[당 고조 무덕 4년] 안무대사(安撫大使) 이영(李英)이 설치하였다.[93] 그리고 요주도독부는 664년 5월에 처음 설치되었다.[94] 그 이전에는 요주를 비롯한 얼하이 지역의 기미주들은 진사쟝[金沙江] 강 이북의 수주(舊州)도독부나 디엔똥 지역에 중심을 두었던 낭주(郎州)도독부에 예속되어 있었다.[95]

요주의 관할 기미주가 32개였다는 것은 도독부가 설치된 이후 일정 시점의 것이라 생각된다. 요주도독부는 촉한 및 양진(兩晉) 시기의 운남군(雲南郡) 고지[지금의 따리주, 리쟝지구, 추슝주 서부]를 포함하였다. 무덕 연간 얼하이 지역에 설치된 요(姚), 포(褒), 모(髳), 미(微), 종(宗), 광(匡), 증(曾), 이(尹), 미(縻) 등 9주는 이전에 남영주(南寧州)총관부에 예속되어 있었고, 664년[인덕(麟德) 원년]에 이르러 요주도독부에 속하였다. 그리고『구당서』「지리지」에 따르면, 요주의 관할 주는 22개로 되어 있는데, 앞의 9주에 신설된 13주가 더해진 것으로 볼 수 있다. 그러고 나서 664년에 도독부가 설치된 후, 10주를 증설하여 당 현종 천보(天寶) 초기에 요주도독부가 32곳의 주를 통령하게 되었다.[96]

요주도독부의 치폐와 기미주

요주 지역에 대한 경략은 당 태종 때부터 본격화되었다. 당 태종 시기 요주 지역에 대한 경략을 일별하면 다음과 같다. 우선『신당서』「양찬만전」에는 당 태종이 "장수를 보내 서찬을 공격하여, 청령(青蛉)과 농동(弄

---

93)『舊唐書』卷41「地理」4, p.1697. "姚州는 武德 4年에 설치되었는데, 姚府(요주도독부)의 舊城 북쪽 百餘步의 위치에 있다. 漢代 益州郡의 雲南縣이다. …… 武德 4年에 安撫大使 李英이 이 州 안의 사람들 대부분이 姓이 姚인 까닭에 姚州를 두었으며 州 32 곳을 관할하게 하였다. 麟德 元年에 姚州의 치소를 弄棟川으로 옮겼다."
94)『舊唐書』卷4「高宗李治」上「麟德元年」, p.85, "(5월) 乙卯일에 昆明의 弄(棟)川에 姚州都督府를 두었다."
95)『新唐書』卷222下「南蠻」下「兩爨蠻」, p.6315.
96) 이상 姚州都督府의 연혁에 관한 정리는 林超民(1986, pp.68~75) 참조.

棟)을 열어 현으로 삼았다"는 기록이 있다.[97] 청령은 바로 수대(隋代) 사만세(史萬歲)의 진격로 위에 있었던 청령천(蜻蛉川)이며, 지금의 운남성 따야오[大姚]에 해당한다. 또 농동은 나중에 요주도독부가 설치된 곳이며, 지금의 야오안[姚安]에 해당한다. 이 기사는 전후 맥락 없이 갑자기 등장하였는데, 아마도 당 태종 때인 정관 연간 후기에 이루어진 서남이 특히 요주도독부 관할 지역(옛 운남군 지역)에 대한 경략을 상징적으로 표현한 것으로 보인다. 아울러 이 기사는 이 지역이 당시 '서찬'에 속하였음을 시사한다.

사료에 따르면, 당 태종 때 서남이 경략은 645년에서 652년 사이에 집중적으로 이루어졌다. 645년[정관 19년] 사월 이십일일, 우무후(右武候) 장군 양건방(梁建方)이 곤명만을 토벌하여 제둔(諸屯) 72개소와 10만 9300호를 항복시킨 것을 시작으로, 옛 운남군 지역을 비롯한 곤명 계열의 만이에 대한 경략이 이루어졌다.[98] 648년[정관 22년]에는 서이하 대수령 양동외(楊同外), 동이하 대수령 양렴(楊斂), 송외(松外) 수령 몽우(蒙羽)가 모두 입조(入朝)하였으며, 당 조정에서는 관질(官袟)을 수여하였다. 또 같은 해 11월에는 미주(眉州) 공주(邛州) 아주(雅州) 3주의 요(獠)인들이 반란을 일으켜, 우위(右衛)장군 양건방이 토평하였다. 649년[정관 23년] 봄 정월에는 곤주(昆州)의 서쪽에 있던 도막지만(徒莫祇蠻)과 검망만(儉望蠻)이 내속하여, 그 땅에 방(傍), 망(望), 남(覽), 구(丘), 구(求)의 다섯 주를 설치하였으며, 낭주도독부에 예속시켰다.[99] 낭주도독부는 남영주도독부의 이름을 바꾼 것이다.

651년[영휘 2년] 8월에는 백수만의 일원이었던 대발롱(大勃弄)의 양승전(楊承顚)이 반란을 일으켜 변경을 침구하였다. 백수만은 청령과 농동

---

97) 『新唐書』 卷222下 「南蠻」 下 〈兩爨蠻〉, p.6315.
98) 『舊唐書』와 『新唐書』에서는 貞觀 22년의 일로 적고 있다.
99) 『新唐書』 卷222下 「南蠻」 下 〈兩爨蠻〉, p.6315.

에 붙어 있고, 낭주(도독부)에 속해 있었다. 당 조정에서는 좌령군(左領軍)장군 조효조(趙孝祖)를 낭주도행군총관(郎州道行軍總管)으로 삼아 토벌하였다. 같은 해 겨울 11월, 백수만 토벌에 성공한 조효조는 소발롱(小勃弄)과 대발롱이 늘 농동을 꾀어 이반한다는 이유로 발롱 이서의 황과(黃瓜), 엽유(葉楡), 서이하 지역에 대한 토벌을 주청하였는데, 허락하는 칙령이 내려졌다. 652년[영휘 3년]에 이 토벌은 성공적으로 마무리되었다. 그리고 얼마 뒤 서남이가 평정되었다는 이유로 낭주도독이 폐지되었고, 융주도독이 다시 설치되었다. 이는 운남 지역 기미주에 대한 관할권이 융주도독부로 이관되었음을 의미한다.

652년에 단행된 낭주도독부의 철폐는 이후 요주도독부 설치 과정에 일정한 영향을 끼쳤을 것으로 추정된다. 낭주도독부는 649년 이후 내부한 도막지만과 검망만 그리고 백수만 지역에 설치된 기미주들을 관할하던 변주(邊州) 도독부였다. 도막지만과 검망만 그리고 백수만은 전지로부터 서이하 동안에 이르는 지역에 거주하던 백만이었다. 낭주도독부가 폐지된 이유는 백수만 정벌과 함께 서남이 평정이 완수되었다는 것이지만, 이후 영휘(650-655), 현경(顯慶, 656-660), 용삭(龍朔, 661-663) 연간을 통하여 서이하만을 비롯한 곤명만의 반란과 내부가 반복하여 발생하였다. 뒤에 언급할 무릉현(武陵縣) 주부(主簿) 석자인(石子仁)이 요주도독부의 설치를 요구한 까닭은 아마도 융주도독부로부터 지나치게 멀리 떨어져 있는 이들 '백만'들을 따로 관리할 필요성이 존재했기 때문일 것이다. 이때 요주도독부의 치소가 설치된 곳은 농동천이었다.[100] 그리고 『구당서』는 '이때부터 조공이 끊이지 않았다'라고 하였다.

그러나 요주 경영이 그리 성공적인 것만은 아니었다. 뒤에서 보듯이 도독부의 설치는 만이의 저항과 몇 차례의 군사적 충돌을 초래하였고, 결

---

100) 『舊唐書』 卷4, p.85; 『舊唐書』 卷40, p.1697.

국 요주도독부는 백만들의 저항으로 결국은 철폐되었다. 672년[당 고종 함형(咸亨) 3년]에 요주의 만이들이 변경을 침략한 이래로, 요주 혹은 서 이하만과 중국 국가 사이에는 '정토(征討)'와 '반반(反叛)'이 여러 차례 되 풀이되었다. 이처럼 불안정한 상황이 전개된 요인의 하나로 꼽을 수 있 는 것이 요주도독부의 독특한 성격이다. 요주도독부의 경우 디엔똥 지역 의 낭주도독부와는 달리 중국인이 도독으로 파견되었다. 그 이유로는 당 시 요주 관할 지역 내의 부족들이 크더라도 오륙백 호에 불과하였기 때문 에, 도독으로 삼을 만한 정치 세력의 수장이 없었다는 점이 지적되고 있 다.[101] 이는 당시 요주 관할 구역 내에 통일적 권력이 출현하지 않았음을 의미하지만, 이것이 당조의 통치에 대한 선주 집단들의 협조를 보장하지 는 않았다.

또 하나의 요인으로 들 수 있는 것이 바로 토번(吐蕃)의 흥기이다. 토번 의 등장은 이러한 상황을 더욱 악화시켰다. 기원전 3세기 경부터 소국을 형성하여 성장하던 뿌개(실발야) 부락은 5,6세기부터 소국 연맹체를 형 성하여 위짱과 아리 지역으로 세력을 확장하였으며, 7세기 초에는 티베 트 고원 전체를 통일적 권력 아래 두었다. 티베트 고원을 통일하고 토번 왕국을 세운 송첸감포는 칭하이[靑海]와 하서(河西) 방면으로 진출하여 당 제국과 동아시아 세계의 패권을 다투기 시작하였으며,[102] 이내 그 전선은 쓰촨성 지역과 윈난성 지역으로 확대되었다.[103] 이후 토번의 남하에 대항 하려는 당 제국의 입장에서는 요주 지역에 대한 보다 강력한 지배 체제를 구축할 필요가 있었을 것이다. 그러나 그것은 쉬운 일이 아니었다.

요주도독부는 7세기 후반 치폐를 거듭하였다. 이 시기 요주도독부의 치폐 과정을 설명하는 데 도움이 되는 것이 만랑장(蠻郎將) 왕선보(王善

---

101) 林超民(1986), p.70.
102) 金翰奎(2003), pp.160-161.
103) Charles Backus는 7세기 중엽 토번의 흥기는 당의 서부 변경에서의 이익을 침해하였으며, 서남 변경에서 도 마찬가지였다고 적었다(Charles Backus, 1981, pp.22-23).

寶)를 둘러싼 정보들이다. 그는 688년 곤주자사(昆州刺史) 찬건복(爨
乾福)과 함께 요주도독부의 재설치를 요청하였다. 만랑장 왕선보는 소
위「왕인구비(王仁求碑)」로[104] 유명한 왕인구의 아들 왕선보와 동일 인
물로 판단된다. 『운남통지(雲南通志)』에서는 왕인구에 대해 "안녕인(安
寧人)이며, 하동주자사(河東州刺史)로 부(賦)를 균평하게 하고 민을 교
화하여 한인과 이인이 (모두) 열복하였다."라고 적었다. 또 왕선보에 대
하여는 "인구의 아들이며, 운휘(雲麾)장군 지절하동제군사(持節河東諸
軍事)로 치적이 있었다."라고 적었다.[105] 명대 사조제(謝肇淛)의 『전략
(滇略)』에서도 비슷한 내용을 전하고 있다.[106] 또 비문에는 "운휘장군
행좌응양위익부중랑장(行左鷹揚衛翊府中郎將) 사지절하동주제군사(使
持節河東州諸軍事) 겸하동주자사 상경거도위(上輕車都尉) 신창현개국
자(新昌縣開圖子)"라는 긴 관작을 지닌 장자 왕선보가 부친의 비석을 세
운 것으로 되어 있다. 그가 부친을 장사지낸 것은 698년[성력(聖歷) 1
년] 정월 십칠일이었고, 묘비를 세운 것은 같은 해 시월 십일이었다. 성
력 원년은 왕인구가 병으로 사망한 674년[함형 5년] 팔월 십오일로부
터 24년째 되는 해였다.

　비문에서 왕인구를 '안녕군 사람'이라 하였는데, 안녕군은 당대의 안녕
현 혹은 안녕성(현재의 안닝시)을 지칭하는 것으로 판단된다.[107] 왕인구
가 자사로 있던 하동주는 거렴조(渠斂趙)라고도 불렸으며, 현재의 윈난성

---

104) 段金錄·張錫祿 主編(2000), p.290.「唐王仁求碑」의 비액에는 "大周故河東州刺史之碑"라고 적혀있다. 비는
　　현재 雲南省 安寧市 市區로부터 남쪽으로 20km 떨어진 鳴矢河鄉 小石莊村 蔥蒙臥山 위에 위치한다.
105) 『雲南通志』文淵閣四庫全書影印本, 卷21-1「人物」〈鄉賢 雲南府〉, p.570-102 上右.
106) 『滇畧』卷6「獻畧」, p.494-161 上左.
107) 安寧이 과연 어디인가는 문제가 된다. 왜냐하면 당시 安寧郡은 존재하지 않았기 때문이다. 영주의 안녕군
　　은 南齊 隆昌 1년(494)에 平樂郡의 安寧縣을 떼어 내어 처음 설치되었으며, 治所는 지금의 雲南 安寧市에
　　두어졌다. 南朝 梁末에 폐지되었으며, 수·당 대에는 현이 설치되었다. 안녕현은 남제 시기에 한대의 連
　　然縣 고쳐서 두어진 것이다. 따라서 당대에 안녕군은 따로 존재하지 않았다. 그럼에도 이 글에서 안녕군을
　　안녕현으로 비정한 것은 『蠻書』의 다음과 같은 기록에 근거한 것이다. "天寶 8년(749)에 玄宗이 特進 何履
　　光에게 10道의 병마를 통령하고, 安南으로부터 진군하여 蠻國을 치게 하였다. 10년에 이미 안녕성과 '馬援
　　銅柱'를 수복하였는데, 안녕에 강계를 정하였으니, 交趾와의 거리가 48일 일정이며, 安寧郡이다."(『雲南志
　　補注』卷7「雲南管內物產」, p.102).

따리시 동쪽 8킬로미터의 펑이쩐[鳳儀鎭]에 해당한다. 여기에서 주목되는 점은 바로 안녕군 출신의 왕인구가 하동주자사를 맡고 있었다는 것이다. 또 '만랑장'이라는 호칭에서 보이듯이, 왕선보는 만인(蠻人)이었으며, 아버지의 관직 하동주자사직을 계승하였다. 이는 하동주가 기미주였음을 의미한다. 그런데 문제는 현지 세력의 수장을 자사에 임명하고 세습하게 하는 일반적 기미주와 달리, 안녕군 출신의 왕인구가 하동주의 자사가 되었고 그 직을 세습하고 있다는 것이다.

『만서(蠻書)』에 따르면, 하동주는 촌읍이 발달하고 농경지가 많은 평패 지역으로 왕(王)·양(楊)·이(李)·조(趙) 4성의 백만 대족이 지배하는 땅이었으며, 교통의 요충지였다.[108] 요주도독부 서부의 중앙에 해당할 뿐 아니라, 북쪽으로 이하 서안을 거쳐 북쪽으로 향하는 길과 서이하를 건너 남쪽으로 박남산(博南山)으로 향하는 남서쪽 길이 갈라지는 지점이었다. 또 『만서』는 '하동주'라는 이름의 유래를 그 주민들의 다수가 오래 전에 중원 하동의 포주(蒲州)로부터 천사한 데서 기원하였다고 설명하였다. 이는 하동주의 '왕·양·이·조' 4성을 비롯한 지배 세력이 그것이 사실이든 아니든 서찬국의 찬씨와 마찬가지로 그 가계의 기원을 중원에 두고 있음을 시사하는 것이다. 물론 그와 무관하게 당시 중국인들에게 그들은 '백만'으로 인식되었다. 어쨌든 이러한 재지 세력들의 존재에도 불구하고 타지 출신의 왕인구가 자사가 되었다는 것은 우선 하동주의 재지 세력이 여러 사서에서 지적하고 있듯이 '불능상군장(不能相君長)'의 상태에 있었음을 보여 준다.

「왕인구비문」에서는 '사지절하동주제군사 하동주자사 가상호군(加上護軍)' 왕인구가 "처음에 대국[당]의 은총을 얻으려고, 또 그 인민을 화순하게 하려고, 초무하여 요주도독부 이서의 20여 주를 설치하고, 그 덕에 순

---

108) 『雲南志補注』卷5「六賧」, p.75.

종하게 하였다."라고 적었다.[109] 이것이 사실이라면, 왕인구는 안녕군 출신으로 당 제국에 협조적인 만인 대성이면서, 당시 요주도독부의 당해 지역 안무와 경영에 적극적으로 참여한 것이 된다. 요주도독부가 농동에 설치된 것은 664년이었고, 그때 왕인구의 나이는 34세였다. 그리고 651년에 시작된 조효조의 백수만 토벌이 서이하만 지역까지 확대되었다가 완료되는 시점인 652년에는 22세였다. 서이하 대수령 양동부현(楊棟附顯)과 화만(和蠻) 대수령 왕라기(王羅祁), 낭(郎), 곤(昆), 리(梨), 반(盤) 4주의 대수령 왕가충(王伽衝) 등이 귀부한 656년에는 26세였다. 왕인구가 언제 '사지절하동주제군사 · 하동주자사'로 출사하였는지, 또 요부 이서 20여 주를 설치한 것이 요주도독부의 설치 이전인지 이후인지는 불명확하다. 그렇다 하더라도 왕인구의 관직과 그 역할로 보건대, 기미주 하동주가 요주도독부 관할 내 중진으로서 요주 경영에 중요한 역할을 하였음은 분명해 보인다.

　요주도독부 내 하동주자사 왕인구의 활약을 당 제국의 입장에서 보면, 우호적이었던 만이 대성인 왕인구의 세력을 복속과 이반을 반복하는 남중 서부 지역의 경영에 이용한 것이다. 그러나 뒤집어 놓고 보면, "그 덕에 순종하게 하였다"라는 표현이 암시하듯이, 왕인구가 당 제국을 등에 업고 나날이 세력을 신장해 가는 백만 세력을 제압하여 그 영향력을 유지한 셈이다. 왕인구가 제찬(諸爨) 세력에 포함되는지는 확언할 수 없지만, 그의 아들 왕선보와 함께 요주도독부의 재설치를 주장하였던 찬건복 등의 서찬 수령들 또한 왕인구와 이해를 같이하였을 것이다. 다시 말하면 토번의 세력이 커지고 있던 당시, 남중 지역 서부에 대한 당 제국의 이해와 서찬 세력의 이해가 서로 일치하였던 것이다.

　그런데 앞서 언급했듯이, 요주도독부는 오래 유지되지 못하였다. 『구

---

109) 『雲南史料叢刊』 第2卷, p.359.

『당서』에 실려 있는 촉주자사 장간지(張柬之)의 상소문에 따르면, "나중에 (요부) 장사(長史) 이효양(李孝讓)과 신문협(辛文協)이 모두 군만(羣蠻)에 게 살해"되었고, "낭장(郎將) 조무귀(趙武貴)를 보내 꾸짖어 공격하였으나, 조무귀와 촉의 병사들은 바로 참패를" 당했다. 그리고 이어 이의(李義) 의 정벌이 이루어졌으나 "낭장(郎將) 유혜기(劉惠基)가 군진에서 전사하였고," 결국에는 요주도독부가 폐지되었다.[110] 이러한 일이 발생한 것은 언제였으며, 또 어느 정도의 시차를 두고 진행되었을까? 이 문제에 단서를 제공하는 것이『왕인구비』의 기록이다. 비문에는 다음과 같이 적고 있다.

그러나 탐욕스럽고 패려한 군장이 먼 것을 믿고 명을 거슬러, 우리의 성읍을 불태우고 평민들에게 재앙을 불러왔다. 양과주자사(陽瓜州刺史) 몽검(蒙儉)이 과연 그 난을 시작하니, 함형(咸亨) 연간(670-674) 내내 견양(犬羊) 같은 적들이 크게 소란을 떨었다. 그러나 효장(梟將)이 군율을 어겨 원흉(元凶)을 징치할 수 없었다.[111]

이 기사에서는 당 고종 함형 연간 즈음에 양과주자사 몽검의 반란이 있었음을 서술하고 있다. 그리고 그 반란이 제법 심각하였음을 전해 준다. 그리고 다른 자료들에서도 함형 연간에 요주 지역 만이의 반란과 이에 대한 토벌이 있었음을 기록하고 있다. 우선『구당서』「고종본기」에서는 672년[함형 3년] 정월에 양주(梁州)와 익주 등 18주의 군대를 징발하여 5,300명을 모집하고, (태자)우위부솔(右衛副率) 양적수(梁積壽)를 보내 요주에 가서 이반한 만(蠻)을 치게 하였다고 적었다.[112] 그리고『신당서』「고종본기」에서도 같은 해에 양적수를 요주도행군총관으로 삼아 정벌하게 하였다고 적고 있다.[113]『자치통감』도 비슷한 내용을 전하고 있다.[114] 위

---

110) 『舊唐書』卷91「張柬之」, pp.2940-2941.
111) 『雲南史料叢刊』卷2, p.360.
112) 『舊唐書』卷5「高宗下」〈咸亨三年〉, p.96.
113) 『新唐書』卷3「高宗皇帝李治」〈咸亨三年〉, p.70.
114) 『資治通鑑』卷202「唐紀」18〈高宗咸亨3年〉, p.6368. 다만, 『新唐書』「南蠻傳」下에서만 咸亨 5年에 요주경

기사와 정사의 요주 토벌 기사가 직접적으로 연결되는지는 아직 확인하기 어렵지만, 양자가 관련된 기사라는 짐작은 가능하다. 우선 위 기사의 함형 연간이 664년과 688년 사이에 해당하기 때문이다.

이미 보았지만, 664년부터 688년까지 이루어진 요주도독부 내 군만의 반란과 관련하여 세 사람의 이름이 등장한다. 조무귀, 이의, 류혜기가 그들이다. 이들 세 사람을 비롯하여 조금 전 언급한 왕인구, 몽검, 양적수 등이 같은 사건들에 연루되었을 가능성을 보여주는 사료가 있다. 당의 문인 낙빈왕(駱賓王)이 지은 두 편의 노포문(露布文)과 한 편의 제문(祭文)이다.

우선 '병부주요주파역적낙몰농양건류노포(兵部奏姚州破逆賊諾沒弄楊虔柳露布)'에는[115] '역적 몽검'과 삼군자총관(三軍子總管)·영원장군(寧遠將軍)·전수우효기(前守右驍騎)·만안부장사(萬安府長史)·절충도위(折沖都尉)·상주국(上柱國)이라는 긴 직함을 지닌 유회기(劉會[惠]基)가[116] 등장한다. 이 노포문은 5월에 노수(瀘水, 즉 金沙江)를 건너 남중 지역에 진입한 뒤 초기 전과에 대한 보고서이다. 3일간의 전투를 통해 4천여 명을 포로로 잡고, 5천여 명의 수급을 획득하였으며, '역적 몽검 화사(和舍) 등'의 무리 중 낙몰롱(諾沒弄)과 양건류(楊虔柳) 등을 살해하였음을 보고하고 있다. 이 전투에서 난의 주모자인 몽검과 화사는 목숨을 건져 무리를 이끌고 퇴각하였다. 유혜기는 첫날 전투에 투입되었으나 초반 우세에도 불구하고 작전에 실패한 것으로 보인다. 이후 전투에서는 그의 이름이 등장하지 않는다.

'병부주요주파적설몽검등노포(兵部奏姚州破賊設蒙儉等露布)'에서는[117] 갑졸 7천여 급을 참수하고, 5천여 필의 전마를 획득한 전과와 주모자 중

내의 영창만이 이반하였고, 고종이 양적수를 보내 토평하게 하였다고 적었는데(『新唐書』 卷222下 「南蠻」 下〈兩爨蠻/松外蠻〉, p.6324), 이에 대하여는 숙고할 부분이 있다.

115) 『全唐文』 卷199 「駱賓王」, pp.2010-2012; 『駱賓王文集』 卷10(『雲南史料叢刊』, 第2卷, pp.113-115).
116) 『全唐文』에는 劉會基로 되어 있고, 『駱賓王文集』 卷10(『雲南史料叢刊』 第2卷, p.113)에는 劉惠基로 되어 있다.
117) 『全唐文』 卷199 「駱賓王」, pp.2012-2014; 『駱賓王文集』 卷10(『雲南史料叢刊』 第2卷, pp.115-117).

의 하나인 화사의 투항을 보고하고 있다. 그러나 몽검은 끝내 사로잡거나 죽이지 못하였다. 이 부분은 위 「왕인구비」 기사에서 '원흉을 징치할 수 없었다.'라고 한 것과 호응하는 것으로 보인다. 이 두 개의 노포문은 몽검과 화사의 반란에 대한 정벌 과정을 비교적 자세하게 보여주는 자료이지만, 그 정확한 연도와 보고의 주체 즉 원정군을 이끈 책임자를 명기하지 않았다는 점에서 약간의 혼란을 야기하고 있다.

『전고(滇考)』와 『전략』에서는 몽검과 화사의 반란 및 이에 대한 토벌을 654년[영휘 5년]의 일로 파악하고,[118] 이 원정군의 사령관 또한 이의로 파악하고 있다. 그 시점을 654년으로 비정한 이유는 추측하기 어려우나 이 원정을 이의와 연결시킨 것은 장간지의 상소문과 낙빈왕이 지은 '제조랑장문(祭趙郎將文)'[119] 때문인 것으로 추정된다. 아마도 조랑장은 '낭장 조무귀'로, 또 요주도대총관 이의는 장군 이의로 인식되었을 것이다. 그러나 「왕인구비」의 기록, 함형 연간과 654년 사이의 시간차를 고려할 때 영휘 5년은 착오로 보인다. 그리고 함형 연간이 옳다면 정사의 기록을 고려하여 이 두 노포문의 보고 주체 또한 양적수로 보는 것이 옳다고 생각한다.[120] 또 장간지의 상소문에서 이의의 원정은 유혜기의 죽음과 요주의 폐지로 이어지는데, 노포문에서는 원정의 성공을 전하고 있을 뿐 아니라 유혜기의 죽음에 대한 기록도 없다. 노포문에서는 은주자사(銀州刺史) 이대지(李大志)의 순국을 전하고 있는데, 유혜기의 죽음만 생략하였을 리가 없다.

이처럼 결이 조금씩 다른 정보들을 모아 이제 합리적으로 정리해 볼 필요가 있다. 우선 각 자료의 작성 목적을 고려할 필요가 있다. 장간지의 상소문은 요주도독부 설치로 인한 적폐를 설명하는 글이다. 따라서 부정적

---

118) 『滇考』 卷上 〈唐初經理滇中〉, p.364-23; 『滇畧』 卷7 「事畧」, p.494-175 上右.

119) 『全唐文』 卷199 「駱賓王」, p.2017; 『駱賓王文集』 卷10(『雲南史料叢刊』, 第2卷, p.117). 『全唐文』에는 이의와의 관련을 제시해 주는 기록이 없으나, 『駱賓王文集』에서는 '姚州道大總管李義祭趙郎將之靈'이라 적고 있다.

120) 『雲南史料叢刊』(第2卷)에서 方國瑜가 이미 이러한 의견을 제시하였다(p.112, p.358).

인 측면을 강조하고 있다. 이에 비하여 「왕인구비」는 망자의 공을 드러내는 데 목적이 있고, 두 개의 노포문은 일종의 전승 보고서이다. 이러한 점을 염두에 두고 다시 정리해 보면 다음과 같은 추정들이 가능하다.

먼저 672년 [함형 3년]은 당 조정에서 원정군을 파견한 연도이다. 『구당서』 본기에 따르면, 함형 3년 정월에 양주와 익주 등의 군사 5천 3백 명을 모병하였고, 그 뒤에 양적수를 파견한 것으로 되어 있다. 따라서 반란이 시작된 것은 그 이전이다. 그리고 「왕인구비」 기사에서 '양과주자사 몽검이 과연 그 난을 시작하니 함형 연간 내내 견양 같은 적들이 크게 소란을 떨었다(蒙儉實始其亂, 咸亨之歲, 犬羊大擾)'라고 적고 있는 것을 볼 때, 반란이 시작된 것은 함형 연간 초나 그 이전이 아닌가 생각된다. 요부 관내의 서쪽 변경에서 시작된 반란이 요부의 장사 둘을 살해할 정도로 커지자, 함형 3년 정월 당 조정에서 중앙군을 파견하는 조치를 취한 것으로 보인다. 『전략』에서는 함형 3년에 영창만(永昌蠻)이 변경에 침입하여 장사 이효양과 신문협을 죽이니, 조를 내려 양적수를 요주도행군총관으로 삼아 토벌하였다고 적었다.[121]

장간지의 상소문에서는 이효양과 신문협이 살해된 뒤에 '낭장 조무귀와 촉의 병사들'을 파견하였으나 전몰한 것으로 기록하였다. 이는 요부의 장사가 살해되는 사건이 일어나자, 우선 가까운 촉 지역의 군대를 동원하였다가 실패한 것으로 이해된다. 양적수의 원정 이전에 이루어진 별개의 원정으로 이해되지만, "양주와 익주 등 18주의 병사를 징발하여 5천 3백 명을 모집하였다"는 『구당서』 본기 기사와의 연관 가능성 또한 검토될 필요가 있다. 노포문에 따르면, 양적수의 군대가 노수를 건넌 것은 5월이었다. 따라서 정월에 모병한 군대 5천여 명을 먼저 파견하였다가 실패하였을 가능성 또한 배제할 수 없다는 것이다.

---

121) 『滇略』 卷7 「事略」, p.494-175 上左.

노포문에서 보았듯이, 672년[함형 3년]에 실행된 양적수의 원정은 성공하였다. 따라서 장간지가 말하는 요주도대총관 이의의 존재와 유혜기의 죽음은 어떻게 이해해야 하는지가 문제이다. 이 또한 별도의 원정으로 이해하는 것이 합리적이라 생각한다. 『전략』에서는 680년[당 고종 조로(調露) 2년]에 영창만이 다시 이반하여 이의를 보내 치게 하였으나 패배하였고, 낭장 류혜(기) 등이 전사하였으며, 결국 요주를 폐하였다고 적었다.[122] 아마도 장간지의 상소문을 근간으로 하여 작성된 기사로 보이지만, 왜 680년인지에 관한 근거는 제시되어 있지 않다. 그러나 672년의 원정에서 반란의 주동자였던 몽검과 그의 세력이 살아남았다는 사실과 요주도대총관 이의가 몽검의 반란 초기 전몰한 조무귀의 영을 위로하는 제를 지냈다는 사실은 별도의 원정이 있었으리라는 추정을 뒷받침하기에 충분하다. 게다가 672년 원정 시 첫 전투에 투입되었다가 작전에서 배제되었던 유혜기의 등장과 죽음은 별도의 원정을 상정하지 않고는 이해하기 어렵다.

결국 양과주자사 몽검의 반란으로 시작된 영창만의 이반은 10년 가까이 지속되었고, 요주도독부의 폐지로 이어진 셈이다. 그리고 그 안에서는 당 제국의 지배에 반항적인 남중 지역 서부의 제만들과 당 제국의 세력을 등에 업고 자신의 세력을 유지 확대하려는 서찬 제수령들의 힘이 부딪히고 있었다. 따라서 요주 제만과 경계를 맞대고 있는 서찬국 서부의 곤주에 거점을 가지고 있던 곤주자사 찬건복과 안녕에 거점을 두고 하동주자사를 맡고 있던 왕선보에게 요주도독부의 부재는 불안하고 위협적인 일이었을 것이다. 688년 찬건복과 왕선보의 요부 설치 요구는 이러한 맥락에서 이해해야 할 것이다.

『구당서』「토번전」에 따르면, 당 예종(睿宗)이 즉위한 710년에 감찰어사 이지고(李知古)는 '요주의 제만이 토번에 붙기 전에 쳐야 한다'고 주장

---

122) 『滇畧』 卷7 「事畧」, p.494-175 上左.

했다. 그리고 검남(劍南)의 군대를 이끌고 요주만을 공격하였다가 결국 토번의 협력을 얻은 요주 지역의 만추(蠻酋) 방명(傍名)에게 죽임을 당하였다.[123] 이때 만이들은 이지고의 시체를 가지고 하늘에 제사 지냈는데, 그 이유는 그가 이 지역에 군현적 지배를 관철시키려 한 데 있었다. 이전에 요주의 미하만(湄河蠻)을 공격하여 항복을 받아낸 이지고는 그 땅에 성을 쌓고, 부요(賦搖)를 징수할 것을 당 조정에 청하였다. 황문시랑(黃門侍郎) 서견(徐堅)이 반대하였으나, 예종이 이를 허락하여 성보를 쌓고 주현을 열치하게 하였다. 그리고 이지고는 만이의 호추(豪酋)를 죽이고 그 자녀를 노비로 삼아 그 세력을 약화시키려 하였다. 그러다가 오히려 죽음을 당한 것이다.[124] 결국 토번에 대항하기 위해 미하만 지역에 군현적 지배를 실현하려던 정책은 이지고의 피살과 함께 실패로 끝났고, 그 결과 수년 동안 요주와 수주 사이의 교통이 단절되는 사태를 초래하였다.[125]

장간지의 요주도독부 폐지 주장

앞서 잠시 언급했지만, 697년[측천무후 神功 연간]에 촉주자사 장간지(張柬之)가 표를 올려 요주도독부의 폐지를 요청하였다.[126] 요주도독에는 중국인이 파견되었으며, 해마다 촉 지역에서 500명의 군사를 모집하여 진수하도록 하였다. 이는 당연히 촉 지역 사람들의 원망을 초래하였다. 장간지가 요주도독부의 폐지를 요구한 까닭이다. 『구당서』의 「장간지전」에

---

123) 『舊唐書』 卷196上 「吐蕃」 上, p.5228.
124) 『新唐書』 卷199 「徐堅」, pp.5662–5663.
125) 그리고 이 과정에서 발견되는 주목할 만한 흥미로운 부분은 이지고의 築城 요청에 반대하였던 徐堅의 견해이다. 그의 주장은 간단하다. 蠻夷는 羈縻로서 屬하게 하여야 하고, 中國에서와 동일한 법을 적용하여서는 안 된다는 것이었다. "이때에 監察御史 李知古의 군대가 姚州의 湄河蠻을 쳐서 항복시켰다. 또 築城을 청하여 (내지의) 賦傜를 공급하도록 하였다. (黃門侍郎) 徐堅이 의논하여 말하기를, '蠻夷는 羈縻하여 '屬' 하게 하여야 합니다. 中國과 法을 같게 하는 것은 마땅하지 않습니다. 아마도 군대를 수고롭게 하여 멀리 정벌하는 것은 이득보다 손해가 더 클 것입니다'라고 하였다. (이 의견은) 받아들여지지 않았다."(『新唐書』 卷199 「徐堅」, pp.5662). 徐堅에게 姚州는 中國과는 구별되는 蠻夷의 거주지로 인식되고 있음을 알 수 있다. 그런데 이러한 인식은 당시 徐堅 개인의 특수한 것만은 아니었다.
126) 『舊唐書』 卷91 「張柬之」, pp.2939–2941.

이 표문이 실려 있는데, 장간지의 요주에 대한 인식이 잘 드러나 있으며, 당시 요주의 사정에 관하여 적지 않은 정보를 담고 있다. 장간지는 요주의 과거와 현재의 요주를 비교하면서 그 주 설치의 폐단을 조목조목 지적하고 있는데, 주로 언급한 과거는 후한 시기와 삼국 촉한 시기였다. 표문의 내용은 대체로 세 부분으로 구분할 수 있다. 첫째 주현 설치 자체의 실익에 관한 문제 제기, 둘째 주현 운영에 관한 문제 제기, 마지막으로 요주의 폐지를 요청하고 이후 대책을 건의하는 부분이다.

첫 번째 부분에서는 먼저 요주가 '옛 애뢰의 구국(舊國)'으로, "절역(絕域)이자 황외(荒外)의 땅이며, 산이 높고 물이 깊어서 사람이 난 이래로 후한에 이르기까지 중국과 교통하지" 않았으며, 여러 서남이 중에서도 가장 나중에 내부하였음을 지적하였다. 그리고 후한과 촉한 조정이 남중 지역 변군으로부터 취한 이득을 언급하면서, 당시의 요주와 비교하여 요주 운영의 무익함을 역설하였다. 표문에 따르면, 후한 조정은 광무제(光武帝) 말년에 비로소 내속을 요청한 애뢰이의 땅에 영창군(永昌郡)을 설치하였으며, 염(鹽)과 포(布) 그리고 전계(氈罽) 등의 물품을 세(稅)로 거두어 중토[중국]를 이롭게 하였다. 그리고 촉한 조정은 제갈량의 남정 이후 금은과 염 및 포 등을 거두어 군비에 충당하였고, 남중 지역 만이로부터 병력까지도 조달하였다.

이어서 장간지는 당시 요주의 상황에 대하여 "지금은 소금과 베와 같은 세를 바치지도 않고, 진기한 공물을 들이는 것도 아니며, 병장기를 군대에 충실하게 공급할 수도 없다."고 지적하였다. 그리고 그럼에도 "부고를 비워가며 백성들을 몰아다가 만이와의 전쟁으로 간과 뇌를 땅에 칠하게 하는 것은 국가를 위해 애석한 일"이라고 적었다. 아울러 한은 그 막대한 이익을 얻고도 민으로부터 원망의 노래를 들었음을 지적하였다. 그리고 요주의 경우 막대한 국고를 낭비하며 실오라기 하나 머리카락 하나만큼의 이득도 없이 백성들을 괴롭히고 있다는 점을 지적하는 것도 잊지 않았다.

둘째 부분에서는 제갈량의 남중에 대한 통치책과 요주의 현실을 비교하면서 당시 요주의 운영에 대해 문제를 제기하고 있다. 표문에 따르면, 제갈량은 남중 토평 후 ① 당지의 수령들로 하여금 남중의 만이를 통솔하게 하였고, ② 한의 관리를 파견하지 않았으며, ③ 중국의 군대를 남겨 진수하도록 하지 않았다.[127] 장간지는 이를 '만이를 기미할 수 있는 묘술'로 평가하였다. 이에 비하여, 당시 요주에 설치된 관에 대해서는 비난을 아끼지 않았다. 장간지가 보기에 그들은 "이미 변경을 안정시켜 침략을 없애려는 마음도 없고, 또 제갈량의 칠종칠금과 같은 능력"도 없으면서 오직 속임수와 교활한 계산으로 백성을 수탈하여 제 배 불리는 데만 눈이 팔린 자들이었다. 심지어 그들은 이익을 위하여 만이의 추장들을 선동해 붕당을 조성했을 뿐만 아니라, 그들에게 아첨하여 무릎을 꿇고도 부끄러움을 모르는 자들이었고, 무리를 모아 대규모 도박판이나 벌이던 자들이었다. 이러한 관료들이 통치하는 요주는 검남도에서 도망한 자들 뿐 아니라 중원으로부터 망명한 이천여 호가 여기저기 흩어져 약탈을 업으로 삼고 있는 곳이었다.

또 표문에서는 요주도독부의 설치 이력을 전하고 있는데, 앞서 살펴보았듯이 664년 요주도독부의 설치는 당 고조 용삭 연간(661-664)에 이루어진 무릉현 주부 석자인의 상주에 따른 조치였다. 그러나 뒤에 요주도독부의 장사(長史) 이효양과 신문협이 모두 군만(羣蠻)에 살해당했

---

127) 『三國志』「蜀書」의 裴注에서는 이와 관련, 『漢晉春秋』를 인용해 다음과 같이 적었다. 『三國志 · 蜀書』卷35, 「諸葛亮傳」, p.921, "……. (諸葛亮이) 마침내 滇池에 이르렀다. 南中이 평정되자, 모두 그 渠率들을 등용하였다. 혹자가 亮에게 諫하자, 亮이 다음과 같이 말하였다. '만약 外人을 남겨 두면, 마땅히 군대를 남겨야 할 것이나, 군대를 남겨 보아야 군대를 먹일 수가 없다. 이것이 첫 번째 不易이다. 夷가 막 깨뜨려졌고 父兄의 死喪을 당하였는데, 外人을 남겨 두고도 군대가 없으면, 반드시 禍患을 부를 것이다. 이것이 두 번째 不易이다. 또 夷가 여러 차례 죽을 죄를 지었고, 스스로도 죄가 무거움을 의심하고 있는데, 만약 外人을 남겨둔다면 끝내 믿지 못할 것이다. 이것이 세 번째 不易이다. 지금 내가 군대를 남기지 않고 군량을 옮기지 않으려는 것은 (남중 지역에) 기강이 서고 夷 · 漢이 안정되기를 바라는 까닭이다.' " 제갈량은 이와 같이 직접적 무력 지배를 포기하는 대신 南中 지역의 대성들을 포섭하여 그들을 통해 이 지역의 인적 자원과 물적 자원을 조직하는 방법을 선택하였다(鄭勉, 2007b, pp.202-213).

으며, 이에 당 조정은 낭장(郎將) 조무귀(趙武貴)를 보내 토벌하게 하였으나 처절한 패배로 끝났다. 조무귀와 촉의 군대는 한 사람도 생환하지 못했다. 이어진 장군 이의총(李義總) 등의 정벌도 낭장 유혜기(劉惠基)의 전사로 끝나고, 결국 요주도독부는 폐지되었다. 또 688년[睿宗 垂拱 4年], 만랑장(蠻郎將) 왕선보(王善寶)와 곤주자사 찬건복(爨乾福)의 요청에 따라 요주도독부의 재설치가 이루어졌으나, 주가 설치되자마자 녹사참군(錄事參軍) 이릉(李稜)이 만에 살해당하는 일이 벌어졌다. 본디 주의 설치를 요청할 때, 과세가 모두 요부의 관내로부터 나오므로 다시는 촉중을 소란케 하지 않을 것이라 하였으나, 결국은 "694년[(무측천) 延載 연간]에 (요부의) 사마(司馬) 성침(成琛)이 주를 올려 청하여, 노남(瀘南)에 진(鎭) 일곱 곳을 두고 촉의 군대를 보내어 방비하게 하"고, "이로부터 촉중이 소요하여 지금까지 그치지 않고 있"는 상황에 봉착하였다.

셋째로, 표문의 마지막 부분에서 장간지는 다음과 같이 적었다.

또 요부(姚府)는 57개 주를 묶어 관리하는데, 그중에 거칠고 교활한 유객(遊客)이 헤아릴 수 없이 많습니다. 국가가 관부를 두고 직분을 나눈 것은 본디 풍속을 교화하고 간사함을 막기 위함이었는데, 그 부끄러움도 없고 만족을 모르며 제멋대로인 것이 여기까지 이르렀습니다. 지금 이하(夷夏)를 불문하고 죄를 지은 것이 모두 깊어, 도로에서 겁살(劫殺)하는 것을 보아도 금지할 수가 없으니, 아마도 한번 소요가 일어나면 그 화가 크게 번질 것입니다. 엎드려 바라건대, 요주를 생파하여 수부(巂府)에 예속시키고, 세시에 따라 조근(朝覲)하게 하여 번국(蕃國)과 같이 대우하십시오. 노수(瀘水) 남쪽의 제진(諸鎭) 또한 모두 철폐하시고, 노수 북쪽에 관(關)을 설치하여 백성 중에 '봉사입번(奉使入蕃)' 하는 자가 아니면 교통하여 왕래하는 것을 허락하지 마십시오. 수부(巂府)의 병력을 증강하시고, 맑고 어진 재목(宰牧)을 가려서 통리(統理)

하도록 하십시오.

결론적으로 장간지의 요구 사항은 다음과 같았다. 우선 요주도독부를 즉시 폐지하고, 그 후속 조치로 ① 요주가 관할하던 57주를 수주에 예속시킬 것, ② 요주 지역의 만이 수장들을 세시마다 조근하게 하여 번국과 같이 대우할 것, ③ 촉의 군사를 징발하여 지키던 노수 남쪽의 군진을 모두 철폐할 것, ④ 노수 북쪽에 관(關)을 세워 일반 민의 요주 교통을 통제할 것, ⑤ 수주의 군병을 늘리고, 청렴하고 능력 있는 지방관을 파견할 것 등을 건의하였다. 그러나 장간지의 이러한 건의는 측천무후에 의해 거부되었다.

이상의 내용으로 볼 때, 측천무후 시기 요주도독부는 기미도독부가 아니었다. 그러나 당시 요주는 앞서 언급한 서견의 요주에 대한 견해나 장간지의 '절역황외(絕域荒外)'라는 인식, 그리고 한대(漢代)에 이르기까지 '중국과 교통하지 않았다'라는 기사 내용으로 볼 때 분명히 '중국'과는 명확히 구분되는 '만이'의 땅이었다. 문제는 이러한 지역에 군현적 지배를 강화하고, 이를 유지하려한 데 있었던 것이다. 장간지가 보기에 제갈량의 대남중정책은 당대의 기미부주 운영과 흡사하였다. 그래서 그는 이를 만이를 기미하는 묘책이라 평가하였을 것이다. 장간지가 요주의 폐지를 주장하고 그 대안으로 제시한 것은 요주가 관할하던 '소이주(小夷州)'들을 변주인 수주에 예속시키는 것이었다. 이를 종합하여 볼 때 당시의 요주는 '절역황외'로 중국과는 명확히 구분되는 곳이며, 마땅히 그곳 수령으로 하여금 자치하도록 하고 중국 국가의 관과 군대를 파견하지 않는 기미부주가 두어져야 할 곳이었다. 그럼에도 당 조정에서 위와 같은 정책을 고집한 것은 앞서 언급했듯이, 요주 지역에 대표적인 세력이 없어서 당의 관리를 도독으로 파견하였다는 점과 토번의 세력 확대라는 두 가지 요인 때문이었다.

요주도독부의 관할 구역에 군현제적 지배를 관철시키려던 당 제국의 시도는 이지고의 예나 이후 요주만(미하만)과의 끊임없는 갈등으로 볼 때 실패하였다고 볼 수 있다. 따라서 당시 이 지역으로 영향력을 확대하고 있던 토번 세력을 견제하기 위해 당 제국이 선택할 수 있었던 다른 하나의 대안은 운남 지역에서 당 제국과 연합하여 토번에 대항할 수 있는 세력을 키우는 것이었다. 그리고 그 세력으로 선택된 것이 남조국이었다.[128]

남조국의 성장과 기미부주 체제

남조국은 요주도독부를 매개로 당 제국과 접촉을 시작하였다. 남조국이 내조하였다는 기록이 처음 보이는 것은 당 고종과 측천무후 시기이다. 다음은 『구당서』의 기록이다.

> 남조만(南詔蠻)은 본디 오만의 별종이며, 성은 몽씨(蒙氏)이다. 만은 왕을 '조(詔)'라고 한다. 스스로 애뢰(哀牢)의 후예라 말하며, 대대로 몽사주(蒙舍州)에 거하며 거수(渠帥)가 되었는데, 한대 영창옛군[永昌故郡]의 동쪽이며 요주(姚州)의 서쪽에 위치하였다. 이전에 거수가 여섯 있었는데, ……. 촉한 때에 제갈량이 정벌하여 모두 신복하였다. 국초에 몽사룡(蒙舍龍)이 있었고, 가독방(迦獨龐)을 낳았다. 가독방은 세노라(細奴邏)를 낳았으며, (세노라는) [당] 고종시에 내조하였다. 세노라는 나성(邏盛)을 낳았으며, (나성은) 무후시에 내조하였다. 그 처가 막 임신하였는데, 나성이 요주에 이르렀을 때 아들을 낳았다는 소식을 듣고, "내게 아들이 생겼으니, 당나라 땅에서 죽어도 괜찮다"라고 말하였다고 한다. 아들의 이름은 성라피(盛邏皮)라고 하였다. 나성이 경사에 이르니, 금포금대(錦袍金帶)를 하사하여 귀국하도록 하였다.[129]

---

128) 南詔가 갑자기 성장하게 된 배경에 대하여는 여러 학자가 관심을 가졌다. 그리고 그 요인의 하나를 공통으로 지적하는 바가 바로 唐과 吐蕃의 관계였다. 즉 南詔는 吐蕃와 唐의 긴장 관계를 업고 급속히 성장할 수 있었다는 것이다. 보다 자세한 내용은 다음의 글들 참조. 林 謙一郎(1990), pp.87-114; 林 謙一郎(1992), pp.554-585; 郭大烈(1991), pp.147-160.
129) 『舊唐書』卷197「南蠻 西南蠻傳」, p.5280.

앞의 기사는 남조국이 몽사주라는 명칭으로 당의 기미부주 체제 내에 속하여 있었음을 보여 준다. 『만서』에 따르면, '몽사조'는 몽사천에 거주하였다.[130] 따라서 '몽사주'라는 명칭은 현지의 지명을 답습한 것이라 하겠다. 그리고 위 기사에 보이는 바와 같이 남조국의 내조는 당 고종 때에 처음 이루어졌는데, 요주도독부의 설치와 관련이 있는지도 모르겠다. 『만서』에 따르면, 고종 때 이루어진 세노라의 내조는 휘하 수령 몇을 보낸 견사조공이었고, 측천무후 때 나성의 내조는 본인의 입조였다. 이 당시 몽사주자사직 책립에 관한 기록은 보이지 않지만, 이들의 입조 기록으로 보건대, 세노라와 나성이 기미주 자사직을 가지고 있었으리라는 추정은 쉽게 할 수 있다. 또 비슷한 시기 「왕인구비」 비문에 등장하는 양과주자사 몽검의 존재는[131] 이러한 추정을 방증한다. 양과주는 육조 중의 하나인 몽수조(蒙嶲詔)에 설치된 기미주이며, 몽수조는 몽사조의 바로 북쪽인 현재의 웨이산(현) 평원 북부에 이웃하여 존재했던 '국'이었다.[132] 결과적으로 남조국은 측천무후 때까지도 여섯 조의 하나로, 당 제국의 기미부주 체제에 속한 부락 단위 정치체로 남아 있었다고 할 수 있다.

남조국이 중국과 책봉 조공 관계를 적극적으로 맺으면서 팽창하기 시작한 것은 당의 현종(玄宗) 때부터이다. 관련 기사를 적시하면 다음과 같다.

염각(炎閣)이 섰다가 (당 현종) 개원(開元) 연간(713-742)에 죽었다. 동생 성라피(盛邏皮)가 즉위하였고, 피라각(皮邏閣)을 낳았다. 특진(特進)에 제수하고 대등군왕(臺登郡王)에 봉하였다.[133]

---

130) 『雲南志補注』, p.38. 蒙舍州는 요주가 관할하였던 32곳의 小夷州 중 하나로 추정된다.
131) 段金錄 張錫祿 主編(2000), p.290. 「唐王仁求碑」 비문에 따르면, 양과주자사 몽검은 唐 高宗 咸亨 연간(670-673)에 반란을 일으켰다.
132) 『蠻書』 卷5 「蒙舍川」조에서는 "蒙舍의 북쪽에는 蒙嶲詔가 있는데, 곧 楊瓜州이다. 하나의 川에 함께 있다"라고 적고 있다. '川'은 평원을 지칭한다. 이에 대하여 方國瑜(1987, p.360)는 "살피건대, 이른바 '同在一川'이라는 것은 같은 평원에 함께 있다는 것이고, 蒙嶲는 蒙舍의 북에 있으며, 蒙舍는 지금의 巍山(蒙化)城區에 있으니, 蒙嶲는 지금의 巍山 북부의 땅이다. 陽瓜江이 있어 관류한다."라고 적었다.
133) 『新唐書』 卷222上 「南蠻傳」 上, p.6270.

[나성이] 개원 연간 초에 죽었다. 그 아들 성라피가 즉위하였다. 성라피가 죽고, 아들 피라각이 섰다. 조정에서 특진의 위와 대등군왕의 작을 주고, 지사호주자사(知沙壺州刺史)로 삼았으며 귀의(歸義)라는 이름을 내렸다. 장남 각라봉(閣邏鳳)을 특진 겸 양과주자사(陽瓜州刺史)에 제수하였다. 차남 성절(誠節)은 몽사주자사(蒙舍州刺史)로 삼았다. 그 다음 아들 숭(崇)은 강동주(江東刺史)로 삼았고, 그 다음 아들 성진(成進)은 쌍축주자사(雙祝州刺史)로 삼았다.[134]

개원 연간 초에 나성이 죽고, 아들 성라피가 즉위하였다. 성라피가 죽고 아들 피라각이 즉위하였다. 738년[개원 26년]에 조를 내려 특진에 제수하고 월국공(越國公)에 봉하였으며, 이름을 내려 귀의라고 하였다. 그 뒤 이하만(洱河蠻)을 격파하자 그 공으로 운남왕에 책봉하였다.[135]

748년[(天寶) 7년]에 귀의가 죽고 각라봉이 서서 왕작을 잇자, 그 아들 봉가이(鳳迦異)를 양과주자사로 삼았다.[136]

첫 번째 기사는 성라피가 죽은 후 피라각(몽귀의)에게 특진이라는 산관(散官)을 제수하고 대등군왕에 책봉하였다는 기사이다. 이것이 최초의 책봉 기사이다. 두 번째 기사도 같은 내용인데, 이때 피라각에게만 관작이 주어진 것이 아니라 그의 아들들에게도 자사 등의 관직이 주어졌음을 보여 준다. 우선 피라각의 경우도 대등군왕에 봉해짐과 동시에 지사호주자사에 제수되며,[137] 각라봉은 특진과 양과주자사에, 성절은 몽사주자사에, 숭은 강동(하동)자사에, 성진은 쌍축주자사에 제수되고 있다.

---

134) 『雲南志補注』卷3「六詔」, p.38.
135) 『舊唐書』卷197, p.5280
136) 『新唐書』卷222上, p.6270.
137) 沙壺州는 『蠻書』의 같은 곳에서 "貞元 연간에 (南詔가) 劍南節度使 韋皐에게 獻書하여 스스로 말하기를, 본시 永昌의 沙壺가 뿌리이다"(『雲南志補注』, p.37)라고 한 것과 관련이 있으리라 생각된다. '沙壺'는 『後漢書』「南蠻西南夷列傳」의 哀牢夷 '九隆' 전설에 등장하는 '沙壹'을 지칭한다(『後漢書』卷86「南蠻西南夷列傳」, p.2848). 『蠻書』와 『華陽國志』卷4「南中志」 등에서는 '사호'라고 적었으며(『華陽國志校補圖注』, p.284), 『水經注』에서는 '沙臺'라고도 적었다(『水經注疏』, p.3034). 사호주의 정확한 위치는 알 수 없으나, 『水經注』에서 "不韋縣이 옛 九隆 哀牢의 國이며, 牢山이 있다"고 한 것을 따르면, 현재의 保山縣 근처로 비정된다(『水經注疏』, p.3034). 물론 '사호주'가 漢代 不韋縣의 지점에 설치되었는지 여부는 알 수 없다.

양과주는 앞서 언급했듯이 몽수조에 설치되었던 기미주이며, 세노라와 비슷한 시기에 몽검이라는 이가 자사로 있었던 곳이다. 『만서』에 따르면, 몽수조는 6조 가운데 가장 컸지만, 몽귀의 때에 남조국에 병합되었다. 두 번째 기사에서 몽귀의의 아들을 양과주 자사에 제수하고 있는 것은 당조에서 남조국에 의한 몽수조 병합을 인정했음을 의미한다. 샹다(向達)는 강동주가 하동주일 것이라 하였고, 무친(木芹)은 이 설을 지지하였다.[138] 하동주는 앞서 언급한 바 있는 「왕인구비」의 주인 왕인구와 비를 세운 그의 아들 왕선보가 자사직을 세습하여 가지고 있던 곳이다. 하동주자사 왕인구는 당 고종 함형 연간에 양과주자사 몽검의 반란 진압에 참가하였고, 아버지의 직을 세습한 아들 왕선보는 688년에 곤주자사 찬건복과 함께 요주도독부의 설치를 요구한 바 있다.[139] 『만서』에 따르면, 거렴조라고도 불린 하동주는 '백만'의 땅이었다.[140] 이 땅의 점령 또한 몽귀의에 의해 이루어졌는데, 몽귀의가 석교성(石橋城)을 공격하여 점령하고, 그 아들 각라봉이 석화성(石和城)을 공격하여 점령했다고 한다.[141] 몽귀의 때에 이르러 급격히 세력을 신장한 남조국이 서찬백만의 세력권까지 잠식하기 시작한 것이다. 그리고 당 제국의 현종은 이를 추인하였다. 쌍축주에 관하여는 알려진 바가 없다.

정리하자면, 이러한 상황들은 두 가지 사실을 보여 준다. 첫째는 당 현종 개원(開元) 연간(713-741)까지도 남조국은 여전히 당 제국의 기미부주 체제에 속하여 있었다는 사실이다. 그리고 둘째는 본디 몽사주의 일개 수령에 불과하였던 남조의 군장이 이때에 이르러 이미 4개 기미주에 대한 지배권을 가지게 되었다는 사실이다. 특히 당 현종의 즉위와 더불어 급격

---

138) 『雲南志補注』, p.38, p.45.
139) 『舊唐書』卷91 「張柬之」, pp.2940-2941.
140) 『蠻書』에서는 大族으로 王, 楊, 李, 趙 4성이 있으며, 모두 白蠻이라고 적었다(『雲南志補注』, p.75).
141) 『蠻書』에 따르면, 蒙歸義가 석교성을 공격한 것은 개원 원년(713년)이다. 그리고 그 조부인 邏盛이 개원 초에 죽었고, 부친인 盛邏皮가 섰다가 죽은 뒤에 몽귀의[皮邏閤]이 즉위하므로, 석교성을 공격할 때 피라각은 왕위에 있지 않았다 할 수 있다(『雲南志補注』, p.29).

하게 그 세력을 신장하고 있는 점이 주목된다.

피라각의 경우, 월국공과 대등군왕의 관계를 파악할 수는 없지만, 잘못된 기사가 아니라면 월국공에 먼저 책봉된 뒤 대등군왕으로 진봉된 것이라 해석된다. 세 번째 기사는 줄곧 당 조정의 골칫거리였던 이하만을 격파한 공에 의하여 738년에 드디어 '운남왕'에 책봉되었음을 보여 준다. 네 번째 기사는 남조 군장에게 주어졌던 봉작과 기미주 자사직이 세습됨을 보여 준다. 이렇듯 남조국은 당 제국의 기미부주 체제 안에 존재하였으며, 이러한 상황은 이른바 '장건타(張虔陀)사건'으로 남조국이 토번으로 귀부하기 전까지 지속되었다. 그리고 남조국은 이러한 기미부주 체제 속에서 당 제국의 정책적 선택에 힘입어 팽창하게 되었다.

남조는 서이하만을 격파하여 당 제국으로부터 운남왕에 책봉된 뒤, 나머지 5조를 통일하고 군만을 복속시켜 얼하이 지역을 자신의 지배 아래 두었다. 그리고 검남절도사(劍南節度使) 장구겸경(章仇兼瓊)의 보두로(步頭路) 개척에 반발한 서찬의 소요를 틈타, 전지 지역도 세력권 안으로 흡수하였다. 이는 남중 지역의 핵심 부분이 남조국의 지배 아래 들어갔음을 의미한다. 여기서 주목해야 할 것은 이 모두가 당 조정의 요청 내지 승인 하에 이루어졌다는 점이다. 서이하만 토벌의 경우 당 제국이 직접 개입했다는 사료는 없지만, 그 공로로 남조국의 수장이 운남왕에 책봉된 것을 볼 때, 이 또한 당 제국의 묵인 내지 요청에 의하여 이루어졌음을 추측할 수 있다. 5조의 통일 또한 당시 검남절도사인 왕욱(王昱)의 주청(奏請)으로 당 조정의 재가를 받은 뒤에 이루어진 일이었으며,[142] 이후 보두로 개발에 반항하여 일어난 찬만의 봉기에 대한 개입 또한 당 현종의 명령에 의하여 이루어졌다.[143]

---

142) 『舊唐書』 卷197, p.5280.
143) 『新唐書』 卷222下 「南蠻」 下, p.6316.

3. 남조국의 서찬국 병합, 그리고 천보전쟁

이제 남조국이 서찬을 멸망시킴으로써 쿤밍 분지 지역을 장악하고 남중 지역을 통일하는 과정에 대해 설명할 차례이다. 남중 지역을 통일한 남조국은 당 제국과의 분쟁으로 전쟁을 치르게 되었고, 결국 토번의 영향권 아래로 귀의하였다. 이 절의 내용은 두 부분으로 구성될 것인데, 우선 742년 안녕성(安寧城) 사건부터 746년 남조국에 의한 서찬국(西爨國) 멸망까지 벌어진 사건들을 먼저 정리할 것이다. 그리고 장건타 사건으로 촉발된 천보전쟁 과정을 간략하게 살펴볼 것이다.

안녕성 사건과 서찬국의 몰락

742년 안녕성 축성부터 746년 찬숭도(爨崇道)의 죽음으로 서찬국이 남조국의 판도 안으로 들어갈 때까지 사건들을 기록한 역사서와 지리서는 많다. 이중 시간적으로 당시에 가깝게 작성된 문건으로는 『남조덕화비(南詔德化碑)』, 『만서』, 『신당서』의 기록을 들 수 있고, 그 가운데 가장 자세한 것은 『만서』의 기록이다. 다소 길더라도 사건 전개의 보다 정확한 이해를 위해 전문을 다 인용하고, 나머지 기록들을 통해 보충하고자 한다.

처음에 찬귀왕(爨歸王)이 남영주도독(南甯州都督)이 되어 석성(石城)을 치리하면서, 맹빙(孟聘;孟𣯛?)과 맹계(孟啓) 부자를 습격하여 죽이고, 마침내 승마천(升麻川)을 차지하였다.[144] 귀왕의 형으로 마밤(摩湴)이라는 자가 있었다. 밤이 숭도(崇道)를 낳았는데, 곡액천(曲軛川)을 다스리면서 양찬(兩爨)의 대귀주(大鬼主)가 되었다. 숭도의 동생 일진(日進)과 일용(日用)은 안녕성에 있었다. 장구겸경(章仇兼瓊)이 보두로(步頭路)를

---

144) 타성 수령 지배 지역에 대한 찬씨 가계의 세력 확대를 상징하는 사건으로 보인다. 승마는 남영주자사부에 속한 현이며(『舊唐書』 卷41 〈劍南道 戎州中都督府〉, p.1694.), '천(川)'은 '평지·분지'를 의미하는 용어이다. 그리고 승마현과 승마천은 오늘날의 쉰디엔(尋甸)에 해당한다. 그런데 『신당서』 「양찬만전」에서는 이들 승마천의 맹빙·맹계 부자를 '동찬 수령 개빙(蓋聘)' 및 아들 개계(蓋啟)'라고 표기하였다. 승마천에 거주한 맹빙·맹계 부자는 동찬의 수령이었던 셈이다. 다만 『신당서』의 개빙·개계가 오기라고 생각된다. 『신당서』의 기사를 오기라고 생각하는

개척함에 미쳐서 막 안녕에 성을 쌓으려 하자, 군만(羣蠻)이 소동하여 축
성사자(築城使者)를 죽였다.[145] 당 현종(玄宗)은 사자를 파견하여, 운남
왕(雲南王) 몽귀의(蒙歸義)에게 토벌하라는 칙령을 내렸다. (몽)귀의의
군대가 파주(波州: 雲南, 지금의 祥雲)에 이르자, 귀왕 및 숭도 형제 그
리고 찬언장(爨彦璋)[146] 등 천여 인이 군문(軍門)에 이르러 엎드려 사죄
하며, 전의 일을 씻어 주도록 주청할 것을 청하였다. 귀의가 공개적으로
상주하여 보고하였다. 가고 오는데 25일이 지나 조서가 내려왔는데, 모
두 용서한다 하였다. 얼마 지나지 않아 숭도가 (동생) 일진을 죽이고, 또
귀왕을 음해하였다. 귀왕의 처 아차(阿姹)는 오만(烏蠻)의 딸인데, 부모
에게로 달아나 투탁(投託)하였다. 군대를 일으켜 서로 대치하니, 제찬(諸
爨)의 호수(豪帥)가 혼란에 빠졌다. 아차가 몰래 몽사천(蒙舍川)에 사자
를 보내어 투탁을 바라니, (몽)귀의가 즉일로 (아차를) 두둔하는 주소(奏
疏)를 올려 보고하였다. 아차의 아들 수우(守偶)가 마침내 귀왕을 대신하
여 남영주도독이 되었고, 이에 귀의는 딸을 주어 처로 삼게 하였다. (귀

이유는 승마현령(昇麻縣令) 맹탐(孟耽)의 존재 때문이다. 승마현(昇麻縣)은 곧 승마현(升麻縣)이다. 734년에서
736년 사이에 작성된 '직안남수령찬인철서'에 등장하는 수령들 중에는 융주수령 · 승마현령 맹탐이 포함되어 있
다. 734년에서 736년 사이에 승마현령으로 등장하는 맹탐과 742년 이전에 발생한 승마천 습격 사건에 등장하는
아비 맹빙은 동일 인물 내지 친족 관계로 보는 것이 합리적이다. '耽'은 '聘'과 그 글자의 모양이 닮았는데, '耽'의
本字인 '耽'은 더 닮았다. 두 글자 중 하나는 옮기는 과정에서 오기하였을 가능성이 있다. 그리고 불과 몇 년 사이
에 그 지역을 대표하는 수령의 성(姓)이 바뀌었을 거라고는 생각되지 않는다. 또 이들의 거주 지역은 옛 제갈량
의 남정 때 등장했던 맹획의 존재를 연상케 한다. 어쨌든 문서의 작성 연대가 가장 늦은 『신당서』의 기사가 그 수
령의 성을 '맹'에서 '개'로 오기한 것이라 생각하는 것이 가장 합리적이다.

145) 『남조덕화비』에 따르면, 742년 안녕(安寧)에서 성을 쌓다가 군만(群蠻)의 소동에 의해 죽임을 당한 축성사
자는 월수도독(越巂都督) 죽령천(竹靈倩)이었다. 안녕성 축성은 장구겸경(章仇兼瓊)이 추진한 보두로(步頭
路) 개척의 한 과정이었다.

146) 안녕성에서의 소동에 참가한 제찬의 수령은 남령주도독 찬귀왕, 곤주자사 찬일진, 이주(黎州)자사 찬기(爨
祺), 구주(求州)의 찬수의(爨守懿), 나산(螺山) 대귀주(大鬼主) 찬언창(爨彦昌), 남영주 대귀주 찬숭도 등
이었다. 이중 찬언창과 위 기사에 나오는 찬언장이 동일 인물 혹은 친족인지의 여부를 확인할 방법은 없지
만, 그 가능성을 배제할 수 없다. 찬언창은 나산의 대귀주로 안녕에서 축성사자를 죽인 제찬의 대표적 인
물 가운데 하나로 등장하는데, 나산은 전지 북쪽 곤주의 치소 곤천(昆川) 바로 위에 위치하였다. 한편 찬언
장은 위 기사에서 몽귀의의 군문에 가서 엎드려 사죄한 천여 인 가운데 찬귀왕 및 숭도 형제와 함께 이름
을 남기고 있다. 찬귀왕은 남영주도독으로서 찬숭도는 남영주 대귀주로서 그리고 숭도의 동생 일진은 곤
주자사로서 그 사죄에 참여하였다. 이들은 모두 당시 서찬국의 핵심부를 장악하고 있는 최고 권력자들이
었다. 이들과 이름을 나란히 할 정도였다면 찬언장 또한 이에 걸맞은 지위를 가지고 있어야 하는데, 그가
어떠한 직책을 가졌는지를 전하는 기사는 없다. 이런 의미에서 안녕성에서의 소동에 참여한 나산 대귀주
찬언창과 그 소동으로 인한 군사적 충돌에서 항복과 용서를 청하는 자리에 등장하는 찬언장을 동일인물
혹은 친족으로 추정하는 것은 그리 큰 무리가 아니라 생각된다. 참고로 구주는 현재의 武定縣과 祿勸縣 지
역에 해당하며, 649년[貞觀 23년] 春 正月에는 爨蠻의 서쪽에 있던 徒莫祇蠻과 儉望蠻이 內屬하여 설치한
傍, 望, 覽, 丘, 求 다섯 州 중의 하나이다.

의는) 또 다른 딸 하나를 숭도의 아들 보조(輔朝)에게 처로 주었다. 숭도
는 안으로 분원(忿惋)을 품고 밖으로는 화평을 내어 보이면서 오히려 수
우 모자와 날마다 서로 공벌하였다. 아차가 다시 귀의에게 호소하기를 군
대를 일으켜 (찬숭도를) 문죄해 달라고 하였다. 군대의 행렬이 곤천(昆
川)에 이른지 두 밤 만에 곡액천의 무리가 무너지고 흩어졌으며, 숭도는
남쪽 여주(黎州)로 달아났다. 귀의는 그 가족과 우당(羽黨)을 모두 사로
잡았고, 아울러 보조를 죽이고 자신의 딸을 취하였다. 숭도 또한 얼마 지
나지 않아 피살되었다. 제찬은 이로부터 이산하여 약해졌다. 귀의가 죽
고 아들 각라봉(閣羅鳳)이 서자 수우는 처와 함께 하탐(河賧)에 귀의(歸
依)하였고, 이로부터 황화(皇化)와 격절(隔絕)하였다. 아차는 스스로 오
만부락의 왕이 되었으며, 경사에 나아가 조참(朝參)하고 크게 은상을 입
었다. 각라봉은 곤천성사(昆川城使) 양모리(楊牟利)를 보내 서찬을 군대
로 포위하고 협박하여 20여 만 호를 영창성(永昌城)으로 옮겼다. (동찬)
오만은 언어가 불통하고, 대부분 임곡(林谷)에 흩어져 있던 까닭에 옮기
지 못하였다. 이 뒤로 곡주(曲州), 정주(靖州), 석성, 승마천, 곤천으로
부터 남으로 용화(龍和)에 이르기까지 텅 빈 것이 병화(兵火)를 입어 초
토화된 것 같았다. 일용(日用)의 자손들은 지금도 모두 영창성 경계 안에
있다. 오만 종류가 점차 다시 떨쳐 일어나 나중에는 서찬 고지로 사거하
였다. 지금은 남조(南詔)와 인척 관계를 이루었다.[147]

남조국이 안녕성 사건을 발판으로 서찬국 지역의 일에 개입하기 시작
하고, 결국 서찬국을 멸망시키는 과정에 대한 설명은 이 기사로 대신해
도 될 것이다. 다만 몇 가지 설명을 덧붙이고자 한다. 우선 찬귀왕이 남영
주도독이 된 해를 정확히 알 수는 없지만, 근사치 추정은 가능하다. 734
년에서 736년 사이에 작성된 '칙안남수령찬인철서(勅安南首領爨仁哲書)'
가[148] 내려진 뒤로부터 안녕성 사건이 발생하는 742년 사이의 일로 보인

---

147) 『雲南志補注』 卷4 「名類」, pp.47-48.
148) 「曲江集敕書」(『雲南史料叢刊』 2卷, p.125).

다. 칙령이 내려질 당시 찬귀왕의 직함은 '융주(戎州)수령 · 우감문위(右監門衛)대장군 · 남영주자사'였다. 이 직함은 그가 당시 '융주수령'이면서 남영주자사임을[149] 명시하고 있다. '융주수령'이란 명칭이 보여주듯이, 당시 남영주는 융주도독부에 속해 있었다. 그리고 742년 사건에서 찬귀왕은 이미 남영주도독으로 등장한다. 따라서 남영주도독부는 734년에서 736년 사이에 작성된 '칙안남수령찬인철서'가 내려진 뒤, 그리고 742년 전의 어느 시점에 설치된 것으로 보아야 한다. 남영주도독부의 설치 이유는 알려진 바가 없다. 그 상관관계를 입증할 수는 없으나, 738년 서이하만 즉 6조를 통일하고 입조하여 그 공으로 운남왕에 책봉된 남조 피라각(몽귀의)의 흥기가 주목된다.

위의 기사에서는 찬숭도가 동생인 찬일진과 숙부인 찬귀왕을 죽인 사실을 전하고 있는데, 그 이유에 관한 언급은 없다. 이에 비하여 『남조덕화비』는 그 살해의 순서를 바꾸어 전하고 있지만, 살해 이유를 도독 이복(李宓)의 사욕에 의한 이간으로 돌리고 있다. 그리고 그 과정을 조금 더 자세하게 다루고 있다. 안녕성 사태가 발생하자, 당 현종은 중사(中使) 손희장(孫希莊), 어사 한흡(韓洽), 도독 이복 등을 파견하여 몽귀의에게 초유와 토벌을 위탁하였다. 도독 이복은 754년에 '검남절도류후(劍南節度留後)'로서 집정 양국충의 명에 따라 남조국 토벌에 나섰다가 서이하에서 대패하고 전사한 그 이복이다. 『남조덕화비』는 "그 이복이 국가의 대계(大計)를 망각하고 장구겸경의 궤계(詭計)를 답습하여, 관직의 영달을 추구하는 데에 힘썼다."고 비난하며, "복은 멀리 동쪽의 찬을 선동하고, 마침내 (찬)숭도를 자극하여 (찬)귀왕을 살해하게 하였다."라고 적었다.

또한 이복에 대비되는 남조국 왕 각라봉의 태도를 전하고 있는데, 왕은 오로지 어지러움의 싹을 막는 데 힘쓰고, 앞서의 공적을 이어가는 것만 생

---

149) 郎州가 다시 옛 이름인 남영주로 회귀한 해는 717년[개원 5년]인데, 그 개명 이유와 당시 자사가 누구였는지는 확인할 수 없다.

각했다고 선전하였다. 그리고 그 구체적 조치로 대군장 단충국(段忠國) 등에 명하여, 당의 중사(中使) 여경의(黎敬義) 그리고 도독(都督) 이복(李宓)과 함께 다시 안녕으로 가서 제찬을 화무(和撫)토록 했다고 적었다. 그러나 이복은 오히려 반간(反間)을 행하였으며, 결국은 찬숭도에게 동생 일진을 모살하게 만들었다고 비난하였다. 그리고 이 사태에 대해 동찬 제추(諸酋)들이 놀라고 두려워하며 다음과 같이 말했다고 적었다. "귀왕은 숭도의 숙부이고 일진은 동생인데, 저들의 참구(讒構)만 믿고 지친을 살육하였다. 골육이 이미 스스로 서로 도살하였으니, 천지가 돕지 않을 것이다." 그리고 동찬 추장들이 각기 군대를 일으키고, 남조국을 불러들여 함께 토벌에 나섰다고 적었다. 한편 이복에 대하여는 겉으로 중정(中正)을 꾸미고 남조국에 군병(郡兵)을 내주는 척했지만 안으로는 간기(奸欺)를 간직하고, 망령되이 남조국이 배반할 것이라 떠들었다고 비난하였다. 그리고 나서 사태의 종결에 대해 서술하고 있는데, 어사대부이자 검남절도사 곽허기(郭虛己)가 표를 올려 남조의 무고함을 밝힌 까닭에, 이복은 얼마 뒤 폄류(貶流)되었으며 숭도는 이로 인하여 망궤(亡潰)하였다고 했다.[150]

『만서』의 기사에 부정확한 부분이 있고 「남조덕화비」가 과장하는 부분이 있을지 모르지만, 사건의 기본적인 전개는 이 두 사료가 전하는 바와 크게 다르지 않았으리라 생각된다. 다른 경력으로 보건대 장구겸경이나 선우중통과 함께 서남이 문제에 대해 강경파로 보이는 이복은[151] 분명히 찬씨 세력을 약화시킬 이유가 있었고, 찬숭도도 이복을 비롯한 당왕조의 힘을 빌릴 이유가 있었던 것 같다. 덕화비문의 "숭도는 맹을 져버리고 역란을 꾀했다(崇道蔑盟構逆)"라는 기술은 찬숭도의 찬귀왕 살해 사건에 대한 다른 설명의 단서를 제공한다. 그리고 「찬수충묘지」가[152] 보여주는 찬영종(爨榮宗)−

---

150) 이러한 「남조덕화비」의 기록에 대해 의도된 거짓말이라고 하는 주장이 있는데(王宏道, 2001a, pp.62~74, 王宏道, 2001b, pp.16~28) 이 책에서는 채택하지 않았다. 이 주장에 대한 논박은 鄭勉(2010b) 참조.

151) Charles Backus에 따르면, 이들은 四川 출신으로 唐 朝廷 내에서 步頭路 개통을 강력하게 추진했던 이들이다(Charles Backus, 1981, pp.64~5).

152) 「爨守忠墓誌」의 정식명칭은 「大唐故節度副使開府儀同三司兼太常卿南寧一十四州都督襲南寧郡王河東爨公

찬인홍(爨仁弘)-찬귀왕(爨歸王)-찬수충(爨守忠)으로 이어지는 찬씨 계보에는 다른 단서가 숨어 있다. 바로 찬귀왕의 소봉(紹封)이다.[153]

찬귀왕의 조부인 찬영종이 어느 시대에 활약하였는가 하는 문제 또한 추정에 의지할 수밖에 없다. 그리고 이러한 추정은 그의 자손으로 비교적 많은 기록이 남아 있는 찬귀왕과 찬숭도로부터 출발해야 할 것이다. 우선 주목해야 할 부분은 위 기사에 전하는 것처럼 찬귀왕이 남녕군왕을 '소봉(紹封)'하였다는 것과 그가 장자가 아니었다는 점이다. 주지하듯이 '소봉'이라는 것은 습봉자의 잘못으로 폐봉된 작위에 대해 원봉자의 공을 기려 다른 자손을 찾아 원봉자의 뒤를 잇게 하는 책봉 형태이다. 찬귀왕이 소봉하였다는 것은 두 가지를 의미한다. 하나는 그가 아버지의 작위에 대한 합법적 계승자가 아니었다는 것이고, 다른 하나는 '남녕군왕'이라는 작위가 아버지인 찬인홍 아니면 이를 습봉한 찬귀왕 형제의 잘못으로 취소되었다는 것이다. 「찬수충묘지」 기사에서 찬인홍을 설명한 '심현상위(心懸象魏)'라는 구절은 찬인홍이 폐봉되었을 가능성이 매우 적음을 보여 준다. 『만서』에 따르면, 찬귀왕에게는 찬마밤(爨摩涎)이라는 형이 있었다. 바로 찬숭도 형제의 부(父)이다. 그에 관한 다른 정보는 없지만, 그 아들 찬숭

墓誌銘并序」이다. 묘지명에 따르면 찬수충은 785년[貞元 2年] 정월 2일에 嘉州의 관사에서 48세의 나이로 죽었다. 738년[개원 26]생인 셈이다. 찬숭도가 몽귀의의 군사에 의해 죽은 것으로 추정되는 746년 그는 겨우 8세였다. 그가 남녕군왕을 계승한 때를 확인할 수는 없으나, 천보 7년 본디 찬귀왕의 嗣子였던 그의 형 찬수우가 자신의 처와 남조국에 귀의한 뒤일 것이다. 찬수우가 그의 동모형이었는지는 의심스럽다. 『蠻書』에 따르면, 찬귀왕의 부인이자 찬수우의 모 아차는 父의 部落으로 갔다가, 나중에는 오만 부락의 왕이 되었다. 아차가 수충의 친모였다면 8세의 어린 아들을 대동하였을 것으로 생각되는데, 묘지명이 보여주는 찬수충의 모습과는 거리가 있다. 嘉州의 官舍에서 죽었다는 것은 가주에 남영주도독부의 관부를 寄置하였기 때문일 것이다.

153) 다음은 「찬수충묘지」에 보이는 찬영종, 찬인홍, 찬귀왕에 관한 묘사이다. "曾祖 榮宗은 皇朝의 左監門衛大將軍으로 南寧郡王에 封해졌다. 謀猷가 뛰어나고(間出) 德義가 온전하고 높아서 種落의 侯王이 되었으며, 本朝의 爪士가 되었다. 하사품(錫賚)이 산처럼 쌓였고, 渥恩이 바다처럼 깊었다. 功이 언덕 위의 삼(邛苴)처럼 아름다워서, 그 초상(影)이 麟閣에서 빛났다. 大夫 引弘은 皇帝의 特進으로 南寧郡王을 襲封하였다. 片玉같이 堅剛하고 渾金같이 溫潤하였으며, 마음속에 象魏를 걸고 있는 듯이 행동하였다. 昆明을 虎視하였다. 烈考 歸王은 皇帝의 左金吾衛大將軍으로, (南寧郡王을) 紹封하였다. 길고 멀리 計算하면서도, 움직여 나아가면 사람들의 모범이 되었고, …… 閻鳳이 세를 믿고 능멸함에 이르러 東落을 保辜하였다. 雪霜으로 인해 松柏의 志操를 알고, 濁亂중에 忠良之心이 드러나는 법이다. 桀驁가 변경을 엿보는 와중에 蜂蠆가 毒을 놓아, 우리 國寶를 죽였다. 皇上이 震惊하여 누가 그를 이을 것인가라고 하였다(平建友, 2002, pp.183-184)." 그리고 이 가계의 계승과 '소봉' 문제에 관한 더 자세한 논증은 鄭勉(2010b) 참조.

도의 활약을 보건대 찬마밤이 남녕군왕이자 남영주자사였던 찬인홍의 승사자였을 가능성이 높다.

찬숭도는 '칙안남수령찬인철서'에서부터 찬귀왕과 함께 등장하는데, 이 칙서에 드러난 당시 그의 직위는 '남영주사마(南寧州司馬), 위주자사(威州刺史), 도대귀주(都大鬼主)'였다. 「남조덕화비」에서는 742년 당시 그가 '남영주 대귀주'였다고 적고 있고, 앞서 『만서』 기사에서는 "곡액천을 다스리면서 양찬의 대귀주가 되었다"고 하였다. 곡액천은 곧 위주이다. 그리고 『신당서』 또한 찬숭도가 '양찬의 대귀주'였음을 확인하고 있다. 이러한 찬숭도의 직책들과 찬귀왕의 직책 '우감문위대장군(右監門衛大將軍), 남영주자사', '남영주도독'을 비교해 보면 두 사람이 권력을 나누고 있다는 것을 알 수 있다. 즉 찬귀왕은 '남녕군왕', '남영주자사(도독)'의 직을 승계한 데 비하여, 찬영종의 '종락의 후왕' 직에 해당하는 남영주(양찬) (도)대귀주직은 찬숭도가 계승하고 있다. 찬귀왕은 중국 왕조에 의해 수여된 작위와 관직을 승계한 것이고, 찬숭도는 토착 질서에 의한 권력을 승계한 셈이다. 무산계(武散階) 종삼품(從三品)에 해당하는 우감문위대장군의 품계는 찬귀왕의 권위가 어디에 근거하는가를 잘 보여 준다. 또 '위주자사직'은 곡액천을 실제로 다스리는 주인인 찬숭도의 지위를 보여주는 것이며, '남영주사마'직은 남영주를 중심으로 승계된 가계의 권력 서열에서 찬숭도가 2인자였음을 보여 준다. 이러한 정황은 742년 찬숭도의 동생 찬일진이 서찬의 중진인 곤주의 자사로 등장하는 것을 통해서도 확인할 수 있다.

이러한 이원적 승계의 계기는 바로 '소봉'이었다. 즉 찬마밤이 찬인홍의 적자로 남녕군왕과 '종락'의 후왕직 즉 대귀주직을 계승하였지만, 모종의 사건으로 '남녕군왕'직을 잃었던 것이다. 당 조정은 남영주 지역의 지속적 관리를 위해 인홍의 다른 아들인 귀왕을 소봉자로 택하고 남영주자사직을 수여했지만, '종락의 후왕'직 곧 '남영주의 대귀주'직은 '고속(故俗)'인 종래의 내부 질서에 따라 마밤의 장자인 찬숭도에게 계승된 것이다. 찬귀왕과 찬숭도가 동시에 등장하고, 또 앞서 『만서』의 기사에서 남조국의 왕 몽귀의가 찬귀왕의 아들 수우와 찬숭도의 아들 보조에게 동시에 딸을 주는 장면은 찬귀왕과 찬숭도의 나이 차가 그리 크지 않을 가능성을 시사한다. 이는 찬마밤과 찬귀왕이 나이 차가 꽤 있는 형제였음을 의미한다. 어쨌든 찬영종의 적장자 계보는 '찬인홍–찬귀왕–찬수우'로 이어지는 것이 아니라, '찬인홍–찬마밤–찬숭도–찬보조'로 이어졌다고 보아야 할 것이다. 이렇듯 「찬수충묘지」의 발견으로 남영주 지역과 곤주 지역에 별도로 존재하는 복수 가계를 상정할 수 있게 되었다. 그리고 초기에는 곤주 지역의 가계가, 후기에는 남영주 지역의 가계가 서찬국의 정국을 주도하는 흐름을 상상할 수 있게 되었다.[154]

742년 안녕성 사건은 당시 남중 지역의 정치 질서가 변화의 조짐을 보이는 와중에 발생한 것이다. 남조국은 738년 서이하 지역 육조의 통일 작업을 완수하고 당 제국으로부터 '운남왕'의 책봉을 받았다. 아마도 남조국은 동진의 기회를 엿보고 있었을 것이다. 그리고 서찬의 경우는 바로 전에 설명한 대로 찬귀왕·찬숭도 가계가 남영주도독과 양찬도대귀주의 직책을 배경으로 서쪽으로 진출하고 있었다. 이러한 와중에 당 제국의 검남절도사 장구겸경은 안남과의 교통을 목적으로 보두로 개척에 나섰고, 그 첫 작업으로 안녕에서 축성을 시도하였다. 안녕을 '축성치부(築城置府)'의 지점으로 선택한 이유는 안녕이 제찬의 중진이었을 뿐만 아니라, 대표적 소금 산지로 식염의 장악을 통해 제찬을 쉽게 통제하려는 의도가 있었기 때문일 것이다. 그리고 그 지점은 서찬의 서편 경계와 같은 곳으로 동쪽의 서찬과 서쪽의 백만·남조국을 효과적으로 통제할 수 있는 지점이었다. 결과적으로 안녕성 사건은 서찬국의 내분, 천보전쟁, 서찬의

---

154) 이에 관한 자세한 설명은 정면(2010b) 참조.

멸망, 남조국의 서찬 지배를 초래하였다. 이 과정에서 가장 논쟁이 되는 부분은 앞서 지적하였듯이 찬귀왕의 죽음으로 야기된 제찬 내부의 분란이다. 다시 이 문제로 되돌아가 보자.

「찬수충묘지」의 찬귀왕에 관한 설명 중에서 그의 공적 내지 행적을 묘사한 것은 '각봉이 넘보며 침범하였으나, 동락을 안전하게 지켰다(閣鳳馮凌, 保寧東落)'가 전부이다. 그리고 나서 『묘지』는 그의 급작스런 죽음을 "홰오가 변경을 엿보는데, 봉채가 독을 놓아 우리나라의 보물을 죽였구나(桀鷔伺邊, 蜂蠆縱毒, 殲我國寶)"라고 묘사하였다. 각봉은 남조국의 왕 각라봉을 지칭하는 것으로 보인다.[155] 물론 742년 안녕성 사건으로 남조국이 군대를 동원할 때 왕은 피라각(몽귀의)이었다. 그러나 「남조덕화비」를 자세히 살펴보면, 각라봉이 실질적 권력을 행사했음을 알 수 있다.[156] 각라봉을 각봉으로 칭하는 경우는 쉽게 찾을 수 없지만, 『전략』의 「사략(事略)」에서 그 이름을 나각봉(羅閣鳳)으로 오기한 경우도 있다.

각봉을 각라봉으로 보는 것은 찬귀왕의 대응에 대한 평가인 '보녕동락(保寧東落)'과도 잘 맞아 떨어진다. '동락'의 '락'은 「묘지」의 찬영종 조에 나오는 '종락'에 조응하는 것으로 보인다. 따라서 '동락'은 '동편에 존재하는 종락'을 지칭하는 것으로 곧 '(남조에 대비하여) 동쪽의 찬(東爨)'이라 해석할 수 있을 것이다. 찬귀왕이 외부 세력으로부터 '동락'을 지켜낸 가장 극적인 사건은 역시 안녕성 사건으로 진군하던 남조국군을 막은 것인데, 당시 찬귀왕은 무리 천여 명을 이끌고 남조국 왕의 군문에 가서 배사

---

155) '閣鳳'을 '阿閣鳳巢'의 준말 혹은 '閣鳳臺鸞'의 閣鳳으로 해석할 경우 다른 설명도 가능해진다. '阿閣鳳巢'는 황제의 고사로부터 유래하는데, 궁중의 아각에 봉황이 깃들이는 것이니 상서로운 징조이다. 이 경우 각봉은 궁중을 의미하게 된다. '閣鳳臺鸞'은 '鳳閣鸞臺'의 다른 표현인데, 봉각은 中書省을 지칭하며, 鸞臺는 門下省을 지칭한다. 그러면 각봉은 步頭路 정책을 입안하고 실행한 劍南節度使 章仇兼瓊과 그 정책을 허가한 조정으로 해석할 수도 있다. 이러한 해석은 「南詔德化碑」가 전하는 "遣越嶲都督竹靈倩置府東爨, 通路安南" "開路安南, 政殘東爨" 등의 내용과도 상통한다. 그러나 각봉을 보두로 정책을 입안하고 실행한 劍南節度使 章仇兼瓊과 그 정책을 허가한 조정으로 보는 것은 아무리 그 정책이 실패하고 비난받는 것이라 하여도 '王의 爪士'였던 찬수충의 墓誌에서 거론하기에는 어색하다.

156) "王務遏亂萌, 思紹先績, 乃命大軍將段忠國等與中使黎敬義 · 都督李宓, 又赴安寧, 再和諸爨."이 그것인데, 여기에서 왕은 비의 제작 당시 왕인 閣羅鳳을 지칭한다.

(拜謝)하여 용서를 구하였다. 당 제국의 축성사를 살해하고도 배사를 통해 남조국 왕과 황제를 설득하여 '동락'을 병화(兵禍)로부터 지킨 셈이니, '보녕동락'의 평가를 받을 만한 행적이다.[157]

찬귀왕은 배사 이후 협상을 통해 제찬 수령들과 각라봉 그리고 당의 사자들이 함께 참여한 일종의 협약인 '맹(盟)'을 이끌어 낸 것으로 보이는데, 그 '맹'이 '보녕동락'을 보장하였을 것이다. 그러나 그 '맹'은 찬숭도에 의해 깨졌다. 『남조덕화비』의 비문에서 "숭도가 맹을 무시하고 역란을 꾸몄다(崇道蔑盟構逆)"라고 한 것이 그것이다. 즉 찬귀왕은 남조국 왕의 군문에서 죽지 않았으며, 이후 찬숭도에게 살해당한 것이 보다 그럴듯한 진실이다. 『남조덕화비』의 관련 비문을 옮겨 보면 다음과 같다.

또 월수도독(越嶲都督) 장건타(張虔陀)는 일찍이 운남별가(雲南別駕)를 역임하였는데, 오래도록 알고 지내던 지인에게 자신이 적임자임을 선전하여 도독이 되기를 청하는 표주(表奏)를 올리도록 하였다. …… 성절(誠節)은 왕의 서제(庶弟)로 그 불효불충함으로 폄출(貶黜)되어 장사(長沙)에 있었다. 그런데 장건타가 귀환하도록 상주하였는데, 아마도 우리를 이간시키려는 것이었다. 이것이 두 번째이다. [찬]숭도는 맹을 업신여기고 구역(構逆)하였으니, 그 죄가 주이(誅夷)에 해당한다. 그런데 도리어 받아들여 숙(宿)을 제공하여 나와 원수가 되게 하고자 하였다. 이것이 셋째이다.

위 내용은 『남조덕화비』에서 장건타의 허물로 지적한 6개 중 둘째와 셋

---

157) 王宏道는 '각봉'과 '봉채종독(蜂蠆縱毒)'의 '봉채' 모두 각라봉으로 해석하였다. 이는 찬귀왕과 찬일진 찬숭도 모두 각라봉이 살해했다는 논리의 연장선상에 선 해석이다. 왕홍따오의 주장에는 문제가 있다. 앞서 보았듯이 그의 주장은 남조국군이 파주 즉 지금의 샹윈[祥雲]에 이르렀을 때, 군문에 배사하러 온 찬귀왕을 각라봉이 살해하였다는 것이다. 이 주장은 찬귀왕의 공적이라면 공적이라고 할 수 있는 '보녕동락'과 그 의미가 통하지 않는다. 적에게 죽음을 당한 군장을 '보녕동락'하였다고 추켜세우는 것은 아무래도 어색하다. 오히려 그가 살아서 무언가 적극적인 조치를 통해 '보녕동락'하였음을 상상하는 것이 자연스럽다. 한편, 平建友는 '각봉'은 '각라봉'으로 해석하고, '봉채'는 이복으로 해석하였다. 다만 이 시점을 각라봉이 왕이 된 이후 昆川城使 楊牟利를 통해 西爨 20만호를 永昌으로 옮긴 일을 인용하면서 서찬을 멸할 때라고 해석하였다. '보녕동락'은 도호부가 함락되는 것을 保守하였다고 해석하였다. 保寧을 天寶 8년(749) 검남절도사가 증설한 보녕도호부로 풀이한 것이다(平建友, 2002, p.183).

째 항이다. 장건타는 천보전쟁의 직접적 계기를 제공한 사람이다.[158] 이 글에서 주목하는 부분은 세 번째 허물에 포함된 "숭도가 맹을 업신여기고 역란을 꾸몄다"는 것이다.[159] 위의 두 사건은 별개의 사건으로 보는 것이 타당하다고 생각한다. 몽귀의가 연로하여 후계 문제가 대두될 시점에 장건타가 각라봉의 경쟁자가 될 수 있는 성절의 귀환을 추진하였다는 주장과 장건타가 찬숭도의 '멸맹구역' 행위를 비호했다는 주장의 공통점은 하나밖에 없다. 장건타가 각라봉에 해가 되는 일을 꾸몄다는 사실이다. 『신당서』에 따르면, 각라봉과 장건타 사이에는 구원도 있었기 때문에 남조국 측의 주장이 완전히 날조된 것이라고는 생각되지 않는다. 정작 문제는 찬숭도가 무시한 '맹'이 무엇이냐는 것이다. 이에 관한 구체적 정보는 어디에도 없다. 그러나 찬숭도의 "구역(構逆)"이 무엇인지는 분명하다. 동일 텍스트인 『남조덕화비』가 전하는 바에 따르면, 그는 이복의 꾀임에 빠져 찬귀왕과 찬일진을 차례로 살해하고 남조국과 전쟁을 벌였다. 또 『만서』가 전하는 바에 따르면, 찬일진과 찬귀왕을 차례로 살해하고 찬귀왕의 처자인 아차와 수우 두 모자와 분쟁을 일으켰으며, 남조국 왕의 중재에도 불구하고 계속 그들을 공벌하다가 남조국의 공격을 초래하였다. 이러한

---

158) 중국의 많은 운남사 연구자들은 그가 남조국과 당의 우호 관계를 해친 사람이라고 비난하였다.

159) 그런데 이와 관련하여 왕홍따오가 두 번째 허물과 연결시켜 해석한 까닭에 함께 인용하였다. 왕홍따오는 우선 장사를 장주(長州)의 와전으로 추정하여 각라봉의 형제 성절이 숭명주에 폄출(貶黜)되어 있었다고 주장한다. 장건타가 상주하여 성절을 귀환한 사건을 곡액천[위주]에서 숭명주 지역을 관할하였을 찬숭도와 연결시키는 것이다. 즉 찬숭도는 성절을 감호해야 하는 책임을 방기한 것이다. 남조국이 이를 배맹(背盟)으로 몰아 찬숭도를 공격한 것이라 해석하였다. 그리고 왕홍따오는 이를 방증하는 사료로 『원사』 「지리지」의 숭명주(嵩明州) 조를 인용하며(『元史』 卷61 「地理」 4 〈雲南諸路行中書省 中慶路〉, p.1458), 숭명주가 오만과 백만 사이의 맹회처였던 사실을 강조하였다. 즉 『원사』 「지리지」에 등장하는 오만과 백만 사이의 맹회를 은연 중에 찬숭도가 무시한 맹과 연결시킨 것이다. 이러한 그의 설명은 여러 가지 허점을 가지고 있다. 우선 장사가 숭명주의 옛 이름인 장주라는 근거가 없다. 그리고 숭명주에서 언젠가 있었던 오만과 백만 사이의 맹회가 각라봉 및 찬숭도와 어떠한 관련이 있는지 설명하지 않았다. 『원사』 「지리지」에서 말하는 백만과 오만 사이의 맹이란 숭명주를 중심으로 혼재·잡처하였던 백만과 오만들 사이의 자치적 질서를 규정한 맹이었을 것이다. 이 지역에서 만과 만 사이에, 만과 한인 사이에, 또 관과 만 그리고 한인 사이에 맹이 행해지고, 그에 의해 질서가 유지되는 일은 예부터 다반사였다. 곡액천에 근거를 둔 찬숭도가 앞마당이나 다름없는 숭명주에서 서이하 지역에 기반한 남조국의 출척자 감호를 약속하는 맹을 했을 것이라고는 믿어지지 않는다. 혹 양자 사이에 맹이 있었다면 안녕성 사태 이후 그 후속 조치들의 시행과 준수를 강제하기 위한 맹이었을 것이다. 그리고 그 장소가 굳이 숭명주이어야 할 이유도 없다. 어쨌든 위 기사에서 두 번째 사유와 세 번째 사유를 연결해 주는 근거는 어디에도 등장하지 않는다.

찬승도의 '구역' 내용과 남조국과의 분쟁에 해당하는 행위들을 정리해 보면 두 가지 맹이 존재했을 가능성을 엿볼 수 있다.

우선 찬귀왕 등 제찬의 '배사(拜謝)' 이후 당 제국과 남조국 그리고 서찬 사이에 맹약이 이루어졌으리라는 추정을 할 수 있다. 먼저 제찬이 당 제국의 축성사를 살해하는 중대한 범죄행위를 했음에도 불구하고 아무런 처벌 없이 사태가 마무리되었으며, 이후 보두로 개척이 다시 추진된 흔적도 보이지 않는 것이 하나의 근거가 될 수 있다. 이는 당 현종이 보두로 개척의 부작용을[160] 인정했음을 의미하며, 제찬이 이미 항복한 상태에서 더 이상의 군사 행동 특히 남조국군의 진군을 원하지 않았다는 것을 의미한다. 그리고 안녕성에 관한 조치에 대한 합의가 있었을 터인데, 이에 대한 내용은 알려진 바가 없다. 『만서』나 『신당서』에는 이에 대한 언급이 없고, 『남조덕화비』에서는 "다시 안녕을 두었다[再置安寧]"라고만 하여 그 의미가 모호하다. 다만 『남조덕화비』에서는 찬승도가 찬귀왕을 살해하자, 대군장 단충국(段忠國) 등에 명하여 당의 관리들과 함께 다시 안녕으로 달려가 재차 '제찬을 중재[和諸爨]'하였다고 전하고 있다. 이는 당시 제찬의 수령들이 '중진(重鎭)'인 안녕에 모여 있었음을 의미한다. 즉 이는 안녕의 상태가 보두로 개척 이전의 상태로 회복되었을 가능성을 시사한다.

다른 '맹'의 가능성은 『남조덕화비』에 보이는 '화제찬(和諸爨)'과 앞서 인용한 『만서』의 기사에서 엿볼 수 있다. 『만서』의 기사는 '화제찬'의 구체적 내용을 보여주는 것처럼 보인다. 관련 부분만 다시 인용하면 다음과 같다.

> …… 제찬(諸爨)의 호수(豪帥)가 혼란에 빠졌다. 아차(阿姹)가 몰래 몽사천(蒙舍川)에 사자를 보내어 투탁(投託)을 구하니, 귀의(歸義)가 즉일로 (아차를) 두둔하는 주소(奏疏)를 올려 보고하였다. 아차의 아들 [찬]수우(守偶)가 마침내 [찬]귀왕을 대신하여 남영주도독(南寧州都督)이 되었고,

---

160) "부가 무겁고 역이 많았으며, 행정이 가혹하여 백성을 해쳤다(賦重役繁, 政苛人弊)", "안남으로의 길을 열면서, 행정이 동찬을 해쳤다(開路安南, 政殘東爨)"

이에 귀의는 딸을 주어 처로 삼게 하였다. (귀의는) 또 다른 딸 하나를
[찬]숭도의 아들 보조(輔朝)에게 처로 주었다. 숭도는 안으로 분원(忿惋)
을 품고 밖으로는 화평(和平)을 내어 보이면서, 오히려 수우 모자와 날마
다 서로 공벌하였다.…… .

찬숭도의 찬귀왕 살해로 제찬은 혼란에 빠졌으며, 그 혼란의 양극에는
찬숭도와 찬귀왕의 처 아차가 있었다. 아차의 호소로 몽귀의가 중재에 나
섰다. 몽귀의는 당 조정에 보고하여 찬귀왕의 아들 찬수우에게 남영주도
독직을 잇게 하였다. 그리고 몽귀의는 찬수우와 찬숭도의 아들 보조에게
자신의 딸을 시집보냈다. 이 장면에서 우리는 이들 삼자 간의 '맹'을 상상
할 수 있다. 특히 한대 이래 중국 왕조와 주변 국가들 사이의 화친이 맹과
함께 화번공주(和蕃公主)의 출가를 수반하였다는 사실을 떠올리게 한다.
찬숭도가 안으로는 불만을 가졌으면서도 밖으로는 화평을 가장한 것은 남
조국과의 맹약을 함부로 어기기 어려웠기 때문일 것이다. 그러나 결국 찬
숭도는 수우 모자와의 분쟁을 그치지 않았고, 아차의 요청으로 남조국의
군대를 맞이할 수밖에 없었다.

두 가지 맹이 모두 존재하였는지, 한 가지만 존재하였는지, 아예 없었는지
는 확인할 수 없다. 사료에서 확인할 수 있는 찬숭도의 "구역(構逆)" 내용이
지금까지 설명한 것과 같다면, "멸맹" 또한 이와 관련하여 찾는 것이 당연하
다. 필자는 첫 번째 맹의 가능성에 더 무게를 두고 싶다. 첫 번째 맹의 존재는
이복이 찬숭도를 선동할 이유를 제공하기 때문이다. 서남이 문제에 있어 강
경파였던 것으로 판단되는 이복에게 보두로 개척 계획의 철회를 규정한 '맹'은
불만이었을 것이다. 이러한 이복에게 제찬의 혼란은 다시 군사력 개입의 단서
를 제공하는 일이기 때문에 시도해 볼 만한 일이었을 것이다. 이때 이복이 찬
숭도에게 제시한 것은 아마도 '남영주도독직'이었던 것 같다. 즉 이복은 '소봉'
으로 만들어진 찬귀왕과 찬숭도의 분권(分權) 그리고 이를 둘러싸고 잠재한

둘 사이의 미묘한 긴장 관계를 이용한 것이다.

그런데 뜻하지 않은 각라봉의 개입은 남영주도독직이 찬수우에게 돌아가도록 만들었다. 『만서』에서 찬숭도가 마음에 '분원(忿惋)'을 품었다고 한 것은 그가 '남영주도독'직을 노리고 있었음을 암시한다. 『남조덕화비』에서 이복이 '거짓으로 군병을 우리게게 빌려주었다[佯假我郡兵]'고 한 것은 각라봉의 개입과 중재에 의한 결정이 『만서』에서 적고 있는 대로 당 조정과의 교통을 배경으로 이루어진 것임을 시사한다. 정리하자면, 찬숭도의 찬귀왕 살해로 대표되는 찬만의 내분은 '소봉'으로 인한 권력 구조의 불안과 서남이 문제에 있어 적극적 조치[郡縣化]를 추구했던 당 조정 내 일파의 정책 추진이 주요한 원인이었다고 할 수 있다. 한편, 일본의 동양사학자 시라토리 요시로(白鳥芳郎)는 숙부 찬귀왕이 오만녀(烏蠻女)와 결혼한 것에 대한 찬숭도 일가의 반감이 불러온 사태라 해석한 바 있다.

마지막으로 앞서 『만서』의 기사는 "각라봉은 곤천성사(昆川城使) 양모리(楊牟利)를 보내 서찬을 군대로 포위하고 협박하여 20여 만 호를 영창성으로 옮겼다."라고 적고 있는데, 『신당서』 또한 이를 확인하고 있다. 천보 8년(749) 현종이 특진(特進) 하리광(何履光)을 보내 안녕성과 염정을 취하였다는 기록이 있고, 이후 천보전쟁이 이어 발발했으므로 이 사건은 천보전쟁이 완료된 뒤 일어난 것으로 보아야 할 것이다. 그런데 이 사민의 규모에 대하여는 논란이 있다. 즉 20여 만 호 되는 인구를 옮겼다는 것을 믿을 수 없다는 것이다.[161] 우선 영창성에 과연 약 100만이나 되는 인구를 수용할 땅이나 시설이 있었겠는가 하는 것이 가장 큰 이유이며, 또 이러한 대규모 사민 사건이 왜 「남조덕화비」에는 기록되지 않았는가 하는 점도 그 근거의 하나로 제시되었다. 이 '20여 만 호' 사민에 비판적인 연구자들은 각기 '20여 호' 혹은 '2,000여 호'설을 제기하고 있다. 사민 자체

---

161) 段鼎周(1994), p.54.

를 부정하기는 힘들겠지만, 20여 만 호 사민은 확실히 과장이라고 생각된다. 그러나 현재로서는 그 정확한 숫자를 확정할 방법은 없다. 어쨌든 이것은 서찬국의 멸망을 공식화하는 사건이었다.

천보전쟁: 남조국과 당 제국, 그리고 토번

남조국과 당 제국의 관계는 운남태수(혹은 요주도독) 장건타(張虔陀)의 이름을 딴 이른바 '장건타 사건'이라는 예기치 않은 사건을 계기로 일변하게 된다. 이 사건은 소위 '천보전쟁'을 초래하였고, 남조국은 당 제국과의 관계를 청산하고 토번과 동맹을 맺었다. 이후 45년간 이러한 관계가 지속되었다. 이러한 결과를 초래한 '천보전쟁(天寶戰爭)'의 원인에 관하여는 여전히 이견이 존재하지만,[162] 이에 관하여는 뒤의 남조국과 토번의 관계를 설명하는 자리에서 다시 다룰 것이다. 이 절에서는 이 전쟁의 경과와 그 결과를 강조하는 것으로 만족하고자 한다. 중요한 것은 이 전쟁의 결과 남조국이 당 제국의 기미부주 체제에서 벗어났다는 것이다. '천보전쟁'은 일반적으로 네 차례의 군사적 충돌을 포함하는 것으로 설명된다.[163]

첫 번째 전쟁은 이른바 '장건타 사건'과 직결되어 있다. 750년[당 현종 천보 9년]에 남조국 왕 각라봉이 장건타를 살해하고 요주도독부를 점령하는 사건이 발생했는데, 이것이 첫 번째 전쟁이다. 『신당서』「남조전」에서는 이 사건에 관하여 다음과 같이 적었다.

옛 일에(故事) 남조가 처자와 더불어 도독을 보러 가다가 운남을 지나게

---

162) 이 사건은 우발적인 사건이 아니라 章仇兼瓊-楊國忠-鮮于仲通으로 이어지는 계열의 강경파가 운남 지역의 정책을 맡게 되면서 운남 지역의 내지 주현화를 진행시키는 과정에서 발생한 사건이며, 남조국 측에서는 본래 반당의 성향을 가진 얼하이 지구의 지배 집단이 남조국의 지배 계층으로 자리잡음으로서 무력충돌로 발전한 것으로 보는 견해(林 謙一郎, 1990)가 있다. 劍南節度使 章仇兼瓊이 운남에 사자를 보냈는데, 몽귀의와 서로 대화가 잘 풀리지 않아서 歸義가 늘 그것을 마음에 담고 있었다는 기사(『舊唐書』卷197, p. 5280)는 위와 같은 관점의 성립 가능성을 보여 준다. 한편에서는 남조국과 토번의 관계 강화가 초래한 사건이라는 시각도 있다(趙心愚, 2009, p.157).

163) 張麗劍(2008), pp.84-85.

되었다. [운남]태수 장건타가 사리를 꾀하여 요구하는 것이 많았는데, 각
라봉이 듣지 않았다. 장건타는 여러 차례 욕하며 꾸짖고, 은밀히 각라봉
의 죄를 상표하였다. 이로 인하여 원한을 품은 각라봉은 돌아가자마자 군
대를 일으켜 장건타를 공격하여 죽였다. 그리고 요주와 작은 이주(夷州)
32 곳을 차지하였다."[164]

이처럼 개인적 원한이 도화선이 된 이 사건은 바로 남조국과 당 제국 그
리고 토번이 참여하는 대규모 전쟁으로 비화하였다.

두 번째 전쟁은 천보 10년(751)에 발생하였다. 각라봉이 장건타를
공격하여 죽이고 요주를 점령한 일은 당 제국의 권위에 대한 엄중한 도
전으로 받아들여졌고, 또 당 제국의 검남·서천 등지에 대한 직접적인
위협으로 간주되었다. 751년 4월 당 제국의 군대는 세 갈래로 길을 나
누어 남조국을 향해 진격하였다. 우선 검남절도사 선우중통(鮮于仲通)
의 대군이 남계로(南溪路)를 취하여 남하하였고, 또 대장군 이휘(李暉)
가 회동로(會同路)를 따라 진격하였다. 그리고 마지막으로 안남도독 왕
지진(王知進)이 보두로를 따라 북상하였다.[165] 선우중통의 군대가 곡주
(曲州)·정주(靖州)에 이르자, 각라봉은 "사자를 보내[166] 사죄하고 포로
를 돌려보내 자신(自新)할 수 있기를 바라며, 또 요주(姚州)에 성을 쌓
겠다고 하였다. 만약 허락하지 않는다면 토번에 귀명(歸命)할 것이며,
(그러면) 아마도 운남은 (더이상) 당의 소유가 아니게 될 것이라 하였
다. 선우중통은 노하여 사자를 가두고, 백애성(白厓城)으로 진군하여
공격하였으나, 크게 패하여 돌아왔다."[167] 선우중통은 8만의 대군을 이
끌고 직접 정벌에 나섰으나, 6만의 병사를 잃고 패퇴하였다.[168] 하지만

---

164) 『新唐書』卷222上「南詔」上, p.6271.
165) 張麗劍(2008), p.85; 『南詔德化碑』.
166) 『南詔德化碑』에서는 이 사자가 首領 楊子芬과 雲南錄事參軍 姜如之임을 밝히고 있다.
167) 『新唐書』卷222上「南詔」上, p.6271.
168) 『구당서』에서는 병력의 숫자가 일정하지 않다. 「본기」에서는 이때 병력의 수를 6만이라고도 하였고

당시 조정을 장악하고 있던 양국충(楊國忠)은 선우중통의 패전을 숨기고, 오히려 전공을 서훈하였다. 토번의 군사적 지원을 받아 전쟁에 승리한 남조국은 토번에 귀부하는 선택을 하였다. [169]

세 번째 전쟁은 천보 12년(753)에 일어났다. 『남조덕화비』에는 다음과 같은 기록이 있다.

"[찬보종(贊普鍾)] 2년(753), 한(漢) 황제가 또 한중군(漢中郡) 태수 사공습례(司空襲禮)와 내사(內使) 가기준(賈奇俊)에게 군대를 이끌고 가서 요주도독부(姚府)를 다시 설치하도록 명령하였고, 장군 가관(賈瓘)을 도독으로 삼았다. 무리가 모두 말하기를, '한이 덕(德)에 힘쓰지 않고 힘으로 다투고자 하니, 만약 속히 제거하지 않으면 후환이 될까 두렵습니다.'라고 하였다. 마침내 군장(軍將) 왕구각(王丘各)을 보내 그 양도(糧道)를 끊었다. 또 대군장(大軍將) 홍광승(洪光乘) 등을 파견하여, 신천도지병마사(神川都知兵馬使) 논기리서(論綺里徐)와 함께 요주부성을 포위하였다. 두 밤이 지나지 않아, 썩은 나무 부러뜨리듯이 격파하였다. (적장) 가환은 면박(面縛)하여 투항했고, 사졸들은 모두 축출되었다." [170]

여기에서 한은 곧 당이고, 한 황제는 당 현종을 지칭한다. 이와 같이 요주도독부를 둘러싼 또 한 번의 물리적 충돌은 남조 · 토번 연합군의 승리로 돌아갔다.

그리고 요주도독부 재설치 시도의 실패는 다시 대규모 전쟁으로 이어졌다. 754년[천보 13년] 유월에 양국충이 다시 이복(李宓)에게 명령하여 남조국을 공격하게 했으나, 결과는 참패로 끝났다. 『신당서』「남조전」은 이 상황을 "이때 양국충이 검남절도사로 당국하게 되었는데, 천하의 병사 10만을 가려 뽑아 시어사(侍御史) 이복으로 하여금 (남조국을) 토벌하

(p.225), 「지리지」에서는 10만(p.1697), 「楊國忠傳」에서는 6만이라고도 하였다(p.3243). 『자치통감』에서 이를 융합하여 총병력 8만, 전사자 6만으로 정리하였다(pp.6906~6907). 張麗劍(2008), p.85.

169) 『新唐書』 卷222上 「南詔」 上, p.6271.

170) 『南詔德化碑』; 張麗劍(2008), p.85.

게 하였다. (그러나) 보급부대[輩饗者]는 여전히 부족하였다. (대화성으로 향하는) 행군 중에[涉海][171] 병에 걸려 죽는 자가 도로에 줄줄이 이어졌고, (결국) 이복은 대화성(大和城)에서 패하였는데, 죽은 자가 열에 여덟이었다."고 기록하였다. 또『구당서』「양국충전」에서는 이 상황을 "싸우지도 못하고 패하였다."고 적었다.[172] 이번에도 양국충은 이 패배를 숨겼고, 오히려 승전보를 조정에 전하였다.『남조덕화비』는 이 전쟁에 다른 군대도 동원되었음을 전하고 있다. 우선 당 제국은 이 전쟁에 안남 지역의 병력을 동원했는데, 그 군대를 이끈 것은 당의 광부절도(廣府節度) 하리광(何履光)이었다. 한 연구에 따르면, 하리광의 군대는 실제 전투에는 참여하지 않았다.[173] 미처 도달하기 전에 이복의 군대가 궤멸당했기 때문이다. 그리고 이복군의 궤멸은 토번군과의 공동 작전에 의해 이루어졌고, 토번군을 이끈 것은 이번에도 신천도지병마사 논기리서였다.

천보 연간에 벌어진 네 차례의 군사적 충돌은 첫째와 둘째를 하나로 묶고, 또 셋째와 넷째를 묶어서 제1차 천보전쟁과 제2차 천보전쟁으로 구분되기도 한다. 당 제국은 두 차례의 전쟁으로 20만 명의 병력을 잃었다. 결국 755년에 양국충 주벌을 명분으로 하는 안록산의 난이 발생하였고, 남조국과 남조국이 새로 옹유한 지역은 당의 기미부주 체제로부터 완전히 벗어났다. 그리고 남조국의 왕 각라봉은 "이를 기화로 수주의 회동군(會東軍)을 빼앗았다. 그리고 청계관(淸溪關)에 의지하여 월석(越析)을 격파하고 우증(于贈)을 효수하였다. (또) 서쪽으로 (나아가) 심전(尋傳)과 표(驃) 따위의 여러 국을 항복"시킴으로써,[174] 세력을 사방으로 확장시켰다. 794년[당 덕종(德宗) 정원(貞元) 10년]에 남조국 왕 이모심(異牟尋)

---

171) 글자 그대로 풀면 '바다를 건너다'가 되어야 할 것이다. 그러나 여기에서의 海는 '四海'의 '海'와 같은 뜻일 것으로 생각된다. 즉 관념상의 바다일 뿐이고 실제로는 당시 中國 바깥에 존재하였던 雲南 지역을 가리키는 말이다.
172) 『舊唐書』 卷106 「楊國忠」, p.3243.
173) 張麗釧(2008), p.86.
174) 『新唐書』 卷222上 「南詔」上, p.6271.

이 당에 귀부하기까지 45년간 당과 남조국의 관계는 단절되었다.

한편, 서찬국의 멸망과 천보전쟁을 거치면서 '남중' 지역을 확실하게 장악한 남조는 통치 기구를 갖춘 명실상부한 고대국가로 발전하였다. 도성 양저미성을 포함한 서이하 지역에는 10검(瞼)을 두고, 그 바깥은 6(8)절도 2도독 체제로 자신의 세력권을 통치하였다. '검'은 주(州)와 같은데, 『만서』에서는 6검을 소개하였고, 『신당서』「남만전」에서는 10검을 열거하고 있다. 우선 10검을 표로 나타내면 다음과 같다.

〈표 1〉 남조국의 10검

『만서(蠻書)』	『남만전(南蠻傳)』	현재 위치
대화검(大和瞼)	대화검(大和瞼)	태화성(太和城) 유지
양검(陽瞼)	저미검(苴咩瞼;陽瞼)	대리성(大理城)
사검(史瞼)	대리검(大釐瞼;史瞼)	시저우쩐(喜洲鎭)
탐검(賧瞼)	등천검(邆川瞼)	덩촨쩐(鄧川鎭)
몽사검(蒙舍瞼)	몽사검(蒙舍瞼)	웨이산시엔(巍山縣)
	몽진검(蒙秦瞼)	양비시엔(漾濞縣)
발롱검(勃弄瞼)	백애검(白厓瞼)	펑이쩐(鳳儀鎭) 홍아이(紅崖)
	조천검(趙川瞼)	펑이쩐(鳳儀鎭)
[운남절도(雲南節度)]	운남검(雲南瞼)	샹윈시엔(祥雲縣) 윈난이(雲南驛)
	품담검(品澹瞼)	샹윈시엔(祥雲縣)

얼하이 지역 남부와 동남부의 두 검이 제각기 나뉘고, 또『만서(蠻書)』의 시점에서는 운남절도가 설치되어 있던 샹윈시엔[祥雲縣]에 새롭게 두 검이 설치되었다. 이상은 중앙에 설치된 통치 기구이다. 남조국의 지방 통치 기구인 절도와 도독에 관하여, 『만서』에 8개의 절도성을 열거하고 있는데 반하여, 『신당서』「남만」 상(上)은 6절도와 2도독을 소개하고 있다. 이를 표로 나타내면 다음과 같다.

〈표 2〉 남조국의 절도성과 도독성

『만서(蠻書)』	『신당서(新唐書)』
운남절도(雲南節度, 雲南驛)	(운남검, 품담검)
	농동절도(弄棟節度, 姚安縣)
자동절도(柘東節度, 昆明市)	자동절도[선천절도(善闡節度)]
영창절도(永昌節度, 保山市)	영창절도
영북절도(寧北節度, 洱源縣 中所村 東)	검천절도(劍川節度, 劍川縣)
진서절도(鎭西節度, 盈江縣)	여수절도(麗水節度, Talawgyi)
개남절도(開南節度, 景東縣 동남 開南)	은생절도
은생절도(銀生節度, 景東縣)	
철교절도(鐵橋節度, 巨甸鎭 북)	(폐지?)
	안남절도(安南節度, Hanoi)
회천도독(會川都督)	회천도독(四川省 會理縣)
통해성(通海城)	통해도독(通海都督, 通海縣)
유추화도독성(柳追和都督城, 鎭沅縣)	
마령도독성(摩零都督城, 蠻莫)	

　네 도독성을 보면, 당시 운남으로부터 바깥 세계로 가는 중요한 교통로
가운데 서북(티베트 방면)과 동북(戎州 방면)을 제하고, 북·동남·남·
서 네 방면의 각 노선을 장악하고 있는 것처럼 보인다. 절도성도 『만서』
에서 말하는 자동, 진서, 개남, 영북이라는 설치 초기의 명칭이 보여주는
대로 서이하 지역을 중심으로 남조국의 사방을 경비하는 중진(重鎭)이며,
그것이 도독과 마찬가지로, 중요한 교통 노선 상에 두어진 것은 당연하다
면 당연할 것이다. 또 이 네 절도성이 구획하는 지역의 내부에 위치하는
운남과 영창은 수부의 동서를 관할하는 것과 동시에, 운남성은 몽씨와 서
이하만 대성의 발상지인 얼하이 동남부의 지킴이로서, 영창성은 서찬 20
만 호의 강제 이민을 강행하여 생산기지로 개발을 진행하는 영창[保山]분
지의 지킴이로서 중요한 역할을 수행하였다.[175]

---

175) 林謙一郎(1999c), pp.30~44.

지금까지 남조국이 따리 지역 남단 웨이산[巍山] 분지의 소국으로 출발하여, 남중 지역을 제패한 고대국가로 성장하는 과정을 살펴보았다. 전설에 따르면, 오만의 별종으로 백만 계통의 백씨국에 잡처하였던 남조국의 왕족 가계는 장씨의 백자국으로부터 선양받음으로써 건국하였다. 그리고 서이하만을 비롯한 따리 지역의 만이 국들이 대부분 당 제국과의 관계에서 비협조적이었던 데 비하여, 남조국은 오히려 당 제국의 기미부주 체제에 순응함으로써 세력을 확대하였다. 당시 당 제국은 티베트 고원의 신흥 강국 토번을 견제하기 위해, 의도적으로 남조국의 세력 확대를 도왔다. 5조와 서이하만을 타도하고 얼하이 지역을 장악한 남조국은 안녕성 사건을 계기로 전지 지역에 진출하였고, 서찬 지배 집단의 내분을 틈타 서찬을 멸하고 남중 전역을 장악하였다. 이어 당의 운남태수 장건타와의 분쟁이 발화점이 되어 당 제국과 전쟁을 벌였고, 그 결과 당 제국의 기미 지배로부터 이탈하였다.

　　이상의 내용과 관련하여, 두 가지만 언급해 둘 것이 있다. 하나는 '백자국'의 실재 여부와 그 기록에 관한 문제이고, 다른 하나는 기미부주 체제에 관한 문제이다. 본문에서는 '백자국(백씨국)'의 실재 여부와 관련하여 판단하지 않았지만, 이는 충분히 숙고해 보아야 할 문제이다. 백자국 실재 여부에 있어 가장 문제가 되는 부분은 아마도 1차 사료의 부재일 것이다. 정사를 비롯하여 중국 측 자료에서 백자국의 창건자인 장인과의 기록은 물론이고, 마지막 군주인 장락진구의 기록도 찾기 어렵다. 후지사와 요시미는 『남조도전』 등의 자료를 동원하여, 장인과의 백자국이 따리 지역의 패권을 장악하고 있었던 것처럼 주장하고 있지만, 결정적 증거는 제시하지 못하였다. 그럼에도 불구하고 이 백자국의 존재에 대해 무시할 수만은 없는 이유는, 앞서 언급했듯이 이 설화가 운남 지역 야사 계통의 사료들에서 지속적으로 반복되기 때문이다. 이 문제에 대한 최종 판단은 좀 더 많은 연구를 요한다고 할 수 있겠다.

본문에서 기미부주 체제 하에서 남조국이 세력을 확대하여 가는 모습을 살펴본 바 있다. 남조국의 세력 신장의 배경에 토번의 위협과 더불어 초기 요주도독부 운영의 실패가 있기는 했지만, 당 제국의 기미부주 지배가 실체 없는 요식적인 것만은 아니었음을 확인할 수 있었다. 남조국의 성장 과정은 기미부주 체제에 속한 정치체의 수장들이 지닌 권리와 의무를 잘 보여 준다. 기미주의 수장들은 그 관작을 세습하고 그 내부에 대하여는 자치권을 가지지만, 그들 사이에 세력 관계의 변경을 행할 경우에는 기미주를 관리하는 당 제국의 관부 내지는 조정의 승인을 받아야 했다. 이렇게 기미부주 체제 내에 편입된 여러 세력 사이의 분쟁에 당 제국의 관부나 조정이 개입할 권리를 주장하거나, 그 의무를 요청받는 사례들은 적지 않게 찾아볼 수 있다. 이러한 내용의 기미부주 체제는 당 제국이 자신을 중심으로 하는 세계 질서를 유지·관리하는 수단이었지만, 기미부주에 속한 만이 정치체들의 입장에서는 국제 질서에 접속하고 스스로를 보호하는 수단이기도 하였다. 당 제국의 기미부주 체제 안에서 세력을 키운 남조국은 결국 천보전쟁을 거치면서 남중 지역 전체의 패권을 장악하였다. 그리고 나름의 통치 기구를 통해 자신의 권역을 지배하였으며, 이를 바탕으로 세력권을 확장해 나갔다. 서찬국의 유민 20만 호를 영창 지역으로 옮겼다거나[176] 서이하만을 자동(柘東, 지금의 滇池지역)으로 옮겼다는[177] 기사들은 이 지역에 대한 실질적 지배권이 남조국의 지배자들에게 있었음을 명백히 보여 준다.

---

176) 『新唐書』卷222下 「南蠻」 下, p.6316, "閣羅鳳遣昆川城使楊牟利以兵脅西爨, 徙戶二十餘萬於永昌城. 東爨以言語不通, 多散依林谷, 得不徙."

177) 『新唐書』 222上, p.6322, "西洱河蠻은 河蠻이라고도 하는데, (이곳으로 통하는) 길은 郎州로부터 3000里를 달린다.…… 마침 南詔의 蒙歸義가 大和城을 함락시키니, 이에 북쪽으로 옮겨, 다시 浪穹詔에 羈制되었다. 浪穹詔가 격파된 뒤에는 또 雲南의 柘城으로 옮겨졌다."

Ⅱ

남조국 시기
운남 지역의 교통로

II

남조국 시기
운남 지역의 교통로

이 장에서는 남조국이 존속한 시기에 운남 지역과 그 주변을 연결했던 주요 교통로에 대해 정리하고자 한다. 이제까지 연구에 따르면, 당시 이에 해당하는 간선 도로는 모두 다섯 갈래의 길이 있었다. 우선 당시 서천 절도사(西川節度使) 관할의 수부였던 성도(成都)와 연결하는 길이 두 갈래였는데, '청계관도(清溪關道)'와 '석문도(石門道)'가 그것이다. 또 검중도(黔中道)가 있는데, 오늘날의 구이저우[貴州]성과 후난[湖南]성 지역을 거쳐 중원으로 이어지는 길이며, '장가(牂柯)·검중도(黔中道)'라고도 한다. 그리고 당시 안남(安南) 곧 지금의 베트남 하노이와 연결되는 '보두로(步頭路)'을 비롯한 '전월(滇越)교통로'가 있었다. 또 해남제국과 연결하는 교통로가 있었는데, 현재의 버마를 거쳐 동인도로 이어지는 '표(驃)·천축도(天竺道)'와 더불어 동남아 대륙부의 여러 곳으로 연결되는 노선이 있었던 것으로 간주된다. 그리고 마지막으로 북서쪽으로 티베트 고원과 연결되는 교통로가 존재하였다. 물론 이들 간선 외에도 많은 지선들이 존재했을 터이지만, 그에 관해 남겨진 자료가 매우 영성하다. 따라서 우선은 이들 간선을 중심으로 교통로를 살피고자 한다.

기록이 남아 있는 간선 도로의 위치 비정에 대하여는 이미 많은 연구가 이루어졌다. 그럼에도 불구하고, 이 연구에서 이를 다시 정리하고자 하는 이유는 이 연구의 주제인 '경계'의 관점에서 볼 필요가 있기 때문이다. 그것은 두 가지 측면에서 그러하다. 우선, 교통로의 경우 경계와 관련하여 상대적으로 구체적인 정보를 제공하는 경우가 많다. 주지하듯이, 고대 세계에서 각종 정치체 사이의 경계가 명확한 선으로 그려지기는 어렵지만, 선으로 표현되는 교통로 위의 지점들은 늘 정치적 혹은 행정적 소속에 대한 정보가 비교적 자세하다. 운남으로 이어지는 교통로들 또한 마찬가지이며, 이를 통해 남조국 강역에 관한 기준 설정이 가능하다. 또 교통로에 관한 기록들은 선상에 늘어서 있는 지명들의 소속과 상호간의 위계를 비교적 명확하게 알려준다. 이는 경계의 중첩을 파악하는 데 기본적인 자료를 제공할 것이다.

다른 하나는 교통로에 관한 기록들은 지명과 경관에 관한 정보뿐 아니라, 그 교통로 위에 존재하는 인간 집단들에 대한 정보를 수반하는 경우가 많다는 점이다. 길이라는 것이 사람들 사이의 왕래로 인해 생기는 것이니, 이는 지극히 자연스러운 일일 것이다. 문제는 이들 교통로 위에 나열되는 인간 집단에서 관찰되는 인종적(종족적)·문화적 차이이다. 그리고 더 도드라지는 특징은 그것이 선을 따라 나열된다는 것이다. 특히 운남과 같은 자연지리적 환경을 가진 지역에 점재하는 이들 인간 집단들 사이의 차이는 더욱 두드러져 보였을 것이다. 이러한 차이는 자연스럽게 크고 작은 경계에 대한 인식들을 만들어 냈을 것이다. 아울러 이러한 인간 집단의 성격을 규정하는 '만(蠻)' '이(夷)' '부(部)' '국(國)' '성(姓)' 등의 표현이 의미하는 바의 차이 또한 주목되어야 할 것이다.

미리 언급해 두어야 할 문제가 있다. 현재 남아 있는 자료의 성격에 관한 것이다. 두말할 것도 없이 현재 남아 있는 대부분의 자료는 중국인들의 관찰과 기록에 의해 작성되었다. 따라서 이들 자료에 의해 구성된 운남으로 이어지는 교통로의 존재와 그 역사는 당시 중국인들의 관점과 인식에 의한 것이었다. 예를 들어 동인도로 통하는 '신독도'의 경우, 당 제국 시기에는 이미 그 경로가 중국인들에게 비교적 상세하게 알려졌지만, 한 무제 시기에는 수차에 걸친 노력에도 불구하고 중국인들에게는 열리지 않는, 소문으로만 전해지는 미답의 길이었다. 그런데 운남 지역에 살던 사람들에게 그 길은 선사 시기부터 사람과 문물이 오고 가는 교통로였다. 다만, 이를 자세하게 이야기해 줄 구체적 자료가 부족할 뿐이다. 이 점에 끊임없이 유의하지 않으면, 자연스럽게 중국 중심적 사고에 빠지기 쉬울 것이다.

요약하자면, 운남 지역으로 이어지는 주요 교통로에 대한 재검토는 8세기 중반 이후 9세기 중반에 이르는 남조국의 강역 및 경계 설정의 일차적 기준을 제공한다는 점에서, 또 그 경계의 성격을 다시 생각하게 하는 재료들을 제공한다는 점에서 유용하다. 즉 이 장은 이 연구에서 다루게 될 문제와 소재의 전모를 늘어놓는 장이 될 것이다. 아울러 이 작업은 이 연구의 대상이 되는 지리적 범주를 보다 구체적으로 보여주는 작업도 될 것이다. 대체로 이 정도의 관점과 문제의식을 가지고, '청계관도(淸溪關道)', '석문도(石門道)', '장가(牂柯)·검중도(黔中道)', '보두로(步頭路)', '표(驃)·천축도(天竺道)', '토번과의 교통로'의 순서로 교통로를 살펴볼 것이다. 그리고 각각의 교통로 상에서 자연환경과 인간 집단들이 만들어 내는 경계들에 대해 유의할 것이다.

1. '청계관도(淸溪關道)'와 남조국

청계관도는 한 제국 시기로부터 당 제국 시기까지 꾸준히 이용되어 온 교통로이지만, 특히 운남 지역 정치의 중심이 서쪽의 따리 얼하이 지역으로 옮겨진 뒤로는 더욱 중요해졌다. 앞서 잠시 언급했듯이, 성도로부터 운남에 이르는 간선 교통로는 두 갈래가 있었다. 하나는 성도에서 남쪽으로 가주(嘉州)를 거쳐 융주(戎州)에[178] 이르고, 석문도를 취하여 곡주(曲州)와 정주(靖州)를 거쳐 자동(柘東)에 이르는 길이다. 그리고 다른 하나는 서남쪽으로 공주(邛州)와 아주(雅州)를 거쳐, 공래관(邛崍關)으로 나오고, 여주(黎州)를[179] 거쳐서 대도하(大渡河)를 건너서 청계관(淸溪關)으로 나온 뒤에 수주(嶲州)를[180] 거쳐서 노수(瀘水)를 건너고, 요주(姚州)를 거쳐서 남조(南詔) 경내의 동서 역도(驛道)를 이용하는 것이다. 많은 학자들이 두 노선을 약칭하여 전자는 석문도라고 하고, 후자는 '청계(관)도'라고 부른다. 『만서』에서는 이 청계관도의 노정을 비교적 자세하게 소개하고 있는데, 여기에서 주목되는 점은 당과 운남(남조국)의 경계를 분명히 하고 있다는 점이다. 이 경계에 따라, 두 부분을 나누어서 살펴보겠다.

서천(西川) 관내의 청계관도

다음은 당 제국 서천절도사부의 관내에 속하는 청계관도의 도정이다. 성도부로부터 아회령까지 역관과 그 사이의 거리를 상세히 적고 있다.

---

178) 융주는 544년[梁 大同 10年]에 설치되었으며, 치소는 북도현(僰道縣) 즉, 쓰촨성[四川省] 이빈시[宜賓市](일설에는 宜賓縣 西쪽의 安邊鎭에 두어졌다. 607년[隋 大業 3年])에 고쳐서 건위군(犍爲郡)이 되었다. 618년[唐 武德 元年])에 고쳐서 융주로 하고, 치소를 남계현(南溪縣) 즉 이빈시 동쪽 30km 지점의 리주앙쩬[李莊鎭]으로 옮겼다. 630년[貞觀 4年]에 도독부(都督府)를 설치하고, 주(州)는 다시 치소를 북도현으로 옮겼다. 742년[天寶 元年]에 고쳐서 남계군(南溪郡)으로 하였다가, 758년[乾元 元年]에 다시 융주로 고쳤다. 장경(長慶) 연간에 치소를 남계현으로 옮겼다. 842년[會昌 2年]에 다시 치소를 북도현으로 옮겼다. 그 다음 해에 진사쟝[金沙江] 강에 홍수가 나서, 치소를 현재 이빈시 서북쪽 3km 지점의 지우저우빠[舊州壩]로 옮겼다.

179) 여주는 본디 568년[北周 天和 3年]에 설치되었으며, 치소는 심려현(沈黎縣)에 두어졌는데, 쓰촨성 한위엔시엔[漢源縣] 동북부에 해당된다. 수대(隋代)에 폐지되었다가, 701년[唐 大足 元年]에 다시 두어졌으며, 치소는 한원현(漢源縣)에 설치되었다. 쓰촨성 한위엔시엔 북쪽 지우샹쩬(九襄鎭)에 해당된다. 707년[神龍 3年]에 폐지되었다가, 716년[開元 4年]에 다시 설치되었다. 742년[天寶 元年]에 고쳐서 홍원군(洪源郡)이 되었다가, 758년[乾元 元年]에 다시 여주가 되었다. 정원(貞元) 연간에 한원현이 치소를 현재 한위엔시엔 북북쪽 칭시샹(淸溪鄕)으로 옮김에 따라 주의 치소도 이동하였다.

180) 수주는 537년[梁 大同 3年]에 설치되었으나, 얼마 지나지 않아 폐지되었다. 589년[隋 開皇 18年]에 서녕주(西寧州)로 고쳐서 설치되었으며, 치소는 월수현(越嶲縣) 즉 현재의 쓰촨성 시창시(西昌市)에 두어졌다. 607년[隋 大業 3年]에 고쳐서 월수군(越嶲郡)이 되었다가, 618년[唐 武德 元年]에 다시 수주가 되었다. 621년에 승급되어 중도독부(中都督府)가 되었다. 742년[天寶 元年]에 고쳐서 월수군(越嶲郡)이 되었다. 757년[至德 2년]에 토번에 편입되었다가, 797년[貞元 10년]에 다시 당에 속하였다. 그리고 831년[大和 5年]에 남조국에 의해 공파된 뒤, 다음 해에 치소를 대등현(臺登縣, 四川 冕寧縣 南쪽 瀘沽鎭)으로 옮겼다. 861년[咸通 2年]에 남조국에 의해 점령되었으며, 건창부(建昌府)로 개치되었다.

서천(西川)의 성도부(成都府)로부터 운남 만왕부(蠻王府)까지 주(州), 현(縣), 관(館), 역(驛), 강(江), 령(嶺), 관(關), 새(塞)의 모든 리수(里數)를 계산하면 2,720리이다. 부성(府城)으로부터 쌍류역(雙流縣) 이강역(二江驛)까지가 40리이고, 촉주(蜀州) 신진현(新津縣) 삼강역(三江驛)까지 40리, 연공역(延貢驛)까지가 40리, 임공역(臨邛驛)까지 40리, 순성역(順城驛)까지가 50리, 아주(雅州) 백장역(百丈驛)까지 40리, 명산현(名山縣) 순양역(順陽驛)까지가 40리이며, 엄도현(嚴道縣) 연화역(延化驛)까지가 40리이다. 연화역으로부터 60리를 가면, 장분관(長賁關)에 이른다. 봉의역(奉義驛)으로부터 아주(雅州) 계내의 영경현(榮經縣) 남도역(南道驛)에 이르기까지가 75리이고, 한창(漢昌)까지가 60리인데, 아주에 속하며, 지명은 갈점(葛店)이다. 피점(皮店)까지가 30리, 여주(黎州) 반창역(潘倉驛)까지 50리, 여무성(黎武城)까지가 60리, 백토역(白土驛)까지 35리, 통망현(通望縣) 목랑역(木筤驛)까지 40리, 망성역(望星驛)까지 45리, 청계관(淸溪關)까지가 50리이고, 대정성(大定城)까지 60리, 달사역(達士驛)까지 50리, 신안성(新安城)까지 30리, 청구역(菁口驛)까지가 60리, 영수역(榮水驛)까지 80리, 초리역(初裏驛)까지가 35리, 대등성(臺登城) 평락역(平樂驛)까지 40리, 소기역(蘇祁驛)까지 40리, 수주(嶲州) 삼부성(三阜城)까지가 40리, 사야성(沙也城)까지 80리, 검랑역(儉浪驛)까지 80리, 아회령(俄淮嶺)까지가 70리이다. 이 고개를 내려서면 운남 계내로 들어간다. 이상 32역 합계 1,880리이다. 모두 서천절도사부의 관내에 속하며, 파견된[差送] 관인과 군장(軍將)이 역무(驛務)를 전담한다.[181]

위 기사에서 가장 주목해야 할 부분은 물론 아회령을 서천절도사부와 운남의 경계로 적시하고 있다는 사실일 것이다. 아회령은 아준령(俄準嶺) 혹은 양봉령(陽蓬嶺)이라고도 하였는데, 번작(樊綽)의 인식 속에서 남조국과 당의 분계 기능을 하는 자연적 경계였다. 그런데 "또 양봉령을 거쳐

---

181) 『雲南志補注』 卷1 「雲南界內途程」, pp.6~7.

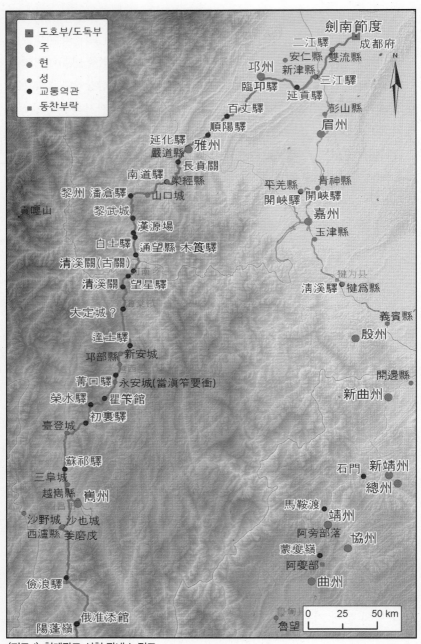

〈지도 1〉 청계관도 서천 관내 노정도

100여 리를 가면 아준첨관(俄準添館)에 이른다. 양봉령 북쪽은 수주(嶲州)의 지경이고, 그 남쪽은 남조의 지경이다."라고[182] 적은 『신당서』「지리지」의 기록으로 보건대, 이러한 인식이 번작 개인의 것만은 아니었던 것으로 보인다. 아회령(혹은 양봉령)이 어떤 과정을 거쳐 양국의 경계가 되었는지에 대해 구체적으로 적시하는 사료는 없지만, 당시 당 제국과 토번 그리고 남조국 사이에 벌어졌던 수주 지역 쟁탈전과 관련이 있는 것으로 보인다.

서천절도사 위고(韋皐)가 "남조와 약속하기를, 위급한 상황이 있으면 모두 진군하는데 아준첨성(俄準添城)을 지날 경우에는 남조국이 군량을 제공하기로 하였다."라는 『신당서』[183] 「남만전」의 언급은 이 문제를 푸는 데 실마리를 제공한다. 이 상황은 799년[정원 15년] 경 토번의 습격에 대비하여 서천절도사 위고와 남조국의 왕 이모심이 상호 방위를 위한 조처를 취하면서 한 약속이다. 내용으로 보건대, 당의 군대가 남조국을 구원하기 위하여 남조국의 경내인 아준첨성으로 들어가면, 그 시점부터 남조국 측에서 군량미를 제공한다는 것이다. 아준첨성은 앞서 언급한 『신당서』「지리지」의 아준첨관이 소재한 성일 것이다. 그리고 799년은 남조국이 토번과의 동맹을 깨고, 당과 결맹한 794년으로부터 5년 정도가 지난 시점이다. 정리하자면, 799년 시점에서 당의 서천부와 남조국은 아회령을 서로의 경계로 인정하고 있었으며, 이는 794년의 결맹 당시 합의되었을 가능성이 크다.

『신당서』「본기」에서는 756년에,[184] 그리고 「지리지」에서는 757년에 토번이 수주를 점령하였다고 적고 있다.[185] 그런데 『신당서』「남만전」에서는 남조국의 각라봉(閣羅鳳)이 안록산(安祿山)의 난을 틈타, 수주의 회동군(會同

---

182) 『新唐書』 卷42 「地理」 6 〈嶲州越嶲郡〉, p.1083.
183) 『新唐書』 卷222上 「南蠻」 上 〈南詔〉上, p.6277.
184) 『新唐書』 卷6 「肅宗皇帝 李亨」 〈至德元年〉, p.156.
185) 『新唐書』 卷42 「地理」 6 〈嶲州越嶲郡〉, p.1082.

軍)을 취하고, 청계관(淸溪關)에 할거하였다고 적고 있다.[186] 그리고 이 시점은 바로 남조국이 3차에 걸친 당의 군사 행동을 이겨 낸 뒤, 당의 기미 지배로부터 벗어나 토번에 귀의한 때이다. 이를 모두 연결해 보면, 토번과 남조국의 대당(對唐) 군사 행동은 같은 사건임을 알 수 있다. 남조국은 남쪽으로부터 노수(瀘水)를 건너 회동군 즉 회천(會川)을 점령한 뒤 북으로 진격하고, 토번은 서쪽에서 노수를 건너 수주를 함락시킨 것이다. 이러한 해석은 지도의 교통로를 보아도 합리적이다. 아마도 양자의 합의에 의해 남조국은 수주의 남부인 회천을 장악하고, 토번은 수주의 치소가 있는 북부를 차지하였을 것이다. 그리고 그 경계가 아회령이었을 것으로 추정된다.

785년 검남서천절도사 위고의 등장은 이 지역에서 힘의 균형추를 옮겨 놓았다. 위고는 우선 토번으로부터 남조국 및 운남 지역 제만들을 분리하는 작업에 착수하였다.[187] 788년, 남조국에 판관(判官) 최좌시(崔佐時)를 파견하여, 토번과의 절연 및 당과의 동맹을 추진하였다. 그리고 토번과 사이에 개재하여 있던 동만(東蠻)의 귀주(鬼主)들을 설득하여 입조하게 하는 데 성공하였다.[188] 또 789년에는 토번에 대한 군사 작전을 감행하였는데, 검남의 군대를 이끌고 새로 귀부한 동만과 합작하여 수주를 공략하였고, 대등성(臺登城) 전투에서 승리를 거두었다. 그리고 채 3년이 지나지 않아 결국 수주를 수복하는 데 성공하였다.[189] 그리고 5년 뒤인 794년 남조국과의 결맹에 성공함으로써, 토번을 고립시켰다. 이러한 위고의 전략과 그 추진 과정을 보건대, 수주에 대한 공격은 토번이 직접 장악하고 있는 북부 지역에 국한되었던 것으로 짐작된다. 이러한 상태에서 이루어진 794년 당과 남조국의 결맹은 기존의 경계였던 아회령을 공식적 경계로 확인하는 절차가 되었을 것이다.

---

186) 『新唐書』 卷222上 「南蠻」 上 〈南詔〉上, p.6271.
187) 『新唐書』 卷158 「韋皐」, p.4934.
188) 『舊唐書』 卷140 「韋皐」, pp.3822~3823.
189) 『新唐書』 卷216 「吐蕃」 下, p.6098.

〈표 3〉 청계관도 서천 관내 부분 노정표

지명	현재의 위치	전정(里) [190]
성도부성(成都府城)	四川省 成都市	
이강역(二江驛)	四川省 成都市 雙流縣	40
삼강역(三江驛)	四川省 成都市 新津縣	40
연공역(延貢驛)	四川省 成都市 大邑縣 동남 安仁古鎭	40
임공역(臨卭驛)	四川省 邛峽市 臨卭鎭	40
순성역(順城驛)	?	50
백장역(百丈驛)	四川省 雅安市 名山縣 百丈鎭	40
순양역(順鄡驛)	四川省 雅安市 名山縣	40
연화역(延化驛)	四川省 雅安市 서	40
장분관(長賁關)/ 봉의역(奉義驛)	長賁嶺	60
남도역(南道驛)	四川省 雅安市 롱진시엔(榮經縣)	75
한창(漢昌)	邛峽關(九折阪, 大相嶺山脈중) 북쪽 약5킬로미터	60
피점(皮店)	?	30
반창역(潘倉驛)	四川省 雅安市 漢源縣 潘倉嶂	50
여무성(黎武城)	四川省 雅安市 漢源縣 淸溪古鎭	60
백토역(白土驛)	四川省 雅安市 漢源縣 淸溪古鎭 남쪽 14킬로미터	35
목랑역(木筤驛)	四川省 雅安市 漢源縣 大渡河 북안 약2.5킬로미터	40
망성역(望星驛)	四川省 雅安市 漢源縣 馬尾村 부근	45
청계관(淸溪關)	四川省 雅安市 漢源縣 大灣村 부근	50
대정성(大定城)	四川省 涼山州 甘洛縣 海棠鎭	60
달사역(達士驛)	四川省 涼山州 甘洛縣 海棠鎭	50
신안성(新安城)	四川省 涼山州 越西縣 北境/越西縣 保安藏族鄕	30
청구역(菁口驛)	四川省 涼山州 越西城(陸韌)	60
영수역(榮水驛)	四川省 涼山州 越西縣 登相營	80
초리역(初裏驛)	四川省 涼山州 喜德縣 冕山鎭	35
평락역(平樂驛)	四川省 涼山州 冕寧縣 남부 瀘沽鎭	40
소기역(蘇祁驛)	四川省 西昌市 禮州鎭 북부	40
삼부성(三阜城)	四川省 西昌市 靑柯山	40
사야성(沙也城)	四川省 西昌市 서부 打羅鎭 혹은 沙野城. 西昌市 서남 佑君鎭(河西)	80
검랑역(儉浪驛)	강랑역(羌浪驛)이라고도 함/ 四川省 涼山州 德昌縣城	80
아회령(俄淮嶺)	양봉령(陽蓬嶺)이라고도 함/ 四川省 涼山州 德昌縣 남부 永勝鄕境	70

190) 여기에서의 '리수'는 『蠻書』가 전하는 거리이며, 이는 다른 자료들과 비교하여 볼 때, 정확한 거리는 아니다
(方國瑜, 1987, p.531). 그러나 대체적인 거리감을 확인하는 데는 크게 문제가 없으리라 생각된다. 보다 정
확한 거리는 지도 참조.

다시 교통로로 돌아가서, 성도부로부터 아회령에 이르기까지의 노선을 옌겅왕(嚴耕望)과 팡궈위(方國瑜), 탄치샹(譚其驤) 등 선학의 연구를 참조하여[191] 표와 지도로 정리하면, 〈표 3〉 및 〈지도 1〉과 같다.

성도부로부터 아회령까지 1,880리에 달하는 이 교통로 구간은 위 기사에서 전하는 바와 같이, 서천절도사부의 관할 구역이었다. 그런데 이 구간이 모두 균질한 성격을 가진 것은 아니었다. 우선 아주(雅州) 경계의 영경현(榮經縣) 남도역(南道驛)으로부터 서남쪽으로는 '구절판(九折坂)'으로 유명한 공래산(邛崍山)이 있는데,[192] 여기가 쓰촨 분지의 남쪽 경계이다. 이 공래산은 한 무제가 이곳에 군현을 설치하기 전 공(邛)과 작(筰)의 분계가 되었던 곳이었다. 이 공래산으로부터 아준령에 이르는 구간은 한대에 촉군의 서부도위[촉군속국]와 월수군(越嶲郡)이 설치되었던 곳이고, 당대에는 여주도독부(黎州都督府)와 수주도독부(嶲州都督府)가 설치되었던 곳이다. 『신당서』에 따르면, 여주도독부에는 53개 기미주가 소속되어 있었고,[193] 수주도독부에는 16개 제강(諸羌) 기미주가 소속되어 있었다.[194] 공래산으로부터 아준령까지의 노선이 일정 기간 동안 당의 관부와 군대에 의해 관리된 것은 틀림없어 보이지만, 이 노선을 둘러싼 지역은 '한인'들만의 공간은 아니었다.

8세기 중반부터 9세기에 걸쳐 이 지역에서 '경계'와 관련하여 보다 중요한 역할을 부여받은 것은 '청계관(淸溪關)'과 '대도하(大渡河)'였다. 민쟝[岷江] 강의 지류로 칭하이성에서 발원하여 쓰촨성의 중서부를 가로질러 위 기사의 목랑역(木筤驛)과 망성역(望星驛) 사이를 흘렀을 대도하 또한 역사적으로 자연적, 정치적 경계로서 인식되었다. 특히 8세기 중후반

---

191) 嚴耕望(1986), pp.1179-1200; 方國瑜(1987), pp.531-538; 譚其驤(1982), pp.65-68; 羅二虎(2000), p.87; 陸韌(1995), p.52.
192) 『舊唐書』卷41「地理」4, p.1683.
193) 『新唐書』卷43下「地理」7下〈羈縻州〉, pp.1139-1140.
194) 『新唐書』卷43下「地理」7下〈羈縻州〉, pp.1138-1139.

부터는 당과 토번 및 남조국 사이의 정치적 군사적 경계 역할을 수행하였다. 청계관 또한 이 대도하와 관련하여 경계로서 중요한 역할을 하였으며, 각국의 쟁탈 대상이 되었다. 우선 755년에 안사(安史)의 난이 발생하자, 당과의 천보전쟁에서 승리한 남조국은 토번과의 동맹 하에 청계관을 점령하였다.[195] 또 869년 정변군절도(定邊軍節度) 도두(都頭)로서 청계관을 지키다가 남조국군에 패해 대도하 이북으로 물러난 두재영(杜再榮)의 예는[196] 청계관이 대도하라는 경계와 밀접하게 연결되어 있었음을 잘 보여 준다.

783년 토번과 당 사이의 경계를 규정한 청수맹문(淸水盟文)에서는 다음과 같이 적고 있다. "지금 국가[당]가 지키는 바의 경계는 …… 검남 서산(西山) 대도하의 동안에 이르기까지를 한계(漢界)로 삼는다. 번국(蕃國)이 지키는 진(鎭)은 …… 검남 서쪽 경계의 마사제만(磨些諸蠻)에 맞닥뜨려, 대도수의 서남을 번계(蕃界)로 삼는다."[197] 대도하가 당시 당과 토번 사이의 경계였음을 분명히 하고 있다. 794년 남조국이 토번과의 동맹을 깨고 당과 손을 잡으면서, 수주와 청계관은 한동안 당 제국의 통제 하에 놓이게 되었다. 그러나 821년 이후 남조국과 당의 동맹이 흔들리기 시작하면서, 대도하는 이제 남조와 당의 세력 범위를 정하는 주된 경계선이 되었다. 829년 성도를 점령한 뒤 촉인들을 노략하여 돌아가던 남조국의 농동절도 왕차전(王嵯巓)이 대도하 북안에서 "이 남쪽은 나의 지경이다."라고 한 것은 유명한 일화이다.[198] 이후 대도하는 남조국과 서천절도사부 사이의 전쟁에서 중요한 경계선으로 빈번하게 등장하였다. 뿐만 아니라, 오대 및 송대에 이르면, 송과 서남만이 공동체 사이의 경계로 굳어진다.[199]

---

195) 『新唐書』 卷222上 「南蠻」 上 〈南詔〉上, p.6271.
196) 『舊唐書』 卷19上 「懿宗 李漼」 〈咸通十年〉, pp.672-673; 『新唐書』 卷222中 「南蠻」 中 〈南詔〉下, p.6285.
197) 『舊唐書』 卷196下 「吐蕃」 下, p.5247.
198) 『舊唐書』 卷163 「杜元穎」, p.4264; 『新唐書』 卷222中 「南蠻」 中 〈南詔〉下, p.6282.
199) 『新五代史』 卷74 「四夷附錄」 第3 〈南詔蠻〉, p.921; 『宋史』 卷353 「宇文常」, p.11149.

이상 잠시 살펴본 바와 같이, 번작이 서천 관내로 구분한 구간에서 '경계'와 관련하여 가장 주목되는 지점은 청계관과 대도하였다. 당의 서천과 남조국의 경계가 된 대도하를 건너면 만나게 되는 주요 관문인 청계관, 아마도 이것이 이 교통로의 약칭을 '청계관도'라고 부르게 된 원인이었을 것이다.[200] 그런데 대체로 863년경에 만들어진 것으로 보이는『만서』에서, 번작은 왜 '서천관내'와 '운남만계'를 나누는 경계를 대도하가 아니라 아회령으로 기록하였을까? 이 차이가 단순히 남조국의 발전에 따른 강역의 확대로 인해 만들어진 경계의 이동을 의미하는 것일까?

남조국 관내의 청계관도

다음은『만서』가 전하는 청계관도의 운남만 즉 남조국 관할 구역 내의 도정이다.

운남만의 경계 안이다[雲南蠻界]. 수주(嶲州) 아회령(俄淮嶺)으로부터 70리를 가면 청구역(菁口驛)에 이르고, 30리를 가면 비역(苴驛)에 이르며, 60리를 가면 회천진(會川鎭)에 이르는데, 만(蠻) 3인이 파견되어 진(鎭)을 담당하고 있다. 50리를 가면 목집관(目集館)에 이르며, 70리를 가면 회천(會川)에 이르는데, 만이 자사(刺史)를 충당하며, 회천도독(會川都督)이라 칭한다. 목집역(目集驛)으로부터 하자진(河子鎭)까지 70리이며, 노강(瀘江)에서 가죽배[皮船]를 타고 노수(瀘水)를 건넌다. 하자진(河子鎭)으로부터 말책관(末柵館)까지가 50리, 가비관(伽毗館)까지 70리, 청거포(淸渠鋪)까지 80리이고, 줄다리[繩橋]를 건너 장방관(藏傍館)에 이르기까지 74리, 양포관(陽褒館)까지가 60리이며, 큰 고개[大嶺]를 넘는데, 그 험준함이 더할 나위 없다. 양포로부터 농동성(弄棟城)까지가 70리인데, …… 농동성으로부터 외미탕(外彌蕩)까지가 80리, 외미탕(外彌蕩)으로부터 구증관(求贈館)까지가[ㅁㅁ리이며, 구증관으로부터] 운남

200) 方國瑜(1987), p.533.

성(雲南城)까지 70리, 파대역(波大驛)까지 40리, 거람조관(渠藍趙館)까지 40리, 용미성(龍尾城)까지가 30리이다. 용미성으로부터 양저미성(陽苴哶城)까지는 50리이다. 이상 19역이고, 합계 1,054리이다.[201]

운남만은 『만서』의 어법으로 보건대, 남조만을 의미하는 것으로 보인다. 따라서 '운남만계'라고 하는 것은 남조국의 통치력이 미치는 범위라는 의미일 것이다. 위 기사에서는 해석이 문제가 되는 곳이 있는데, 회천(會川)에 관한 부분이다. 두 개의 회천, 즉 위의 회천진과 회천도독(會川都督)을 동일한 것으로 볼 것인지의 여부를 두고 기존 연구의 주장이 갈린다. 우선 옌껑왕(嚴耕望)은 이 둘을 다른 것으로 보았다.[202] 먼저 회천진을 현재의 쓰촨성 후이리시엔(會理縣) 북쪽 약 120리 이상 되는 지역의 분수령(E102°25′·N26°50′)으로 비정하였다. 그리고 목집관(目集關, 현재 大龍嶺 북쪽)에서 길이 두 갈래로 갈린다고 보았다. 즉, 하나는 목집관으로부터 안녕하(安寧河)를 따라 서남쪽으로 70리를 가면 하자진성에 이르는데, 다시 여기에서 30리를 가서 노수에 이르는 길이다. 그리고 다른 한 길은 목집관에서 정남 방향으로 70리를 가면 남조국이 설치한 회천도독부(지금의 會理)에 이르게 되는데, 여기에서 남쪽으로 가서 노수를 건널 수 있다고 주장한다.

이에 비하여, 팡궈위(方國瑜)는 목집관과 목집역을 같은 곳으로, 또 회천진과 회천도독을 같은 지점으로 파악한다. 그리고 위 기사의 해당 내용을 '착간'이라 설명하고, 다음과 같이 교정하여야 한다고 주장하였다. "수주 아준령으로부터 70리를 가면 청구역에 이르고, 30리를 가면 비역(芘驛)에 이른다. 60리를 가면 회천진에 이르는데, 만 3인을 파견하여 자사에 충당하고, 회천도독이라 칭한다. 55리를 가면 목집관에 이르고, 목집관으로부터 하자진에 이르기까지 70리이다. 노강에서는 가죽배를 타고

---

201) 『雲南志補注』 卷1 「雲南界內途程」, p.9.
202) 嚴耕望(1986), pp.1200-1203.

노수를 건넌다."[203] 각 지명의 구체적 위치 비정에 있어서는 약간의 차이들이 존재하지만, 이후의 학자들은 대부분 팡궈위의 설명 방식을 받아들이고 있다. 이 연구에서도 일단 이 의견을 따른다. 이를 염두에 두고, 파대역과 거렴조역 사이에 백암역(白巖驛)을[204] 추가하여 표와 지도로 작성하면, 〈표 4〉 및 〈지도 2〉와 같다.

〈표 4〉 청계관도 남조국 관내 노정표

지명	현재위치	전정(里)
아준첨관(俄準添館)	四川 德昌縣 남부 永勝鄕境	
청구역(菁口驛)	四川 會理縣 북부	70里
비역(芘驛)	四川 會理縣 益門鎭	30里
회천진(會川鎭)	四川 會理縣城	60里
목집관(目集館)	四川 會理縣 서남부 鳳營鄕	55里
하자진(河子鎭)	四川 會理縣 黎溪 大海子	70里
〈노진관(瀘津關)〉	四川 會理縣 魚鮓渡口	
말책관(末柵館)	四川 攀枝花 仁和區 大龍潭彝族鄕/ 노수의 대안(拉鮓)	50里
가비관(伽毗館)	雲南 永仁縣城	70里
청거포(淸渠鋪)	方國瑜, 大姚 동쪽의 河底江上(?)	80里
장방관(藏傍館)	方國瑜, 大姚 麻街 부근(?)	(繩橋를 건너) 74里
양포관(陽褒館)	雲南 大姚縣城 동북부	60里
농동성(弄棟城)	雲南 姚安縣城 북부/ 雲南 姚安縣 동쪽 5킬로미터, 姚安壩子 東緣의 緩坡上	70里
외미탕(外彌蕩)	雲南 姚安縣 서남부 彌興鎭	80里
구증관(求贈館)	오늘날의 英武關/오늘날의 武英關과 普淜 지역	ㅁㅁ里
운남성(雲南城)	雲南 祥雲縣 雲南驛 古城村	70里
파대역(波大驛)	雲南 祥雲縣城	40里
〈백암역(白巖驛)〉	白崖城, 즉 勃弄賧에 역을 설치, 鳳儀 동남 40리 白巖甸	
거람조관(渠藍趙館)	雲南 大理市 동쪽 8킬로미터의 鳳儀鎭	40里
용미성(龍尾城)	雲南 大理州 下關市	30里
양저미성(陽苴咩城)	雲南 大理縣 서부	50里

203) 方國瑜(1987), p.536.
204) 『雲南志補注』卷1 「雲南界內途程」, pp.3~4.

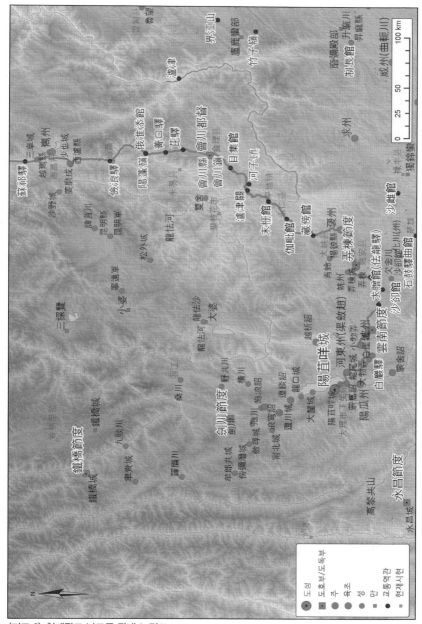

〈지도 2〉 청계관도 남조국 관내 노정도

이 구간에서 역사상 경계와 관련하여 가장 많이 언급된 것은 역시 '노수(瀘水)'일 것이다. 225년에 남중 정벌에 나선 제갈량은 오월에 노수를 건넜다. 597년에 '서찬(西爨)' 정벌에 나선 사만세(史萬歲)도 노수를 건넜으며, 회군할 때도 노수를 통해 돌아왔다.[205] 그리고 앞 장에서 살펴보았듯이, 천보 연간에 당이 남조국을 공격할 때도, 언제나 '노수'를 넘는 것으로부터 시작하였다.[206] 즉 노수를 건넌다는 것은 '남조'로 대표되는 '운남' 세력의 경내로 진입함을 의미하였다. 많은 학자들은 그 도하 지점을 위 목록에서 '노진관(瀘津關)'으로 파악하고 있다.[207] 이 지점을 통과하는 노수는 삼국 시기에 월수군(越嶲郡)과 운남군(雲南郡)의 경계가 되었고, 당 제국 초기에는 수주(嶲州)와 요주(姚州)의 경계가 되었으며, 남조국 후반기에는 농동절도(弄棟節度)와 회천도독(會川都督)의 경계가 되었다. 노수는 진사장 강[金沙江]의 일부 구간을 지칭하는 명칭인데, 진샤장 강은 현재도 쓰촨성과 윈난성을 가르는 경계의 일부를 형성하고 있다.

노수는 광역 지역 개념의 경계 역할을 수행하기도 하였다. 『해내화이도(海內華夷圖)』와 『고금군국현도사이술(古今郡國縣道四夷述)』로 유명한 당 정원 연간의 재상 가탐(賈耽)은 '노수'와 관련하여 다음과 같은 말을 남겼다. "엎드려 바라건대, 황제 폐하께서는 오로지 위로 성왕(聖王)의 풍취와, 태평의 운(運)을 바탕으로 신의를 돈독하고 분명하게 하시고, 오상(五常)의 도를 굳게 지키셔서, 뭇 백성을 은혜로 기르시고, 원방의 오랑캐들을 회유하십시오. 그리하면 노남(瀘南)이 여수(麗水)의 금을 공헌할 것이고, 막북(漠北)이 여오(余吾)의 말을 바칠 것이며, 아득한 교화가 가득 넘쳐서 솔토(率土)가 흠뻑 적실 것입니다."[208] 상투적인 표현에 불과하

205) 『隋書』 卷53 「史萬歲」, pp.1354-1355.
206) 『舊唐書』 卷9 「玄宗 李隆基」 下 〈天寶十載〉, p.224..
207) 方國瑜(2001Aa), p.414.
208) 『舊唐書』 卷138 「賈耽」, pp.3784-3786.

지만, 그것이 상투적이기 때문에 더 중요하고 의미가 있다. 북방 융적 지역을 지칭하는 '막북'의 상대어로서 '노남'이 등장했기 때문이다. 이는 북방의 '사막'이 그러한 것처럼, 당시 사람들이 남방 '만이'와의 경계로서 '노수'를 인식하고 있었음을 의미하기 때문이다. 여기에서 '노남'이란 분명히 '노수의 남쪽'을 지칭하는 것이고, 두말할 것도 없이 당시 '남조'를 지칭하는 표현이다. 당시 남조국이 지배하던 여수 지역에서 나는 금은 유명하였다. 그리고 당시 동노수(東瀘水)라고 불린 진사쟝 강의 지류 야룽쟝[雅礱江] 강과 진사쟝 강 본류는 남조국과 토번, 동만과 토번의 경계로서 기록에 자주 등장하였다. 이에 관하여는 다시 살펴볼 예정이다.

다시 상기하자면, 이 장의 첫 번째 목적은 남조국 강역과 경계의 기준을 확인하는 것이다. 이상 살펴본 바와 같이, 청계관도 전체 구간에서 '경계'와 관련하여 가장 주목되는 지점은 아회령, 청계관 및 대도하, 그리고 노수였다. 바꾸어 말하면, 이 교통로에는 대체로 세 개의 경계 지점이 존재하였다. 아회령은 당 덕종 정원(785-804) 연간 남조와 당 사이 동맹 시기의 정치적 경계를 반영하고, 청계관 및 대도하는 9세기 초반 남조국과 당 사이의 갈등이 이어지는 시기의 경계를 반영한다. 그리고 마지막으로 노수는 남조국이 막 성장하기 시작할 무렵 남조국의 세력권과 당 제국의 경계를 반영한다. 이를 통해 당 제국과의 관계 속에서 드러나는 남조국 강역의 변화를 거칠게나마 확인할 수 있다.

국가의 성쇠에 따라 그 강역과 경계가 시시각각 변하는 것은 상상하기 어려운 일이 아니지만, 오랜 세월을 거쳐 사람들의 인식 속에 침착된 경계를 살피는 일은 그렇게 간단하지 않다. 예를 들어, 천보전쟁 당시 당 제국의 군대가 노수를 건너면서 전쟁이 벌어지는 장면을 묘사하는 기사에서, 노수는 그 당시 양측 역관계의 경계를 반영한다. 그러나 가탐이 말하는 '노남'의 노수나 혹은 9세기 중엽의 시점에서 남조국이 '노수를 건너 제멋대로 약탈을 일삼았다'라고[209] 적을 때의 노수는 전혀 다른 의미와 이야기를 담고 있을 것이다. 그리고 앞서 잠시 언급했듯이, 대체로 863년경에 작성된 것으로 보이는『만서(蠻書)』에서 여전히 아회령을 만과 한의 경계로 기록하고 있는 모습은 이들 경계에 대한 당시인들의 인식이 그렇게 단순하지 않았다는 것을 보여 준다. 따라서 이들 세 경계 지점 사이의 관계를 단순히 시간적 단계적 발전으로만 파악하는 것은 문제가 있다.

2. '석문도(石門道)'와 남조국

석문도는 융주도독부로부터 지금의 쿤밍 지역을 거쳐 따리 지역으로 향하는 교통로이다. 앞서 살펴본 바와 같이, '청계관도'는 한대로부터 당대에 이르기까지 쓰촨과 윈난 사이의 교통에 있어서 중요한 역할을 하였지만, 그것이 만들어진 구체적 과정에 대하여는 그다지 기록이 없다. 이에 비하여, 성도와 '운남'을 연결하는 '동도(東道)'에 해당하는 '석문도'는 진대의 '오척도(五尺道)', 한대의 '야랑도(夜郎道)'와 같이 중국 왕조의 적극적인 의지에 의해 개척되었다. 그리고 이러한 과정에서 한대로부터 진대까지는 이 동쪽 통로가 서쪽 통로보다 각광받은 듯이 보이기도 한다.[210] 한대 이후 이쪽 노선이 각광받은 이유의 하나는 당몽(唐蒙)의 야랑도 개척 배경에서 잘 드러난다. 주지하듯이, 기원전 135년 야랑도의 개척이 추진된 배경에는 남월(南越)이 있었다. 즉 남월에 사자로 갔던 당몽이 장가강을 통한 남월로의 교통 가능성을 한 무제에게 보고하였고, 남월을 기습하기 위한 통로의 확보를 목적으로 추진되었다. 따라서 교통로의 개척 방향도 장가강과 연결되는 야랑으로 향하는 것이 당연하였다.

남월의 멸망 직후 서남이 지역에 대한 군현화가 이루어졌고, 이후 디엔츠(滇池) 지역과 취징(曲靖) 지역은 변군 지배의 중심지가 되었다. 따라서

---

209)『舊唐書』卷182「高騈」, p.4703.
210) 嚴耕望(1986), p.1212.

교통로 또한 이 중심지들을 향해 연결되었다. 4세기 중반 이후 남중 지역은 '서찬'이 장악하였는데, 서찬국의 중심 또한 디엔뚱[滇東] 지역인 남영주(南寧州)에 있었다. 따라서 당 초기 남중 개척의 주력 또한 이 노선을 따라 이루어졌다. 그런데 당 중엽 이후 사정에 변화가 생겼다. 즉, 남조국이 서찬국을 멸망시키고 남중 전 지역을 장악함으로써, 이 지역에 대한 당 제국의 기미부주를 통한 지배도 끝났고, 정치적 중심지도 서쪽으로 이동한 것이다. 따라서 남조국을 향하는 당조의 사절들도 후이쩌[會澤]를 거쳐 바로 쿤밍[昆明]으로 향할 뿐, 웨이닝[威寧]과 취징[曲靖, 南寧州] 지역을 거칠 필요가 없게 되었다.[211] 『만서』에서는, "석문(石門)밖으로부터 노망(魯望)과 곤주(昆州)로 나가 운남(雲南)에 이르는 길을 일러 북로라 한다. 여주(黎州) 청계관으로부터 공부(邛部)로 나가, 회통(會通)을 지나 운남에 이르는 길을 일러 남로라 한다."고[212] 하였다. 남로와 북로의 표현은 남조국을 기준으로 한 것으로 보인다. 다음은 성도로부터 남조국에 이르는 또 하나의 길인 '석문로'에 관한 『만서』의 기록이다.

융주(戎州)로부터 남쪽으로 1일의 여정이면 석문(石門)에 이른다. ……
몽기령(蒙夔嶺)까지 7일의 여정인데, 바로 주제강(朱提江)을 가로질러
아래로 위로 내려가고 기어오르고, 몸을 굽혔다가 옆걸음으로 가야하는
험한 길이다. 또 그 길에는 황승(黃蠅), 비질(飛蛭), 독사, 물여우[短狐],
사이(沙虱)의 무리가 있다. 석문 바깥으로 사흘째 여정에는 우두산(牛頭
山)에 이르는데, 산에 제갈고성(諸葛古城)이 있으며, 관(館)이 물에 닿아
있어 마안도(馬安渡)라 이름 하였다. 위로 아등로(阿等路) 부락으로부터
발원하여 몽기산(蒙夔山)을 에두르고, 다시 동쪽으로 꺾여 주제강(朱提
江)과 합류한다. 닷새째 여정에는 생만(生蠻) 아방(阿旁) 부락에 이른다.
7일째에는 몽기령(蒙夔嶺)에 이른다. 이 재[嶺]는 대루천(大漏天)에 해당

---

211) 嚴耕望(1986), p.1221.
212) 『雲南志補注』卷1「雲南界內途程」, p.11.

하는데, 바로 20리를 올라가면 쌓인 음기가 엉기고 덮여서 주야가 분간되지 않는다. 이 재의 꼭대기로부터 남쪽으로 8, 9리를 내려오면, 청송(靑松)과 백초(白草)가 나타나고 물[川]과 길이 점차 평평해진다. 9일 째에는 노망(魯望)에 이르는데, 곧 만(蠻)과 한(漢) 양쪽의 경계이며, 옛 곡주(曲州)와 정주(靖州)의 땅이다. 곡주와 정주의 폐성 및 구(邱), 무덤, 무덤, 비(碑), 궐(闕)이 모두 있다. 산에 의지하여 아간로(阿竿路) 부락이 있다. 노망을 지나 7일 째 여정이면, 죽자령(竹子嶺)에 이른다. 재의 동쪽에는 폭만(暴蠻) 부락이 있고, 재의 서쪽에는 노록만(盧鹿蠻) 부락이 있다. 엿새째 여정에는 생만 마미전(磨彌殿) 부락에 이른다. 이들 부락은 모두 동찬오만(東爨烏蠻)이다. …… 9일째 여정에는 제장관(制長館)에 이르며, 여기에서 비로소 문각(門閣), 해우(廨宇), 영후(迎候), 공양(供養)의 예가 있고, 모두 한지와 [유사]하다.[213] 무릇 노망으로부터 12일을 가면, 비로소 자동(柘東)에 도달한다.[214]

자동절도성(柘東節度城)으로부터 안녕관(安寧館)에 이르기까지 하루거리이다. 안녕관은 본디 한(漢) [건(建)]녕군(寧郡)의 성이다. 안녕성으로부터 용화관(龍和館)에 이르기까지 하루이고, 사자관(沙雌館)까지가 하루, 곡관(曲館)까지 하루, 사각관(沙卻館)까지 하루, 구증관(求贈館)까지 하루, 운남역(雲南驛)까지 하루, 파대역(波大驛)에 이르기까지 하루, 백암역(白巖驛)까지 하루, 용미성(龍尾城)까지 하루가 걸린다. …… 양저미성(陽苴咩城)까지 하루거리이다.[215]

위의 첫째 기사는 융주의 치소가 있었던 북도현[현재의 쓰촨 이빈]부터 자동성[현 쿤밍]까지의 노정이고, 둘째 기사는 자동성부터 남조국의 수도인 양저미성까지의 여정이다. 그리고 선학의 연구를[216] 바탕으로 하여,

---

213) '유사하다(類)'의 첨가는 方國瑜의 견해이다. '모두 한지이다(皆漢地)'로 할 경우 위의 기사와 모순된다.
214) 『雲南志補注』卷1「雲南界內途程」, p.11-13.
215) 『雲南志補注』卷1「雲南界內途程」, pp. 3-4.
216) 嚴耕望(1986), pp.1221-1252; 方國瑜(1987), pp.539-544; 譚其驤(1982제5집), pp.65-68; 羅二虎(2000), p.87.; 陆韧(1995), p.52.

각 지점의 현재 위치를 비정한 것이 〈표 5〉이다. 또 이것을 지도로 표시
한 것이 〈지도 3-1〉, 〈지도 3-2〉이다.

〈표 5〉 천전동도(석문관도) 노정표

지명	현재 위치	전정	
융주(戎州, 僰道縣)	四川 宜賓市 岷江(즉汶江)의 서남안, 馬湖江(金沙江)의 북쪽		
석문(石門)	豆沙關/ 雲南 鹽津縣 西南13킬로미터.	10일	
우두산(牛頭山)	雲南 大關縣 北 灑漁河 北岸 黃葛 附近		3일
아방(阿旁)부락	雲南 大關縣 南部		5일
몽기령(蒙夔嶺)	雲南 昭通市 北部		7일
노망(魯望)	雲南 昭通市 남부 魯甸縣과의 경계		9일
마미전(磨彌殿)부락	尋甸舊營(雲南志)/雲南 宣威市 境		6일
죽자령(竹子嶺)	雲南 宣威市 西北. 牛欄江東岸	7일	
폭만(暴蠻)부락	雲南 宣威市 北部		
노록만(盧鹿蠻)부락	雲南 會澤縣 北部		
제장관(制長館)	雲南 尋甸	9일	
자동(柘東)	雲南 昆明市	12일	
안녕관(安寧館)	雲南 安寧市	1일	
용화관(龍和館)	대체로 현재 老雅關/ 雲南 祿豐縣 東 20킬로미터	1일	
사자관(沙雌館)	雲南省 祿豐縣 舍資鎭	1일	
곡관(曲館)	대체로 현 雲南 楚雄	1일	
〈석고역(石鼓驛)〉	雲南 南華縣 동쪽 15킬로미터 石鼓村. 呂合鎭과 서로 가까움	1일	
사각관(沙卻館)	雲南 南華縣 沙橋鎭	1일	
〈석문(石門)〉	英武關		
구증관(求贈館)	佉龍驛. 오늘날의 英武關/ 雲南 武英關과 普淜 지역	1일	

역시 경계와 관련하여 가장 눈길을 끄는 것은 "제9일째에는 노망에 이
르는데, 곧 만과 한 양쪽의 경계이며, 옛 곡·정의 땅"이라 한 부분일 것
이다. 여기에서 만과 한의 경계라 함은 앞서 아회령의 예로 보건대, 794
년 결맹 당시 당과 남조 사이의 경계를 의미하는 것으로 보인다. '옛 곡주
와 정주의 땅'이라고 한 부분이 실마리이다. 곡주와 정주는 둘 다 융주도

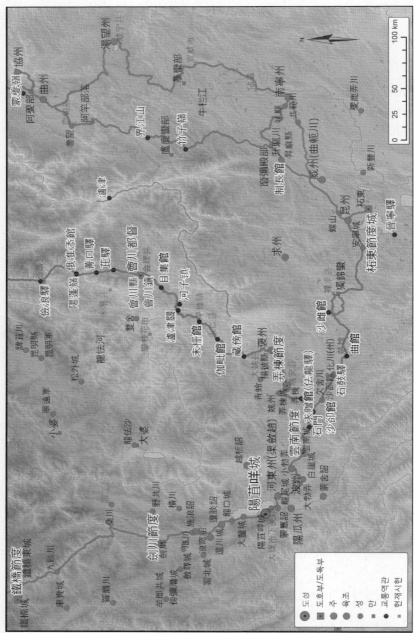

〈지도 3-1〉 천전동도(석문관도) 남조 관내 노정도

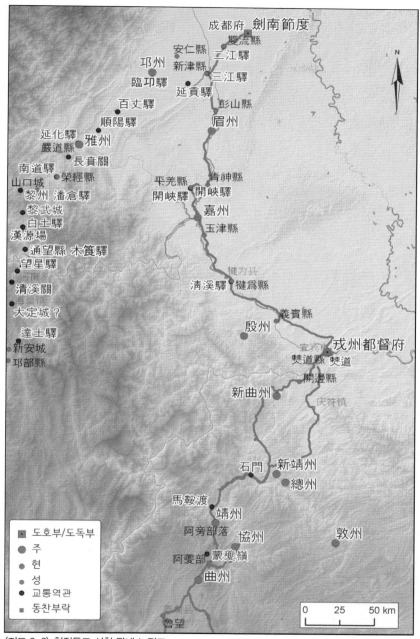

成都府 劍南節度
雙流縣
安仁縣
二江驛
邛州 新津縣
臨邛驛 三江驛
延貢驛
百丈驛 彭山縣
順陽驛 眉州
延化驛 雅州
嚴道縣
長貢關 青神縣
南道驛 平羌縣 開峽驛
山口城 榮經縣 開峽驛
黎州 潘倉驛 嘉州
黎武城 玉津縣
白土驛
漢源場 犍为县
通望縣 木筤驛
望星驛 清溪驛 犍爲縣
清溪關
大定城? 義賓縣
達士驛 殷州
新安城 戎州都督府
邛部縣 宜宾市
僰道縣 僰道
開邊縣
新曲州 庆符镇
石門 新靖州
馬鞍渡 總州
靖州
阿旁部落 協州 敦州
阿甕部 蒙甕嶺
曲州
魯望

■ 도호부/도독부
● 주
● 현
● 성
● 교통역관
■ 동찬부락

0   25   50 km

〈지도 3-2〉 천전동도 서천 관내 노정도

독부에 속하는 기미주였다. 『원사』「지리지」에서는 "천보(742-755) 연간 말에, (당의 군대가) 남조를 정벌하였는데, 진격하여 곡정주 앞에 이르렀으나, 크게 패하고 그 땅은 마침내 만(蠻)에 떨어졌다."라고 적고 있다.[217] 『신당서』의 남만전은 당시 검남절도사 선우중통의 군대가 융주와 수주에서 출발하였으며, 두 길로 나누어 진군한 군대의 하나가 곡주와 정주에 이르렀다고 적고 있다.[218] 결국 천보전쟁을 거쳐 토번에 귀의한 이후에 만들어진 경계가 794년 남조국과 당의 결맹 시까지 이어진 것으로 보아야 할 것이다. 그리고 이 경계는 746년 서찬국 멸망을 전제로 하는 것이었다.

『만서』에서는 서찬국의 범주와 관련하여 다음과 같이 적고 있다. "서찬은 백만(白蠻)이다. 동찬은 오만(烏蠻)이다. 천보 연간 당시 동북의 곡주와 정주로부터 서남쪽으로 선성(宣城)에[219] 이르기까지 읍락이 서로 바라보았으며 우마가 들을 덮었다. 석성(石城), 곤천(昆川), 곡액(曲軛), 진녕(晉甯), 유헌(喩獻), 안녕(安甯)에서 용화성(龍和城)에 이르기까지를 일러 서찬이라 한다. 곡주, 정주, 미록천(彌鹿川), 승마천(升麻川)에서 남으로 보두(步頭)에 이르기까지를 일러 동찬이라고 한다." 동찬오만의 범주가 곡주, 정주로부터 시작함을 확인할 수 있고, 남조국이 서찬국의 통치 범위를 그대로 승계하였음을 짐작할 수 있다. 이 부분에서 '경계'와 관련하여 주목되는 지점이 하나 있다. 바로 서찬백만의 서단에 있는 용화관이다. 이는 남조국의 내부 경계와 연결된다. 우선 자동절도와 농동절도의 경계가 이 용화성 서편을 지난다. 그리고 이 경계는 이후 남조국과 대리국 시기 이 지역 백만과 오만의 경계선으로 작용하기도 한다. 이는 아마도 746년 서찬국의 멸망 이후, 남조국이 서찬백만을 대거 영창 지역으로 옮기고, 이후 동찬오만

---

217) 『元史』卷61「地理」4〈雲南諸路行中書省 曲靖等路宣慰司軍民萬戶府〉, p.1467.
218) 『新唐書』卷222上「南蠻」上〈南詔〉上 p.6271.
219) 宣城은 方國瑜의 고증에 따르면, 현재의 元江에 위치하였다. 『中國西南歷史地理考釋』의〈爨部地名〉宣城條에 보인다.

이 그 빈 곳을 채웠다는 기록과 관련이 있을 것이다.

이상을 정리하자면, 석문도는 크게 두 구간으로 구분이 가능하다. 하나는 성도로부터 노망까지이고, 다른 하나는 노망으로부터 양저미성까지이다. 전자는 당의 강역에 속하고, 후자는 남조국의 강역에 속한다. '노망'은 이전에 곡주가 설치되었던 곳이다. 그리고 이곳은 동찬오만의 북단으로 서찬국의 북단이기도 하였다. 이 서찬국의 유산은 남조국 내부에 경계를 남겨 놓았다. 바로 용화성 서편을 경계로 하여, 자동절도와 농동절도 지역으로 나뉘는 것인데, 이 경계는 이후 백만 지역과 오만 지역을 구분하는 경계로 발전한다. 사실 이 지점은 과거 삼국 시대 촉한의 건녕군과 운남군을 가르는 경계였으며, 또 더 거슬러 올라가면 전국(滇國)과 수·곤명의 경계이기도 하였다. 당 제국이 관할하는 구역 또한 이질적 인간 집단들에 의해 구분되기는 마찬가지였다. 이 구간에서 남조국과 경계를 맞댄 융주(戎州) 또한 많은 만이 부락과 수령의 기미주를 관리하는 변주도독부였다.[220] 이 문제에 관하여는 뒤에서 더 자세히 다룰 것이다. 이 노선에서는 남조국과 당 사이의 전투가 거의 이루어지지 않았는데, 아마도 이 경계는 두 국가가 멸망할 때까지 큰 변화 없이 계속 유지된 것으로 보인다.

3. '장가(牂柯)·검중로(黔中路)'와 남조국

794년 남조와 당의 결맹이 이루어지기 전, 이의 교섭을 위한 외교 문서를 지닌 남조국의 사자들이 토번의 눈을 피해 세 갈래의 길로 나누어 검남서천절도사부의 치소가 있던 성도를 향하였고, 그중의 하나가 '장가(牂柯)로 나아가, 검부로(黔府路)를 따라갔던' 것은[221] 잘 알려져 있다. 이 노선은 크게 '쿤밍[昆明], 취징[曲靖], 구이양[貴陽], 푸링[涪陵]'의 네 지점

---

220) 『新唐書』 卷43 「地理」 7下 〈羈縻州 戎州都督府〉, pp.1140-1142 ; 『新唐書』 卷222下 「南蠻」 下 〈兩爨蠻〉, p.6324
221) 『雲南志補注』 卷10 「南蠻疆界接連諸蕃夷國名」, pp.144-145, "伏恐和使不達, 故三道遣 : 一道出石門, 從戎州路入, 一道出牂柯, 從黔府路入, 一道出夷獠, 從安南路入."

을 잇는 길이고 검주로(장가·검중로)라고 불렸다. 그런데『만서』의 저자 번작은 "옹주로(邕州路)로부터 만의 저미성(苴咩城)에 이르는, 그리고 검주로(黔州路)로부터 만의 저미성에 이르는 두 곳의 도정(途程)은 신(臣)이 미처 숙지[暗委]하지 못했습니다."라고 하여,[222] 다른 길들과는 달리 옹주로와 검주로의 노선을 정리하지 않았다. 가탐의 '입사이지로'에도 이에 대한 언급은 없다. 그리고 이에 대한 연구도 많지 않다. 다만 옌껑왕(嚴耕望)이『원화군현도지』등의 자료를 정리하여 복원한 것이 있는데, 가장 자세하다.

옌껑왕은 주로『원화군현도지(元和郡縣圖志)』,『태평환우기(太平寰宇記)』,『태평어람(太平御覽)』등의 자료를 동원하여 장주(牂州) 및 충주(充州)로부터 검주(黔州), 부주(涪州)에 이르는 이정(里程)을 확인하고, 주요 지점의 현재 위치를 비정하여 〈표 6〉에서 보이는 바와 같은 노선을 확정하였다. 그리고 장가로부터 나아갔다는 표현에 주목하여, 장가의 위치를 비정하는 데 많은 노력을 기울였다. 또 "남영주(南寧州)는 본디 청계진(淸溪鎭)이며, 당 말에 설치하였고, 검주에서 서남쪽으로 29일 거리이다. 남영주로부터 나전왕(羅殿王) 부락까지 이르는데, 8일 거리이며, 운남과 경계를 접하고 있다."라고 한『태평환우기』의 기사를[223] '검주-남영주-나전왕 부락(昆明)[224]-운남'의 순서로 해석하였다. 제 사서에 등장하는 장가와 곤명에 관한 기록들을 비교하고, 장가국과 곤명국의 위치를 비정하여 노선을 확정지었다. 즉 장가국의 중심인 장주의 경우, 구이저우성[貴州省] 관링시엔[關嶺縣] 용닝쩐[永寧鎭] 지역에, 그리고 곤명 부락의 경우 현재의 쿤밍시 지역에 위치한 것으로 파악한 것이다.

---

222)『雲南志補注』卷1「雲南界內途程」, pp.10-11.
223)『太平寰宇記』卷120「江南西道」〈黔州〉, p.2399.
224)『五代會要』에서는 921년 '昆明大鬼主 羅殿王'의 조공 사실을 적시하여, 나전 부락이 곤명에 속함을 명시하고 있다(『五代會要』卷30「昆明國」, p.367;).

지명	현위치	전정(里)
부주(涪州)	重慶市 涪陵區	
무릉현(武龍縣)	四川 武隆縣 서북 土坎鎭(舊武隆司) 서쪽 五龍村	160
신녕현(信寧縣)	四川 武隆縣 江口場(舊名信寧場)	40
검주(黔州)	四川 彭水苗族土家族自治縣 동북 鬱山鎭/ 重慶市 彭水苗族土家族自治縣	130
홍두현(洪杜縣)	四川 酉陽土家族苗族自治縣 서북부 龔灘鎭 북 9킬로미터	130
사주(思州)	貴州 沿河土家族自治縣 동북부	150
사왕현(思王縣)	貴州 印江土家族苗族自治縣 서부	300
다전현(多田縣)	貴州 思南縣 서북 22.5킬로미터	60
비주(費州)	貴州 思南縣	40
충주(充州)	貴州 石阡縣 서남부	190
장주(牂州)	貴州 黃平縣 서북부/貴州省 甕安縣境	1100
〈구주(矩州)〉	貴州 貴陽市	
〈반주(盤州)〉	貴州 興義市	
〈녹주(祿州)〉	貴州 水城縣	
남영주(南寧州)	雲南 曲靖市 북쪽 7킬로미터 三岔	600
자동(柘東)	雲南 昆明市	300

그런데 장가국과 곤명 부락에 대한 이러한 위치 비정은 문제가 있다. 특히 곤명 부락의 경우 심각한 문제를 내포하고 있다. 물론 "곤명은 찬(爨)의 서이하(西洱河)를 경계로 삼는다."는 『당회요』와 『태평환우기』의 기록이나 "찬만의 서쪽에 곤명만이 있다."라고 하는 『신당서』의 기록은[225] 곤명 부락이 적어도 남영주보다는 서쪽에 있다는 인상을 주기에 충분하다. 그러나 문제는 이에 배치되는 자료도 적지 않다는 것이다. 특히 현재의 쿤밍시 지역에 곤명만 부락이 존재했고, 특히 나전왕 부락이 있었다고 보는 것은 더욱 받아들이기 어렵다. 지금의 쿤밍시 지역은 한 무제가 변군을 설치한 이래 변군 지배의 중심지중 하나였을 뿐 아니라, 서찬국이 남중 지역을 장악한 시기나, 남조국이 이를이어받은 시기 내내 핵심 지배 지역이었다. 이러한 곳에 곤명 부락 특히 당으

---

225) 『新唐書』 卷222下 「南蠻」 下 〈兩爨蠻 昆明蠻〉, p.6318.

로부터 책봉된 나전왕 부락이 존재했다는 것은 쉽게 이해될 수 없다.

우선 『신당서』 「지리지」와 「남만전」에서 곤명의 주요 분포 범위는 융주도독부(戎州都督府)의 북부, 즉 윈난성의 동북부 쓰촨성 남부 구이저우성의 서북부에 해당한다. 예를 들어 「남만전」에서는 다음과 같이 적었다. "672년 [咸亨 3年], 곤명의 14성이 2만 호를 이끌고 내부(內附)하였는데, 그 땅을 쪼개어 은주(殷州), 총주(摠州), 돈주(敦州)를 설치하여 안집(安輯)하였다. 은주는 융주의 서북쪽에 있고, 총주는 서남쪽에 있다, 돈주는 남쪽에 있다. 멀어도 500여 리를 넘지 않고, 가까우면 300리이다." 그리고 또 「지리지」에서는 이들 세 기미주들이 강남도의 검주도독부에 속한다고 적고 있다. 양쪽 다 쿤밍시 지역이나 그 이서 지역을 상상하기는 어렵다.

또 나전왕에 봉해지는 아패(阿佩)에 대하여, 『신당서』 「남만전」은 장가의 별종으로, 또 나전왕에 봉한 것을 회창(會昌, 841-846) 연간으로 기록하였다. 이 시점은 남조국이 남중 지역을 확실히 장악한 시기였다. 이 시기에 남조국 지배의 중심 지역 중의 하나인 쿤밍시 지역에 당 제국의 책봉을 받은 곤명 부락(혹은 장가의 별종 부락)이 존재했다고 보기는 어렵다. 한 연구에 따르면,[226] 이 나전국은 현재 구이저우성[貴州省] 왕모시엔[望謨縣] 러왕샹[樂旺鄉]을 중심으로 해서 싱이시엔[興義縣] 지역과 안순시[安順市]의 일부 지역, 그리고 난판쟝[南盤江] 강과 베이판쟝[北盤江] 강 일대를 지배했던 나라이다. 이 땅은 본디 621년에 폭만(暴蠻)이 당에 귀부하여, 서평주(西平州)가 설치되고, 정관(627-649) 연간 초에 반주(盤州)로 바뀌었다가, 다시 647년에 명주(明州)로 이름이 바뀌었다. 폭만은 751년, 남중 지역을 장악하고 당의 통제로부터 벗어난 남조국에 투항하여 스스로 우시부(于矢部)라 칭하였다. 그리고 836년에 그 수령 아패가 당에 귀부하고, 결국 회창 연간에 나전왕에 책봉되었다.

---

226) 胡克敏(1994), p.1.

결국 곤명과 나전왕 부락을 현재의 쿤밍시 지역에 위치시키는 옌껑왕의 주장은 받아들이기 어렵다. 그렇다면, 찬만(爨蠻)의 서쪽에 존재하고, 서이하(西洱河)를 경계로 하는 곤명의 존재는 어떻게 이해해야 할 것인가? 가장 무난한 해석은 이 부분을 곤명만의 기원과 종족적 특징을 묘사한 것으로 파악하는 것이다.

곤명은 『사기』 「서남이열전」에 이미 등장한다. 이때의 '곤명'은 '수(巂)'와 연칭되며, 현재의 서이하 이서 지역에 거주하는 산간 유목민으로 묘사되었다. 『신당서』 「양찬만전」에 등장하는 '곤명만'과 일찍이 한대부터 익주군 서부에 거주하여 점차 전지 방향으로 이동하여 와서 '남중이'로까지 불렸던 '곤명이'의 차이는 앞 Ⅰ장에서 이미 언급한 바 있다. 「양찬만전」이 보여주는 당대의 곤명만은 본디의 거주지에서 동북쪽으로 많이 이동하였으며, 그 분포 범위가 매우 넓었다. 변발(辮髮)에 좌임(左衽)하며 풀과 물을 따라 축목한다는 것과 찬의 서쪽에 있고 서이하를 경계로 하고 있다는 것은 사마천의 곤명 묘사와 상통하지만, 당대 그들의 주요 거주지는 융주도독부 북동부에 해당하는 지역이었다. 이 지역은 '동찬오만' 7부락의 북동쪽 바깥에 해당하는 곳으로, 경계 지역에서는 동찬오만 부락과 이들 곤명만이 교착하여 거주하였을 것으로 생각된다. 또 특이한 점은 『신당서』에서는 그 풍속이 돌궐과 같다고 한 것과 호응하여, 『당회요(唐會要)』나 『통전(通典)』의 〈곤미국(昆彌國)조〉에서는 그 풍속이 돌궐과 대략 같고, 그들 스스로 본디 흉노의 형제국으로 여긴다고 적고 있다.

이를 모아 보면, 앞 장에서 언급한 바 있는 것처럼, 『사기』에 등장하는 곤명종이 당대에 이르러 세 가지 종류로 분화된 것으로 생각된다. 한 갈래는 따두허[大渡河] 강 이남의 쓰촨성 남부, 윈난성과 구이저우성 북부의 고산 지대로 이동하여, 곤명만의 이름을 지닌 채 본디의 특성을 유지하였다. 그리고 월수군(越嶲郡) 서남부, 본디의 거주지에 남은 곤명만은 송외만(松外蠻)과 백수만(白水蠻) 등의 새로운 이름을 갖게 되었다. 본디 익주군(益州郡) 서부에 거주하다가 점차 전지 방면으로 이동하여 '남중이'로 까지 불린 곤명이는 수족(叟族)과의 잡처와 융화를 거치면서 전혀 새로운 집단으로 전화되었던 것이다.

따라서 옌껑왕이 인용한 "남영주는 …… 검주에서 서남쪽으로 29일 거리이다. 남영주로부터 나전왕 부락까지 이르는데, 8일 거리이며, 운남과 경계를 접하고 있다."라고 한 『태평환우기』의 기사 또한 다른 방법으로 해석되어야 할 것이다. 즉 여기에서 '운남'은 삼국 시대의 운남군의 영역이 아니라, 남조국의 지배 영역을 지칭하는 '운남'으로 이해해야 할 것이다. 그렇다면, 이 기사는 단순히 검주와 남영주까지의 전체 일정과, 남영주와 나전국 사이의 일정을 표시한 것이고, 나전국이 운남과 경계를 접하고 있음을 전하고 있을 뿐, 자동성 즉 쿤밍시 지역과의 연결을 이야기하는 것이 아니다. 이러한 사정을 감안하여, 양저미성에서 자동성으로 그리고 자동성에서 남영주를 거쳐 '장가'로 나아가 검부로(黔府路)를 따라 들어가는' 길을 정리한 것이 〈표 6〉과 〈지도 4〉이다.

이 노선에서 경계와 관련하여 주목되는 지점은 역시 장주와 남영주 사이의 어느 지점, 그리고 나전국과 남영주 사이의 어느 지점일 것이다. 이는 형식상 장가만을 기미 지배하는 당 제국과의 경계 지점이기도 하지만, 남조국과 장가국 그리고 남조국과 나전국과의 경계이기도 하였다. 아울러 동찬오만과 장가만의 경계이기도 할 것이다. 사실 이 교통로는 당조와의 왕래에 거의 사용되지 않은 것으로 보인다. 당 측의 사자가 이 통로를 통해 남조국에 들어왔다는 기록도 없을 뿐더러, 남조와 당의 전쟁에서도 이 통로는 거의 사용되지 않았다. 이것이 의미하는 바는 이 지역의 주인이 장가만을 비롯한 제만이었으며, 이 통로는 주로 남조국과 장가국 등 제국 사이의 사행로나 교통로로 사용되었다고 보아야 할 것이다. 남조국

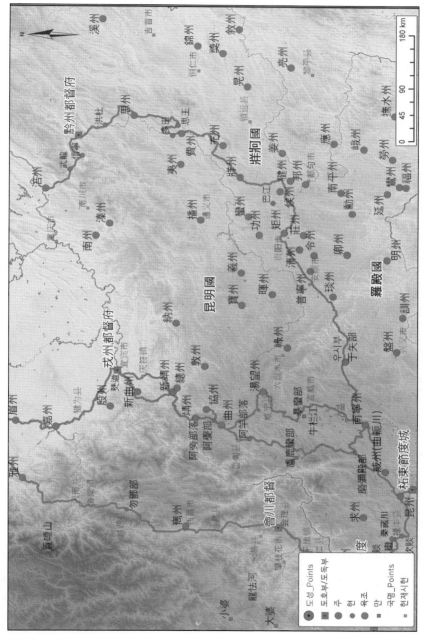

溪州
昔首市
錦州
敘州
獎州
亮州
黎平县
昆州
撫水州
銅仁市
鎮遠县
0　45　90　180 km

黔州都督府
洪杜
思王
彭水县
浹州國
姜州
費州
武龍
彭水
遵義市
播州
黔州
郞州
都匀市
雁州
峨州
勞州
福州
巴江
巴
武州
江
令州
南平州
勳州
延州
渝州
南川市
南州
漢州
重庆市
昆明國
義州
暉州
明州
羅殿國
昧州
普州
清州
安順市
郡州
訓州
戎州都督府
宜賓镇
嘉州
犍为县
宜賓市
殷州
郎州
曦道
宜賓市
新安州
威州
協州
陳州
六盤水市
우시부
宇矢部
盤州
六矣市
拓東節度城
峨州
阿芋路部落
曲靖市
新附部
阿旁部落
曲州
阿旁部落
曲州(曲靴川)
靖州
総州
曲州
黄鳴山
龍法河
小婆
大婆
阿芋部落
宜良县
牛欄江
南寧州
象州
求州
秦藏川
緑水
昆州
度
殷
漢
次仪州
雟州
西昌市
勿鄧部
雅州
嘉州
泸沽镇
冕宁县
戎州
會川都督
嶲州
会理县
攀枝花市
盧鹿蠻部
暴蠻部
益
益宁市
磨彌殿部
葳州(曲靴川)
会理县

〈지도 4〉 장가 · 검중로 노정도

도성_Points
도호부/도독부
주
현
옥조
만
국명_Points
현재시현

과 장가국은 서로 통사하는 우호적 관계였다. 또 여러 사료에서 밝히고 있는 것처럼, 장가 등 제만의 '국'이 중국에 왕래할 때도 사용되었다. 794년 남조가 당 조정에 보내는 사신로의 하나로 이를 택한 것은 만약의 경우를 대비한 예비 수단이었던 것이다. 그리고 장가국과 나전국 외에도 수많은 '국'들이 남조국이 예전에 그러했던 것처럼 기미부주의 형태로 존재하였다. 뒤에서 이들 '국'의 형태와 성격에 대하여도 다루어질 것이다.

4. '보두로(步頭路)'와 남조국

'보두로'는 이 당시 운남의 역사에서 의미 있는 사건을 담고 있는 교통로이다. 바로 서찬국 멸망의 계기가 되었던 당의 '안녕성' 축성이 이 보두로의 개척과 관련하여 추진되었기 때문이다. 참고로 보두는 '마두'(부두)와 같은 의미이다. 보두로의 개척은 수주로부터 안녕성을 거쳐 안남으로 이어지는 군사적 통로를 확보하려는 사업이었다. 여기에서 한 가지 주목되는 점은 과거 한 무제 시기 야랑도의 개척이 남월 공략을 위한 통로 개척이 목적이었다면, 이 보두로는 운남 지역에 대한 지배 강화를 목적으로 한 교통로 개통이었다는 것이다. 즉 한대에는 남월 지역이 목적이었다면, 이번에는 운남 지역 자체가 목적이었다. 이는 운남 지역이 중국 국가에 보다 중요한 지역이 되었음을 의미한다. 이는 중요한 차이이다.

따라서 이러한 목적으로 개통된 보두로의 기점이 되는 '보두'는 군사적 교통 요충지였다. 이 보두로와 관련하여 『만서』에서는, "통해성(通海城) 남쪽으로 14일의 일정으로 보두에 이른다. 보두로부터 배로 강을 따라 35일을 가면 남만으로 나온다. 이인(夷人)은 주선(舟船)을 이해하지 못하여, 대부분 통해성로를 취하여 고용보(賈勇步)에서 진주(眞州)와 등주(登州) 그리고 임서원(林西原)로 들어가고, 봉주로(峯州路)를 취하여 간다."[227] 이

---

227) 『雲南志補注』卷6 「雲南城鎭」, p.83.

에 따르면, 보두로가 육로인 '통해성로'와 구분됨을 알 수 있다. 그런데 기존 연구들에서는 이 부분에서 해석의 차이가 발생하였다.

우선 '보두'와 '고용보'의 위치에 관하여는 약간의 논쟁이 있었고, 그에 따라 이 교통로를 이해하는 방식도 달랐다. 이를테면 페리오(Peliot) 같은 사람은 보두와 고용보를 같은 지점으로 인식하였다. 옌껑왕의 경우, 보두와 고용보가 다른 지점이며, 각기 훙허[紅河] 강과 판룽쟝[盤龍江] 강에 위치한 것으로 보았다. 이에 비해, 팡궈위는 보두와 고용보가 다른 지점이지만, 같은 수로 선상[훙하]에 있는 것으로 파악하였다. 그리고 그 위치에 대하여, 페리오는 보두를 만하오[蠻耗]로 보았다. 팡궈위는 보두를 위엔쟝시엔[元江縣]으로, 고용보를 만하오로 보았다. 한편 옌껑왕은 보두는 만하오, 고용보는 판룽쟝 강 수계의 원산[文山] 근처로 파악하였다. 근래에 들어서 가장 널리 받아들여지는 설명은 이 교통로가 기본적으로 훙허 강의 수로 선상에 있다는 것과, 보두는 만하오에 고용보는 허커우시엔[河口縣]에 배치하는 것이다.[228] 결국 보두로는 통해성에서 고용보로 이동하는 길을 상당 부분을 수로로 이동하기 위해 새로 만든 교통로이다. 그리고 이는 고용보에서 통해성로와 합류하였다. 이 길은 다시 봉주로와 이어져 안남도호부의 치소에 닿았다.

다음은 『만서』에서 전하는 안남도호부로부터 남조국의 양저미성에 이르는 여정이다.

안녕성(安寧城)은 후한(後漢) 원정(元鼎) 2년[229] 복파장군(伏波將軍) 마원(馬援)이 동주(銅柱)를 세워 강계를 정한 곳이다. 교지성지(交阯城池)와의 거리가 48일의 여정이다. 한대의 성벽이 여전히 존재하며, 비명(碑銘)도 모두 있다. 저미성(苴咩城)을 보자면, 안남부성(安南府城)

---

228) 陸韌(1995), p.53; 陸韌(1997), pp.79-80.
229) 마원이 교지를 평정한 것은 43년[후한 광무제 建武 19년])의 일이다. 元鼎은 前漢 武帝의 연호이며, 後漢代에는 이 연호가 없다.

으로부터 만왕(蠻王)이 현재 앉아 있는 저미성까지는 물길과 뭍길 합쳐서 52일의 여정이다. 단지 날 수만 계산하였으며, 거리[里數]를 세지는 않았다. 안남으로부터 물길을 거슬러 봉주(峯州)에 이르는 데에 이틀이고, 등주(登州)에 이르기까지 이틀, 충성주(忠誠州)에 이르는 데에 사흘, 다리주(多利州)에 이르는 데에 이틀, 기부주(奇富州)에 이르는 데에 이틀, 감상주(甘裳州)에 이르는 데에 이틀, 하보(下步)에 이르는 데에 사흘, 여무분책(黎武賁柵)에 이르는 데에 나흘, 고용보(賈勇步)에 이르는 데에 닷새이다. 위 25일의 여정은 모두 수로이다. 대중(大中, 847-859) 초에 모두 안남 관내에 속하게 하였으며, 그 자사직을 모두 수령에게 위임하여 일을 처리하게 하였다. 854년[대중 8년]에, (안남의) 경략사(經略使)가 사나워 천동(川洞)의 민심이 떠나자, 강내(疆內)의 수령이 (마음을) 돌려 만적(蠻賊)에게 유인되었고, 여러 곳이 적중에 떨어졌다. 고용보로부터 상륙하여 의부관(矣符管)에 이르는 데에 하루가 걸린다. 의부관으로부터 곡오관(曲烏館)에 이르는 데에 하루, 사하관(思下館)에 이르는 데에 하루, 사척관(沙隻館)에 이르는 데에 하루, 남장관(南場館)에 이르는 데에 하루, 곡강관(曲江館)에 이르는 데에 하루, 통해성(通海城)에 이르는 데에 하루, 강천현(江川縣)에 이르는 데에 하루, 진녕관(進寧館)에 이르는 데에 하루, 선천자동성(鄯闡柘東城)에 이르는 데에 하루가 걸린다.[230]

다음은 『신당서』「지리지」에 실려 있는 가탐의 「입사이지로」 중 안남에서 천축으로 향하는 길의 일부이다. 이 또한 안남도호부로부터 남조국의 양 저미성에 이르는 여정이다.

안남부에서 교지현(交趾縣)과 태평현(太平縣)을 거쳐, 100여 리를 가면 봉주(峯州)에 이른다. 다시 남전(南田)을 거쳐서, 130리를 가면 은루현(恩樓縣)에 이르고, 이어 물길로 40리를 가면 충성주(忠城州)에 이른다. 다시 200리를 가면 다리주(多利州)에 이르고, 또 300리를 가면 주귀주

---

230) 『雲南志補注』 卷1 「雲南界內途程」, p.3-4.

(朱貴州)에 이르고, 다시 400리를 가면 단당주(丹棠州)에 이르는데, 모두 생료(生獠)이다. 다시 450리를 가면 고용보(古湧步)에 이르는데, 물길로는 안남과의 거리가 모두 1,550리이다. 다시 180리를 가면 부동산(浮動山)과 천정산(天井山)을 거치는데, 산위의 협도(夾道)가 모두 천정(天井)의 지형이며,[231] 사이에 반걸음도 허용하지 않는 길이 30리이다. 이틀을 가면, 탕천주(湯泉州)에 이른다. 다시 50리를 가면 녹색주(祿索州)에 이르고, 다시 15리를 가면 용무주(龍武州)에 이르는데, 모두 찬만(爨蠻)으로 안남의 경내이다. 다시 83리를 가면 당지돈(儻遲頓)에 이르고, 또 팔평성(八平城)을 거쳐서, 80리를 가면 동조수(洞澡水)에 이르고, 다시 남정(南亭)을 거쳐서, 160리를 가면 곡강(曲江)에 이르는데, 검남(劍南)의 땅이다. 다시 통해진(通海鎮)을 거쳐서, 160리를 가서 해하(海河)와 이수(利水)를 건너면 강현(絳縣)에 이른다. 다시 80리를 가면 진녕역(晉寧驛)에 이르는데, 융주(戎州)의 땅이다. 다시 80리를 가면 자동성(柘東城)에 이르고, 다시 80리를 가면 안녕 옛성에 이르고, 다시 480리를 가면 운남성(雲南城)에 이르고, 다시 80리를 가면 백애성(白崖城)에 이르고, 다시 70리를 가면 몽사성(蒙舍城)에 이르고, 또 80리를 가면 용미성(龍尾城)에 이르고, 다시 10리를 가면 대화성(大和城)에 이르며, 다시 25리를 가면 양저미성(羊苴咩城)에 이른다.[232]

그리고 이 노선을 표로 정리한 것이 〈표 7〉이고, 이는 다시 〈지도 5〉에 옮겨 놓았다.

이 노선에서 경계와 관련하여 주목되는 지점은 보두와 고용보이다. 『만서』와 『신당서』「남만전」에서 말한 바와 같이 '보두'는 동찬오만에 속하였다. 당시 서찬국은 당조의 기미 지배하에 있었고, 전술한 바와 같이 보두로의 개척은 서찬국의 지배 집단을 흔들어놓았다. 「남조덕화비(南詔德化碑)」에 따르면, 천보전쟁 당시 당의 군대는 세 방향에서 남중 지역으로 향하였는

---

231) 사방이 산으로 둘러싸이고 중간이 폭 꺼진 지형을 지칭한다.
232) 『新唐書』卷43下「地理」7下〈羈縻州〉, pp.1151~1152.

〈표 7〉 전월로(보두로) 노정표

지명(賈耽)	지명(蠻書)	현위치	이정
안남부(安南府)	안남	베트남 하노이	
〈교지현(交趾縣)〉		越南 河內市 서북부	
〈태평현(太平縣)〉		越南 河山省 山西 부근	
봉주(峯州)	봉주	越南 永富省 白鶴縣 南風州/ 越南 富壽省 越池 동남/越南 山西 북	100여 里
〈남전(南田)〉			
은루현(恩樓縣)	등주(登州)	越南 永富省 富壽縣 동	130里
충성주(忠城州)	충성주(忠誠州)	越南 永富省 錦溪 부근/ 越南 永福省 安樂縣 부근	40里
다리주(多利州)	다리주	越南 黃連山省 鎭安 부근/ 越南 安沛省 鎭安 부근	200里
주귀주(朱貴州)	기부주(奇富州)	越南 黃連山省 安沛 서북/ 越南 安沛省 鎭安 부근	300里
단당주(丹棠州)	감당주(甘棠州)	越南 郞益 일대	400里
	하보(下步)		
	여무분책 (黎武賁柵)		
고용보(古湧步)	고용보(賈勇步)	雲南 河口	450里
	의부관(矣符管)		
천정산(天井山)			180里
탕천주(湯泉州)		雲南 屏邊苗族自治縣 서부 新現河 서측 古道上의 茘枝地	2일
녹색주(祿索州)		雲南 屏邊苗族自治縣 서부 新現 남쪽 7.5킬로미터	50里
용무주(龍武州)	곡오관(曲烏館)	雲南 屏邊苗族自治縣 서북 22킬로미터 新現	15里
당지돈(儻遲頓)		雲南 蒙自縣 동남 7킬로미터 新安所	83里
〈팔평성(八平城)〉	사하관(思下館)	雲南 蒙自縣城 부근/ 雲南 蒙自縣, 一說 個舊市 북 雞街	
동조수(洞澡水)	사척관(沙隻館)	雲南 個舊市 북 20킬로미터 倘甸	80里
〈남정(南亭)〉	남장관(南場館)	雲南 建水縣	
곡강(曲江)	곡강관(曲江館)	雲南 建水縣 북 40킬로미터 曲江鎭	160里
〈통해진(通海鎭)〉	통해성(通海城)	雲南 通海縣	
강현(絳縣)	강천현(江川縣)	雲南 江川縣/ 雲南 江川縣 북 13킬로미터 龍街	160里
진녕역(晉寧驛)	진녕관(進寧館)	雲南 晉寧縣/ 晉寧縣 晉城鎭	80里
자동성(柘東城)	선천자동성 (鄯闡柘東城)	雲南 昆明市	80里
안녕(安寧)		雲南 安寧市	80里

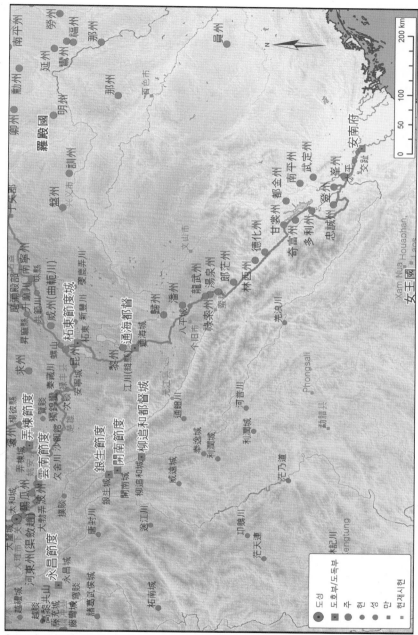

〈지도 5〉 전월로(보두로) 노정도

데, 그중 안남도호부의 군대는 보두를 통해 진격하였다.[233] 이때까지 보두
는 당의 관할 하에 있었다. 그러나 천보전쟁이 남조국의 승리로 끝나고, 남
조국이 토번과 결맹한 뒤에 보두는 남조국의 경내로 편입되었다. 「남조덕화
비」에서는 765년, 각라봉이 장남 봉가이를 곤천에 보내 자동성을 쌓게 하
였으며, 그 위세로 인해 보두가 떨었다고 적었다.[234] 그리고 이어 뒤의 다른
부분에서 동찬이 모두 귀부하였고, 보두가 경계 안에 있게 되었다고 선언하
고 있다.[235] 이 비석이 세워진 것이 766년이라고 하니, 결국 자동성의 축성
과 함께 보두는 곧 남조국의 경내로 들어왔음을 알 수 있다.

위 『만서』의 기사에 따르면, 854년 이후 고용보 이남 임서원의 제동(諸
洞) 만이들이 남조국에 귀부하였음 알 수 있다. 적어도 854년 전까지 고용
보 이남은 안남도호부의 관할로 당 제국의 힘이 미치고 있었다는 의미이다.
또 위 『신당서』 기사에서 가탐의 증언에 따르면, 용무주까지도 안남의 관할
이었다. 그러나 이 경계 또한 남조국과 안남도호부 관할의 경계일 뿐이었
다. 위 기사들에서 보여주는 것만 해도, 안남도호부로부터 단당주까지는 모
두 '생료(生獠)'의 거주지였으며, 또 그 이후 덕화주와 임서주 또한 제동 만
이 수령들의 기미주였고, 고용보를 지나 용무주에 이르는 구간의 제주들 또
한 '찬만' 수령들에 의해 통치되는 곳이었다. 다만 이 노선은 군사적으로 중
요시되었고, 당 제국이 힘이 미치는 한에서는 전략적 요충지들과 이를 잇는
교통로를 지키려는 노력을 경주하였다. 이러한 양상은 뒤에서 다시 자세히
언급될 것이다. 854년 이후 서원만의 이반, 남조국과 서원만 등의 결맹,
남조의 안남 침입으로 이어지는 일련의 사건들은 안남도호부가 남조국에 함
락되는 사태까지 초래하였다. 그리고 이러한 사태는 『신당서』 「남만전」의 찬

---

233) 「南詔德化碑」, 남계로(南谿路), 회동로(會同路), 보두로(步頭路)가 그것이다.
234) 「南詔德化碑」, "十四年(765)春, 命長男鳳迦異於昆川置柘東城, 居二詔佐鎭撫. 於是威懾步頭, 恩收曲‧靖, 頒
詔所及, 翕然俯從."
235) 「南詔德化碑」, "越嶲天馬生郊, 大利流波濯錦. 西開尋傳, 祿郫出麗水之金; 北接陽山, 會川收瑟瑟之寶. 南荒
済湊, 覆詔願為外臣; 東爨悉歸, 步頭已成內境."

자가 "당이 쇠약해짐에 미쳐서, 서원(西原)과 황동(黃洞)이 이어서 변방의 해가 된 것이 백여 년이나 된다. (당조가) 그 멸망에 이른 것은 남조 때문이다."라고 적을 정도로 후세인들에게 깊은 인상을 남겼다.

5. '해남제국(海南諸國)'으로 가는 길

'해남제국'이라고 하면, 일반적으로 남북조와 수당 시기를 기록한 중국 정사에서 동남아시아에 위치한 여러 나라를 이르는 말이었다. 중국의 삼국 시대 이후 활발해지기 시작한 해상 교통은 동남아시아 여러 국가와 중국의 교통을 활발하게 만들었고, 이 길은 인도까지 이어졌다. 중국 동남 해안에서 시작된 바닷길은 동남아시아 대륙부의 해안을 따라 이어지다가, 말레이 반도 중부의 끄라(Kra) 지협에서 두 길로 갈라졌다. 하나는 끄라 지협을 통과하여 다시 인도양의 해안선을 따라 동인도로 들어가는 것이고, 다른 하나는 해안선을 타고 반도의 끝까지 내려와서 말라카 해협을 통과하여 다시 북상하는 것이다. 요즘 들어 많은 학자들이 이 루트를 '해상 실크로드'라고 부르고 있으며, 쓰촨에서 윈난, 버마를 거쳐 동인도에 이르는 길을 포함하여 남방 실크로드라고 부르고 있다. 남조국과 인도와의 교통로 또한 두 갈래로 갈라졌다. 하나는 육로를 통한 길이었고, 하나는 해상 루트에 합류하는 길이었다.

'표(驃)·천축도(天竺道)'와 남조국

'표·천축도'는 남조왕국의 수도가 위치하였던 따리로부터 지금의 버마 지역을 통과하여 동인도에 이르는 육로이다. 주지하듯이, 이 길은 한 무제 시기에 '신독도(身毒道)'라는 이름으로 중국에 알려졌다. 대하국(大夏國)에서 인도를 거쳐 유통되는 촉 지역 상품의 존재를 목도한 장건(張騫)이 장안(長安)에서 촉 지역 상인들을 통해 '교역로'의 존재를 확인 한 뒤,

한 무제에게 이를 보고하였다. 이후 한 무제는 40여 무리를 파견하여 이 길의 개통을 시도하였지만, 운남 지역의 곤명 부락들에 막혀 결국 좌절되었다.[236] 이후 간혹 영창군(永昌郡) 요외에 표국(驃國)의 존재와 신독인들의 출현이 전해졌지만,[237] 그 교통로가 구체적으로 알려지거나, 적극적으로 탐색되지는 않았다. 이 기간에 중국인들이 인도에 들어가는 교통로는 크게 두 가지였다. 서역의 실크로드를 이용하여 인도의 북서부로 들어가거나, 동남 해안을 출발하여 소위 해상 실크로드를 통해 동남아를 거쳐 인도의 동북부로 들어가는 길이었다. 한동안 중국인들에게 잊혔던 신독도의 구체적 노선이 사서에 등장하는 것은 당 제국 시기였다. 『만서』의 기술과 가탐(賈耽)의 기술이 그것이다.

물론 신독도가 중국인들에게 잊혔다고 해서 없어진 것은 아니다. 장건이 처음 '신독도'의 존재를 알았을 때 신독도가 만들어진 것이 아니듯이, 한 무제가 그 길의 개통을 포기했다고 해서 그 길의 존재가 없어지는 것은 아니다. 문제는 왜 8세기 중반 이후 이 길이 중국인들의 주목을 끌게 되었는가 하는 것이다. 이 시기 이 지역에서 가장 현저한 변화는 남조국에 의한 남중 지역의 통일과 지속적 영토 확장이었다. 이 남조국의 성장과 관련하여 기존의 연구들에서 강조된 부분은 정치적인 것이었다. 중원을 재통일한 수와 당 제국이 운남 지역에 대한 기미적 지배를 강화하기 시작했고, 여기에 티베트 고원에서 토번의 흥성과 세력 확장이 중원 왕조의 운남에 대한 지배를 더욱 강화하게 만들었으며, 이 과정에서 당의 지원을 받은 남조국이 운남 서부 지역을 통일하고, 종국에는 서찬국까지 멸망시켜 운남 지역의 패자로 등장했다

---

236) 『史記』 卷116 「西南夷列傳」 56, pp.2995~2996.
237) 97년, 121년, 132년에 後漢에 遣使朝貢하였던 撣國을 버마의 고국으로 보던 시각도 있었으나, 근래에 들어서는 의심받고 있다. 이후 이라와디 강 유역에 관한 정보는 주로 해상 통로상의 국가들을 언급하는 과정에서 언급되는 것이 주였고, 간헐적으로 永昌 徼外에 표국이 존재한 다는 사실이 '傳'해졌을 뿐이다(餘定邦, 2000, pp.5~10).

는 것이다. 결국 이 논리의 결론은 중원의 재통일이 남조국 성립과 성장의 원인이라는 말이 된다. 이렇듯 남조국 성립사에서 강조되는 것은 언제나 동북쪽으로부터의 영향이었다.

그러나 길은 동북쪽으로만 열려 있지 않았다. '남조국'의 건국 설화에는 서쪽으로부터 온 관음과 승려가 등장하고, 남조국이 선양받은 '백(자)국'의 건국 설화 중에는 인도로부터 온 아육왕이 등장한다. 이러한 사례들은 서쪽으로 인도와 연결된 교통로의 존재와 또 그 통로를 통한 활발한 교통을 상정하게 한다. 남조의 입장에서 동쪽 끝에는 중국이 있었고, 서쪽 끝에는 인도가 있었다. 동쪽으로부터의 영향이 있다면, 서쪽으로부터의 영향도 있었을 것이다. 남중을 장악한 남조국은 서쪽과 남쪽으로의 정벌에도 적극적이었다. 근자에 들어 남조국과 서남방과의 관계 특히 상업적·경제적 관계를 중시하는 연구들이 늘어나기 시작하였다. 즉 남조국의 적극적 군사 활동의 목적이 이 지역 상업 교통로의 확보에 있었다는 것이다.[238] 이러한 대외 활동은 802년 표국이 당 제국에 조공하는 사건을 만들어 냈다. 794년 남조와 당의 관계 회복과 표국의 조공은 중국 측 지식인들에게 교통로의 구체적 노정이 알려지는 데 공헌하였을 것이다. 가탐의 기술은 특히 그러할 것이다. 다음은 가탐이 기술한 남조국으로부터 인도로 향하는 두 개의 노정이다.

양저미성(羊苴咩城)으로부터 서쪽으로 영창고군(永昌故郡)까지는 300리이다. 다시 서쪽으로 노강(怒江)을 건너서, 제갈고성(諸葛亮城)에 이르기까지는 200리이다. 다시 남쪽으로 낙성(樂城)까지는 200리이다. 또 표국(驃國)의 경내로 들어가, 우공(萬公) 등 8부락을 거쳐서, 실리성(悉利城)까지가 700리이다. 다시 돌민성(突旻城)을 거쳐 표국에 이르기까지가 1,000리이다. 다시 표국으로부터 서쪽으로 흑산(黑山)을 넘어서, 동천축(東天竺)의 가마파국(迦摩波國)까지가 1,600리이다. 다시 서북쪽으

---

238) 谷躍娟(2007), p.94.

로 가라도하(迦羅都河)를 건너 분나벌단나국(奔那伐檀那國)까지가 600
리이다. 또 서남쪽으로 중천축국(中天竺國)의 동경(東境) 긍하(恆河) 남
안의 갈주올라국(羯朱嗢羅國)까지가 400리이다. 다시 서쪽으로 마갈타
국(摩羯陀國)까지가 600리이다.[239)]

다른 한 노선은 제갈고성(諸葛亮城)으로부터 서쪽으로 등충성(騰充城)
까지 가는 데에 200리이다. 다시 서쪽으로 미성(彌城)까지가 100리이
다. 또 서쪽으로 산을 지나서, 200리를 가면 여수성(麗水城)에[240)] 이
른다. 이어서 서쪽으로 여수(麗水)와 용천수(龍泉水)를 건너서, 200
리를 가면 안서성(安西城)에[241)] 이른다. 그리고 서쪽으로 미락강(彌諾
江) 물을 건너서, 1,000리를 가면 대진(大秦)의 바라문국(婆羅門國)
에 이른다. 다시 서쪽으로 큰 고개[大嶺]를 넘어서, 300리를 가면 동
천축(東天竺) 북계의 개몰로국(箇沒盧國)에 이른다. 다시 서남쪽으로
1,200리를 가면, 중천축국(中天竺國) 동북경의 분나벌단나국(奔那伐
檀那國)에 이르는데, 표국(驃國)에서 바라문(婆羅門)으로 가는 노선과
합해진다.[242)]

위의 기사들은 제갈량성에서 갈라졌다가 인도의 분나벌단나국에서 다
시 만나는 두 노선의 노정을 표시하고 있다. 위는 남조국에서 이라와디
강 중류 유역의 표국 중심부를 거쳐 다시 동인도로 가는 노정이고, 아래
의 기사는 이라와디 강의 상류 지역을 거쳐 바로 동인도로 들어가는 노선
이다. 편의상 전자의 길을 남로, 후자의 통로를 북로로 부르고자 한다.
이를 다시 표로 정리하면 〈표 8〉 및 〈표 9〉와 같다. 그리고 이를 지도로
표시한 것이 〈지도 6-1〉과 〈지도 6-2〉이다.

---

239)『新唐書』卷43下「地理」7下 〈羈縻州〉, p.1152.
240) 方國瑜는 孟拱河가 이라와디 강에 합류하는 지점보다 조금 북쪽, 마땅히 지금의 打羅(Talawgyi)의 땅
     에 해당한다고 비정하였다(『雲南志補注』, p.92, 주6). 谷躍娟(2007)은 達羅基(Talawgyi) 혹은 文冒로
     비정하였다.
241) 安西城에 대하여, 方國瑜는 지금의 孟拱(Mogaung)으로 비정하였다(『雲南志補注』, p.93, 주7).
242)『新唐書』卷43下「地理」7下 〈羈縻州〉, p.1152.

지명	현재위치	이정	전거
양저미성	雲南 大理縣 서		賈耽
영창고군	雲南 保山市/ 雲南 保山市 동북 11킬로미터 金雞村	300里	賈耽
노강(怒江)			賈耽
제갈량성	雲南 保山市 서쪽 모퉁이, 高黎貢山 동쪽 비탈/ 龍陵縣 [243]	200里	賈耽
낙성(樂城)	雲南 潞西市(芒市)/ 瑞麗	200里	賈耽
표국(경계)			賈耽
만공(萬公)	버마 따가웅[古太公城, Tagaung]		賈耽
실리성(悉利城)	버마 모곡[抹谷, Mogok] 부근/ Mandalay [244]	700里	賈耽
돌민성(突旻城)	버마 버간[蒲甘, Bagan]		賈耽
표국(수도)	버마 따예 끼따야(Thaye Khittaya; Sri Ksetra)/ 프롬(卑謬 Prome; Pyay)	1,000里	賈耽
흑산(黑山)	아라칸 산맥(Nat Ma Taung, Arakan Mountains)		賈耽
가마파국(迦摩波國)	인도 아삼 구와하티(Guwahati, Assam)	1,600里	賈耽
가라도하(迦羅都河)	인도 카라토야 강(Karatoya River)		賈耽
분나벌단나국(奔那伐檀那國)	방글라데시 보르가(Bogra District)	600里	賈耽
갈주올라국(羯朱嗢羅國)	인도 라즈마할(Rajmahal, Jharkhand)	400里	賈耽
마갈타국(摩羯陀國)	인도 파트나(Patna[Pataliputra], Bihar)	600里	賈耽

제갈량성으로부터 갈라지는 두 노선에서 남조국과 표국 등과의 경계로 주목되는 지점은 남로의 낙성(樂城)과 북로의 안서성(安西城)이다. 낙성은 현재의 루이리[瑞麗]로 비정되며,[245] 『만서』에서는 마사락성(磨些樂城)으로 표기되었다. 낙성을 거쳐 표국의 경계를 지나 만나게 되는 만공 부락은 현재 버마의 따가웅(Tagaung)으로 비정된다. 이 노선이 표국을 거쳐 동인도로 가는 남로이고, 현재의 루이리와 따가웅 사이에 남조국과 표

---

243) 陸韌(2000), p.40.
244) 陸韌(2000), p.40.
245) 陸韌(2000), p.40.

지명	현재위치	이정	전거
제갈량성	雲南 保山市 서쪽 모퉁이, 高黎貢山 동쪽 비탈/ 龍陵縣		賈耽
등충성(騰充城)	雲南 騰沖縣 西郊의 西山壩	200里	賈耽
미성(彌城)	雲南 盈江縣 동북 45킬로미터 盞西	100里	賈耽
여수성(麗水城)	버마 카친주 이라와디 강 동안의 딸로지 (Talawgyi)	200里	賈耽
여수(麗水)	이라와디 강		賈耽
용천수(龍泉水)	모가웅 강(孟拱河, Mogaung River)		賈耽
안서성(安西城)	버마 모가웅(孟拱, Mogaung)	200里	賈耽
미락강(彌諾江)	친드윈 강(Chindwin River)		賈耽
바라문국(婆羅門國)	인도 마니푸르(Manipur) 일대, 혹은 아삼(Assam)주 북부 이서로부터 갠지스(Ganges) 강 유역까지	1000里	賈耽
대령(大嶺)	아라칸 산맥		賈耽
개몰로국(箇沒盧國)	인도 아삼 구와하티	300里	賈耽
분나벌단나국	방글라데시 보르가	1200里	賈耽

국의 경계가 있었던 것으로 보인다. 두 번째 노선은 미성[盞西]과 여수성 [Talawgyi]을 지나,[246] 이라와디 강 상류를 건너게 된다. 다시 그 지류 인 용천수를 건너, 안서성[孟拱, Mogaung]에 이른다. 안서성으로부터 다시 출발하여, 오늘날의 친드윈 강(Chindwin; 彌諾江水)과 아라칸 산 맥(Arakan Yoma)을 넘어야 바라문(婆羅門)국에 이른다. 안서성의 관 할 구역이 어디까지 미쳤는지는 알 수 없지만, 안서성은 사서에서 전하는 남조국의 최서단 성진이었다. 이라와디 강이 여수성의 서쪽을 지나 친드 윈 강과 만나고, 다시 표국을 지나 바다로 들어간다는,[247] 또 친드강의 수 원이 서북쪽 소바라문국에 있다는[248] 『만서』의 기사들은 안서성과 바라문 국 그리고 표국과의 상대적 위치를 파악하는 데 도움이 된다.

그리고 남조국이 이러한 경계를 얻게 된 것은 『남조덕화비』에서 "서쪽으

---

246) 陸韌(2000), p.40.
247) 『雲南志補注』 卷2 「山川江源」, p.27.
248) 『雲南志補注』 卷2 「山川江源」, p.28.

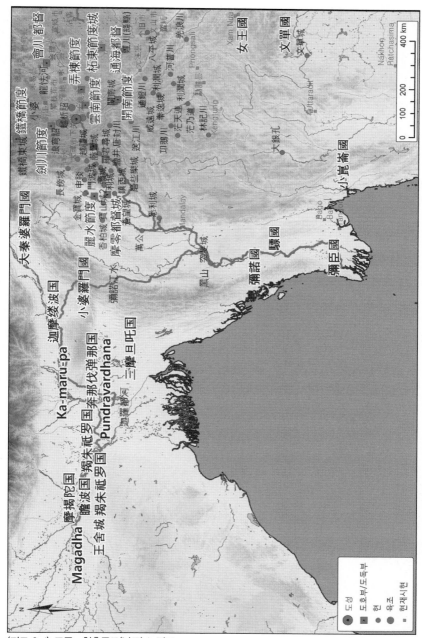

〈지도 6-1〉 표국·천축국로(남로) 노정도

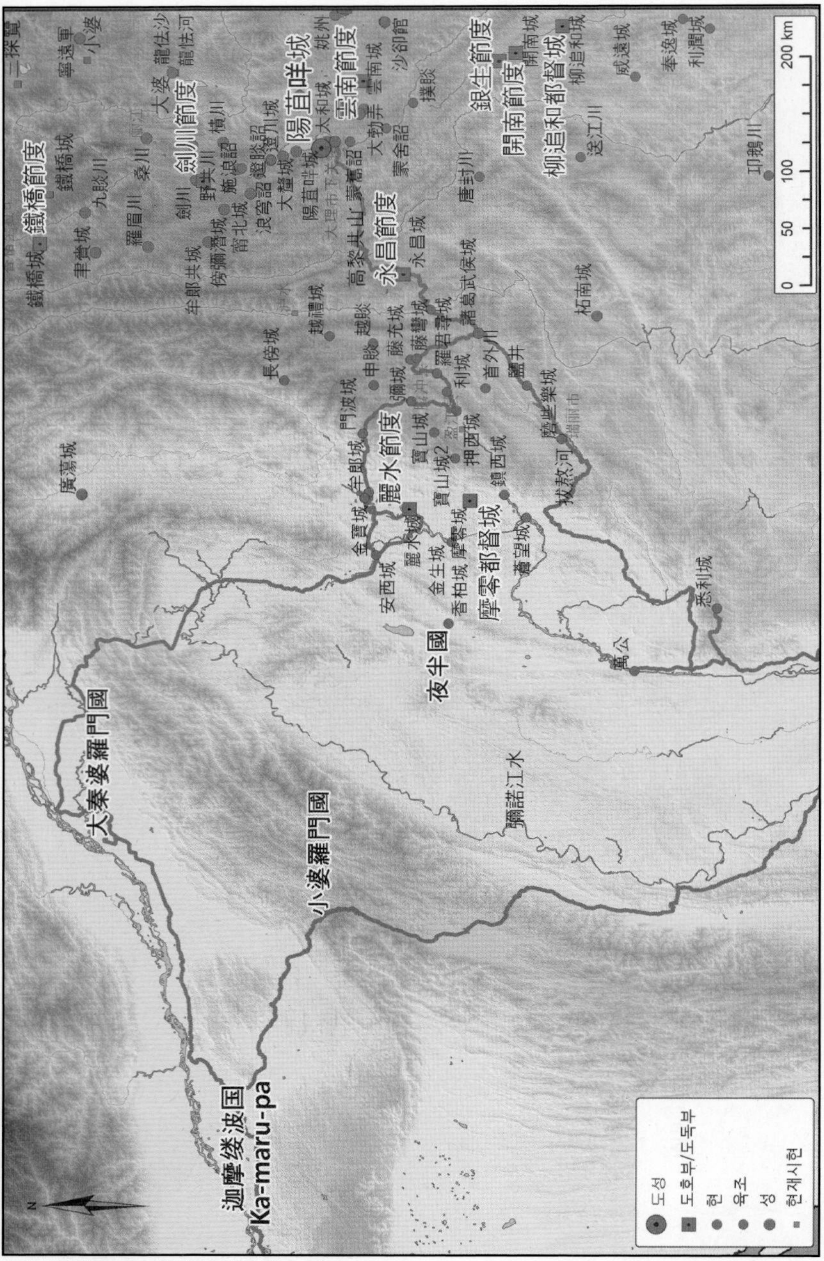

〈지도 6-2〉 표국·천축국로(북로) 노정도

로 심전(尋傳)을 열어, 녹비(祿郫)에서는 여수(麗水)의 금이 난다."라고[249] 말한 것처럼, 심전만을 굴복시켜 그 땅에 대한 지배를 시작한 결과이다. 그리고 심전의 개척 시점은『구당서』「남만 서남만」전에서 "마침 안록산이 반란을 일으키니, 각라봉이 틈을 타서 수주(嶲州) 및 회동군(會同軍)을 공격하여 함락시켰다. 서쪽으로는 다시 심전만을 항복시켰다."라고[250] 말하고,「남조덕화비」에서 확인하고 있는 바대로, 762년의 일이었다.[251]『만서』에서는 심전을 거쳐 바라문국에 이르는 길과 이 지역 성진의 분포 상황을 조금 더 자세하게 기록해 놓았다.[252] 그리고 심전 지역을 관리하기 위해 설치된 성진들의 위치와 기능을 설명하여 놓았는데, 여수성[尋傳大川城],[253] 안서성,[254] 보산성(寶山城),[255] 금보성(金寶城),[256] 금생성(金生城),[257] 모랑성(牟郎城),[258] 문파성(門波城),[259] 진서성(鎭西城),[260] 창망성(蒼望城),[261] 미성(彌城),[262] 신룡하책(神龍河柵), 마령도독성(摩零都督城)[263] 등이 그

---

249)「南詔德化碑」, p.8.

250)『舊唐書』卷197「南蠻 西南蠻」, p.5281.

251) 孫華(2010), p.180; 谷躍娟(2007), p.90.; 許序雅 李曉亮(2004), pp.119-120.

252)『雲南志補注』卷6「雲南城鎭」, pp.90-91.

253) 麗水城에 관하여 方國瑜는 모가웅 강(孟拱河, Mogaung River)이 이라와디 강에 합류하는 지점보다 조금 북쪽, 마땅히 지금의 딸로지(打羅, Talawgyi)의 땅이라고 비정하였다(『雲南志補注』, p.92, 주6).

254) 安西城에 관하여 方國瑜는 지금 버마의 모가웅(孟拱, Mogaung)이라고 비정하였다.(『雲南志補注』, p.93, 주7)

255) 寶山城에 대하여 史爲樂은『中國歷史地名大辭典』(中國社會科學出版社, 2005)에서[이하 '史爲樂'으로 약칭] 현재의 雲南 盈江縣 북쪽 22킬로미터 지점의 猛哥街로 비정하였다. 한편 方國瑜는 昔馬(雲南省 德宏傣族 景頗族自治州 盈江縣 昔馬鎭)으로 비정하였다(『雲南志補注』, p.93, 주8).

256) 金寶城에 관하여, '史爲樂'은 현재 버마의 카친주 미치나(密支那, Myitkyina)로 비정하였다. 그리고『中國 古今地名大辭典』(戴均良, 上海辭書出版社, 2005; 앞으로 '고금지명'이라 약칭)에서는 미치나 말리카강(邁 立開江, Malikha river)의 서북안으로 비정하였다.

257) 金生城에 대하여 '史爲樂'은 현재 버마 카친 주의 신뽀(辛博, Sinbo)로 비정하였고, '고금지명'은 모가웅 (Mogaung) 남쪽 이라와디江 西岸으로 비정하였다. 한편 方國瑜는 青蒲 부근으로 비정하였다(『雲南志補 注』, p.93 주9)

258) 牟郎城에 대하여 '史爲樂'은 버마 카친 주의 密支那 이동, 이라와디江 동안의 와이마우(允冒, Waingmaw) 로 비정하였다. 方國瑜 또한 允冒(晩暮)로 비정하였다(『雲南志補注』, p.93, 주8).

259) 門波城에 대하여 '史爲樂'은 버마 카친 주의 昔董(Sadon)으로 비정하였다.

260) 鎭西城에 대하여 方國瑜는 雲南省 盈江縣으로 비정하였고(『雲南志補注』, p.94, 주12), 谷躍娟(2007)도 盈 江縣으로 비정하였다. '史爲樂'은 버마 카친 주의 曼冒로 비정하였다. 여기에서는 譚其驤『中國歷史地圖 集』의 비정을 따랐다.

261) 蒼望城에 대하여, '史爲樂'과 '고금지명' 그리고『雲南志補注』(p.94, 주13) 모두 지금의 버마 바모(八莫, Bhamo)로 비정하였다.「고금지명」도 마찬가지이다.

262) 彌城에 관하여는 '史爲樂'과『雲南志補注』(p.94, 주14) 모두 雲南 盈江縣 동북 45킬로미터의 盞西로 비정하였다.

263) 摩零都督城은 摩零都督城이라고 한다. 南詔가 설치하였고, 鎭西節度에 속하였다. 남조국 후기에는 麗水

것이다. 이중 위치 비정이 가능한 곳들은 지도에 표시하여 두었다. 성진
들의 배치를 보면, 교통로와 관련이 있음을 알 수 있다. 남조국이 이 지역
을 이렇게 중요시 한 것은 이곳이 남조국과 토번, 그리고 표국을 비롯한
이 지역 제만의 교역 중심지였을 뿐 아니라,[264] 소위 '여수지금(麗水之金)'
이라고 하는 여수에서 나는 질 좋은 금 때문이었다.[265] 이에 관하여는 앞
으로 자세히 다룰 것이다.

해상 실크로드와 남조국

남조국은 윈구이(雲貴) 고원에 중심을 둔 국가였고, 그 강역이 해상에
는 미치지 못하였다. 따라서 해상 실크로드를 통한 교역에 합류하기 위해
서는, 해상 국가들과의 교역로를 확보하여야 했다. 9세기 후반 남조국의
안남에 대한 지속적 공격과 함락은 해양으로의 진출을 의도한 것인지도
모른다. 『만서』에서는 794년에 설치된 은생성(銀生城)을 기점으로 하여
해상 교통로로 이어지는 세 갈래의 길을 간략하게 소개하고 있다. 다음이
그 기사이다.

은생성(銀生城)은[266] 박탐(撲賧)의[267] 남쪽에 있는데, 용미성(龍尾城)으
로부터 열흘의 일정이다. 동남쪽으로 통등천(通鐙川)이[268] 있고, 또 바로
남쪽으로 하보천(河普川)과[269] 통하며, 다시 정남쪽으로 강랑천(羌浪川)
에[270] 통한다. 도리어 변해(邊海)는 무인지경이다. 동쪽으로 송강천(送江

節度에 속하게 되었다. 史爲樂 사전은 오늘날 버마 카친주 강심파(江心坡) 이남에 비정한다. 方國瑜는 蠻
莫에 비정하였다(『雲南志補注』, p.95, 주16). 谷躍娟(2007)도 蠻莫으로 비정.
264) 『雲南志補注』 卷2 「山川江源」, p.20~21.
265) 谷躍娟(2007), p.97.
266) 銀生城에 대하여, '史爲樂' 사전은 雲南 瀾滄拉祜族自治縣 북쪽 55킬로미터 지점의 上允鎭 혹은 景東縣으
로 비정하였고, 谷躍娟(2007) 또한 이를 지지하였다. 譚其驤 지도에도 경동현으로 비정되어 있다.
267) 撲賧은 南詔가 설치하였으며, 史爲樂 사전은 雲南省 南澗彝族自治縣으로 비정하였다.
268) 通鐙川은 方國瑜가 墨江縣으로 추정하였고(『雲南志補注』, p.90 주1), 谷躍娟(2007)도 이를 따랐다.
269) 河普川에 대하여, 方國瑜는 江城縣에 비정하였고(『雲南志補注』, p.90 주1), 谷躍娟(2007)도 이를 따랐다.
270) 羌浪川에 대하여, 方國瑜는 萊州(R.Dien Bien Dien Bien (Lai Chau) VIETNAM)로 비정하였고(『雲南志
補注』, p.90 주1), 谷躍娟(2007)도 이를 따랐다(p.91).

川)에[271] 이르고, 남쪽으로 공아천(邛鵝川)에[272] 이르며, 다시 남쪽으로 임기천(林記川)에[273] 이르고, 다시 동남쪽으로 대은공(大銀孔)에[274] 이른다. 또 남쪽으로 바라문(婆羅門), 파사(波斯), 사파(闍婆), 발니(勃泥), 곤륜(崑崙)에 [이르는] 수종의 바깥 길이 있다. 교역하는 장소에는 여러 진기한 보물이 많은데, 황금과 사향을 귀화(貴貨)로 삼는다. 박자(撲子)와 장종(長鬃) 등 수십 종의 만이 있다. 또 개남성(開南城)은[275] 용미성(龍尾城) 남쪽 열하루 일정의 거리에 있다. 유추화도독성(柳追和[276]都督城)을 관할한다. 또 위원성(威遠城),[277] 봉일성(奉逸城),[278] 이윤성(利潤城)이[279] 있는데, 안에 염정이 100여 곳 있다. 망내도(茫乃道)가[280] 있는데, 모두 흑치(黑齒) 등 종류의 10부락이 모두 여기에 속한다. 육로는 영창(永昌)과의 거리가 열흘 일정이고, 수로는 하미신국(下彌臣國, 이라와디 강 하구)까지 내려가는데, 30일 일정이다. 남쪽으로 남해(南海)에 이르면, 곤륜국(崑崙國)과 사흘 일정이다.[281]

먼저 첫째 교통로는 은생절도(銀生節度)의 치소인 은생성으로부터 동남쪽으로 통등천, 하보천, 강랑천으로 이어지는 통로는 여왕국(女王國)을

---

271) 送江川에 대해 谷躍娟(2007)은 臨滄에 비정하였다.(p.92) 方國瑜도 臨滄으로 비정하였다.(『雲南志補注』, p.90).

272) 邛鵝川에 대하여 谷躍娟(2007)은 瀾滄縣에 비정하였다.(p.92)

273) 林記川에 대하여 谷躍娟(2007)은 버마의 景東(Kengtung)에 비정하였다.(p.92)

274) 大銀孔에 대하여, 黃光成(2002)은 태국의 치앙마이(Chiang Mai)로 비정하였다. 谷躍娟(2007)도 이를 따랐다.

275) 開南城에 대하여, '史爲樂'은 雲南 景東彝族自治縣의 동남쪽 15.5킬로미터 지점의 開南이라 비정하였고, '고금지명'과 谷躍娟(2007)도 이와 같았다. 黃光成(2002)은 巍山으로 비정하였는데, 받아들이기 어렵다.

276) 柳追和都督城에 대하여 '史爲樂'은 雲南 鎮沅彝族哈尼族拉祜族自治縣으로 비정하였다. 谷躍娟(2007)과 黃光成(2002)도 이를 따랐다.

277) 威遠城에 관하여, '史爲樂'은 雲南 景谷傣族彝族自治縣으로 비정하였으며, '고금지명'은 雲南省 景谷傣族彝族自治縣 威遠鎮으로 비정하였다. 谷躍娟(2007)은 景谷설을 따랐고, 黃光成(2002)은 景東彝族自治縣에 비정하였다. 여기에서는 고금지명의 설을 따랐다.

278) 奉逸城에 관하여 '史爲樂'은 雲南 普洱哈尼族彝族自治縣 동북쪽 16킬로미터의 磨黑鎮에 비정하였다. '고금지명'은 雲南省 普洱縣의 東北이라고만 하였다. 黃光成(2002)은 普洱縣이라고만 하였고, 谷躍娟(2007)은 磨黑鎮설에 따랐다.

279) 利潤城: '史爲樂'은 雲南 江城哈尼族彝族自治縣 서남쪽 38킬로미터의 整董鎮으로 비정하였다. '고금지명'은 雲南省 勐臘縣 北境으로 비정하였다. 그리고 谷躍娟(2007)은 普洱縣 石膏井村 일대라고 하였다. 또 黃光成(2002)는 雲南省 西雙版納傣族自治州 勐臘縣 易武鄉으로 비정하여 '고금지명'과 일치하였다. 여기에서는 '史爲樂'의 설을 따랐다.

280) 茫乃道에 대하여 '史爲樂'은 雲南의 景洪市로 비정하였다.

281) 『雲南志補注』 卷6 「雲南城鎮」, p.89.

거쳐 베트남 중부 연해로 이어지는 노선이다. [282) 여왕국은 『신당서』에 따르면, 남조국의 남쪽에 접하여 있는 나라로, [283) 현재의 라오스 경내에 있었을 것으로 추정된다. [284) 또 『만서』에서는 "여왕국은 만계(蠻界)의 진남절도(鎭南節度)와 30여 일정의 거리이다. 그 국은 환주(驩州)의 거리가 10일의 일정이고, 왕왕 환주의 백성과 교역한다."라고 하였으니, 강랑천으로부터 여왕국 경내로 들어가, 다시 여왕국과 환주의[285) 교역로를 이용하여 해상로에 접근하였으리라 추정된다.

둘째 교통로는 은생성에서 출발하여 현재 태국의 치앙마이를 거쳐 타이 만의 차오프라야 강(Chao Phraya River) 하구에 이르는 교통로로 상정된다. 은생성으로부터, 송강천(送江川), 공아천(卭鵝川), 임기천(林記川, 버마의 컹퉁)을 거쳐서 다시 동남쪽으로 대은공(大銀孔, 태국 치앙마이)에 이르고, 차오프라야 강을 따라 남하하여 타이 만(혹은 시암 만)의 "바라문(婆羅門), 파사(波斯), 사파(闍婆), 발니(勃泥), 곤륜(崑崙)의 사람들이 교역하는 장소"에 이르는 것이다. 이 또한 성진의 설치가 교역로를 따라 이루어졌음을 짐작할 수 있다.

셋째로, 개남성으로부터 살윈 강(Salween)의 하구, 마타반(Martaban) 만에 있는 곤륜국에[286) 이르는 교통로를 이야기해 주고 있다. 위 기사에서 개남성 이하는 세 부분으로 구성된다. 우선 개남성, 유

---

282) 黃光成(2002), p.65; 谷躍娟(2007), p.91.

283) 『新唐書』 卷222上 「南蠻」 上 〈南詔〉上, p.6267.

284) 女王國은 라오스의 桑奴省(Xam Nua)에 그 중심지가 있었을 것으로 추정된다.(『雲南志補注』, p.132 보주).

285) 驩州는 隋 開皇 18年(598)에 德州를 고쳐서 설치되었으며, 治所는 九德縣으로 오늘날 베트남의 義靜省(Tỉnh Nghệ An) 榮市(thành phố Vinh)에 해당한다. 『元和郡縣志』 卷38 〈驩州條〉에 따르면, "咸驩縣에서 취하여 이름을 삼았다."라고 하였다. 그 轄境은 오늘날 베트남의 義靜省 지경에 상당한다. 大業 3年(607)에 고쳐서 日南郡이라 하였다. 唐 武德 5年(622)에 고쳐서 南德州라고 하였다가, 8年(625)에 다시 고쳐서 德州라고 하였다. 貞觀元年(627)에 다시 驩州로 하였다가, 天寶元年(742)에 고쳐서 日南郡으로 삼았다. 乾元元年(758)에 다시 驩州로 하였다. 나중에 폐하였다. 그리고 武德 5년 唐朝는 기존의 환주였던 일남군에 南德州를 설치하면서, 安人縣(오늘날 베트남 義靜省 安城Yên Thành)에 환주를 다시 설치하였다. 그 관할 구역은 오늘날 베트남의 義靜省 演州(Diễn Châu) 安城 일대에 상당하였다. 위에 언급한 것처럼 貞觀元年(627) 德州를 환주로 고치면서, 이곳이 演州로 바꾸었다.

286) 方國瑜(2001)에 따르면, 곤륜국은 살윈(Salween)강 하구의 모울마인(Moulmain) 부근에 있었다(方國瑜, 2001Bb, p.234).

추화도독성, 위원성, 봉일성, 이윤성, 망내도로 이어지는 노선은 흑치 등 무리의 10부락 지역, 즉 지금의 십송판나(Sib song Panna) 지역에 대한 통제를 목적으로 설치된 성진들의 연결임을 알 수 있다. 그리고 개남성에서 육로로 영창 지역까지 열흘을 이동하여, 수로로 30일을 여행하여 하미신국에 이르는 노정을 소개하고 있다. 아마도 수로는 이미 앞서 살핀 바 있는 이라와디 강을 타고 내려가는 노정일 것이다. 마지막으로 '남쪽으로 남해에 이르면 곤륜국과 사흘 일정'이라고 하였는데, 이 부분은 페구(Pegu;Bago)에 이르러 다시 3일을 여행하면, 마타반(Martaban) 만의 대안에 있는 곤륜국에 도달한다는 의미이다.

자세하지는 않지만, 『만서』권6에서는 은생으로부터 곤륜국에 이르는 노선을 하나 더 소개하고 있다. 살윈(Salween) 강을 타고 내려가는 노선이다. "양수천(量水川)에서 서남쪽으로 용하(龍河)에 이르며, 다시 남쪽으로 청목향산로(靑木香山路)와 맞닥뜨리는데, 남쪽으로 곤륜국에 이른다."는[287] 것이 그것이다. 양수천은 『만서』에서 스스로 밝히고 있듯이, 여주(黎州)이며 현재의 쟝촨시엔[江川縣] 일대이다. 청목향은 향의 일종이며 영창(永昌)과 표국 그리고 곤륜국 일대에서 난다. 또 『만서』권7에서는 청목향산이 영창으로부터 3개월 거리에 있다고 했다.[288] 이것은 청목향산과 영창을 연결하는 교통로가 있음을 의미한다. 그리고 이 부분에서 이 산의 이름이 붙은 도로명이 있다면, 이 청목향산은 곤륜국 안에 있거나, 적어도 이 길이 곤륜국을 통과하는 것으로 이해할 수 있다. 그런데 살윈 강은 중국에서는 누장[怒江] 강이고 이 강은 당시 영창성이 있었던 바오산[保山] 시 옆을 지난다. 결국 청목향산로는 살윈 강을 이용한 수로이거나 살윈 강을 따라가는 육로 혹은 양자가 섞인 교통로로 이해해야 할 것이다.

그리고 용하는 위엔쟝[元江] 강을 지칭하는 것으로 보이지만, 앞서 보

---

287) 『雲南志補注』卷6「雲南城鎮」, p.83.
288) 『雲南志補注』卷7「雲南管內物産」, p.105.

두로에서 살펴보았듯이, 위엔쟝 강이 수로로서 의미를 가지는 것은 보두까지였다. 따라서 양수천에서 서남쪽으로 이동하여 위엔쟝[元江]에 이른 뒤에는 위엔쟝[元江] 강을 건너 육로로 이동해야 한다. 이때 만나게 되는 육로는 앞서 언급한 '은생성으로부터 동남쪽으로 통등천, 하보천, 강랑천으로 이어지는 통로'이다. 이 길을 거슬러 올라 간 뒤, 다시 송강천(送江川)을 거쳐 자남성(柘南城)[289]쪽으로 이동하거나, 영창성을 향하여 육로로 이동하면 청목향산로와 만날 수밖에 없다. 길이 난해해 보이지만,[290] 원구이 고원의 복잡한 자연지형을 고려한다면, 쉽게 이해할 수 있다. 이들 은생절도로부터 출발하는 노선들은 〈지도 7〉에 표시하였다.

이상 해남제국과 남조국 사이의 교통로와 경계 지점에 대해 살펴보았다. 자료가 많지 않은 탓에 구체적인 교통로를 확인하지는 못하였지만, 대체적인 틀은 살펴보았다. 경계와 관련하여 주목되는 지점들은 우선 표국과 동인도 방면으로는 낙성과 안서성이었다. 낙성은 현재의 루이리[瑞麗]로 비정되며, 『만서』에서는 마사락성으로 표기되었다. 안서성은 버마의 모가웅(Mogaung)으로 비정되는데, 동인도로 향하는 노선의 최서단에 위치한 남조국의 성진이었다. 그리고 남조가 이러한 경계를 가지게 된 데는 심전(尋傳) 정벌의 역할이 컸다. 심전 지역은 토번과 남조 표국 및 인도 사이의 교역이 이루어지던 곳이었고, 여수의 금이 생산되던 곳이었다. 남조국은 이곳의 지배와 관리에 많은 노력을 기울였다. 차오프라야 강을 따라가는 교통로에서 표기된 지명 중 최남단의 것은 대은공(大銀孔, 치앙마이)이었다. 이곳까지 남조국의 지배가 미쳤는지는 확인할 수 없지만, 이곳을 인지하고 있었던 것은 분명해 보인다. 그리고 여왕국으로 향하는 교통로의 경계 지점은 베트남의 라이쩌우(Lai Chau)로 비정되는 강랑천(羌浪川)이었다. 그리고 현재의 시쌍반나 지역의 흑치 부락들을 관리하기 위해 설치된 성진들을 연

---

289) 方國瑜는 현재 윈난성의 전캉시엔(鎭康縣)으로 추정하였다(『雲南志補注』, p.88).
290) 郭聲波(2006), p.89.

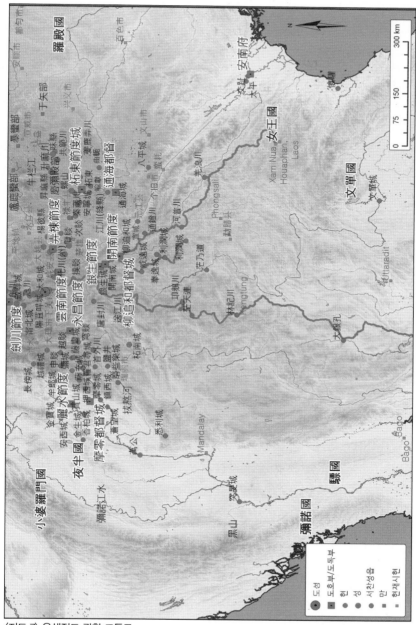

〈지도 7〉 은생절도 관할 교통로

결하는 노선의 끝에는 이윤성(利潤城)과 망내도(茫乃道)가 있었다.

6. 토번과의 교통로

주지하듯이, 7세기 초 티베트 고원에서 출현한 토번은 9세기 중엽까지 당과 함께 동아시아 세계를 양분한 강국이었다. 그리고 앞 장에서 언급했듯이, 남조국의 성장에 있어서 토번의 출현과 그 존재는 무시할 수 없는 영향을 끼쳤다. 정확히 노선이 기재된 자료는 없지만, 토번과 남조국 사이의 주요 교통로는 두 갈래로 이루어졌다고 볼 수 있다. 한 갈래는 망캉[芒康] – 데첸[德欽] – 철교(鐵橋) – 양저미성(羊苴咩城)으로 이어지는 길이다. 즉, 서이하 지역에서 바로 북쪽으로 진사쟝 강과 란창쟝 강을 따라 올라가서 라싸에 이르는 길이다. 다른 한 갈래는 차위[察隅]로부터 대설산을 지나, 까오리공산[高黎貢山] 서쪽의 마이카 강[恩梅開江; N'Mai Hka River]을 따라 영창(永昌)에 이르는 길이다.[291] 그리고 전자의 루트는 남조국이 청계관과 대도하 이남을 장악한 이후, 수주(嶲州)로부터 서쪽으로 향하여 현재의 리쟝[麗江] 지역을 거치는 노선과 만난다. 『만서』의 기사들을 통해 간단하게나마 이를 확인해 보면, 다음과 같다.

영북성(寗北城)은[292] 한대의 접유현(楪榆縣)의 동쪽 지경에 있다. 본디 성지(城池)가 없었다. 지금은 낭인조(浪人詔) 의라군(矣羅君)의 구택(舊宅)을 치소[理所]로 삼았다. 동쪽 땅(東地)에는 야공천(野共川)이[293] 있고, 북쪽 땅으로는 훼천(虺川)이[294] 있고, 다시 북쪽으로 궤천(横川)이[295] 있

---

291) 田峰(2010), p.132.
292) 寗北城은 南詔의 寧北節度의 주둔지였다. '史爲樂'은 雲南 洱源縣 東南 20里의 中所村 東쪽으로 비정하였으며, '고금지명'도 크게 다르지 않다. 方國瑜 또한 中所村을 비정하였다(『雲南志補注』, p.84 주1).
293) 野共川에 대하여 '史爲樂'은 雲南의 鶴慶壩子로 비정하였다. 그리고 方國瑜는 姜邑壩 즉 鶴慶 남부와 鄧川이 교접한 곳으로 비정하였다(『雲南志補注』, p.85 주2).
294) 虺川에 대하여 方國瑜는 寗北城 북쪽 牛街三營壩(牛街鄕)로 추정하였다(『雲南志補注』, p.85 주3).
295) 横川에 대하여 方國瑜는 寧北城 즉 牛街三營壩의 북쪽 松桂壩(松桂鎭)로 추정하였다(『雲南志補注』, p.85 주3).

고, 또 다시 북쪽으로 낭사천(郎娑川)이[296] 있고, 또 다시 북쪽으로 상천
(桑川)이[297] 있으니, 곧 철교성[298] 북쪽의 구탐천(九賧川)에[299] 이른다.
다시 서북쪽으로 나미천(羅眉川)이[300] 있다. 다시 서쪽으로 모랑공성(牟
郎共城)이[301] 있다. 다시 서쪽으로 방미잠성(傍彌潛城)에[302] 이르는데,
염정이 있다. 염정 서쪽에 염심성(斂尋城)이[303] 있다. 모두 시만과 순만
부락이 지금 거주하는 땅이다. 다시 서북쪽으로 율재성(聿賫城)에[304] 이
르고, 다시 서북으로 농시천(弄視川)에[305] 이른다.[306]

〈지도 8-1〉과 〈지도 8-2〉에 보이듯이, 양저미성을 출발한 이 교통로
는 대리성과 용구성, 등천성을 거쳐 영북성에 이르게 된다. 그리고 영북
성 →검천성 → 염심성 → 철교성 → 율재성 → 라사로 이어지는 교통로가
이어진다. 이 노선에서 경계와 관련하여 가장 주목되는 지점은 역시 철교성
이다. 『만서』 따르면, 철교성은 검천(劍川) 북쪽 3일의 일정 거리에 있는데,
본디 토번이 설치한 것이었다. 794년[唐 德宗 貞元 10年]에 당과의 결맹을
결정한 남조국 이모심(異牟尋)의 군대가 기습 공격하여 동과 서 두 성을 깨
뜨리고, 철교를 끊었다. 그리고 서성에 군대를 두어 지키게 하고, 탕랑([湯]
浪), 가맹(加萌), 어랑(於浪), 전연(傳兗), 장곤(長褌), 마사(磨些), 박자(撲

---

296) 郎娑(婆)川에 대하여 方國瑜는 鶴慶壩로 추정하였다(『雲南志補注』, p.85 주3).

297) 桑川에 대하여 方國瑜는 三賧(현재의 麗江)으로 추정하였다(『雲南志補注』, p.85 주4).

298) 鐵橋城은 西城과 東城으로 구성되어 있는데, '史爲樂'은 '서성'을 雲南 維西傈僳族自治縣의 동북 모퉁이 金
沙江 서안의 塔城鎭 附近에, 동성은 雲南 中甸縣 西南 모퉁이, 金沙江 동안 春讀 북쪽 5킬로미터 위치로
비정하였다. 方國瑜의 비정도 크게 다르지 않았다. 다만, 동성의 경우 강과 가까이 있었던 것은 아니라고
하여, 中甸縣에 비정하였다. 『雲南志補注』, pp.86~87).

299) 九賧川에 대하여 '史爲樂'은 雲南省 玉龍納西族自治縣 서북쪽의 巨甸으로 비정하였다. 方國瑜 또한 巨甸으
로 추정하였다(『雲南志補注』, p.85 주4).

300) 羅眉川에 대하여 '史爲樂'은 雲南 蘭坪白族普米族自治縣으로 비정하였다.

301) 牟郎共城에 대하여, '史爲樂'과 '고금지명'은 雲南의 蘭坪白族普米族自治縣 경내로 비정하였다. 方國瑜는 蘭坪
白族普米族自治縣의 서쪽 25킬로미터 지점 瀾滄江변의 營盤街로 비정하였다(『雲南志補注』, p.85 주5).

302) 傍彌潛城은 '史爲樂'에서 雲南 劍川縣 서남쪽 36킬로미터 위치의 彌沙에 비정하였다. 方國瑜도 마찬가지였
다(『雲南志補注』, p.85 주6).

303) 斂尋城에 대하여 '史爲樂'은 雲南 維西傈僳族自治縣 경내로 비정하였다.

304) 聿賫城에 관하여, '史爲樂'은 雲南 德欽縣 남쪽으로 비정하고, 方國瑜는 維西縣으로 비정하였다(『雲南志補
注』, p.86). 철교성의 위치로 보건대, '史爲樂'의 주장이 사실에 가깝다고 판단된다.

305) 方國瑜는 弄視川을 현재의 弄子欄鎭에 비정하였다(『雲南志補注』卷6「雲南城鎭」, p.86).

306) 『雲南志補注』卷6「雲南城鎭」, p.84.

子), 하인(河人), 농동(弄楝) 등 10여 종을 관할하게 하였다.[307] 이와 같이, 적어도 794년 이후에는 철교성이 남조국과 토번 사이에 중요한 군사적 경계가 되었음을 알 수 있다. 그리고『신당서』「남조전」에서도 남조국의 강역을 표시하면서, '철교'의 남쪽이라 명시하여,[308] 철교가 토번과 남조의 경계에 있어서 중요한 의미를 가지고 있음을 시사하고 있다.

철교 다음으로 주목되는 것이 검천과 노수(瀘水)이다. 검천은 남조국이 검천절도를 설치한 중진이었지만, 남조가 얼하이 지역을 통일해 가는 과정에는 남조국과의 투쟁에서 밀려난 서이하만들이 거쳐 가는 얼하이 지역의 변방이었다. 그리고 늘 토번 세력과 연결된 곳이었다. 그리고 검천에서도 쫓겨난 세력들이 택하게 되는 피난처는 노수 즉 금사강의 북쪽이었다. 따라서 노수는 자연스럽게 서이하 지역을 평정하고 검천을 장악한 남조국과 남조에 의해 밀려나 토번에 의탁한 세력 사이의 정치적·군사적 경계가 되었다. 남조국이 토번의 철교성을 깨드리고 철교를 끊은 뒤에도 동성은 버려두고, 서성에만 군대를 주둔시킨 것도 노수를 자연스러운 방어선으로 삼으려 했기 때문일 것이다.

곤명성에 이르는 길과 주변 성진(城鎭)에 대하여『만서』에서는 다음과 같이 적고 있다.

곤명성(昆明城)은[309] 동로(東瀘)의 서쪽에 있고, 용구(龍口)를 떠나 16일의 일정이다. 정북쪽에 휘저천(諱苴川)이[310] 있고, 정남쪽으로는 송외성(松外城)에[311] 이르는데, 다시 정남쪽으로 용겁하(龍怯河)에[312] 이르고, 서남쪽으로 소파성(小婆城)에[313] 이르며, 다시 서남쪽으로 대파성(大婆

---

307)『雲南志補注』卷6「雲南城鎭」, p.86.
308)『新唐書』卷222上「南蠻」上「南詔」上, p.6267.
309) 昆明城은 唐의 昆明縣이 설치되었던 곳이다. '史爲樂'은 四川 鹽源縣으로 비정하고, 一說에 鹽源縣 동북의 衛城으로 보는 설도 있다고 소개하였다.
310) 諱苴川에 관하여 方國瑜는 鹽源縣 북부의 瓜別, 古柏樹 지역으로 추정하였다(『雲南志補注』, p.87, 주1).
311) 松外城은 현재의 四川 鹽邊縣 서북부에 비정된다.
312) 龍怯河에 대하여 '史爲樂'은 쓰촨성[四川省] 옌볜시엔[鹽邊縣]를 지나는 雅礱江의 支流 永興河로 비정하였다.
313) 小婆城에 대하여 '史爲樂'은 雲南省 寧蒗彝族自治縣으로 비정하였다. 方國瑜 또한 蒗蕖(寧蒗彝族自治縣)

城)에[314) 이르고, 서북쪽으로 삼탐람성(三探覽城)에[315) 이르며, 다시 서북쪽으로 철교성에 이른다. 그 철교 상하 및 곤명(昆明)과 쌍사(雙舍)에서[316) 송외 이동에 이르기까지, 곁에 노수(瀘水)를 가까이 하는데, 모두 마사(磨些) 종락(種落)이 거주하는 땅이다.[317)

곤명성은 소금의 산지로 이 지역에 거주하는 동만(東蠻)과 마사만(磨些蠻) 제번 부락들의 생명이 달린 곳이었으며, 당과 토번 남조 삼국이 쟁탈전을 벌인 전략적 요충지였다. 북주(北周) 시기에 정작진(定莋鎮)을 설치하였는데, 619년[唐 武德 2年]에 진을 곤명현(昆明縣)으로 바꾸었다.[318) 그리고 이곳에 곤명군(軍)이 두어졌다. 이후 안록산의 난 발발, 남조와 토번의 결맹을 거치면서, 757년에 토번이 점령하여 편입시켰다. 이후『만서』권7에서 기록하고 있는 바와 같이 795년에 남조국이 토번을 공격하여 점령하였다.『만서』에서는 이후 계속 남조국이 곤명성을 점령하고 있는 듯이 적고 있지만,[319) 사실은 중간에 다시 토번의 땅이 되었다. 그리고 당의 서천절도사 위고가 수차례 대규모의 전쟁을 거쳐 801년에야 다시 빼앗았다. 그러나 9세기 초 남조와 당의 관계가 악화된 뒤, 남조국의 수중에 넘어갔고,『만서』에서 적고 있는 바와 같이 남조국의 관리들이 곤명성의 소금을 관리하게 되었다. 위 기사에 보이는 지명들은 모두 〈지도 8-2〉에 표기하였다.

으로 추정하였다(『雲南志補注』, p.87 주2).

314) 大婆城에 관하여, '史爲樂'은 雲南省 玉龍納西族自治縣 북쪽, 金沙江 동안의 舍可 부근으로 비정하였고, 永勝縣으로 보는 설도 있다고 소개하였다. 方國瑜는 永勝縣으로 추정하였다(『雲南志補注』, p.87 주2).

315) 三探覽城에 대하여 '史爲樂'은 雲南 寧蒗彝族自治縣 북쪽 60킬로미터 지점의 永寧으로 추정하였다. 方國瑜도 마찬가지로 永寧으로 추정하였다(『雲南志補注』, p.87 주2).

316) 雙舍에 대하여 '史爲樂'은 四川省 鹽邊縣 동쪽으로 비정하였다.

317) 『雲南志補注』卷6「雲南城鎮」, p.87.

318) 『舊唐書』卷41「地理」4, p.1698.

319) "곤명성에 큰 염지(鹽池)가 있는데, 자주 토번에 함락되었다. 蕃中에서는 소금 굽는 법[煮法]을 알지 못하여, 소금 연못의 물[鹹池水]을 시(柴)나무에 적신 뒤 시나무를 태워서 재로 만들고, 재위에서 소금을 훑어 얻었다. 정원(貞元) 10년(794) 봄에 남조국이 곤명성을 수복하였고, 지금 염지는 남조국에 속하며, 만관(蠻官)이 소금을 굽는데, 중국의 방법(漢法)과 같다. 동만(東蠻)과 마사만(磨些蠻) 제번(諸蕃) 부락은 용구하수(龍佉河水)를 함께 먹는데, 그 가운데 염정(鹽井)이 두 곳 있다."(『雲南志補注』卷7「雲南管內物產」, pp.101-102).

이상 간단하게나마 남조국과 토번 사이의 교통로와 경계 지점에 관하여 살펴보았다. 그 경계는 다른 지역과 마찬가지로, 남조국의 성쇠에 따라, 또 토번과의 관계에 따라 변하였다. 다만 안정적인 경계는 대체로 노수를 따라 형성된 것으로 보인다. 그리고 이 노수 연변에는 다양한 인간 집단과 정치체들이 거주하였다. 이를테면, 탕랑, 가맹, 어랑, 전연, 장곤, 마사, 박자, 하인, 농동 등의 부락으로부터 시만과 순만 부락, 그리고 마사 종락과 동만에 이르기 까지 많은 부락들이 거주하였다. 이들은 이전부터 거기에서 살던 이들도 있었지만, 남조국에 의해 옮겨진 집단도 있었다. 이들과 관련된 이야기들, 그리고 이들과 남조국과의 관계와 그 특징은 뒤에 장을 바꾸어 다시 논하게 될 것이다.

그리고 『만서』에서는 남조국과 토번이 간접적으로 만나는 장소와 루트를 하나 더 소개하고 있다. 다름 아닌 남조국이 심전만을 정벌하고 광탕성(廣蕩城)을 설치한 대탐(大賧)이라는 곳과 앞서 언급한 차위로부터 대설산을 지나, 까오리공산 서쪽의 마이카 강을 따라 영창에 이르는 길이다. "다시 금보성을 지나 북쪽에 대탐이[320] 있는데, 주위가 백여 리이고, 모두 야만(野蠻)이며, 군장이 없다. …… 왕왕 토번이 [대]탐에 이르러 교역하는데, 말하기를 이 산에 길이 있고, 찬보(贊普)의 아장(牙帳)과 거리가 멀지 않다고 한다."[321] 대탐이 있었던 곳으로 비정되는 캄티롱(Hkamti Long)은 거대한 황금의 땅이라는 의미를 가지고 있다고 한다. 역시 이곳도 여수의 금과 연관이 있다. 소금과 황금으로 대표되는 '상품'과 교통로, 그리고 국가의 관계에 관하여도 생각해 볼 것이다.

이상 도론에서 밝힌 대로 남조국을 중심으로 하는 교통로를 살펴보았

---

[320] 大賧에 대하여 '史爲樂'은 廣蕩城이 설치된 푸타오(Putao)를 둘러싼 캄티롱(Hkamti Long) 일대로 비정하였다.
[321] 『雲南志補注』卷2「山川江源」, pp. 21~22.

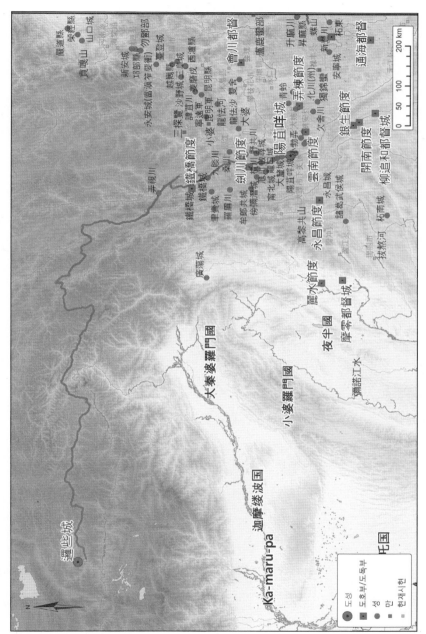

〈지도 8-1〉 남조 · 토번 교통로

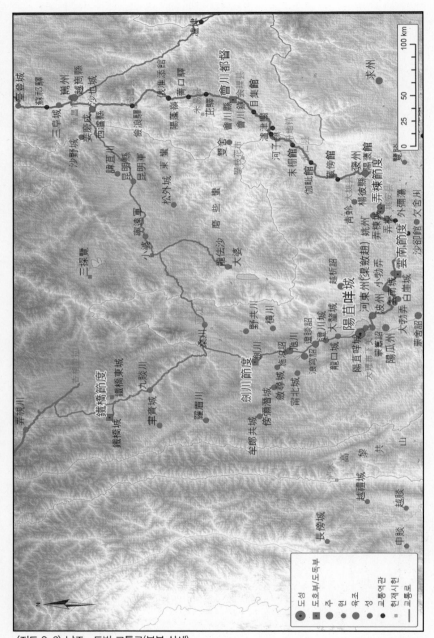

〈지도 8-2〉 남조·토번 교통로(부분 상세)

다. 이 장의 목적은 두 가지였다. 하나는 이 연구 과제의 본디 주제대로 남조국의 강역과 경계의 기본적 틀을 확인하는 데 있었다. 그리고 다른 하나는 이 강역과 경계가 가진 문제성의 단초를 드러내 보이는 데에 있었다. 우선 간선 교통로는 쓰촨성 방면으로 연결되는 '청계관도'와 '석문도', 구이저우성 방면으로 연결되는 '장가·검중도', 지금의 베트남 하노이로 연결되는 '전월교통로', 동남아 방면으로는 버마를 거쳐 동인도로 이어지는 '표·천축도'와 동남아 해상 루트로 이어지는 은생절도제로(銀生節度諸路), 티베트 고원과 연결되는 교통로가 존재하였다. 각 교통로별로 그 노선을 확인한 뒤에 표와 지도로 정리하였으며, 각 노선 상에서 경계와 관련되어 주목되는 지점들을 확인하였다. 아울러 그 경계상에 존재하는 인간 집단들의 대강을 확인하였다.

먼저, 청계관도에서 주목되는 지점은 청계관과 대도하, 그리고 아회령과 노수였다. 전자는 9세기 중반 이후 남조 국가의 팽창과 함께 주된 경계 지점이 되었던 곳이다. 특히 대도하는 토번과 당 그리고 남조의 세력이 부딪히는 각축장이 되었다. 그리고 청계관은 이 대도하 선을 보호하기 위한 전초기지의 역할을 하였다. 아회령은 천보전쟁 이후, 756년 남조국이 토번과 결맹하여 노수(瀘水) 이북으로 진격하여 회천(會川)을 차지하고 수주(嶲州)를 함락하였을 때, 토번과의 사이에 만들어진 경계이다. 이것이 794년 남조국과 당의 회맹 이후에도 계속 이어진 것으로 보인다. 이 경계는 8세기 중반부터 9세기 초·중반 대도하가 주요 경계선이 되기 전까지의 남조국과 당 제국 사이의 경계를 대표한다. 여기에서 문제는 『만서』의 저자인 번작이 경계선이 대도하선으로 올라간 이후에도 왜 여전히 아회령을 만과 한의 경계로 지정하고 있는가이다. 단순한 오기일 수도 있겠으나, 이는 번작의 신분 그리고 당시 국가 사이의 결맹의 성격 등의 문제와 관련하여 더 따져 볼 필요가 있는 문제이다.

노수는 많은 산천이 그러하듯이 오래도록 운남 지역에서 경계의 역할을 하였다. 앞서 살펴보았듯이, 토번과의 경계 역할도 하였고, 청계관도에서는 중국 국가와의 경계 역할을 하는 경우가 많았다. 제갈량의 군대를 맞이했던 옹개(雍闓)나 맹획(孟獲), 사만세(史萬歲)의 군대를 맞이해야 했던 서찬의 찬완(爨翫), 그리고 천보전쟁 때 당군을 맞이했던 남조국의 각라봉에게 적군이 노수를 건너는 것은 직접적 전쟁의 개시를 의미했다. 이러한 역사의 축적은 당시 사람들에게 노수를 현실의 군사적 경계와 무관한 심리적 경계로 만들었던 것 같다. 가탐(賈耽)이 막북에 비견하여 언급한 '노남(瀘南)'이라는 표현의 유행은 이를 반영한다. 이때 '노남'은 남조국을 의미하는데, 구체적 국가로서의 남조국이라기보다는 노수 남쪽의 공간과 세력들을 대표하는 추상화된 존재로서의 남조국이었을 것이다. 이는 또 다른 차원 혹은 범주의 경계 개념을 보여 준다.

석문관도에서 주목했던 지점은 노망(魯望)과 용화성(龍和城)이었다. 전자는 당의 관할 지역과 남조국의 관할 지역의 경계에 해당하고, 후자는 남조국 내에서 자동절도 지역과 농동절도 지역 사이의 경계를 대변한다. 그리고 양자는 멸망 직전 서찬국의 범주를 대표하기도 한다. 즉 노망은 동찬오만의 북단이고, 용화성은 서찬백만 범주의 서단이었다. 그리고 후자의 경우는 남조-대리 국가에서 백만과 오만을 가르는 경계로 발전하였다. 그런데 사실 이 경계는 과거 삼국 시대 건녕군과 운남군을 가르는 경계였으며, 또 더 올라가면 전국과 수, 곤명 집단의 경계이기도 하였다. 이 또한 경계의 역사성에 대해 숙고하게 하는 또 하나의 사례이다. 그리고 이 노선에서는 당과 남조 사이에 큰 전투가 없었고, 노망을 경계로 한 분계도 오래도록 지켜진 것으로 보이는데, 그 원인에 대하여도 다음에서 자세히 살펴볼 것이다.

'장가·검중도'의 노선에 관하여는 기존 사료에 명확한 노정이 기재되어 있지 않기 때문에, 옌껑왕(嚴耕望)의 작업을 토대로 그 노선을 따져 보았다. 노선 자체는 옌껑왕의 작업을 그대로 받아들였지만, 장주와 충주의 위치 등 장가국과 나전국의 위치와 관련된 부분은 다른 연구들을 참조하여 수정하였다. 사실 이 교통로는 당 제국과의 왕래에 거의 사용되지 않은 것 같다. 당 측의 사자가 이 통로를 통해 남조국에 들어왔다는 기록도 없을 뿐더러, 남조와 당의 전쟁에서도 이 통로는 거의 사용되지 않았다. 오히려 이 노선은 남조국과 이들 장가제만 사이의 교통로로 이용된 것으로 보인다. 그래서 더욱 기록이 없을 것이다. 이 노선에서 남조국과 장가국, 곤명국, 나전국과의 경계 지점은 명확하게 잡히지는 않는다. 다만, 이 노선에서 주목되는 점은 여러 장가만들과 그들의 '국(國)'이다. 구체적으로는 기미주와 '만인' 부락과 '국'의 관계 문제이다. 이들과 관련된 장에서는 이 '국' 문제에 천착해 보고자 한다. 사실 당 제국과 경계한 지역에서는 모두 이것이 문제가 된다.

보두로로 대표되는 전월교통로에서 주목된 지점은 보두(步頭)와 고용보(古湧步)였다. 보두는 천보전쟁 이전, 그리고 고용보는 854년 무렵까지의 남조국과 당 사이의 경계를 대표하였다. 보두는 당 제국이 남중 지역을 군사적으로 보호하기 위해 설치한 군사 교통의 요지였다. 즉 유사시 안남으로부터 군대를 신속하게 이동시키기 위해 수로를 최대한 연장한 지점이었다. 그리고 이 보두로부터 안녕을 거쳐 수주로 이어지는 교통로의 개척은 서찬국 제찬만의 불만과 소동을 초래하였고, 이를 계기로 서찬국은 남조국에 의해 멸망하였다. 보두로 개척은 한 무제 시기 남월 공략을 위한 장가도의 개척을 목적으로 서남이 지역에 진출하기 시작했던 것과 비교하면, 상당한 변화인 셈이다. 어쨌든 이 보두로는 가탐이 말한 '안남천축도(安南通天竺道)의 일부를 구성하였다.

이 노선에서 주목되는 또 하나의 대상은 역시 수많은 기미주들과 만이 부락들이다. 당 제국이 안남도호부의 운영과 유지에 매우 적극적이었지만, 역시 그 공간을 채우고 있는 것은 '한인'들이 아니라, '만인'과 '요인'들이었다. 이들과 남조국, 그리고 이들과 당과의 관계, 관계의 형태 등을 분석하는 것도 다음 관련 장에서 수행해야 할 과제이다. 854년 이후 서원만의 이반, 남조국과 서원만 등의 결맹, 남조국의 안남 침입으로 이어지는 일련의 사건들은 안남도호부가 남조에 함락되는 사태까지 초래하였다. 그리고 이러한 사태는『신당서』「남만전」의 찬자가 "당이 쇠약해짐에 미쳐서, 서원(西原)과 황동(黃洞)이 이어서 변방의 해가 된 것이 백여 년이나 된다. (당조가) 그 멸망에 이른 것은 남조 때문이다."라고 적을 정도로 후세인들에게 깊은 인상을 남겼다.

'해남제국'들과의 교통로에서는 두 부분으로 나누어 살펴보았다. 하나는 남조국의 영창 지역으로부터 표국으로 대표되는 버마 지역을 통과하여 동인도로 가는 두 개의 노선이이다. 다른 하나는 기록이 많지는 않지만, 베트남 중부 해안, 태국의 시암 만, 그리고 버마의 남부 해안으로 이어지는 교통로들의 존재를 확인하는 것이었다. 전자 부분에서 특히 주목한 것은 심전만 지역을 정벌하여 지배한 사실이다. 심전 지역은 토번과 남조국, 표국, 인도의 상인들이 모이는 교역의 요지였을 뿐 아니라, 이른바 '여수의 금'이 대량으로 생산되는 곳이었다. 남조국은 이곳을 장악하고 경영하기 위하여 많은 성진을 설치하였을 뿐만 아니라, 이 지역의 보호를 위해 전 병력의 3분의 1을 영창절도 지역에 배치하였다. 그리고 영창성으로부터 시작된 교통로는 육로를 통해 이라와디 강과 아라칸 산맥을 가로질러 동인도로 들어갔으며, 또 한 갈래의 교통로는 이라와디 강을 따라 강의 하구까지 이르렀다. 그리고 은생절도를 중심으로 형성된 후자의 교통로들도 육로는 물론 차오프라야 강과 살윈 강 등의 수로를 이용하여 바다에 닿고 있는데, 당시 활발했던 해상 교역에 참여하고자 했던 것은 아닌지 추정해 보았다.

　이 노선과 관련하여 해당 장에서는 해당 교통로가 통과하는 지역들에 관한 자료들을 분석하는 것은 물론, 좀 더 범위를 넓혀서 인도와 동남아시아 해양부의 국가들까지 시야를 넓혀 보고자 한다. 이를 통해 남조국의 성립과 성장 원인을 보다 복합적으로 설명할 수 있으리라 생각한다. 즉 기존의 중국과 티베트의 영향이라는 남조국의 성립에 관한 해석과 설명에 더하여, 인도와 동남아시아와의 연결과 그로 인해 전달된 변화의 파장들도 규명되어야 할 것이다.

　그리고 간단하게나마 남조국과 토번 사이의 교통로와 경계 지점에 관하여도 살펴보았다. 주로 눈에 띄는 것은 철교성과 곤명성 그리고 노수였다. 사실 철교성과 곤명성도 결국 노수와 연동된 것이라 할 수 있다. 이 노수 연변에는 다양한 인간 집단과 정치체들이 거주하였다. 이를테면, 탕랑, 가맹, 어랑, 전연, 장곤, 마사, 박자, 하인, 농동 등의 부락으로부터 시만과 순만 부락, 그리고 마사 종락과 동만에 이르기 까지 많은 부락들이 거주하였다. 이들은 이전부터 거기에서 살던 이들도 있었지만, 남조국에 의해 옮겨진 집단도 있었다. 이들과 관련된 이야기들, 그리고 토번과 남조국이 교역을 위해 만났던 또 다른 장소였던 '대탐'에 대하여도 언급하였다. 대탐이 있었던 곳의 현재 명칭은 캄티롱(Hkamti Long)인데, 이는 거대한 황금의 땅이라는 의미를 가지고 있다고 한다. 역시 이곳도 여수의 금과 연관이 있다. 소금과 황금으로 대표되는 '상품'과 교통로, 그리고 국가의 관계에 관하여도 생각해 볼 것이다.

　이상 앞서 살핀 교통로들에 관하여 요약해 보았다. 길의 속성은 분절이 아니라 연속일 것이다. 이어지지 않는 길은 그 의미가 사라지거나 축소될 수밖에 없다. 그리고 앞서 살펴보았듯이 길은 수많은 인간 집단들을 연결하고 있다. 그런 의미에서 길은 공간들의 연쇄망이라고 할 수도 있을 것이다. 앞서 잠시 언급했듯이, 이러한 공간의 연쇄망에 얽힌 국가들의 구성과 성쇠 그리고 그것이 의미하는 바가 무엇인지를 확인하는 것이 이 연구의 궁극적인 목적이다. 특히 남조국은 중국 제국의 변방, 동아시아 세계의 끝에 위치한 산간 지역에서 갑자기 등장한 강력한 고대 국가였다. 8세기 중반에 남조국이 갑자기 흥기한 원인과 그 국가의 구성을 좀 더 복합적으로 분석한다면, 이러한 문제에 대한 답으로서 좋은 사례를 제공하리라 생각한다.

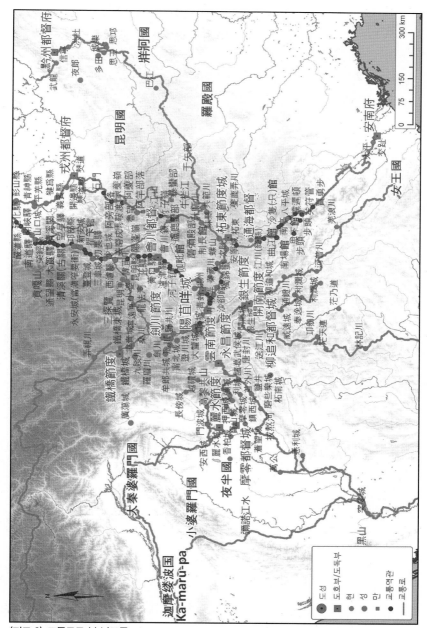

〈지도 9〉 교통로로 본 남조국

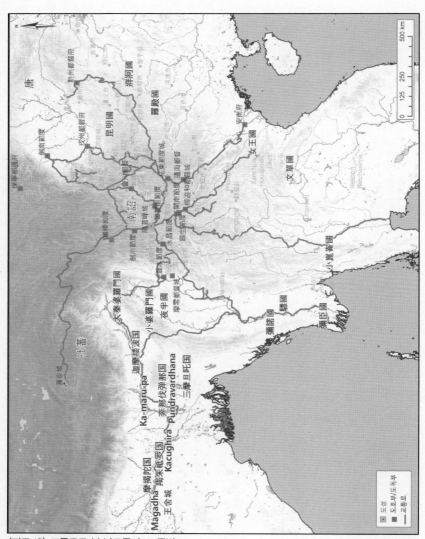

〈지도 10〉 교통로로 본 남조국과 그 주변

Ⅲ

남조국과 당 제국 사이

III

남조국과 당 제국 사이

이 장에서는 당 제국과 남조국 사이의 경계 문제를 살펴볼 것이다. 사실 당 제국의 역사와 남조국의 역사는 시공간적으로 겹치는 부분이 많다. 물론 당 제국이 '운남' 지역에서 진시황이 제시한 '제국' 개념에 충실한 지배를 구현하지는 못 했지만, '운남'은 상당 기간 동안 당 제국의 행정적, 군사적, 외교적 지배 아래 있었다. 그리고 실선으로 분명하게 표시하는 것은 곤란하지만, 둘 사이에 엄연히 경계들이 존재하였다. 그 경계는 시간의 변화와 정세의 변화에 따라 바뀌었을 뿐 아니라, 중첩적으로 존재하였다. 이 공간에서 제국 지배망의 결절점 역할을 한 것은 주[혹은 군]와 현과 같은 지방 행정 기관이었다. 그리고 그 주는 정주(正州)와 기미주(羈縻州)로 구분되었다. 앞서 1장에서 살펴보았듯이, 초기의 남조국 또한 작은 기미주의 하나로서 당 제국이 구성한 세계 질서에 접속하였다.

남조국이 서찬국(西爨國)을 멸망시키고 당과의 전쟁을 통해 '남중' 지역을 배타적으로 장악하기 이전, 당 제국은 운남 지역을 주현 등의 행정 기관을 통해 지배하였다. 이 행정 기관은 앞서 언급한 바와 같이 정주와 기미주로 구분되었다. 기미부주 제도는[322] 주지하는 바와 같이, '도독' '자

---

322) '羈縻府州'에 관하여는 학자들 사이에 견해가 일치하지 않는 부분이 있다. 가장 큰 차이는 '기미부주'를 '羈縻政策' 자체로 인식하느냐, '기미 정책'의 발현 양식의 하나로 이해하느냐의 문제로 보인다. 이 차이는 역

사' '현령' 등 각급 지방 행정 기구의 장관직을 현지 선주민 집단의 수령에게 제수하고, 이의 세습을 허락함으로써 선주민 집단의 자치를 허용하면서도, 그들의 정치체들을 제국의 질서 안에 묶어 두는 간접적 통치 제도이다. 그리고 이 기미부주의 존재 형태는 일률적이지 않았다. 형식논리상으로는 발해와 신라 같은 국가도 기미부주에 포함되었으며, 각각의 기미주들은 그 크기와 자치의 정도에서 많은 편차를 보였다. 결국 한 제국 시기 변군적 지배 안에서 책봉 조공 관계를 가졌던 '속국' 같은 유형들과 군현적 지배 밖에서 책봉 조공 관계만 유지했던 정치체들의 유형이 당대에는 모두 '기미부주' 체제에 포섭되었던 것이다. [323]

기미주와 달리, 정주는 제국의 중앙에서 그 장관을 파견하는 행정 기관이었다. 정주의 설치 지역을 당의 영역 범주로 설정하는 연구도 있지만, [324] 사정은 그렇게 간단해 보이지 않는다. [325] 우선, 본문에서도 살펴보겠지만, 정주와 기미주는 고정된 구분이 아니었다. 선주민 집단과 제국 사이의 관계 변화에 따라, 혹은 제국의 역량 변화에 따라, 기미주가 정주로

사를 이해하는 데 있어서 매우 큰 인식의 차이를 가져온다. 전자로 인식할 경우, 기미 정책이라는 것은 唐代 특유의 변경 지배 정책으로 당 초기에 시작되어서 중반기 藩鎭體制의 등장과 함께 파국을 맞게 된다(栗原益南(1979, pp.152-153.). 그러나 후자의 경우는 '기미'란 漢代이래 중국이 가진 일관된 對外政策의 기조이고, 당대의 기미부주는 그 정책이 제도화된 한 형태로 이해하며, 책봉 조공 체제의 한 양식이라고 주장한다(金翰奎, 1998, 「古代 東아시아 世界秩序의 構造的 特性」, 『東아시아史上의 國際關係』, 제17회 東洋史學會 冬季學術討論會 요지문, p.14; 김한규, 2005, pp.34-36). 필자는 기본적으로 후자의 인식이 합리적이라 생각한다. 이런 이해를 통하지 않으면 '安史의 亂' 이후 번진 체제가 자리를 잡은 뒤에도 유지되거나 새롭게 설치되는 '기미주현'의 존재를 논리적으로 설명할 수 없기 때문이다. 기미부주 정책의 파정과 기미 정책의 파탄은 같은 말이 아니다.

323) 김한규(2000), pp.296-298.
324) 김종섭(2009).
325) 앞의 각주에서 살펴본 '기미부주'에 관한 인식 문제와는 다른 측면에서 검토할 문제가 있다. '기미부주'가 설치된 지역이 '中國'의 일부인가 아닌가 하는 문제이다. 바꾸어 말하면 기미부주를 대외 정책의 하나로 볼 것인가, 아니면 대내 정책 즉 중국 내 변경 정책으로 볼 것인가의 문제이기도 하다. 앞 주에서 전자의 경우는 기미부주를 변경 정책으로 이해하였으며, 후자는 대외 정책의 하나로 이해하였다. 또 어떤 중국인 학자는 당 전기 운남의 기미주 문제를 다루면서, '기미부주는 결코 오고 가는 것이 定하여지지 않은 "華外之邦"이 아니다.'라 말하고, 南詔 정권 또한 '하나의 큰 기미부주'라고 주장하였다(林超民, 1986). 이러한 이해의 차이는 '중국' 개념에 대한 인식의 차이에서 비롯한 것으로 보인다. 김한규는 '중국' 개념을 한이나 당과 같은 국가 개념으로부터 분리하여 '역사공동체' 개념으로 정의한다. 그리고 동아시아 세계 내의 질서를 복수 '역사공동체' 사이의 관계로 이해한다(김한규, 2005, p.16-17; 金翰奎, 「歷史上'遼東'槪念과 '中國史'範疇」, 『吉玄益敎授停年紀念史學論叢』, 삼진출판사, 1996; 金翰奎, 「우리나라의 이름-'東國'과 '海東'및 '三韓'의 槪念-」, 『李基白先生古稀記念論叢』下, 일조각, 1994). 따라서 기미부주 또한 '중국'이라는 '역사

'승급'하기도 하고, 정주가 기미주로 '강등'되기도 하였다. 그리고 정주와 기미주의 경계는 '제국' 내 행정적 구분에 불과할 뿐, 그것이 바로 '중국'과 비'중국'의 경계로 치환될 수는 없었다. 한대의 변군과 내군의 관계처럼 명현하게 드러나지는 않았지만, 당시 사람들이 변경 지역에 설치된 정주에 대해 '중국'으로 인식하였는지는 별개의 문제이기 때문이다. '변경' 지역에 설치된 정주의 경우, 통치의 형태나 주민 구성에 있어서 보다 복잡한 모양을 지녔고, 대부분은 '중국'으로 인식되지 않았다. 물론 정주와 기미주 모두 '제국'에 속해 있었다. 다만, '중국'에의 귀속과 '제국'에의 귀속은 별개의 문제였다.

『신당서』와 『구당서』「지리지」를 보면, 운남 및 당 제국과의 경계 지역은 기미주현을 포함한 당 제국의 지방 행정 기구들로 **빽빽**하게 채워져 있는 듯이 보인다. 그리고 이러한 구성은 정주와 기미주를 양극의 대척점에 있는 존재로 보이게 만들었다. 그러나 「외이전」을 비롯한 정사의 다른 부분들은 이 '장소'에 정주와 기미주만 존재하지는 않았음을 잘 보여 준다. 이 공간의 많은 부분들은 당 제국과 제도적 관계를 맺지 않은 선주민 집단들에 의해 채워져 있었다. 이들은 '숙이(熟夷)', '숙만(熟蠻)', '숙강(熟羌)', '숙료(熟獠)'와는 달리, '생(生)'이라는 수식어가 붙여져 '생이', '생만', '생강', '생료' 등으로 불렸다. 그리고 선주민 집단의 대부분은 제도적 관계 여부와 관계없이 '부(部)', '부락(部落)', '종락(種落)', '국(國)' 등으로 표현되는 정치체를 구성하고 있었다. 따라서 정확하게 말하면, 이 공간들은 정주와 기미주 그리고 당 제국의 지배가 미치지 않는 혹은 제도적 관계를 맺지 않은 집단들로 채워져 있었고, 서로 복잡하게 얽혀 있었다. 이미 널

공동체'와 非중국 '역사공동체'들 사이의 관계 양식 가운데 하나로 이해될 수 있으며, '중국'의 입장에서는 대외 정책의 한 양식이 될 것이다. 이에 비하여 기미부주를 변경 정책으로 인식하거나 중국의 일부로 인식하는 입장은 '중국'을 '중국'의 역대 왕조와 동일시한다. 따라서 어떤 형태이건 왕조의 지배력이 미치는 공간은 중국 내부로 여기는 것이며, 기미부주 또한 대내 행정 기구의 하나가 되는 것이다. 물론 이러한 인식의 차이는 관점의 차이일 뿐, 옳고 그름의 문제는 아니다. 체계적이고 공정한 역사 서술을 위하여 어느 쪽이 더 적합한지의 판단을 요구할 뿐이다.

리 주장되는 바이지만, 이것이 의미하는 바는 당 제국의 변경 지역 지배가 결국은 점과 선의 지배에 불과하였다는 것이다. 그리고 새로운 정주와 기미주현의 개척은 결국 점과 선의 연장에 지나지 않았다.

이 장에서는 위와 같은 관점에 기초하여, 남조국과 당 제국 사이의 경계가 어떻게 구성되었는지를 살펴볼 것이다. 앞 장에서 당 제국과 남조국 사이의 교통로로 '청계관도', '석문도', '장가·검중도', '보두로'를 살펴보았다. 이중 앞의 둘은 검남(劍南) 즉 현재의 쓰촨성 지역과 이어진 길인데, 이곳은 당 제국의 검남도에 속하였다. '장가·검중도'는 검중(黔中) 즉 현재의 구이저우성 지역과 연결된 교통로인데, '강남서도(江南西道)'의 '검중채방사(黔中採訪使)'의 관할 구역에 속하였다. 마지막으로, '보두로'는 안남 즉 현재의 베트남 북부 지역과 이어진 길이다. 이 교통로는 영남도(嶺南道)의 안남도호부(安南都護府)에 의해 관리되었다. 이 장에서는 이들 교통로를 중심으로 여기에 두어졌던 당 제국의 행정 기관과 그 연변에 존재하였던 종족 혹은 정치체들을 살펴보고자 한다. 그리고 이를 통하여, 남조국과 당 제국의 강역, 그리고 그들 사이에 존재한 '경계'들을 확인하고자 한다. 이는 한편으로 당시 중국적 세계 질서 곧 동아시아 세계 질서의 일면을 확인하는 작업이 될 것이다.

본문의 내용을 미리 소개하자면, 다음과 같다. 우선, 794년 이후 남조국와 당 양국 사이의 관계 전변에 관하여 간단히 정리하고자 한다. 794년 남조국은 토번과의 관계를 끊고, 당과의 결맹을 통해 책봉 조공 관계를 회복하지만, 이 관계가 끝까지 지속되지는 않았다. 배경적 이해를 위해서 양국의 정치, 외교적 관계의 전개를 간단하게나마 정리하고자 한다. 둘째, '검남도(劍南道)'를 비롯하여 '강남서도(江南西道)'의 '검중채방사(黔中採訪使)', 그리고 영남도(嶺南道)의 관할 지역으로 남조국과 경계를 접한 지역의 정주와 기미주의 분포와 성격을 살펴볼 것인데, 양자의 개념과 관계의 '역사적' 성격에 유의할 것이다. 셋째, 검남도와 검중도(검중채방사)의 제료(諸獠)와 제만(諸蠻)의 존재 형태를 살펴볼 것이다. 넷째로, 남조국의 동남쪽으로 경계를 맞대었던 영남도(嶺南道)의 안남부와 옹관 및 계관 지역을 살펴볼 것이다. 남조국과 함께 당 제국을 괴롭혔던 서원만(西原蠻) 등의 제동만(諸洞蠻)이 주요 분석 대상이 될 것이다. 마지막으로 전쟁이 드러낸 경계와 강역의 문제를 살펴볼 것이다. 전근대 시기 중국 지식인들에 의해 당 제국의 멸망을 초래한 원인의 하나로까지 평가된 남조국과 당 사이의 전쟁은 두 국가만의 전쟁이 아니었다.

1. 794년 이후 양국 관계의 전개

794년[唐 德宗 貞元 10년]에 남조국이 당 제국에 다시 귀부한 이후 재개된 남조국과 당의 관계는 천보전쟁 이전의 그것과 많이 달랐다. 이 시기 남조국과 당의 관계는 시기적으로 크게 두 단계로 구분할 수 있다. 첫째는 지금의 운남 전역을 차지한 남조국이 검남서천절도사를 통해 중국과 관계하는 단계이다. 이 시기 남조국은 더 이상 당 제국의 기미부주에 속하지 않았지만, 기본적으로 당 황제와의 책봉 조공 관계를 유지하였다. 둘째 단계는 859년 이후의 시기인데, 남조국이 중국과의 책봉 조공 관계를 벗어나 '인적국'으로서 통교하려 노력하는 단계이다. 이전에 이루어졌던 양국의 단교와 통교에 모두 토번과의 관계가 영향을 미쳤던 것과 마찬가지로, 이번에도 토번과의 관계가 중요한 영향을 미쳤다.

검남서천절도사의 존재가 보여주는 바와 같이, 이 시기는 당 제국은 번진의 절도사를 통해 지방과 변경을 지배하였다. 이른바 '번진 체제'이다. 남조국과 당의 관계에서도 조금 색다른 존재가 등장하였는데, 바로 서천절도사가 주로 겸령하였던 '통압근계제만 및 서산팔국 운남안무사(統押近界諸蠻及西山八國雲南按撫使)'이다. 이는 남조국이 운남 지역을 아우르는

왕국으로 성장하고, 번진 체제가 등장한 이후에도 여전히 검남서천절도사 관내에 남아 있는 기미부주와 남조국을 관리하기 위한 사직(使職)으로 보인다. 고대의 중국적 세계 질서가 늘 중국 내부의 질서로부터 외부로 확연되는 형식을 띠어온 것을[326] 고려할 때, 당 제국 시기 중국 내부에서 진행된 사직의 발달과 번진 체제의 전개가 중국의 대외 관계에도 영향을 미친 결과로 추정할 수 있다.

우선, 양국 관계의 전개 과정과 관계 변화의 원인을 살펴볼 것인데, 앞서 언급한 두 단계를 순서대로 살펴볼 것이다. 그리고 '운남안무사'와 '압근계제만사' 분석을 통해 번진 체제 하에서 검남서천절도사가 주변의 만이와 기미주를 어떻게 관리하였는가를 살펴봄으로써, 기미부주 체제가 해체된 뒤의 기미주가 어떤 방식으로 제국의 질서를 유지하는 데 이용되었는지를 정리해 볼 것이다.

남조국과 당의 결맹: 책봉 조공 관계의 회복

천보전쟁 과정에서도 살펴보았듯이, 남조국과 토번의 관계는 기본적으로 군사적 동맹이었으며, 공동의 군사 행동을 통해 영토적 이익을 취하기도 하였다. 그러나 이들의 동맹이 동등한 관계를 의미하는 것은 아니었던 듯하다. 토번은 남조국의 왕을 '찬보종' '일동왕' 등에 책봉하였으며, 물적 인적 공여를 강요하고, 군사적 지배를 점차 강화해 갔다. 남조국은 중국적 세계 질서에서 벗어나, 토번을 중심으로 하는 차등적 국제 질서에 편입되었던 것이었다. 779년에, 천보전쟁의 한쪽 당사자인 각라봉이 죽고, 그의 손자로 이모심(異牟尋)이 남조국의 왕이 되었다. 이모심은 즉위하자마자, 20만의 군대를 동원하여 토번과 함께 당 제국의 검남도 남부[쓰촨 남부 지역]를 공략하기도 하였다.[327] 이후 토번은 이모심을 일동왕(日東

---

326) 金翰奎(1982), 金翰奎(1997).
327) 『新唐書』 卷7 「德宗皇帝」, p.184; 『新唐書』 卷222上, p.6272.

王)에 책봉하였고, 남조국과 토번의 동맹 관계는 지속되는 듯이 보였다.

그러나 상황이 변하기 시작했다. 『신당서』 「남만전」은 이 상황을 다음과 같이 적었다.[328] "토번이 부(賦)를 강요하는 것이 매우 많고, 그 험요지를 모두 빼앗아 군영과 초소[營候]를 세우고, 해마다 병력을 차출하여 방비를 돕게 하니, 이모심이 점차 고심하게 되었다." 이때 이모심에게 당과의 관계 회복을 설득한 사람이 본디 당 제국의 관리였던 청평관(淸平官) 정회(鄭回)였다.[329] "중국은 예의가 있어서 강제로 요구하는 것이 적습니다. 토번이 탐욕스럽고 모질기가 끝이 없는 것과는 같지 않습니다. 지금 그들(토번)을 버리고 다시 당에 귀의한다면, 멀리 변방 수비에 병력을 제공하는 수고가 없을 것이니, 이보다 이로운 것은 없을 것입니다." 그러나 이모심이 '그 말을 좋게 여겨 점차 (당에) 내부(內附)할 것을 도모하였으나, 감히 드러내지 못하였다'고 하였듯이, 왕의 결심만으로 해결될 문제는 아니었다.

이모심이 정회의 설득을 들은 것이 언제였는지는 알 수 없지만, 자신의 결심을 실행에 옮길 기회를 갖게 된 것은 검남서천절도사(劍南西川節度使) 위고의 등장에 의해서였다. 위고는 당 덕종 정원(785-804) 연간 초에 검남서천절도사에 부임한 것으로 되어 있는데,[330] 786년[정원 2년]에 절도사 위고가 표를 올려 폐지되었던 은주(殷州)를 다시 설치하였다는 기록이 있다.[331] 따라서 위고가 검남도에 부임한 것은 785년일 가능성이 많고, 늦어도 786년이었을 것이다. 이모심의 결심이 위고에게 전해진 것은 788년이었다. 이모심이 직접 사람을 보낸 것이 아니라, "제만(諸蠻)이

328) 『新唐書』 卷222上, p.6272.
329) 『新唐書』 卷222上, p.6272, "옛 西瀘令 鄭回는 唐의 관리이었는데, 이전에 巂州가 점령될 때 포로가 되었다. 閤邏鳳은 그가 惇儒임을 높이 사서 「蠻利」라 부르고 자제를 가르치도록 하였다. (가르칠 때) (자제를) 매질할 수 있도록 하였는데, 그 때문에 國中에 (그를) 두려워하지 않는 자가 없었다. 나중에 (鄭回를) 淸平官으로 삼았다."
330) 『新唐書』 卷158下 「韋皋」, p.4934.
331) 『新唐書』 卷43下 「地理」 7下 〈江南道 諸蠻〉, p.1143.

두루 이모심의 말을 얻어서 위고에게 알린" 것이었다.[332] 이 제만의 존재가 주목되는데, 이는 뒤에서 다시 다룰 것이다.

위고가 바로 첩자를 통해 이모심에게 서찰을 전달하였는데, 이모심이 자신의 조정 회의를 통해 결정을 공식화하고[定策] 3인의 사자에게 '귀부'의 뜻을 전하는 문서를 당에 전달하게 한 것이 5년 뒤인 793년이었다. 이 3인의 사자는 비밀리에 따로 출발하여, 세 갈래의 길을 잡아 성도에 이르렀다. 그리고 이들은 위고의 경호 속에 경사에 도착했다. 토번의 눈과 귀를 피하기 위한 조치였다. 결국 794년 점창산에서의 결맹(結盟)을 통해 이모심의 결심이 완전히 실행에 옮겨졌다. 이렇듯 오랜 시간이 걸리고, 일이 조심스럽게 진행된 것은 물론 토번과의 관계 때문이었다. 그리고 이모심은 결맹 직후 토번과의 관계를 돌이킬 수 없는 것으로 만드는 군사 행동을[333] 통해 당과의 '동맹'을 증명하는 절차를 거쳐야 했다.

794년 남조국의 귀부는 이와 같이 토번의 가혹한 수탈에 지친 남조국왕 이모심의 변심과 검남서천절도사 위고의 공작에 의하여 이루어졌다. 양자의 교섭 결과, 이모심의 신료와 위고의 부료(府僚) 최자시(崔佐時) 사이에 결맹 의식이 행해졌고,[334] 이듬해 당 조정으로부터의 정식 책봉이 이루어졌다.[335] 이로써 당과 남조국 사이의 책봉 조공 관계는 회복되

---

332) 『新唐書』卷222上, p.6272.

333) 『新唐書』卷222上, p.6274. "이전에 吐蕃이 回鶻과 싸웠는데, 殺傷이 심하였다. 그래서 南詔로부터 萬人을 調達하려 하였다. (이에) 異牟尋은 토번을 습격하기로 마음먹었다. 겉으로 적고 약한 척하여 五千人만 보내겠다고 하니, (토번이) 허락하였다. 곧 스스로 數萬을 이끌고 뒤를 밟았다. 밤낮으로 행군하여 神川에서 吐蕃을 대파하고 마침내 鐵橋를 끊었다. 익사한 者가 萬을 헤아렸고, 吐蕃의 5왕을 사로잡았다. 이에 (이모심은) 동생 湊羅棟과 清平官 尹仇寬 등 27인을 파견하여 地圖와 方物을 바치고 南詔라는 名號를 회복하여 줄 것을 請하였다. 황제는 하사품을 내리는데 더하여 주었고, (청평관 尹)仇寬을 左散騎常侍로 삼고 高溪郡王에 封하였다."

334) 『新唐書』卷222上, p.6274, "(異牟尋은) 눈물을 흘리며 再拜하고 命을 받들었다. (異牟尋은) 자신의 아들 合勸 및 清平官에게 佐時와 더불어 點蒼山에서 盟을 行하게 하였다. 載書는 네 개를 만들어서, 하나는 神祠의 石室에 보관하고, 하나는 西洱水에 가라앉혔으며, 하나는 祖廟에 안치하였다. 그리고 나머지 하나는 天子에게 바쳤다. 이에 병사를 동원하여 吐蕃의 사자를 죽이고, 金契를 새겨 바쳤다. (그리고) 曹長 叚南羅와 趙迦寬을 보내 佐時를 隨行하여 入朝하게 하였다."

335) 『新唐書』卷222上, p.6275, "이듬해 여름 6월에 異牟尋을 책봉하여 南詔王으로 삼았다. 祠部郎中 袁滋로 하여금 節을 가지고 正使를 兼領하게 하였고, 成都少尹 龐頎를 副使로 삼았다. 그리고 崔佐時를 判官으로 삼았다. 俱文珍을 宣慰使로 삼고, 劉幽巖을 判官으로 삼았다. (異牟尋에게) 黃金印을 내렸는데, (황금인

었다. 결맹 의식에는 이모심의 아들 합권(合勸)과 청평관 그리고 최좌시가 참여하였다. 맹약의 내용은 "자자손손 영원히 당의 신하가 되리라."는 이모심의 말에서도 추정할 수 있지만, 남조국이 외신(外臣) 내지 번신(藩臣)으로서 당에 귀부한다는 것과 서로 침범하지 않는다는 것이 주요 골자였다.[336] 여기에서 주목되는 점은 이렇듯 남조국과의 관계에 검남서천절도사가 전면에 나서고 있다는 것이다. 이는 절도사의 본래 임무를 고려하면, 결코 이상한 일이 아니다. 절도사의 직임에는 처음부터 '식알사이(式遏四夷)'의 임무가 포함되어 있었고, 검남절도사에게는 '서항토번(西抗吐蕃), 남무만료(南撫蠻獠)'의 임무가 주어져 있었다.[337]

이 시기 남조국과 당의 관계에서 남조국의 국제적 지위는 일단 한 제국 시기의 '외신'에 비견될 수 있을 것이다. 이모심이 말한 '당의 신하'를 규정하는 것은 당 황제에 의한 '남조국 왕'이라는 작(爵)의 수여와 남조국 왕의 조공 의무 밖에 없기 때문이다. 남조국 왕에게 왕작 외에 형식적으로라도 다른 관작은 주어지지 않았다. 즉 이전의 책봉 조공 관계에서처럼 남조국 왕에게 다른 산관이나 기미주 자사직 등이 제수된 흔적을 찾을 수 없다. 그러나 이 관계를 한대의 '황제-외신'의 관계와 꼭 같은 것으로 볼 수 있는지는 단정할 수 없다. 왜냐하면 아직 남조국 왕의 직접적인 파트너인 서천절도사와 그가 겸직하는 '통압근계제만 및 서산팔국운남안무사(統押近界諸蠻及西山八國雲南按撫使)'의 성격을 단정할 수 없기 때문이다. 어쨌든 이러한 당과 남조국의 관계는 859년[唐 宣宗 大中 13년]까지는 지속되었다. 다음의 기사들이 이를 잘 보여 준다.

808년[元和 3년]에 이모심(異牟尋)이 죽자, 조를 내려 태상경(太常卿)

에는) 「貞元册南詔印」이라 새겨져 있었다. (袁)滋가 大和城에 이르자, 異牟尋은 (자신의) 兄 蒙細羅勿 等을 보내어 良馬 60을 이끌고 맞이하게 하였다. ……. 이른 아침 册을 수여하는 의식이 거행되었다. …… (異牟尋이) 물러나며 다음과 같이 말하였다. '開元 · 天寶 연간에 曾祖 및 祖가 모두 册封을 입어 王爵을 이었는데, 이로부터 50年이 되었다. 貞元皇帝(德宗)가 (南詔의) 상처를 씻고 功을 인정하여 다시 爵命을 내리시니, 子子孫孫 영원히 唐의 臣下가 되리라.'"

336) 『蠻書』 卷10에는 이때의 盟誓文이 실려 있다.
337) 『舊唐書』 卷38 「地理」 1, p.1385, p.1388.

무소의(武少儀)에게 절(節)을 가지고 조제(弔祭)하게 하였다. (이모심의)
아들 심합권(尋閤勸)이 즉위하였다. 혹은 몽진(夢湊)이라고도 하며, 스스
로 「표신(驃信)」이라 칭하였다. (표신은) 이어(夷語)로 군(君)과 같은 뜻
이다. (唐憲宗은) 다시 원화인장(元和印章)을 하사하였다.[338]

816년[元和 11년] 농도절도(弄棟節度) 왕차전(王嵯巓)이 [권용성(勸龍晟)
을] 죽이고, 그 동생 권리(勸利)를 세웠다. (황제는) 조를 내려 소부소감(少
府少監) 이선(李銑)을 책립조제사(册立弔祭使)로 삼았다. 권리는 차전의 덕
을 보았으므로, (차전에게) 몽씨(夢氏) 성을 내리고 「대용(大容)」에 책봉하
였다. 만은 형을 일컬어 「용(容)」이라 한다. 823년[長慶 3年]에 비로소 (권
리에게) 인장(印章)을 내렸다.[339]

(농동절도 왕차전이) 대도하(大度河)에 이르자, 중국인들에게 말하기를, 「이
남쪽은 나의 경내이다.[340] (이 강을 건너면) 너희들은 본국을 떠나는 것이니,
마땅히 통곡해야 할 것이다.」라고 하였다. 무리가 큰소리로 울부짖으며 한탄
하였으며, 물로 뛰어들어 죽은 자가 열에 셋은 되었다. ……. 다음 해 표를
올려 죄를 청하였다. 해마다 사자가 내조하였고,[341] 개성(開成) 연간(836-
839)과 회창(會昌) 연간(841-846)에 두 번 내조하였다.[342]

첫 번째와 두 번째 기사는 남조국의 왕이 바뀔 때마다 당의 황제가 새로
운 인(印)을 지급하고 있는 모습을 보여 준다. '원화인장'은 795년에 남조
국에 내려진 '정원책남조인(貞元册南詔印)'의 예로 보건대 '원화책남조인'
이라 새겨진 황금인이었을 것이다. 세 번째 기사는 남조국의 농동절도 왕
차전(王嵯巓)이 성도(成都)를 침공한 이후에도 이러한 관계가 당분간 지
속된 것을 보여 준다. 그리고 이러한 관계를 바탕으로 남조국은 당과 함

338) 『新唐書』卷222中, p.6282.
339) 『新唐書』卷222中, p.6282.
340) 『新唐書』卷222中, p.6282. 본문에는 '此吾南境'으로 되어 있다. 그대로 풀면, '이 곳은 나의 남쪽 경계이
     다'가 된다. 그런데 中華書局本의 校勘記에 따르면, 『資治通鑑』卷244에는 '此南吾境'으로 되어 있다고 한
     다. 通鑑의 기사가 이치에 맞는다고 생각된다. 따라서 通鑑의 기사에 따라 해석하였다.
341) 『舊唐書』卷197(pp.5284~5285)에는 大和 5년(831)과 8년(834)에 사자를 보내 方物을 바쳤다고 되어 있다.
342) 『舊唐書』卷197(p.5285)에는 開城 4년(839)과 5년(840), 會昌 2년(842)에 遣使來朝하였다고 되어 있다.

께 토번에 대한 군사 작전을 벌였으며, 그 지배 영역을 확대하였다.[343] 그리하여 남조국은 현재의 윈난성 전역과 쓰촨성 남부의 대도하 이남까지를 영유하는 왕국으로 성장하였다. 이러한 모습은 남조국이 토번과 당의 긴장 관계를 잘 이용하고 있었음을 보여 준다. 남조국은 토번에 귀부하였을 때도 토번과의 공동 군사 작전을 통해 수주(嶲州) 방면으로 진출한 바 있다. 그러나 남조국과 당의 관계는 토번과 당의 관계가 안정되자, 오히려 악화되기 시작하였다. 그리고 859년[당 선종(宣宗) 대중(大中) 13년] 이후,[344] 마침내 책례(册禮)를 행하지 않았다. 추룡(酋龍)이 이에 황제를 자칭하여 국호를 대례(大禮)라 하고, 개원(開元)하여 건극(建極)이라 하였으며, 군대를 보내 파주(播州)를 함락하였다. 남조국 왕 추룡은[345] 황제를 자칭하고 당에 적국(敵國)의 예(禮)를 요구하였으며, 결국 책봉 조공 관계마저 단절되었다.

책봉 조공 관계의 종언

859년 당 선종(宣宗)과 남조국 왕 풍우(豐祐)가 우연히 동시에 사거한 뒤에 벌어진 남조국과 당의 관계 악화는 순전히 오해에 의한 것으로 보이지만,[346] 결코 우연한 사건이 아니었다. 일견 이상해 보이는 이 사건은 다음의 기사들을 보면 어느 정도 이해할 수 있다.

---

343) 『新唐書』卷222上, p.6275, "異牟尋이 吐蕃을 공격하여 다시 昆明城을 취하니, 다시 鹽池를 이용할 수 있게 되었다. 또 施蠻과 順蠻을 격파하고 그 王들을 모두 사로잡아 白厓城에 두었다. 이어서 磨些蠻을 평정하여 昆山西爨의 故地를 예속시켰으며, 茫蠻을 격파하고 弄棟蠻과 漢裳蠻을 약탈하여 雲南 東北을 다 차지하였다."

344) 『資治通鑑』에서는 859년의 정황을 다음과 같이 설명하였다. 『資治通鑑』卷249「唐紀」65〈大中13년(859) 12월조〉, p.8078, "마침 宣宗이 죽자, (南詔에) 中使를 보내 訃告하였다. 당시 南詔의 豐祐도 마침 죽어, 아들 酋龍이 즉위하였다. (풍우가) 怒하여 말하기를, '우리나라에도 喪이 났는데, 朝廷이 弔祭하지 않았다. 또 詔書에는 여전히 죽은 왕을 일삼고 있다'라고 하였다. 마침내 使者를 外館에 두고, 禮遇를 매우 薄하게 하였다. 使者가 돌아와 모두 문서로 보고하였다. 上은 酋龍이 사자를 보내 부고하지 않았고, 또 이름이 玄宗의 諱와 가깝다고 하여 마침내 册禮를 행하지 않았다. 酋龍이 이에 皇帝를 자칭하여 國號를 大禮라 하고, 開元하여 建極이라 하였으며, 군대를 보내 播州를 함락하였다."

345) 酋龍의 본디 이름은 世龍인데, 唐의 입장에서 피휘한 것이다.

346) 『新唐書』卷222中, p.6291, "南詔가 離叛한 이후로 天子가 여러 차례 使者를 보내 그 境內에 이르렀으나, 酋龍이 절하려 하지 않아, 使者가 마침내 끊어졌다. 高駢은 南詔의 풍속이 佛法을 숭상함을 알고, 승려 景仙을 보내 使者가 가는 것을 관할하게 하니, 酋龍과 그 부하들이 (경선을) 出迎하여 뵙고 또 절하였다. 이

서천(西川)에서 상주하기를, 남조국의 군대 2만 명이 경계 안으로 들어와 토번을 토벌하기를 청했다고 하였다.[347]

처음에 위고(韋皋)가 서천절도사직에 있을 때, 청계도(淸溪道)를 열어 군만(群蠻)과 통교하면서 촉을 거쳐 입공하도록 하였다. 또 군만의 자제를 선발하여 성도(成都)에 모아 두고, 글자와 수를 가르치고, 위무하여 기미하고자 하였다. 학업이 이루어지면 떠나고, 다시 다른 자제를 보내 잇도록 하였다. 이렇게 하기를 50년이 지나니, 군만의 자제로 성도에서 배우는 자가 거의 천을 헤아리는 데에 이르렀으며, 군부(軍府)에서는 그들의 비용을 대기에 크게 곤란해 하였다. 또 만의 사자가 입공할 때 그 하사받는 것을 탐내어 수종하는 사람의 수가 점차 많아졌다. 두종(杜悰)이 서천절도사가 되자, 상주하여 그 수를 줄이자고 청하니, 조정이 조를 내려 그 주청에 따랐다. 남조국의 풍우(豊祐)가 노하여 그 하동사자(賀冬使者)에게 표문을 수주(巂州)에 남겨 놓고 돌아오도록 하였다. 그리고 성도에 유학할 자제들을 선발하여 보낼 때도 그 이첩 문서가 불손하였으며, 이로부터 입공도 때를 어겼고, 변경을 시끄럽게 하는 일이 많아졌다.[348]

첫 번째 기사는 820년 남조국이 함께 토번을 치자고 당 조정에 요구하며 2만 명을 경계 안으로 들여보내 시위하였다는 내용이다. 그러나 이 당시 당은 이미 토번과 회맹을 준비하는 중이었다.[349] 두 번째 기사는 당 덕종 정원 연간에 서천절도사 위고가 남만에 행한 기미 조치의 구체적인 내용을 보여 준다. 첫째, 위고는 청계관도를 열어서 군만이 촉을 통해 중국과 교통할 수 있게 하고, 촉을 거쳐서 입공하게 하였다. 둘째, 또 위고는

에 盟約의 일을 定하고 돌아왔다. (南詔가) 淸平官 酋望 趙宗政과 質子 30인을 보냈는데, 入朝하여 盟하기를 빌고, 兄弟나 舅甥의 관계를 請하였다. 詔를 내려 景仙을 鴻臚卿·檢校左散騎常侍에 임명하였다. …… 酋龍은 화를 내다가 등창이 나서 죽었다. (僞)諡號를 景莊皇帝라고 하였다. 子 法이 位를 이었다. 貞明 承智 大同으로 개원하였으며, 스스로 大封人이라 불렀다."

347) 『資治通鑑』卷241 「唐紀」57 〈15年(820) 12月條〉, p.7787.
348) 『資治通鑑』卷249 「唐紀」65 〈大中13年(859) 12月條〉, p.8078.
349) 林謙一郎(1992)에 따르면, 821년에 당과 토번 양국은 서로 사절을 파견하여, 먼저 당의 경사 장안에서 회맹하였고, 다음 해 토번의 라사에서 다시 맹의 의식을 거행하였다. 이후 당과 토번의 화친 관계는 안정되었다.

군만의 자제를 선발하여 성도에서 글과 수를 가르치는 일을 되풀이하였다. 그런데 이 기미책이 50년간 지속되자 문제가 발생하였다. 이러한 기미책들이 서천절도사부의 재정에 곤란을 초래한 것이다. 또 위고의 이러한 기미책은 전략적으로도 위험을 초래한 것으로 평가되었다. 즉 군만의 자제들이 청계도를 통해 성도에 오가면서 촉의 요해지를 다 파악하였다는 것이다.[350] 그리고 신임 서천절도사 두종(杜悰)의 이에 대한 대책은 위 기사에서 보여주는 바와 같이 남조국과 당 관계의 균열을 초래하였다.

이상의 기사들을 정리하여 보면, 859년의 사건이 일어나기 전에 두 가지 사건이 선행하였음을 알 수 있다. 첫째로 토번과의 관계가 안정됨에 따라, 당 조정은 남조국의 토번에 대한 공동 군사 작전 요구를 거부하였다. 이는 남조국이 토번과의 전쟁을 통해 얻었을 모종의 이익을 더 이상 얻지 못하게 되었음을 의미한다. 아마도 이것이 남조국의 농동절도 왕차전에 의해 주도된 829년의 대규모 침략을 야기하였을 것이다.[351] 둘째로 당 조정은 위고와 이모심의 결맹 이후 정해진 서천절도사와 남조국을 포함한 군만 사이의 관계를 50년이 지난 시점에서 일방적으로 변경하였다. 그리고 남조국 왕 풍우는 이에 반발하여 그에 상응하는 조치를 취하였다. 이 남조국 왕 풍우가 죽자마자, 859년의 사건이 일어난 것이다. 이러한 일련의 사건은 결국 당과 토번의 관계가 안정됨에 따라 발생한 것으로 생각된다. 즉 당의 입장에서 애초 토번의 좌지(左支)를 끊을 목적으로 남조국을 비롯한 서남 지역의 제만을 적극 회유하였지만, 이제는 적극적으로 그들을 포섭할 이유가 없어진 것이다. 오히려 서남 제만을 기미하는 데 드는 비용이 부담스러워졌던 것이다.

두 번째 기사에서는 서천절도사의 군만에 대한 조치들이 '기미'라는 말로 표현됨을 볼 수 있다. 그리고 이러한 기미에 입각한 조치의 구체적인

---

350) 『新唐書』 卷215上 「突厥」 上 〈序言〉, p.6027.
351) 『資治通鑑』 卷244 「唐紀」 60 〈太和3年(829) 11月條〉, p.7869.

형태는 군만의 자제를 선발하여 교육시키는 것과 입공에 대한 회사(回賜)였다. 그리고 이 사여는 피사여자에게는 상당한 이익을 가져다주었고, 서천절도사부에게는 상당한 재정적 부담이 되었다는 것을 알 수 있다. 이러한 사여의 대상이 된 군만들의 제도적 존재 근거는 여전히 책봉 조공 관계에 기초한 기미부주였다. 정원 연간에 이르면, 남조국이 토번에 귀부할 때를 전후하여 토번에 기속하였던 제강(諸羌)과 제만(諸蠻)들이 서천절도사를 통해 다시 귀부하였는데, 이들은 모모군왕(某某郡王)의 작호나 모모주자사(某某州刺史)의 직을 받아 여전히 변주도독부(邊州都督府)의 통할을 받았다.[352]

남조국도 '군만'에 속하였지만, 기미주 설치의 대상이 되지는 않았다. 두 번째 기사에서 '성도에 유학할 자제들을 선발하여 보낼 때도 그 이첩문서가 불손하였'다거나 기사나 두종이 입공사절의 수행원 수를 제한하는 조치를 취하자 남조국 왕 풍우가 크게 화를 내었다는 내용은, 서천절도사부가 군만에 대해 취한 조치에서 남조국도 예외가 아니었음을 보여 준다. 그러나 위에서 언급한 위고의 기미 조치는 말 그대로 기미를 위한 조치일 뿐, 그것이 바로 기미주의 설치를 의미하는 것은 아니다. 여기서 단언하여 말할 수 있는 것은 남조국도 당대 절도사 체제하 기미 정책의 대상에서 벗어나지 않았다는 것뿐이다. 그리고 당시 서천절도사들이 주로 겸령하였던 '통압근계제만급서산팔국운남안무사'는 당 측에서 '제만'과 남조국을 나누어서 인식한 증거로 보이기 때문이다. 이에 대하여는 조금 뒤에 다시 설명할 것이다.

이상 50년 만에 남조국이 다시 당으로 귀부한 794년 이후 남조국과 당 관계의 추이를 살펴보았다. '남조국 왕'으로 책봉된 뒤, 859년까지는 책사와 조공사절이 오고 가는 관계가 지속되었다. 흥미로운 점은 '남조국

---

352) 『新唐書』 卷222上 「南蠻」 下 〈兩爨蠻〉, pp.6317-6318; 『新唐書』 卷222下 「南蠻」 下, p. 6316; 『新唐書』 卷222下 「南蠻」 下 〈兩爨蠻 松外蠻〉, p.6325.

왕' 이외의 다른 관작이 하나도 더해지지 않았다는 점이다. 이는 마치 한 초의 황제와 조선왕이나 남월왕 사이의 '천자(天子) - 번신(藩臣; 外臣)' 의 관계가 재연되는 것 같은 모습을 보여 준다. 이제 더 이상 남조국에는 기미주가 설치되지 않았으며, 남조국은 책봉 조공 관계에 복귀하였다. 이 점이 이전과 다른 점이었다.

859년 이후 남조국과 당의 관계는 파경에 처했는데, 이는 9세기 초부 터 진행된 당과 토번의 관계 안정 탓이었다. 토번과의 관계가 안정됨에 따라 남조국의 전략적 가치가 떨어졌고, 남조국에 대한 대우 또한 달라지 고 말았다. 결국 이는 남조국의 책봉 조공 관계로부터의 이탈을 초래하였 다. 이후 남조국과 당은 15년 넘게 전쟁 상태를 지속하고도, 결국 책봉 조공 관계로 회귀하지 못하였고, 또 '적국의 예'에 기초한 화친 관계를 맺 지도 못한 채로 둘 다 멸망하였다. 그리고 운남 지역에 몇 개의 단명 정권 을 거쳐 대리국(大理國)이 들어 선 이후에도, 원(元) 제국이 운남 지역에 진입하기 전까지는 중국 국가와 운남 지역 국가는 서로 이렇다 할 정치적 외교적 관계없이 따로 발전하였다.

'운남안무사'와 '압근계제만사'

여기에서는 검남서천절도사부가 남조국을 비롯한 이 지역 만이들을 관 리하는 제도적 방식에 관하여 살피고자 한다. 이는 당 전반기에 확립되었 던 '도호부-도독부-기미부주'로 이어지던 관리 체계가 붕괴하고, 지방 및 변방의 지배가 절도사 중심 체제로 재편되는 과정에서 나타난 변화를 반 영하는 것으로 보인다. 이와 관련하여 주목되는 것이 '운남안무사(雲南按 撫使)'와 '압근계제만사(押近界諸蠻使)'이다. 『신당서』의 「방진표」는 서천 절도사가 겸령한 '통압근계제만급서산팔국운남안무사(統押近界諸蠻及西 山八國雲南按撫使)'에 관하여 다음과 같은 정보를 전해 준다.

(795년, 貞元11年) 서천절도사가 통압근계제만급서산팔국운남안무사(統押近界諸蠻及西山八國雲南按撫使)를 증령하였다.[353]

(867년, 咸通8年) 정변군절도관찰처치통압제만병통령제도행영병마제치등사(定邊軍節度觀察·處置·統押近界諸蠻幷統領諸道行營兵馬制置等使)를 두어, 수(舊), 미(眉), 촉(蜀), 공(邛), 아(雅), 가(嘉), 여(黎) 7주를 통령하게 하고, 공주(邛州)에 치소를 두었다.[354]

(870년, 咸通11年) 서천절도사에게 다시 통압근계제만등사(統押近界諸蠻等使)를 겸령하게 하고, 또 관내제치지휘병마등사(管內制置·指揮兵馬等使)를 증령하게 하였다. 정변군절도사(定邊軍節度使)를 폐하고, 다시 수(舊), 미(眉), 촉(蜀), 공(邛), 아(雅), 가(嘉), 여(黎) 7주를 서천절도사에 예속시켰다.[355]

위의 기사들은 795년 이래 서천절도사가 '통압근계제만급서산팔국운남안무사'를 증령하였다가, '통압근계제만사'만을 떼어서 867년 정변군절도사에 그 권한을 넘겨주고, 다시 870년에 다시 그것을 찾게 되는 상황을 보여 준다. 이는 '통압근계제만급서산팔국운남안무사'가 '통압근계제제만사'와 '통압서산팔국사' 그리고 '운남안무사'로 분리될 수 있으며, 무언가 구체적인 내용이 있는 직임임을 보여 준다. 우선 서천절도사에게 '통압근계제만급서산팔국운남안무사'가 더해지는 정황을 살펴보자.

(795년, 貞元11年9月) 정사(丁巳)일에, (서천절도사) 위고에게 통압근계제만급서산팔국사(統押近界諸蠻及西山八國使)와 운남안무등사(雲南安撫等使)를 더하였다.[356]

위고가 또 서산강(西山羌) 여(女), 가릉(訶陵), 백구(白狗), 포조(逋租),

---

353) 『新唐書』 卷67 「方鎭」 4, p.1877.
354) 『新唐書』 卷67 「方鎭」 4, p.1887.
355) 『新唐書』 卷67 「方鎭」 4, p.1888.
356) 『舊唐書』 卷13 「德宗」 下, p.382.

약수(弱水), 남수(南水) 등 8국의 추장을 초무(招撫)하여 궐정(闕廷)에 입
공하게 하였다. 11년 9월에 (위고에게) 통압근계제만(統押近界諸蠻)·
서산팔국겸운남안무등사(西山八國兼雲南安撫等使)를 더하였다.[357]

그해에 서산 송주(松州)의 생강 등 2만여 호가 서로 이어 내부하였다.
…… 입실(立悉) 등이 모두 입조하니, 다음 해 원회(元會)를 마치고 금백
(金帛)을 하사하여 각기 돌아가게 하였다. 얼마지 않아 위고에게 통압근
계강만급서산팔국사의 직을 더하였다. 그 부락들은 대대로 자사 등의 관
을 세습하게 하였으나, 역시 몰래 토번과 교통한 까닭에 '양면강(兩面羌)'
이라 불렀다.[358]

위의 기사들은 위고가 서산 8국을 초무하여 조공하게 한 직후에, 당 조정
이 그에게 '통압근계제만급서산팔국·운남안무등사'를 더하여 주고 있음을
보여 준다. 이를 글자 그대로 풀면 '가까운 경계에 있는 여러 만과 서산 8
국, 그리고 운남을 통압하고 안무하는 사직'이라는 뜻이 될 것이다. 운남은
남조국을 가리키는 것으로 보이는데, 그 이유는 위고가 서산 8국을 초무하
기 바로 전 해인 795년[貞元 10년]에 남조국에 대한 책봉이 이루어지고 있
기 때문이다. 남조국이 귀의함에 이르러 위고에게는 운남안무대사라는 직
이 가수(加授)되었던 것이다.[359] 그리고 '근계제만'에는 정원 연간에 다시 관
(款)을 통한[360] 물등, 풍파, 양림 등의 동만도 포함될 것이다. 이들은 천보
연간에 봉작을 받았다가, 남조국이 수주를 함락시킬 때에 토번에 기속(羈
屬)하였다. 이렇듯 '통압근계제만급서산팔국운남안무사'의 가임(加任)은
남조국을 비롯해 토번에 기속하였거나 그동안 귀부하지 않았던 검남도 내
외의 제강과 제만이 정원 연간에 새롭게 귀부하면서 이루어졌다고 할 수 있

---

357) 『舊唐書』 卷140, p.3823.
358) 『舊唐書』 卷197, 「南蠻 西南蠻」〈東女國〉, p.5279.
359) 『舊唐書』 卷41 「地理」 4〈劍南道 戎州中都督府〉, p.1697.
360) 『新唐書』 222上, p.6318, "勿鄧·豊琶·兩林은 모두 東蠻이라 일컫는데, 天寶 연간에 모두 封爵을 받았
다. 南詔가 巂州를 함락시키는 때에 이르러 마침내 吐蕃에 羈屬하였다. 貞元 연간에 다시 款을 通하였는
데, 勿鄧의 大鬼主 苴嵩에게 邛部團練使를 겸령하게 하고 長川郡公에 封하였다."

다. 다시 말해서 각각의 귀부한 만이를 성격에 따라 분류하고, 각 부류에 대해 각각의 사직을 부여한 것이라고 할 수 있다.

또 여기에서 간과해서 안 될 것 한 가지는 위 두 번째 기사의 '입공'과 세 번째 기사에 보이는 '입조' 및 그의 반대급부로 보이는 '자사 등 관'의 세습이다. 이는 분명히 기미주의 설치를 의미하는 것이다. 내부한 만이의 군장들은 입조 혹은 입공하였고, 이에 대한 회사와 함께 관직의 사여가 이루어지고 그 관직을 세습하도록 하였으니, 전통적 기미주의 설치에 다름 아니다. '기미'의 한 방도로서의 '기미주' 설치는 여전히 지속된 것이라 볼 수 있다. 다만, 이전에는 도호부나 변주도독부에서 통령하였던 데 비하여, 이들 만이를 초무하여 입조하게 한 절도사에게 별도의 '사직'을 더하여 '통압'하도록 한 것이 다를 뿐이다. '통압'의 의미를 좀 더 분명하게 보여주는 것이 다음의 정변군절도사(定邊軍節度使)의 건치 기사이다.

처음에 이사망(李師望)이 건의하기를, "성도에서 만에 관련된 일을 모두 처리하는데, (일이 많아) 여러 날을 소비하여도 해결하지 못합니다. 청컨 대, 공(邛), 촉(蜀), 가(嘉), 미(眉), 여(黎), 아(雅), 수(巂), 7주를 쪼개 어 정변군(定邊軍)으로 삼고, 절도를 세워 위태한 일들을 처리하게 하면, (거리가) 가깝고 또 (일의 처리가) 빠를 것입니다"라고 하였다. 천자가 그 렇다고 말하고, 즉시 조를 내려, 사망을 절도사로 삼고 공주에 치소를 두 었다. 공주는 성도에서 겨우 150리(5舍)의 거리이다. (반면에) 수주는 가장 남쪽인데, 공주에서 천리의 거리여서, 평상시나 급할 때나 머리와 꼬리가 서로 돕지 못한다. 그러나 이사망은 전제(專制)하는 것을 탐하여 숨기고 말하지 않았다.[361]

위의 기사는 '정변군절도관찰처치통압근계제민병통령제도행영병마제치 등사(定邊軍節度觀察處置統押近界諸蠻并統領諸道行營兵馬制置等使)'가

---

361) 『新唐書』卷222中, p.6285.

왜 설치되었고, 또 왜 금방 폐지되었는지를 잘 보여 준다. 이사망은 성도는 '만의 일을 도맡아 처리하기[經摠蠻事]'에는 너무 멀어 일의 처결이 늦어지므로 남쪽 7주를 따로 떼어 정변군을 설치하고 절도를 세우면, 서로 거리도 가깝고 일을 처리하는 데 효율적일 것이라고 건의하고 있다. 그러나 사실 정변군 절도사의 치소인 공주는 이러한 효과를 기대하기에는 성도에서 너무 가깝고 최남단인 수주에서 너무 먼 곳이었다. 이러한 사정에다 이사망을 비롯한 후임절도사의 비행이 겹치고 남조국의 공격이 심화되자, 정변군절도사부는 설치된 지 불과 3년 만에 폐지되었다. 위 기사에서 드러나듯이, '통압'은 '모모의 일을 도맡아 처리한다[經摠某某事]'는 뜻이다. 다시 말해서, '통압근계제만(統押近界諸蠻)'은 근계 제만과 관련된 사무를 도맡아 처리한다는 뜻이고, 이는 근계 제만에 관련된 사무를 도맡아 하는 사직을 신설하여 서천절도사 혹은 정변군절도사에게 겸령하게 하였다는 의미가 된다.

다음의 기사들은 이러한 '압모모사(押某某使)'의 직임이 절도사가 아닌 사람들에게도 할양될 수 있음을 보여 준다.

> 융주(戎州) 관내에는 순(馴), 빙(騁), 낭(浪) 세 주의 대귀주(大鬼主) 동가경(董嘉慶)이 있는데, 누대로 내부하였다. 그 충근(忠謹)함을 칭하여 귀의군왕(歸義郡王)에 봉하였다. 정원(貞元) 연간에 낭만(狼蠻) 또한 내부하기를 청하여서, 수령 낭사(浪沙)를 자사에 임명하였으나, 끝내 나오지 않았다. 검남서천절도사 위고가 가경에게 격문을 보내 아울러 낭만을 겸압(兼押)하게 하였다.[362]

> 807년[元和 2년]에 검남관찰사(黔南觀察使)에게 조를 내려 항상 본도(本道)의 장수로 압령장가곤명등사(押領牂牁·昆明等使)를 삼게 하였다. 이로부터 여러 차례 사신을 보냈는데, 혹은 정월에 조알(朝謁)하기도 하였

---

362) 『新唐書』 卷222下, p.6324.

으며, 개성(開成) 연간에 이르기까지 끊이지 않았다.[363]

첫 번째 기사는 『신당서』「남만전」하 〈양찬만〉 '송외만(松外蠻)조'의 기사로 당 덕종 정원(貞元) 연간에 낭만(狼蠻)이 내부하였을 때의 상황을 담고 있다. 동전(同傳)의 기록에 따르면, 낭만은 '수주의 신안성(新安城) 곁에 위치하였던 육성만(六姓蠻) 중의 하나'이었던 것으로 판단된다. 정원 연간에 내부하기를 청했다고 한 것으로 보아, 이 낭만 또한 천보 연간에 당 제국의 기미적 지배로부터 이탈하였다가 회귀한, '가까운 경계의 제만(近界諸蠻)'의 일원으로 보인다. 이들의 내부에 대하여, 검남서천절도사이자 통압근계제만사였던 위고가 낭만의 수령 낭사에게 자사직을 제수하려 하였으나, 여의치 않았다. 이에 융주 관내 순(馴), 빙(驃), 낭(浪) 3주의 대귀주이자 귀의군왕이었던 가경에게 '압랑만'을 겸령하게 하였다.

비록 짧은 기사이지만, 보다 복잡한 내용을 전제하고 있다. 우선 위 기사는 본디 낭만을 통령하였을 것으로 추정되는 수주도독부, 그리고 이전 같으면 순, 빙, 낭 3주의 대귀주 가경을 감독하였어야 할 융주도독부의 기능이 정원 연간에 이미 존재하지 않았음을 보여 준다. 수주와 융주의 관할 범위는 무시되었고, 수주도독과 융주도독의 역할 또한 찾아볼 수 없다. 기미주는 존속했지만, 기미부주 체제는 이미 기능하지 않았던 것이다. 오히려 위고는 '통압근계제만사'로서 자신의 직임의 일부를 외이 군장에게 위임하고 있다. 위임된 '겸압'의 내용은 낭만의 수령 낭사가 기미주의 '자사'로서 당과의 관계에서 수행해야 할 역할과 그 자사의 상대역으로서 '압근계제만사'의 역할 일부가 더해진 것이었을 것이다.

두 번째 기사는 『신당서』의 것으로 807년[원화 2년]에 검남관찰사(黔南觀察使)에게 조를 내려 '압령장가·곤명등사(押領牂牁·昆明等使)'는 늘 본도의 장수를 내보낼 것을 명하고 있다. 같은 내용의 기사가 『구당서』에

363) 『新唐書』卷222下, p.6319.

도 보이는데, 조칙을 내린 연도는 원화 3년으로 다르지만, 그 내용은 보다 분명하다. 역시 '압령장가·곤명등사'를 검남도 본도의 장수를 보내는 것으로 하고, 그것을 검남관찰사에 위임한다는 내용이다.[364] 이는 관찰사 내지 절도사가 사부의 속료를 벽서(辟署)하거나 속주(屬州)의 자사를 임의로 임명하는 것처럼 '압모모사(押某某使)'도 임명하여 보낼 수 있다는 의미이다. '압령장가·곤명등사'의 곤명은 곤명만을 지칭하고, 장가는 장가만을 가리킨다. 이들 두 만이에 대한 외교업무를 검남절도사에게 맡기고 전담 사직을 검남도의 장수들에게 담당하도록 한 것이다.

『신당서』「남만전」하 〈양찬만〉 '곤명만조'에서는 곤명만에 대해 모두에 찬만의 서쪽에 있고 서이하를 경계로 삼는다고 하여, 곤명만의 분포 위치가 현재의 따리 지역인 것처럼 소개하였다. 그러나 이는 한대의 서남이 '곤명'에 대한 설명의 재연에 불과하며, 본전에서 소개하는 당대 곤명만의 위치는 서찬의 북쪽 융주의 동북부에 해당하였다. 흥미로운 점은 이들 곤명만에 대한 관리를 '검남(劍南)서천절도사'가 아니라, 검남(黔南)관찰사부에서 하고 있다는 점이다. 이 또한 융주도독부의 무력화를 웅변한다. 『신당서』「지리지」〈기미주〉에는 672년 곤명 14성의 내속을 기반으로 하여 설치되었던 총주(總州), 돈주(敦州), 은주(殷州)의 기미주는 강남도(江南道)의 검주도독부(黔州都督府) 소속으로 기록되어 있는데, 「지리지」는 이들 기미주들이 본디 융주도독부에 예속되었음을 분명히 밝히고 있다.[365]

이상을 정리하면, 다음 네 가지 사실이 주목된다. ① '통압'이 '경총모모사(經摠某某事)'의 뜻으로, 검남서천절도사의 경우에는 검남도 내 혹은 주변의 여러 강인들과 여러 만인들이 정원 연간(貞元年間)에 새롭게 귀부하는 시점에서 '압모모사(압번사)'의 설치가 이루어졌다는 점, ② 본디 '통압근계제만급서산팔국겸운남안무사'에서 '제만'만을 떼어 내서 '통압근계제

---

364) 『舊唐書』 卷197, p.5276.
365) 『新唐書』 卷42下 「地理志」 7下, pp.1143-1144.

만사'가 설치되었다는 점, ③ '통압근계제만사'와 '운남안무사'가 따로 설치되었다는 점, 마지막으로 ④ '압모모사(압번사)'의 직임이 절도사 휘하 장수나 심지어 외이 군장에게도 위임될 수 있다는 점이다.[366] 그리고 이 네 가지 사실은 하나로 환원될 수 있는데, 그것은 '사부(使府)'의 운영상 특징이다.

주지하듯이, 당 현종 천보 연간의 이른바 '안사의 난' 이후 당조의 지방 행정 및 변강 관리는 절도사를 비롯한 사직관에 의해 수행되었다. 당대의 '막부'가 현종 이후 시기의 사직관부를 지칭하는 경우가 많은 것에서도 알 수 있듯이,[367] 사부에 의한 관리는 상대적 자율권을 가지고 돌발의 사태에 보다 효율적으로 대처할 수 있는 체제였다. 중국 내부의 통치 체제가 번진 체제로 바뀐 이상, 중국 바깥에 대한 대응 방식 또한 변하는 것은 당연한 수순이었다. 이는 한대에 중국 내 제후왕에 대한 책봉이 외부로 확연되어 '외신' 제후왕을 만들어 내고, 군현 제도가 확연되어 변군을 만들어 낸 것과 다를 바 없다.

이상 당 제국 시기 남만과 관련된 사직에 관하여 간략하게나마 살펴보았다. 이들은 모두 귀부한 제만이나 제강 혹은 번국(외신)을 상대로 설치된 사직이라고 할 수 있다. 이 직임은 기본적으로 절도사나 관찰사에게

---

366) 蠻夷 수장에게 使職이 부여되고 있는 사례도 있다. 『新唐書』卷222下, p.6324, "貞元 연간에 다시 款을 通하였는데, 勿鄧의 大鬼主 苴嵩에게 邛部團練使를 겸령하게 하고 長川郡公에 책봉하였다."

367) 아래의 표는 비록 그 표본수가 많지는 않지만, 전체적 추세를 보여주는 데는 부족하지 않으리라 판단된다.

〈'幕府' 용례 분석표〉

府主\시기	王	公主	節度使	觀察使	採訪使	黜陟使	刺史	東都留守	總管·元帥	不明	계
高祖	2										2
太宗											0
高宗											0
中宗		1							1		2
玄宗			3						1		4
肅宗 以後			40	8	1	1	1	2		4	57
계	2	1	43	8	1	1	1	2	2	4	65

*자료 범위: 『新唐書』卷80–卷166

겸임되는 것으로 보이지만, 필요에 따라 쪼개어 설치되기도 하였고, 절도사나 관찰사의 임의에 따라 속관이나 속장에게 맡겨지기도 하였다. 그리고 간과해서 안 될 점은 기미주의 관리를 변경의 도독부나 변주로부터 절도사로 이양하였을 뿐, 새로 내부한 만이들에 대해 자사직을 주고 기미주를 설치하는 일은 여전히 진행되고 있었다는 점이다.

한 가지 덧붙여 둘 것은 『신당서』와 『구당서』에는 절도사나 관찰사 등에 '압모모사'의 사직이 겸령되는 사례들을 많이 찾을 수 있는데, 이들 '압모모사'가 절도사 혹은 변방의 절도사 모두에게 붙여지는 것이 아니라는 점이다. 앞서 살펴보았듯이, 남조국을 대상으로 하여서는 압모모사가 설치되지 않았다. 남조국을 대상으로 하는 것은 '운남안무사'였다. 압모모사의 대상이 되는 주변 민족 혹은 국가와 그렇지 않은 주변 민족이나 국가를 비교한다면 '압모모사'의 정체가 훨씬 더 확연하게 드러나리라 생각한다.[368] 그리고 남조국을 대상으로 하였던 사직이 안무사였으므로 다른 안무사들의 예를 살펴서 비교한다면 사직에 의해 규정된 대외 관계의 다른 양상을 찾을 수도 있으리라 생각한다.

2. 정주(正州)와 기미주(羈縻州)

앞서 살펴본 바와 같이, '운남'에서 당 제국의 경계는 남조국의 성장과 함께 조금씩 후퇴하였다. 기미주의 하나로서 당 제국의 군사적·외교적 경계 안에 있었던 남조국은, 천보전쟁을 겪으면서 50년 가까이 그 경계 밖으로 벗어나기도 하였다. 794년에 토번과의 관계를 끊고, '남조국 왕'으로서 당 황제와의 책봉 조공 관계에 복귀하였지만, 859년에는 결국 그

---

368) 필자가 '압모모사'에 주목한 이유도 사실은 그 임시성과 자율성에 있다. 구심력보다는 원심력이 강해지고 있던 당 후반기에 기미주 관리 체제 또한 변화를 초래할 수밖에 없었고, 그것은 분명 정규적인 것보다는 임시적인 것에 기댈 수밖에 없었을 것이다. 그리고 이는 본문에서 지적한 바와 같이, 중국 국가의 대외 관계 패턴에도 부합하는 것이었다. 근자에 조금씩 연구되는 '押藩使'의 문제도 같은 맥락에서 보아야 할 것이라 생각된다.

관계를 정리하고 적국의 의례를 요구하였다. 당 제국의 외교적 지배의 경계로부터도 벗어난 것이다. 그리고 이후 양국 사이의 전쟁은 그 경계를 더욱 복잡하게 만들었다.

남조왕국과 당 제국의 힘이 부딪치는 양국 사이의 경계는 선으로 구성되지 않았다. 군현제에 의한 일원적 지배는 황제의 지배가 온전히 관철되는 '중국' 지역에서나 기대할 수 있는 것이었다. 만이와 잡처하는 '변경'이라는 공간에서는 각 지점에 대한 지배 형태와 강도의 차이로 인해, 일원적이고 영역적인 지배는 불가능하였다. 따라서 제국의 지배는 선과 점에 의한 형태로 구현되었으며, 그 경계 또한 이에 맞추어 만들어졌다. 남조왕국의 세력이 미치는 공간은 더욱 그러하였다. 당 황제와 남조국 왕의 지배가 왜곡되는 것은, 물론 이 공간에 다양한 인간 집단과 그들의 정치체들이 존재했기 때문이다. 이들 정치체들은 당 제국과 남조왕국의 인력장이 겹쳐지는 곳에서 생존을 위한 복잡한 선택을 강요받았으며, 이들의 존재는 다시 경계의 중첩을 만들어 냈다.

앞서 언급한 바와 같이 당 제국의 변경 지배는 중국 내지 지배 체제의 제도적 확연이었다. 따라서 이 공간에도 부, 주(군), 현의 행정 기관이 설치되었고, 이들 행정 기관들은 제국 중앙에서 관리를 파견하는 부주현(이하 '정주')과 토착 수령들에게 그 장관직을 위탁하여 상속을 허용하는 부주현(이하 '기미주')으로 구분되었다. 남조국과 당 제국의 경계 지역에 거주한 만이 공동체들에게도 이들 당 제국의 행정 기관들이 중요한 환경이 되었다. 이 절에서는 우선 남조국과 당 제국의 경계 지역에 존재한 이들 정주와 기미주에 관하여 정리하고자 한다. 당 제국의 검남도(劍南道)와 검중도(黔中道), 영남도(嶺南道)가 남조국과 경계를 접하고 있었다.

『신당서』「지리지」 5 〈강남도(江南道)〉조에는 검주(黔州)에 치소를 둔 검중채방사(黔中採訪使; 이하 '검중도')의 관할 주현들이 기재되어 있다.

이 검중도에는 2개 도독부, 13주(도독부 포함), 48현이 설치된 것으로 소개되어 있다. 그리고『신당서』「지리지」6〈검남도〉조에는 성도부(成都府)를 비롯하여 38주 189현을 소개하고 있고, 여기에 도호부가 1, 중도독부가 4, 하도독부가 6곳 설치되어 있음을 전하고 있다. 또〈검남도조〉에는 위원부(威遠府)를 비롯한 10곳의 부, 천정군(天征軍)을 비롯한 20곳의 군, 당풍수(當風戍)를 포함한 3곳의 수, 양관전수착성(羊灌田守捉城)을 비롯한 24곳의 수착성, 건위진병(犍爲鎭兵)을 비롯한 48 진병, 정새관(靜塞關)을 비롯한 11개소의 관, 칠반성(七盤城)을 비롯한 37곳 성의 분포를 보여주고 있다.『신당서』「지리지」7상에서는 영남도에 속한 75곳의 부주와 315개현을 소개하고 있다. 그리고 5개 경략군(經略軍)을 포함한 6개 군(軍), 3곳의 부(府), 4곳의 수(戍), 세 곳의 진(鎭), 네 곳의 진병(鎭兵)이 소개되어 있다. 그런데『구당서』「지리지」에서는 영남도를 다섯 구역으로 구분하고 있다. 남해절도사부(南海節度使府) 17주, 계관(桂管) 15주, 용관(容管) 10주, 옹관(邕管)10주, 안남도호부가 그것이다. 남조국과 직접 경계를 마주한 것은 안남도호부였지만, 안남도호부가 함락되기도 하고, 또 영남도 서부 여러 동(洞) 만인(蠻人)들의 반란으로 계관과 옹관, 용관 지역도 남조국과의 관계에 많은 영향을 받았다.

그리고『신당서』「지리지」7하는 기미주의 목록을 제공한다. 이에 따르면, 검남도에는 제강(諸羌)을 대상으로 설치된 기미주가 168개 존재하고, 제만(諸蠻)을 대상으로 설치된 기미주의 이름이 92개 있었다. 모두 260개로 38개인 정주의 7배 가까이 되는 수이다. 제강을 대상으로 하는 기미주는 다시 송주(松州)도독부가 통령하는 곳이 4곳, 무주(茂州)도독부가 통령하는 39곳, 수주(嶲州)도독부가 통령하는 16곳, 아주(雅州)도독부가 통령하는 57곳, 여주(黎州)도독부가 통령하는 52곳으로 구분되었다. 제만을 대상으로 하는 기미주는 또 융주(戎州)도독부에 통령되는 주가 64곳, 요주(姚州)도독부에 통령되는 주가 13곳, 노주(瀘州)도독부에 통령되는 주가 14곳으로 분류되었다. 그리고 강남도의 제만(諸蠻)의 기미주는 모두 51곳이었는데, 224쪽의 〈표 13〉에 정리하였듯이 모두 검주(黔州)도독부에 의해 통령되었다. 또 영남도의 제만 기미주 92곳을 소개하고 있는데, 계주(桂州)도독부에 7곳, 옹주(邕州)도독부에 26곳, 안남도호부에 41곳이 속해 있었다. 그리고 기미주의 목록을 산일되었지만, 촉찬만주(蜀爨蠻州) 18곳이 봉주(峯州)도독부에 속했다고 기록하였다.

이상의 정주와 기미주 그리고 군사 시설들은 모두 제국에서 장관을 임명하는 군사, 행정 기관들이다. 물론 지리지가 보여주는 주현 목록은 어느 시점의 결과적 단면일 뿐이지만,[369] 제국의 지배 구조를 확인하는 데는 크게 부족하지 않을 것이다.

이 절의 목적은 남조국과 당의 경계 지역, 즉 검중도와 검남도, 영남도에 설치된 정주와 기미주의 상호 관계, 그리고 그 특징을 살피는 데에 있다. 즉 남조국의 북면 및 동북면 경계 지역에 설치된 당 제국의 행정 기관들, 바꾸어 말하면 당 제국의 서남 '변경'에 설치된 행정 기관의 특징을 분석하려는 것이다. 특히 '정주'와 '기미주'의 개념을 다시 생각해 보는 데에 관심이 있다. 다음의 〈표 10〉은 검중도의 도독부와 주를 도식화하여 표

369) 州와 縣의 치폐와 통합은 끊임없이 진행되었다. 이를테면 『지리지』5는 이전에 설치되었다가 폐지된 주로, 진주(珍州,夜郎郡), 엽주(葉州), 뇌주(牢州)의 흔적을 소개하고 있다. 진주(珍州)는 642년 진주(溱州)와 함께 산동(山洞)을 열어 설치하였으며, 함께 설치된 야랑(夜郎), 여고(麗皐), 낙원(樂源) 3현을 통령하였다. 그러나 803년 주가 폐지되어 속현들은 모두 진주(溱州)에 예속되었다. 진주(溱州)의 속현 다섯 중 셋은 상당 기간 본디 진주(珍州) 소속이었던 셈이다. 엽주는 574년 건시현(建始縣, 湖北省建始縣東)에 설치되었다가, 수 제국 초에 폐지되었고, 다시 618년에 설치되었다가, 634년에 폐지되었다. 건시현은 시주로 편입되었다. 뇌주는 조금 복잡하다. 619년에 신안(信安), 의천(義泉), 수양(綏陽) 3현에 설치한 의주(義州)는 함께 설치한 도뢰(都牢)와 양천(洋川) 두 현까지 통령하였다. 622년에 지주(智州)로 이름을 바꾸었고, 630년에는 도뢰현을 생파하였다. 그리고 631년에는 폐지된 오주(邛州)의 낙안(樂安), 의림(宜林), 부용(芙蓉), 야천(琊川)을 거느렸고, 나중에는 또 폐지된 이주(夷州)의 수양(綏養)현을 통령하였다. 637년에는 뇌주라 부르고, 치소를 의천현으로 옮겼다. 642년에 주를 폐지하였는데, 수양(綏養), 낙안, 의림 3현은 생파하였고, 수양(綏陽)과 의천, 양천 3현은 이주(夷州)로 편입되었으며, 부용현과 야천현은 파주(播州)에 예속되었다. 뇌주는 한때 최대 8현을 통령한 제법 큰 주였던 셈이다. 이는 검남도에서도 마찬가지였다. 「지리지」6에서도 몽주(濛州, 620–628), 목주(沐州, 665–676), 건주(犍州, 618–627), 의주(義州, 719–720), 등주(登州, 618–626), 뇌주(牢州, 648–652), 남통주(南通州, 630–634), 패주(霸州, 630–639) 등의 사례가 발견된다. 현들의 치폐와 소속 변경은 주보다 훨씬 더 복잡하였다.

시한 것이다. 검중 지역은 전통적으로 장가만으로 대표되는 만인(蠻人)들과 요인(獠人)들이 잡처하였고, 남조국과 당 제국의 물리력이 직접적으로 부딪혔던 검남이나 안남과는 달리 비교적 평화로웠던 완충 지대였다. 여기부터 시작해 보자.

〈표 10〉 검중 지역 정주(호/현, 구/현. *소수점이하 반올림)

주명	등급	戶	口	縣	호/현	구/현	비고
黔州	下都督府	4,270	24,204	6	712	4,034	575년, 奉州를 고쳐서 설치. 치소는 彭水縣(四川 彭水苗族土家族自治縣 鬱山鎭). 630년, 치소의 위치를 彭水苗族土家族自治縣으로 옮김.
辰州	中都督府	4,241	28,554	5	848	5,711	589년, 武州를 고쳐서 설치. 치소는 龍欄縣(湖南 洪江市 黔城鎭), 나중에 沅陵縣(湖南 沅陵縣)으로 이전. 634년, 남부를 나누어 巫州설치. 686년, 서남부를 나누어 錦州 설치. 691년, 다시 서북부를 나누어 溪州 설치. 742년에 更名
錦州	下	2,872	14,374	5	574	2,875	686년, 辰州 麻陽縣 지역에다 山洞과 개통하여 설치. 치소는 盧陽縣(湖南 麻陽苗族自治縣境의 盧水口. 나중에 현 서남 37.5킬로미터의 瀘陽縣城 杜壤遺址, 錦和鎭 서로 위치 이전)
施州	下	3,702	16,444	2	1,851	8,222	574년에 설치. 치소는 沙渠縣(湖北 恩施市). 742년에 更名
敍州	下	5,368	22,738	3	1,789	7,579	634년, 辰州의 龍標縣(湖南 黔陽縣 黔城鎭)에 설치. 691년에 沅州라 했다가, 725년에 '沅'이 '原'과 소리가 서로 가깝다 하여 다시 巫州라고 하였다. 770년에 更名.
獎州	下	1,672	7,284	3	557	2,428	704년 沅州의 夜郎과 渭溪 두 縣에 舞州 설치. 725년에 '舞'와 '武'가 소리가 서로 가깝다고 하여 鶴州로 更名. 732에 業州라고 불렀다가, 770년에 또 更名. 치소인 夜郎縣은 742년에 峨山縣으로 改名.

夷州	下	1,284	1,013	5	257	203	본디 隋의 明陽郡 지역. 621년에 思州의 寧夷縣(貴州 德江縣 서남)에 설치. 627년에 州 폐지, 630년에 다시 黔州의 都上縣(貴州 鳳岡縣 동남)에서 南蠻의 땅을 열어 설치. 637년에 치소를 綏陽(鳳岡縣 餒陽鎭)으로 옮김.
播州	下	490	2,168	3	163	723	635년에 隋 牂柯郡의 牂柯縣에 설치, 637년에 폐지, 639년에 다시 설치하고, 更名. 치소는 恭水縣(나중에 羅蒙縣으로, 다시 遵義縣으로 개명. 즉 貴州 遵義市, 일설에는 綏陽縣城 부근).
思州	下	1,599	12,021	3	533	4,007	621년에 隋 巴東郡의 務川縣과 扶陽縣에 務州 설치. 치소는 務川縣(貴州 沿河土家族自治縣 동북). 630년에 更名.
費州	下	439	2,609	4	110	652	630년에 思州의 涪川縣(貴州 思南縣)과 扶陽縣을 쪼개고, 南蠻을 열어 설치. 치소는 涪川縣
南州	下	443	2,043	2	222	1,022	619년에 南蠻을 열어 설치. 치소는 隆陽縣(四川 綦江縣 綦江 북안). 620년에 僰州로 更名, 621년에 옛이름 회복. 712년에 隆陽縣을 南川縣으로 고침.
溪州	下	2,184	15,282	2	1,092	7,641	691년에 辰州를 쪼개어 설치. 치소는 大鄕縣(湖南 永順縣 老司城).
溱州	下	879	5,045	5	176	1,009	642년에 山洞을 열어 설치. 치소는 榮懿縣(四川 重慶市 萬盛區 靑羊鎭)

　검중도에서 중심적 역할을 한 것은 역시 하도독부와 중도독부가 설치되었던 검주와 진주(辰州)였다. 〈표 10〉이 보여주듯이, 진주(辰州)로부터는 결과적으로 금주(686년), 서주(634년), 계주(691년) 그리고 장주(704년)가 분치(分置)되었다. 그리고 검주로부터는 이주(630년)와 비주(630년)가 석치(析置)된 것으로 보인다. 「지리지」5의 〈팽수(彭水)현조〉에서는 618년에 팽수현을 나누어 도상(都上)과 석성(石城)[370] 현을

---

370) 742년에 黔江縣으로 更名.

설치하였고, 619년에 다시 나누어 영륭(盈隆), 홍두(洪杜), 상영(相永), 만자(萬資) 현을 설치하였으며, 630년에 상영현과 만자현에 비주를 설치하고, 도상현에 이주를 설치하였다고 적었다.[371] 팽수현은 검주의 치소이다. 또 〈부천(涪川)현조〉에서는, 비주의 치소인 부천현은 621년 무천(務川)현을 쪼개어 설치했고, 630년에 검주의 상영과 만자가 비주에 속했으나, 637년에 현이 폐지되었다고 적었다.[372]

〈표 10〉만 놓고 보면, 검중도의 13주 중에 당 제국이 성립하기 전에 이미 설치되어 있던 주는 검주(575년), 진주(589년), 시주(574년) 뿐이었다. 그 치소의 현재 위치로 미루어 보건대, 이 세 주 모두 검중도의 북동부에 몰려서 분포하였다. 당 제국은 이 세 주로부터 남서쪽으로 분치 혹은 개척을 통해 지배 지역을 확장해 나간 것이다. 619년에 '남만(南蠻)' 지역을 개척하여 남주를 설치하였는데, 검주의 서편에 위치하였다. 621년에 사주의 전신인 무주(務州)를 설치하였는데, 그 땅을 수대 파동군(巴東郡)의 무천현(務川縣)과 부양현(扶陽縣)이라고 한 것은 무주의 설치에 의해 비로소 이곳에 당 제국의 지배력이 미쳤음을 의미할 것이다. 다음 파주의 경우도 사주와 비슷한 패턴을 보이는데, 635년에 수대의 장가군 장가현 땅에 설치한 것으로 기록하고 있다. 파주는 630년에 검주로부터 분치된 이주의 서편에 위치하였다. 마지막으로 진주(溱州)는 642년에 '산동(山洞)'을 열어 설치하였는데, 검주의 서쪽 남주의 북쪽에 해당하였다. 이들 정주들과 그 속현들의 치소는 모두 북위 27도선 이북에 존재하였다. 이는 결과적으로 구이양(貴陽)시를 포함한 구이저우성의 남부 지역에 당 제국의 정주가 진출하지 못하였음을 의미한다.

주의 설치 대상 혹은 방법과 관련하여, 위 표의 내용은 세 갈래로 구분될 수 있다. 하나는 기존의 행정 기관을 그대로 이어받거나 개명하여 설치하는

---

371) 『新唐書』 卷41, 「地理志」 5, p.1073.
372) 『新唐書』 卷41, 「地理志」 5, p.1075.

것이고(이하 '존치'), 둘째는 기존 행정 기관 관할 구역의 분치를 통해 설치하는 것이다(이하 '분치'). 마지막은 새로운 대상 혹은 공간을 개척하여 설치하는 것이다(이하 '개치'). 검남도의 경우도 크게 벗어나지 않는다. 물론 이 세 갈래의 구분이 분명하게 떨어지는 것은 아니다. 검중도의 경우, 검주와 진주(辰州), 시주는 '존치'로 볼 수 있고, 서주, 장주, 계주는 '분치'로 볼 수 있다. 그리고 남주와 진주(溱州)는 '개치'로 분류할 수 있다. 그러나 파주와 사주는 생각하기에 따라서는 '존치'와 '분치'의 중간쯤에 해당하고, 금주와 이주 그리고 비주는 '분치'와 '개치'가 합쳐진 형태이다.

그런데 현 단위로 내려가면, 이러한 갈래의 구분은 더 복잡해진다.

〈표 11〉 사공현과 성락현

현명	등급	屬州	屬道	비고
思邛	中下	思州	江南道	716년에 生獠를 열어[開] 설치하였다.
城樂	中下	費州	江南道	621년에 生獠를 招慰하여 설치, 思州에 속하였고, 627년에 務州에 속하였다가, 634년에 본주에 편입.

위의 두 사례는 앞에서 '존치'와 '분치'의 중간쯤에 해당하는 것으로 분류했던 사주에 대해 다시 생각하게 한다. 이 사주에 속한 사공현이 '개치'의 방식으로 설치되었기 때문이다. 이 문제를 따지기에 앞서 사주 자체에 대해 살펴볼 것이 있다. 사주의 사공현과 비주의 성락현이 속했던 사주는 이름은 같지만 다른 실체이기 때문이다. 성락현부터 보면, 성락현이 설치된 621년은 바로 사공현이 속한 사주의 전신인 무주(務州)가 설치된 해이고, 성락현은 무주가 아니라 사주에 속하였다. 즉 사주의 전신인 무주와 같은 시기에 또 다른 사주가 공존한 것이다.

『구당서』와 『태평환우기』에 따르면,[373] 무주는 621년에 당 제국의 초위사(招慰使) 염안창(冉安昌)이, 장가(牂柯)에 대적할 요로(要路)에 있

---

373) 『舊唐書』 卷40 「地理志」 3 〈思州下〉, p.1626; 『太平寰宇記』 卷122 「江南西道」 20 〈思州〉, pp.2420~2421.

는 무천(務川)현에 반드시 군(郡)을 설치하여 위무하여야 한다고 주청하여, 그 현의 치소에 무주를 설치하였다. 이때의 속현은 무천, 부천(涪川), 부양(扶陽) 3현에 불과하였다. 그런데 627년[당 태종 정관 원년]에 폐지된 이주(夷州) 소속이었던 복원(伏遠), 영이(寧夷), 사의(思義), 고부(高富), 명양(明陽), 단천(丹川) 6현과 폐지된 사주(思州)의 단양(丹陽), 성락(城樂), 함화(感化), 사왕(思王), 다전(多田) 5현을 무주에 편입시켰다. 이해에 곧 사의, 명양, 단천 3현은 폐지하였으며, 628년에는 또 단양현을 폐지하였다. 그리고 630년에 비로소 무주를 고쳐서 사주로 삼았다. 경계 내 사공수(思邛水)의 이름을 딴 것이라고 한다. 이 해에 부천과 부양 2현은 떼어서 비주(費州)에 편입시켰고, 634년에는 또 다전과 성락 2현을 비주에 편입시켰으며, 같은 해에 또 함화현을 폐지하였다. 636년에는 고부현을 검주에 예속시켰으며, 637년에는 또 복원현을 폐지하였다. 이로써 무주를 고쳐 설치한 사주는 무천, 사왕, 영이 3현만을 통령하게 되었다. 그리고 716년에 사공현이 설치되고, 737년에 영이현이 이주에 속하게 되면서, 『신당서』「지리지」에서 보여주는 모습이 완성되었다.

무주와 공존한 사주가 설치된 해가 언제인지는 확정할 수 없지만, 618년 즉 당 고조 무덕(武德) 원년에 이미 존재하였다. 『태평환우기』가 인용하고 있는 가씨(賈氏) 『현도기』에서는 618년에 부천현과 부양현을 사주에 속하게 했다고 적고 있다.[374] 또 사왕현이 620년에 설치되어 사주에 속했다는 기록과[375] 621년에 설치된 이주가 사주의 영이현에 설치되었다는 기록은[376] 621년까지 이 사주가 건재하였음을 증명한다. 이주와 사주의 11개 현이 무주에 편입되는 627년은 이주가 잠시 폐지

---

374) 『太平寰宇記』 卷121 「江南西道」 19 〈費州〉, p.2414.
375) 『舊唐書』 卷40 「地理志」 3 〈思州下〉, p.1627; 『太平寰宇記』 卷122 「江南西道」 20 〈思州〉, p.2422.
376) 『新唐書』 卷41 「地理志」 5, p.1074; 『舊唐書』 卷40 「地理」 3, p.1625; 『太平寰宇記』 卷121 「江南西道」 19 〈夷州〉, p.2408.

된 해인데, 사주도 627년 이전에 폐지되었을 것이다. 이 사주가 '정주'였는지 '기미주'였는지를 확인할 방법은 없다. 어쩌면 당 태종의 치세가 막 시작된 627년의 시점에서 '정주'와 '기미주'의 구분은 없었을지도 모른다. 물론 '정주'의 내용을 가진 주와 '기미주'의 내용을 가진 주가 따로 존재하였겠지만, 그것을 제도적으로 구분하기 시작한 것은 뒤의 일인 것이다.

다시 본래 이야기로 돌아가자. 비주의 성락현에 대하여, 『구당서』와 『태평환우기』는 621년에 산남도대사(山南道大使) 조군(趙郡) 사람 왕효공(王孝恭)이 '생료'를 초위하여 설치하였으며, 처음 성을 쌓을 때 사람들이 노래하며 춤을 추었기 때문에 '성락'이라 불렀다는 설명을 붙여놓았다.[377] 이 설명은 지명에 따른 추정에 불과할 지도 모르지만, 생료와 민 사이의 오랜 불화를 시사하는 듯하다. 621년 가을에 왕효공은 기주총관(夔州總管)으로서 12총관의 군대를 이끌고 형주의 소선(蕭銑) 정벌에 나섰고, 결국 그를 사로잡았다. 이때 검주자사(黔州刺史) 전세강(田世康)도 진주도(辰州道)를 따라 출정하였다.[378] 또 비주에 대하여는, 한의 장가군 땅으로 오랫동안 신부하지 않았는데, 578년[북주 선제 선정 원년]에 신주총관(信州總管) 용문공유(龍門公裕)가 생료(生獠)의 왕 원수(元殊)와 다질(多質) 등을 초위(招慰)하였고, 그 결과 이들이 귀국(歸國)하여 비주를 설치하였다고 기록하였다.[379] 비주 또한 생료로 둘러싸인 지역에 설치되었음을 의미한다. 『태평환우기』에서는 비주의 풍속에 관하여 기술하면서 "생료와 섞여 있다."라고 하였다. 어쩌면 성락현 또한 621년에 쌓은 성 하나가 당 제국의 직접적 행정력이 미치는 범위의 전부였을지도 모른다. 〈표 10〉에 보이는 비주의 현별 호수 110호와 현별 인구수 652명은 이러한

---

377) 『舊唐書』卷40 「地理」 3, p.1628; 『太平寰宇記』卷121 「江南西道」 19 〈費州〉, p.2415.
378) 『舊唐書』卷56 「蕭銑」, p.2263; 『新唐書』卷1 「高祖」, p.13.
379) 『舊唐書』卷40 「地理」 3 〈涪川縣〉, p.1628; 『太平寰宇記』卷121 「江南西道」 19 〈費州〉, p.2414.

추정과 잘 어울려 보인다.

사주의 사공현[貴州 印江土家族苗族自治縣]이 주목되는 이유는 그것이 716년에야 설치되었다는 점 때문이다. 그것도 '생료'의 거주지에 설치되었다는 점이 눈에 띈다. 『태평환우기』에서 인용한 『현도사이술』에는 다음과 같이 적었다. "이 읍은 가장 벽원한 곳에 위치하여, 동쪽으로 계주(溪州)의 삼정현(三亭縣, 湖南 保靖縣駐地 遷陵鎮)에 이르기까지 450리, 동남쪽으로 금주(錦州)의 상풍현(常豐縣, 貴州 銅仁市 西南쪽 2.5킬로미터)까지 200리의 거리이다." 사주가 설치된 지 95년 만에 경내에 '생료'의 땅을 개척하여 현을 설치하였다는 것은 양가적 의미를 갖는다. 하나는 '정주'가 설치된 지 100년이 다 되어가도 여전히 경내에 '생료'가 존재한다는 것이고, 다른 한편은 이와 같은 벽지에서도 당 제국이 '군현화'의 노력을 포기하지 않고 지속하였다는 것이다. 사실 '황요(荒徼)의 바깥에 존재하고 만과 요가 잡처하며 언어가 각기 다른' 지역에[380] 여전히 '생료'의 거주지가 존재하는 것은 결코 이상한 일이 아니었다. 문제는 이러한 공간에서 정주와 기미주가 가지는 의미이다.

검남도에도 정주 경내에서 '생강' 혹은 '생료'를 상대로 설치되거나, 이들에 둘러싸인 현의 사례들이 존재하였다. 〈표 12〉는 『신당서』「지리지」 6에 보이는 사례들을 모은 것이다. 물론 지리지에 기록되지 않은 예들은 훨씬 더 많았을 것이다.

〈표 12〉 검남도 만이 지역 치현 사례

현명	등급	屬州	屬道	비고(/치소의 현재 위치)
羅目	中	嘉州	劍南道	665년 生獠를 열어 설치, 현에 沐州 설치. 676년 州가 폐지되면서, 현 또한 폐지. 678년에 다시 설치되면서, 본주로 편입. 峨眉山이 있음. / 四川 峨邊彝族自治縣 남부 大堡鎮

380) 『太平寰宇記』 卷122 「江南西道」 20 〈貴州〉, p.2421.

洪雅	上	眉州	劍南道	618년, 縣에 犍州 설치. 622년에 南安縣을 폐지하여 현에 편입. 627년, 건주가 폐지되면서, 본주에 편입. 719년에 義州를 설치하고, 獠戶를 바탕으로 南安과 平鄕 2縣 설치. 720년 의주가 폐지되면서, 2縣은 폐지. 洪雅縣은 본주로 편입. / 四川 洪雅縣
昌明	中	嶲州	劍南道	648년, 松外蠻을 열어, 牢州 및 松外, 尋聲, 林開 3縣 설치. 652년, 뇌주가 폐지되면서, 3縣을 폐지하여 昌明縣에 편입. / 四川 鹽邊縣 西北
通化	中下	維州	劍南道	본디 小封. 671년에 옛 金川縣 땅에 生羌戶로 설치. 나중에 更名. / 四川 理縣 東北 60킬로미터 通化鄕
歸順	中下	戎州	劍南道	699년, 郁鄔縣地를 쪼개어, 生獠戶로 설치. / 四川 宜賓市 西北의 思坡鄕
谷和	下	當州	劍南道	684년, 生羌을 열어 설치. 平唐縣을 並置하였으나, 뒤에 폐지. / 四川 黑水縣 西南
雞川	中下	真州	劍南道	712년, 翼水縣(四川省 茂縣 西北 兩江口)을 쪼개고 生獠를 열어 설치. 본디 悉州에 속하였으나, 742년에는 翼州에 소속. / 四川 茂縣 西北, 黑水縣 동쪽이라는 설도 있음
昭德	下	真州	劍南道	본디 識臼. 656년에 生獠를 열어 설치. 悉州에 소속되었으나, 742년에 翼州에 소속, 改名. / 四川 茂縣 西北

　가주의 나목현, 융주의 귀순현, 진주의 계천현과 소덕현은 모두 '생료'를 대상으로 설치되었다. 가주는 한대 건위군(犍爲郡)의 북서부에 해당하는데, 청의수(靑衣水)와 대도수(大渡水)가 만나는 지점 즉 현재의 쓰촨성 러산시[樂山市]를 중심으로 설치되었다. 『태평환우기』에서는, 가주의 풍속은 "주민과 이료가 섞여 거주하는데, 화인(華人)은 그 풍(風)이 사치한 것을 숭상하고, 그 속(俗)이 문(文)을 좋아한다. 이인은 추계(椎髻)에 맨발이고, 짧은 옷에 좌임하며, 귀신을 맹신하고, 대나무와 나무로 다락집[樓]을 만들어 거주하는데, 예의로도 교화할 수 없고, 법률로도 구속할 수 없다."라고 적었다.[381] 이 중 이인에 대한 묘사는 '생료'의 '생'이 지닌 의미를 잘 보여 준다. 『구당서』와 『태평환우기』는 가주의 수산(綏山)현 또한 수대인 615년에 '생료'를 초위하여 설치하였음을 전해 주며,[382] 『신당

381) 『太平寰宇記』 卷74 「劍南西道」 3 〈嘉州〉, pp.1507-1508.
382) 『舊唐書』 卷41 「地理」 4 〈嘉州 中〉, p.1681; 『太平寰宇記』 卷74 「劍南西道」 3 〈嘉州〉, p.1512.

서』「남만전」에서는 정원 연간(785-804)에 이 수산현 파롱천(婆籠川)의 생료 수령 보지(甫枳) 형제가 생만(生蠻)을 꾀어 일으킨 난을 기록하고 있다.[383] 또 『태평환우기』는 936년 나목현이 요인(獠人)의 반란으로 그 치소를 옮겨야 했음도 전하고 있다.

융주는 가주의 동남쪽에 접하였는데, 노수(瀘水, 현재의 金沙江)와 대강(大江, 長江의 상류)이 만나는 지점인 이빈[宜賓]시와 그 주변을 중심으로 설치되었다. 바로 한대 건위군의 치소 북도현(僰道縣)이 있었던 곳이다. 630년 도독부가 설치되어 17주를 도독한 이후로, 742년에는 기미주 36주와 기미현 137현을 도독하였다. 융주의 풍속에 관하여 『태평환우기』는 다음과 같이 적었다. "이인(夷人)과 하인(夏人; 漢人)이 잡거하였는데, 풍속이 각기 달랐다. 그 만과 요의 무리는 문자를 인식하지 못하고, 예교를 알지 못한다. 언어가 통하지 않으며, 그 기호나 욕망도 같지 않다. 추계에 맨발이며, 이와 귀를 뚫는 풍습이 있고, 비포(緋布)나 양가죽 그리고 사초(莎草)로 옷을 해 입는다. 귀신으로 징험을 삼으며, 살상을 오락거리로 여긴다. 어리고 건장한 것을 숭상하고 늙고 쇠한 것을 경시한다. 남녀가 무별하며, 산과 언덕이 바로 거주지이다."[384] 귀순현에 관하여 『구당서』에서는 699년에 존마현을 쪼개어 설치하였으며, 생료를 거처하게 하였다고 적었다. 그리고 『태평환우기』에서는 다음과 같이 적었다. "(폐)귀순현은 주 치소의 서북쪽 30리에 있다. 또한 북도(僰道)의 땅인데, 당 태종 정관(627-649) 연간에 군료(羣獠)가 귀복한 까닭에, 진(鎭)을 세워 위무하였으며, 귀순으로 이름을 삼았다. 700년[聖曆 3]에 존마현을 나누고, 바로 진을 폐하고 현을 두어, 생료를 거처하게 하였다." 현의 설치 이전에 군사 기구인 진을 두었다는 것이 주목된다.

미주 홍아현의 경우는 경내에 두 개 현을 설치할 만큼의 요호가 존재하

---

383) 『新唐書』 卷222下 「南蠻」 下 〈南平獠〉, p.6327.
384) 『太平寰宇記』 卷79 「劍南西道」 8 〈戎州〉, p.1590.

였음을 보여주는데, '생료호'와 대비되는 '요호'는 숙료(熟獠)로 보아도 좋을 듯하다. 『태평환우기』에 따르면,[385] 홍아현은 567년[北周 武帝 天和 2]에 이료를 쳐서 진(鎭)을 세웠던 것을, 593년[수 고조 개황 13]에 현으로 고친 것이다. 이 홍아진의 존재는 앞서 귀순진과 함께 기억해 두어야 할 부분이다. 또 현의 시중(市中)에 '이료서비(夷獠誓碑)'가 있다고 기록되어 있는데, 이 또한 이들 요호가 이미 '숙료화'되었음을 시사한다. 미주는 가주의 북부 일부를 할양하여 설치하였으며, 한대 설치되었던 건위군의 북부에 해당하는데, 『태평환우기』에서는 그 풍속이 성도부(成都府)와 같다고 하였다.[386] 거주민들의 풍속이 중국과 다름없다는 의미로, 제국의 군현 지배 또한 순조롭게 이루어지고 있었다는 의미일 것이다. 5현으로 이루어진 미주의 현당 호수 8,706호와 현당 인구수 3만 5,051인의 수치는 이러한 추정을 방증한다. 그러나 '요호'의 존재가 보여주는 바와 같이, 그 주민 모두가 '중국인'이었다는 의미는 아니다. 그리고 수주의 창명현은 그 경내에 세 현을 설치할 정도의 송외만이 거주하고 있었음을 보여준다. 창명현은 이들 사례 중 가장 남단에 위치하였다.

　'생료'의 땅에 설치한 계천현과 소덕현이 속한 진주는 가주나 융주와 달리 성도의 북쪽에 위치하였다. 746년에 임익군(臨翼郡)을 쪼개어 소덕군(昭德郡)을 설치했고, 758년에 그 이름을 고친 것이 진주이다.[387] 임익군은 익주(翼州)의 바뀐 이름이니, 결국 진주는 익주를 쪼개어 설치한 셈이다. 〈표 12〉에서 계천현과 소덕현은 742년 소속이 익주로 변경되기 이전에는 실주(悉州)에 속한 것으로 되어 있다. 소덕현의 전신인 식구현은 656년에 '생료'를 열어 설치하였다고 했으니, 실주가 설치된 해에 설치되었다. 그리고 계천현이 분리되어 나온 익수현은 수 제국 초기(598)에 설

---

385) 『太平寰宇記』 卷74 「劍南西道」 3 〈眉州〉, p.1504.
386) 『太平寰宇記』 卷74 「劍南西道」 3 〈眉州〉, p.1501.
387) 『舊唐書』 卷41 「地理」 4 〈真州〉, p.1705.

치되어 계속 익주에 속해 있었다. 712년에 익수현 지역 생료를 열어 계천현을 설치하면서, 비로소 실주에 소속된 것으로 보인다.

이 두 현이 소속된 실주는 656년 본디 익주의 속현인 좌봉현(左封縣, 四川 黑水縣 東南) 경계 내의 실당천(悉唐川)에 설치되었는데, 생강(生羌) 수령 동계비사(董係比射)의 내부(內附)에 의한 것이었다. 동계비사를 자사로 삼아, 실당(悉唐), 좌봉, 식구(識臼) 등 3현을 통령하고 실당성(悉唐城)에 치소를 두게 하였다. 동계비사가 죽은 뒤에는 좌봉현령 동구실동(董俱悉凍)이 자사를 맡게 하고, 아울러 칙령을 내려 '부사자계(父死子繼)' 하게 하였다. 670년에 치소를 좌봉현으로 옮겼는데, 677년 강(羌)의 이반으로 당주성(當州城) 안에 기치(寄治)하기도 하였으나, 얼마 지나지 않아 좌봉현으로 귀환하였다. 686년에 귀성현(歸誠縣)을 설치하였다. 690년에 주의 치소를 비평천(匪平川)으로[388] 옮겼다. 742년에 귀성군(歸誠郡)으로 바꾸었는데, 식구현을 떼어 임익군에 속하게 하였다. 이때 식구현은 소덕현으로 개명되었다. 758년 다시 실주가 되었다. 실주는 옛날에는 농우도(隴右道) 송주(松州)도독부에 속하였다가, 나중에 검남도에 속하게 되었다고[389] 한다.[390] 『태평환우기』에서는 실주의 풍속을 기술하면서, '강이(羌夷)가 당주(當州)와 같다.'라고 하였는데, 당주의 풍속에 관하여는 "땅은 변방으로 이(夷)와 서로 가깝고[地邊夷徼], 사람은 강(羌)과 만(蠻)이 잡처한다."라고 적었다.[391]

684년, 당주는 '생강'의 땅을 개척하여, 곡화현과[392] 평당현을 설치하였는데, 평당현은 곧 폐지되었다. 당주 자체가 역대로 '생강'의 땅이었던 통궤현(通軌縣)에 설치된 것이었다. 당시 통궤현은 송주(松州)에 속하였

---

388) 『舊唐書』 卷41 「地理」 4 〈悉州〉, p.1703. 비평천은 四川省 黑水縣 동남으로 비정된다.

389) 『舊唐書』 卷41 「地理」 4 〈松州下都督府〉, p.1699.

390) 『舊唐書』 卷41 「地理」 4 〈翼州〉, p.1689; 『舊唐書』 卷41 「地理」 4 〈悉州〉, p.1703; 『舊唐書』 卷41 「地理」 4 〈真州〉, pp.1705-1706; 『太平寰宇記』 卷81 「劍南西道」 10 〈悉州〉, pp.1639-1640.

391) 『太平寰宇記』 卷81 「劍南西道」 10 〈當州〉, p.1638.

392) 『구당서』에서는 谷利(『舊唐書』 卷41 「地理」 4 〈當州 下〉, p.1703).

다. 646년 송주(松州)의 대수령 동화나봉(董和邢蓬)이 송부(松府)를 고수하여 서강의 침입을 막아내자, 647년에 특별히 칙령을 내려, 통궤현에 당주를 설치하게 하고, 봉(蓬)을 자사로 삼았다. 그리고 656년에는 그의 적자 굴녕(屈寧)에게 자사직을 잇게 하였다.[393] 『신당서』에서는 통궤현이 629년에 설치된 것으로 되어 있지만, 처음 설치된 것은 566년[北周天和 元年]이었다. 또 당주의 속현 이화(利和)는[394] 657년에 통궤현을 나누어 설치했다고 하는데, 656년 자사직을 이어받은 수령 굴녕 휘하의 생강 부락을 쪼개어 설치한 것으로 보인다. 여기에서 꼭 기억해야 할 것이 있다. 당주는 정주였고, 곡화와 화리 그리고 통궤 또한 모두 정현이었다. 실주와 당주 그리고 이들 속현들은 763년 토번에 함몰되었다.

영남도에도 많지는 않지만, 유사한 사례가 보인다. 옹관 소속 옹주(邕州)의 사룡(思籠)현[廣西 隆安縣 布泉鄕]과 봉릉(封陵)현[廣西 邕寧縣 동북의 周村]은[395] 모두 당 숙종 건원(758-760) 연간 후에 산동(山洞)을 열어 설치하였다. 『구당서』에서는 이와 관련하여, "사룡(思龍), 여화(如和), 봉릉 세 현은 계동(磎洞)을 열어 점차 설치한 것이다."라고 적었다.[396] 사룡현은 사룡현을 지칭할 것이다. 여화[廣西 邕寧縣 서남 延安鄕]현은[397] 본디 흠주(欽州)에 속하였으며 622년 남빈(南賓)과 안경(安京)을 쪼개어 설치하였고, 708년 이후 옹주에 속하게 되었다. 설치 시간으로 보나 주치로부터의 거리로 보나, 여화현, 봉릉현, 사룡현의 순서로 설치된 것으로 보인다. 『태평환우기』가 전하는 옹주의 풍속이 재미있다. "지금 향촌은 모두 백두건을 쓰는데, 『옹주도경(邕州圖經)』에 이르기를, '풍속이 인색하고 천박하며, 안으로는 음험하고 밖으로는 어리석게 보인

---

393) 『舊唐書』 卷41 「地理」 4 〈當州 下〉, pp.1702-1703; 『太平寰宇記』 卷81 「劍南西道」 10 〈當州〉, p.1638.
394) 『구당서』에서는 和利(『舊唐書』 卷41 「地理」 4 〈當州 下〉, p.1703).
395) 廣西 邕寧縣 동북의 七塘張村으로 보는 설도 있다.
396) 『舊唐書』 卷41 「地理」 4 〈嶺南道 邕管十州 邕州下都督府〉, p.1737.
397) 廣西壯族自治區 南寧市 邕寧區 서남부로 보는 설도 있다.

다. 추계에 맨발이며, 닭 점[雞占] 및 계란 점[卵占]을 숭상한다. 제이(提佋), 이(俚), 요(獠)가 가지각색으로, 말이 각기 달라 통역을 통하고서야 의사가 통한다.'라고 하였다. 또 주의 진성현에서는 만의 수령들이 해마다 때때로 석계구(石溪口)에서 통상하는데, 마회(馬會)가 있다. 『설문(說文)』에 이르기를, '마회는 지금의 요포(獠布)이다.'라고 하였다. 대나무 재로 소금을 만들며, 오미(五味)를 일삼지 않는다."[398] 산동과 계동은 이들 다양한 만이 집단의 거주지를 지칭하는 말이다. 이 밖에 용관의 암주(巖州)에 속한 은봉(恩封)현[廣西 玉林市境]은[399] 본디 복룡동(伏龍洞)으로 680년에 설치했다고 했으며, 용관 우주(禺州)의 나변(羅辯)현은 본디 나변동이었다고 적었다. 또 안남부 염주(廉州)의 채룡(蔡龍)현은 채룡동으로 인해 이름을 지었다고 하였다.

『신당서』「지리지」는 또 영남도를 소개하면서, 이료(夷獠), 생만, 생료, 만료(蠻獠)의 만이 집단 혹은 그 거주지인 동(洞)을 열어 설치한 주들 또한 표기하였다. 이에 따르면, 우선 용관에 속한 양주(瀼州)와[400] 고주(古州)는[401] 청평공(清平公) 계주도독(桂州都督)[402] 이홍절(李弘節)이 638년에 '이료'를 열어 설치하였다. 같은 해에 이홍절은 안남부의 '생만'을 초위 혹은 개척하여 농주(籠州)[403]와 환주(環州)를[404] 설치하였다. 『구당서』에서는 양주에 대해 이홍절이 흠주(欽州)의 수령 영사경(寧師京)을 보내 수대의 대장군 유방의 옛길[劉方故道]을 탐색하여 교지(交趾)에 이르게 하고 이료를 개척하게 했다고 하였다.[405] 고주에 관하여는 지경이 양주와 같은 해에 설치되었다고 하여 같은 사건의 결과임을 시사하였다.[406] 그리고 농

---

398) 『太平寰宇記』 卷166 「嶺南道」 10 〈邕州〉, p.3172.
399) 『舊唐書』 「地理志」에서는 '思封'이라 함. p.1748.
400) 治所는 臨江縣, 치소의 현재 위치는 廣西 上思縣 서남.
401) 治所는 樂預縣, 치소의 현재 위치는 廣西 三江侗族自治縣境.
402) 『新唐書』 卷89 「屈突通」, p.3751.
403) 치소는 武勤縣, 치소의 현재 위치는 廣西 扶綏縣.
404) 治所는 正平縣, 치소의 현재위치는 廣西 環江毛南族自治縣 서북 大環江 서안.
405) 『舊唐書』 卷41 「地理」 4 〈嶺南道 容管十州 瀼州下〉, p.1748.
406) 『舊唐書』 卷41 「地理」 4 〈嶺南道 容管十州 古州〉, p.1749.

주에 대하여는 이홍절이 공주(龔州) 대동현(大同縣) 사람 공고흥(龔固興)을 파견, 생만을 초위하여 농주를 설치하였다고 적었다.[407] 환주에 대해서는 『신당서』와 대동소이 하였다.

또 667년에는 '생료'를 초치하여, 진(秦)의 옛 계림군(桂林郡) 지역에 엄주(嚴州)와[408] 세 현을 설치하였다. 그리고 669년, 지주(智州)자사 사법성(謝法成)이 생료와 곤명(昆明)을 초위하여, 북루(北樓) 등 7천여 락(落)과 옛 당림주(唐林州) 지역에 복록주(福祿州)를 설치하였다. 『구당서』에서는 엄주에 대하여 나중에 요인들이 할거하게 되었다는[409] 정보를 보태고 있다. 복록주에 대해서도 더 전해 주는 바가 있는데, "땅과 풍속이 구진군(九真郡) 지역과 같고, 나중에 생료가 할거하였다."라고 적었다. 그리고 복록주의 설치와 지주자사 사법성의 초무 활동이 시차가 있음을 보여 준다. 즉 초무 활동이 이루어진 것은 663년의 일이었다. 6년 뒤인 669에 "복록주를 설치하여 (그들을) 거처하게 하였다."[410] 이 밖에 '산(계)동'의 개치에 관하여는, 621년에 염주(廉州)의 전신인 월주(越州)를 설치했는데, 본디 대렴동(大廉洞) 지역이라 하였고, 682년에는 고당동(古黨洞)을 열어 당주(黨州)를 설치하였으며, 개원 연간에 만동(蠻洞)을 열어 전주(田州)를 설치했다고 하였다. 마지막으로 668년에 장군 왕고(王杲)가 만료를 평정하고, 이전에 폐지된 바 있던 뇌주(牢州)를 다시 설치하였다.

검중도와 검남도, 그리고 강남도에 속한 주와 현들 가운데 요, 생료, 만, 생강을 대상으로 설치되었거나, 이들 만이 지역을 포함하는 현과 주들의 사례들을 몇 가지 살펴보았다. 우선 주목되는 점은 이들 지역이 지닌 변군적 성격이다. 한 무제 시기 이미 변군이 설치된 지역임에도 불구하고, 여전히 변군으로 남아 있다는 점이다. 여전히 그 공간을 채우고 있

---

407) 『舊唐書』卷41「地理」4〈嶺南道 安南府 籠州〉, p.1760.
408) 治所는 來賓縣이고, 치소의 현재 위치는 廣西 來賓縣 동북 城廂鄕.
409) 『舊唐書』卷41「地理」4〈嶺南道 邕管十州 嚴州〉, p.1740.
410) 『舊唐書』卷41「地理」4〈嶺南道 福祿州 下〉, p.1754.

는 인간 집단의 다수는 '중국'인들이 아니었다. 중국의 주(군)현이 점재하는 공간의 대부분을 점한 것은 요인(獠人)들과 만인(蠻人)들의 공동체였다. 둘째로, 실주와 당주의 사례가 눈길을 끌었다. 둘 다 생강의 수령에게 자사직이 주어지고, '부사자계(父死子繼)'의 특권이 주어졌는데, 이들이 통령한 주가 기미주가 아니라 정주로 여겨지는 듯이 보였기 때문이다. 그리고 실주에서 아비인 동계비사가 자사직을 맡고 있을 때, 아들인 동구실동이 좌봉현령의 직을 맡고 있었다는 점 또한 눈여겨 볼 일이다. 마지막으로 귀순현과 홍아현의 경우, 치현의 전 단계로 건진(建鎭)이 이루어졌다는 것도 기억해 둘 일이다.

정주와 기미주의 관계에 관하여 흥미로운 사실을 알려 주는 사례가 셋 있다. 하나는 『신당서』 「지리지」 5의 것인데, 검중도 장주(奬州)의 재강(梓薑, 貴州 鎭遠縣 東北)현을 설명하면서, 본디 충주(充州)에 딸린 현이었는데, 744년 충주가 기미주로 강등되면서 장주로 편입되었다고[411] 적고 있다. 그리고 「지리지」 6에서는 유주(維州)에 대해 설명하면서, "624년에 백구강(白狗羌)의 호구를 바탕으로 강유고성(姜維故城)에 설치하였는데, …… 627년에 강(羌)의 이반으로 주와 현을 폐지하였다가, 628년에 다시 설치하였다. 665년에 기미주에서 정주로 승격하였다가, 677년 강의 이반으로 다시 기미주로 강등되었다. 687년에 다시 정주로 승격되었다. 763년에 토번(吐蕃)에 함몰되었다가, 831년에 수복하였으나, 얼마 지나지 않아 포기하였다. 849년에 수령이 주를 거느리고 내부하였다."라고 적고 있다. 마지막으로 강남도의 사례인데, 계관 소속의 사당주(思唐州)는[412] 681년 공주(龔州)와 몽주(蒙州), 상주(象州)를 쪼개어 정주로 설치되었다가, 736년에 기미주가 되었다. 그리고 다시 780년에 정주가 되었다.[413] 셋 다 기미주와 정주

---

411) 『新唐書』 卷41, 「地理」 5 〈江南道 黔中採訪使 奬州龍溪郡〉, p.1074.
412) 治所는 武郞縣이고, 치소의 현재 위치는 廣西 平南縣 북쪽의 馬練瑤族鄕이다. 廣西 平南縣 서북 寺堂으로 보는 설도 있다.
413) 『新唐書』 卷43上 「地理」 7上 〈嶺南道 思唐州武郞郡〉, p.1108.

가 서로 이동이 가능함을 보여주고 있다.

우선 첫 번째 사례부터 살펴보자. 〈표 13〉은 강남도에 딸린 만주(기미주) 51곳에 관한 『신당서』「지리지」의 기록을 정리한 것이다.

〈표 13〉 강남도 제만주 51

黔州都督府(51)					
1	牂州	620년, 牂柯首領 謝龍羽의 땅에 설치. 621년 牁州로 개명, 後에 옛 이름 회복. 초기에 牂, 琰, 莊, 充, 應, 矩 6州 모두 下州, 開元(713~741) 연간에 牂, 琰, 莊州가 羈縻州로 강등. 744년에 充, 應, 矩州가 기미주로 강등. 縣3	27	殷州	673년 昆明部를 나누어 설치, 나중에 폐지. 727년에 戎州를 나누어 復置, 나중에 다시 폐지. 786년, 節度使 韋皋가 上表하여 復置. 옛 南漢의 地境. 縣5. 처음에는 敦州와 함께 모두 戎州都督에 예속되었다가, 나중에 來屬.
2	琰州	630년 설치. 縣5. 貞觀(627~649)中에 또 2현 소령, 後省. /처음에 下州였으나, 개원 연간에 기미주로 강등.	28	候州	
3	莊州	본디 南壽州. 629년에 南謝蠻 首領 謝彊의 땅에 설치. 630년에 更名, 638년에 都督府가 되었다가, 708년에 都督 폐지. 옛 隋의 牂柯郡地. 縣7. 貞觀(627~649) 연간에 淸蘭縣을 통령하였다가, 나중에 폐지. 초기에 下州였다가 개원 연간에 기미주로 강등.	29	晃州	
4	充州	620년에 牂柯蠻 別部에 설치. 縣7. 처음에는 下州였으나, 744년에 기미주로 강등.	30	樊州	
5	應州	629년에 東謝蠻 首領 謝元深의 땅에 설치. 縣5. 처음에는 下州였으나, 744년에 기미주로 강등.	31	稜州	
6	矩州	621년에 설치. 처음에는 下州였으나, 744년에 기미주로 강등.	32	添州	
7	明州	貞觀(627~649)中에 西趙蠻 首領 趙磨酋의 땅에 설치.	33	普寧州	
8	蔦州		34	功州	

9	勞州			35	亮州	
10	義州			36	茂龍州	
11	福州			37	延州	
12	犍州			38	訓州	
13	邦州			39	卿州	641년에 설치.
14	淸州			40	雙城州	
15	峨州			41	整州	
16	蠻州	縣1.		42	懸州	
17	山歐州	「山歐」는 「鼓」라고도 함.		43	撫水州	縣4.
18	濡州			44	思源州	
19	琳州	縣3.		45	逸州	
20	鸎州			46	南平州	
21	令州			47	勳州	
22	那州			48	襲州	
23	暉州			49	寶州	697년에 昆明夷의 內附로 설치.
24	都州			50	姜州	
25	總州	673년. 昆明 14姓이 戶 2만을 이끌고 內屬하여 分置.		51	鴻州	縣5.
26	敦州	673년. 內屬 昆明部를 나누어 설치. 縣6. 처음에는 戎州都督에 예속되었다가, 나중에 來屬.				

우선, 충주를 살펴보면, 충주는 장가만 별부에 설치되었으며, 620년 설치되었을 때는 '하(下)'급의 정주였다가, 744년에 기미주로 강등되었다. 그리고 기미주로 강등된 뒤에도 평만(平蠻, 貴州 石阡縣 서남), 동정(東停, 貴州 鎭遠縣 동북), 소명(韶明, 貴州 餘慶縣 서북), 장가(牂柯), 동릉(東陵, 貴州 鎭遠縣 서북), 진수(辰水, 貴州 江口縣 북), 사왕(思王) 등 7현을 통령하였다. 위 표에서 보듯이, 충주 외에도 장주(牂州), 염주, 장주(莊州), 응주, 구주 등도 설치 초기에는 모두 하급의 정주였다가, 개원 연간(713-

741) 혹은 744년에 기미주로 강등되었다. 특히 장주(莊州)는 638년부터 708년까지 도독부가 설치되기도 하였다. 장가만과 동사만 및 남사만의 내부로 설치된 여섯 곳의 주는 100년 내외의 기간 동안 '정주'로 존재하였다. 이에 비해, 서조만의 내부로 설치된 명주, 곤명만의 내부로 설치된 총주, 돈주, 은주, 보주 등은 처음부터 기미주로 설치되었다.

그런데, 다른 기록들에 등장하는 이들 여섯 주의 모습은 정주보다는 기미주에 가까웠다. 기미주에 관하여 가장 많이 언급되는 정의는 『신당서』「지리지」의 것이다. 만이가 내속해 오면, "그 부락에 따라 주현(州縣)을 설치하는데, 큰 것은 도독부로 삼아 그 수령을 도독과 자사로 삼고, 모두 세습할 수 있게 한다. 비록 공부(貢賦)와 판적(版籍)이 있어도, 대부분은 호부(戶部)에 올리지 않지만, 성교(聲敎)가 이르는 곳은 모두 변주도독과 도호에게 통령하게 하여, 영(令)과 식(式)에 분명하게 기록한다."는 것이다.[414] 우선, 620년에 설치된 장주의 경우, 장가만 수령 사용우가 견사 조공하여 그 지배 지역에 설치되었으며, 사용우에게 장주자사직과 야랑군공의 작이 수여되었다. 그의 관작은 아들인 사원제(謝元齊)와 적손인 사가예(嘉藝)에게까지 세습되었다. 사원제가 죽은 것이 722년이고, 새로운 추장 조군도(趙君道)가 737년에 당 조정에 내조하였으므로, 사가예는 모종의 사건으로 죽고, 후사가 끊긴 것으로 보인다.[415] 장주가 정주에서 기미주로 바뀐 것도 사씨로부터 조씨로의 교체 과정과 관련이 있을 지도 모른다. 부락에 주현이 설치되고, 수령을 자사로 삼았으며, 또 그것이 세습되었다. 그런데 이 장주는 이 시기 '정주'의 하나였다.

충주의 경우, '충주만'이 장가만의 별부라고 한 것이나, 충주가 620년에 설치되었다는 사실, 또 「남만전」에서 사용우의 뒤를 이어 "또한 와서 조공하니" 주를 설치하였다고 한 것으로 보아, 사용우와 함께 조공한 것

---

414) 『新唐書』 卷43下「地理」7下〈羈縻州〉, p.1119.
415) 『舊唐書』 卷197「南蠻 西南蠻」〈牂牁蠻〉, p.5276; 『新唐書』 卷222下「南蠻」下〈兩爨蠻〉, p.6319.

이 분명해 보인다. 그리고 650년 염주료(琰州獠)의 반란을 진압하는 과정에서 사법흥(謝法興)이라는 이름의 충주자사가 등장하는데, 그는 재주(梓州)도독 사만세(謝萬歲)와 함께 동(洞)에 들어가 초위(招慰) 활동을 하다가 살해당했다.[416) 충주 또한 장가만 별부의 수령 사씨에게 자사직이 주어진 것으로 추정된다. 그리고 744년 충주는 '황폐(荒廢)'해졌다는 이유로 결국 기미주로 강등되었다.[417)

또 자사의 이름이 보이는 것으로 구주(矩州)가 있다. 위 표에서 보듯이, 구주는 621년에 설치되었는데, 『신당서』에는 663년에 곤명만 비루(比樓) 등 7천 호를 초위하여 내부(內附)하게 한 구주자사 사법성(謝法成)의 이름이 보인다.[418) 670년, 이 곤명만 7천호에 녹주(祿州)와 탕망주(湯望州)가 설치되었다. 그런데, 이 이야기는 앞서 안남도호부의 복록주 설치에 등장하는 지주자사 사법성의 고사와 비슷하다. 다른 점은 자사직의 겸령한 주가 구주인가 지주인가의 차이 뿐이다. 만약 이들이 동일 인물이라면, 사법성은 663년의 초무 활동을 통해, 생료도 내부하게 하였고, 한 해 앞서, 복록주도 설치한 셈이다. 2년 뒤인 672년에 위의 표에 보이는 곤명 14성의 내부가 이어지는데, 이것이 사법성과 관련이 있는지는 분명하지 않다. 구주 사람으로 사씨의 이름이 하나 더 보이는데, 그것은 656년에 반란을 일으킨 사무령(謝無零)이다. 『신당서』「본기」에 단지 656년 사월 임자일에 "구주 사람 사무령이 반란을 일으켰다가, 복주(伏誅)되었다."라고 적었다.[419) 구주를 지배했던 사씨 수령 중 하나였던 것으로 보인다. 구주도 충주와 마찬가지로 744년 기미주로 강등되었는데, 이유는 적

---

416) 『新唐書』卷3「高宗皇帝」〈永徽元年(650)〉, p.53; 『新唐書』卷222下「南蠻」下〈南平獠〉, p.6327.

417) 『舊唐書』卷41「地理」3〈業州 下〉, p.1624. 梓薑　舊於縣置充州, 天寶三年(744), 以充州荒廢, 以梓薑屬業州, 其充州為羈縻州.

418) 충주자사 사법흥과 구주자사 사법성의 모습은, 西爨國에서 爨歸王과 그의 조카 爨崇道를 비롯해 찬씨 수령들이 주의 刺史직이나 長史직을 나누어 가졌던 모습이나, 南詔國이 초기에 얼하이 지역을 통합해 나갈 때, 여러 기미주 자사직을 뭉씨 가계 내에서 분점하였던 모습을 상기시킨다. 矩州 또한 充州처럼 장가만 별부에 설치된 기미주로 볼 수는 없을까?

419) 『新唐書』卷3「高宗皇帝」〈顯慶元年〉, p.57.

시되지 않았다.

이 밖에 629년의 입조로 유명한 동사만 응주자사 사원심이 있고, 또 남사만 수령 사강 또한 내조의 대가로 장주(莊州)자사가 되었다. 『구당서』와 『신당서』의 '남만' 열전에는 사원심의 입조 모습을 그리고 있는데, 만이 수령으로서의 모습을 잘 보여 준다. 『신당서』「남만전」의 묘사를 옮겨 보면, 다음과 같다.

629년[당 태종貞觀 3년]에 그 추장 원심(元深)이 입조하였는데, 주모 (注旄)같이[420] 생긴 검은 곰 가죽으로 만든 관을 썼고, 금은을 이마에 둘렀으며, 털로 짠 배자를 걸쳤고, 무두질한 가죽으로 행전(行纏)을[421] 하고 신발을 신었다. 중서시랑(中書侍郞) 안사고(顏師古)가 이로 인하여 상언하기를, "옛날에 주(周) 무왕시(武王時)에는 먼 나라에서 입조하면, 엮어서 『왕회편(王會篇)』을 만들었습니다. 지금 만이가 입조하였는데, 원심과 같이 관복(冠服)이 다른 자는 베껴서 『왕회도』를 작성할 만합니다."라고 하였다. 조를 내려 허락하였다. 황제가 그 땅을 응주 (應州)로 삼고, 그 자리에서 원심을 자사로 임명하여 검주도독부에 딸리게 하였다.[422]

안사고가 그 모습을 그려서 남기고 싶어 할 정도로, 사원심의 모습은 그야말로 '만이'의 모습이었다. 당 태종은 이 만이 추장을 응주자사에 임명하였고, 사원심은 당 제국 정주 자사의 직을 갖게 되었다. 조공과 관작 사여의 교환은 책봉 조공 관계이자 전형적인 기미의 한 형태이지만, 8세기 초·중반까지 이들 여섯 주는 '정주'의 지위를 누렸다. 물론 중국 사람들의 입장에서 본 것이겠지만, '승강'의 개념을 쓰는 것으로 보아, 기미주보다는 정주가 더 높게 여겨졌던 것으로 보인다. 그리고 당 제국에 귀부한

---

420) 『舊唐書』에서는 '氂頭'라 하였고, '모두'는 제왕이 出駕할 때 앞에 서는 무관들이 쓰는 관을 지칭한다.

421) 行纏은 바지를 입을 때 웅구바지가 되지 않게 하려고, 발회목에서 장딴지까지 바지 위에 눌러 치는 것. 헝겊으로 소맷부리 같이 만들고 위쪽에 두 끈을 달아서 돌려 매게 되어 있다.

422) 『新唐書』卷222下「南蠻」下〈兩爨蠻〉, p.6320.

선주민들의 수장들 또한 그 위계에 순응하고, 이를 적극적으로 이용하고 자 하였을 가능성 또한 배제할 수 없다. 당 제국의 지배에 적극 협력하면 서, 보다 높은 직위를 누린 만이 수령들도 존재하였기 때문이다.

이들 검중 지역 6주의 예로 보건대, 앞서 실주와 당주의 예도 '정주'로 보는 것이 맞을 듯하다. 그리고 앞서 살펴본 유주의 경우, 강(羌)의 반란 에 따라 주가 폐지되거나 기미주로 강등되기는 하였지만, 백구강 수령이 자사를 맡았던 것은 변하지 않았다. 이들 유주 등과 관련하여 흥미로운 점은 유주와 송주, 실주와 당주 등이 토번에 함몰된 뒤에도 그 부락 수령 이 대대로 자사와 사마를 담당하였다는 점이다. '송주'조에는, "763년에 토번에 함몰되었는데, 그 뒤 송(松), 당(當), 실(悉), 정(靜), 자(柘), 공 (恭), 보(保), 진(真), 패(霸), 건(乾), 유(維), 익(翼) 등의 주는 행주(行 州)가 되어, 부락의 수령이 대대로 자사와 사마(司馬)가 되었다."라는[423] 기록이 있다.

'행주'는 다른 용례들로 볼 때, 어떤 주가 '본디의 곳이 아니라 다른 곳에 임시로 설치되었다'는 의미가 강하다. 송주를 비롯한 12개 주도 그 주의 관할 지역이 토번에 함락된 뒤에 그 치소를 다른 곳으로 옮겨서 기관을 유 지하고 있다는 의미일 터인데, 이렇게 임시로 운용되는 주의 자사직과 사 마직을 부락의 수령들이 대대로 맡았다는 것이다. 이는 당 제국이 이들을 포기하지 않았다는 의미이다. 이는 앞서 유주가 '강인'의 이반에 의해 주 가 폐지되거나 기미주로 강등된 경우와는 매우 다르다. 여기에서 주목되 는 것이 '부락'의 존재이다. 이들 12주는 물론 생강 혹은 생료(만) '부락'을 대상으로 설치된 주이고, 그런 이유로 그 수령들에게 장관직을 맡긴 주들 이다. 이들의 본디 거주지가 토번의 지배하에 들어갔더라도, 그 '부락'이 존속한다면, 그 주현의 존속 이유도 있는 것이다. 특히 당시 당에 가장 큰

---

423) 『新唐書』卷42 「地理」6, p.1086.

적국이었던 토번과의 최전선에 있는 부락들이라면, 제국의 입장에서 쉽게 포기할 수 없었을 것이다. 그러나 그 부락 구성원의 일부나 전체가 이반한다면, 그 주는 이미 존재의 의미가 없게 되는 것이다. 앞서 충주의 강등 이유인 '황폐'도 이러한 맥락에서 이해해야 할 것이다. 안타깝게도 안남도 사당주의 경위에 관하여는 더 이상 자세한 자료를 구하지 못 하였다.

이 지점에서 정주와 기미주의 관계 혹은 개념 문제도 재고되어야 한다. '기미부주 체제'라는 용어와 '정주'와 '기미주'라는 이항 대립적 구성은 '변경' 혹은 '변강'이라는 공간이 마치 제도적으로 정주와 기미주로 양분되어 있는 것처럼 보이게 만든다. 그리고 정주에 속한 것보다는 기미주에 속한 것을 보다 '자유'롭게 '독립'적으로 보이게 만든다. 그러나 실제로 그러했는지는 다시 생각해 보아야 한다. 정주와 기미주 사이에서 어느 순간 토벌이나 초유의 대상이 되는, 혹은 내부(來附)의 주체가 되는 '생강'과 '생만'과 '생료'는 그 이전에 어느 쪽에도 속하지 않았던 존재이다. 또 이미 설치된 지 오래된 정주 속현의 경내에서 어느 날 갑자기 '치현'의 대상이 되는 만이 집단 또한 어느 쪽에도 속하지 않은 사람들이었다.

'기미부주현'에서 방점이 찍혀야 할 부분은 '부주현'이 아니라, 역시 '기미'이다. 기미부주현은 기미할지라도 역시 부주현인 것이 아니라, 기미할 수밖에 없는 부주현인 것이다. "기미이이(羈縻而已), 사곡재피(使曲在彼)"라는 '기미지의(羈縻之義)'가[424] 강조되어야 한다. 수많은 기미주를 통령했던 송주도독부에 관하여, 『구당서』「지리지」는 다음과 같이 설명하고 있다. "753년[唐 玄宗 天寶 2년]의 장부에 의거하면, 송주도독부에는 104주가 있는데, 그중 25주만 호구의 액수가 있다. 무릇 다수는 기미하거나 도망하여 흩어졌으니, 나머지 79주는 모두 생강(生羌) 부락으로, 혹은 칭신하고 혹은 하지 않는데, 주현에 호구가 없더라도 단지 기미하여

---

424) '기미지의'에 관하여는 다음 글 참조. 金翰奎(1988), pp.55-104.

통령할 뿐이다."[425] 이 문장의 뉘앙스로 보건대, 기미주는 상황의 결과물일 뿐, 목적의 성과가 아니다. 앞서 『신당서』 「지리지」가 제시한 '기미주'의 기준 중 가장 핵심적인 것은 역시 '공부(貢賦)와 판적(版籍)'을 호부(戶部)에 보고하는가의 여부였던 것이다.

이상 이 절에서는 검남도와 검중도에서 확인되는 몇 가지 사례를 가지고 정주와 기미주 문제를 살펴보았다. 이들 사례들은 완성된 제도적 형태로부터 '삐져나오는' 것들이었다. 제국의 입장에서 군현적 지배의 확대는 태생적으로 지닌 당위의 문제였다. 이상적인 제국은 본디 황제의 직접적 지배를 가로막는 존재를 용인해서는 안 되기 때문이다. 그러나 황제의 지배는 출현 이후 줄곧 그 이상과 현실 사이에서 타협물을 만들어 냈다. 기미부주현 또한 그중 하나였다. 타협의 역사적 산물인 기미부주현은 그 제도적 형태가 완성되기 전에 다양한 형태가 존재할 수밖에 없었을 뿐 아니라, 그 타협은 이상과 현실의 끊임없는 길항의 산물이기 때문에, 언제든지 '전형적' 형태에서 벗어나는 '정주'와 '기미주'를 만들어 낼 수밖에 없었다. 제국의 입장에서 '기미주'는 궁극적으로 사라져야 할 대상이었다. 따라서 '기미주'의 산출이 그 목적이 될 수는 없었다.

이러한 맥락에서 검중도에 보이는 충주 등의 사례나 검남도에 보이는 유주의 사례도 자연스럽게 이해될 것이다. 그리고 '변경'의 공간에 선주하였던 '요', '만', '강'의 입장에서 보면, 제국의 접근과 그로 인해 만들어지는 환경들은 그들에게 생존을 위한 선택을 강요하였다. 그들은 제국이 만들어 내는 국제적 위계에 순응하거나 '협력'할 수도 있었고, '저항'할 수도 있었다. 또 '회피'할 수도 있었다. 그런데, 협력과 저항이 절대적인 기준을 가진 분류는 아니었다. 그들을 끌어당기는 힘이 동북쪽에만 존재한 것이 아니었기 때문이다. 당 제국에 대한 협력은 토번이나 남조국에 대한

---

425) 『舊唐書』 卷41 「地理」4 〈松州下都督府〉, p.1699.

저항을 의미할 수 있었고, 당 제국에 대한 저항이 토번이나 남조국과의 협력을 의미할 수도 있었기 때문이다. 하나의 힘에 의해 통합되지 않은 복수 공동체의 공존은 다양한 선택과 복잡한 질서를 만들어 냈다. 따라서 기미부주현의 장관직을 수용하든, 정주와 정현 경내의 만이 수령으로 존재하든, 중국 제국의 군사력이나 행정력이 미치지 않는 공간으로 이동하든, 그 선택이 만들어 낸 효과와 질서는 단일하지 않았다.

3. 요인(獠人)들과 만인(蠻人)들

앞 절에서는 남조국과 경계를 접한 검중도와 검남도, 그리고 영남도 서부에 설치된 당 제국의 정주와 기미주에 관하여 살펴보았다. 이들 당 제국의 행정 기관들이 점재한 공간을 채운 사람들은 대부분 중국인들이 강, 만, 요, 이 등으로 불렀던 만이 공동체였다. 8세기 중반 이후 토번 및 당 제국과 충돌하며 끊임없이 세력을 확대해 가던 남조국의 입장에서 이들은 안정적으로 포섭해야 할 대상이었다. 동아시아 세계 국제 질서의 주도권을 두고 토번 및 남조국과 경쟁하게 된 당 제국의 입장에서도 이들에 대한 안정적 지배는 중요하였다. 그리고 이들 공동체들의 입장에서, 당 제국의 지배와 남조국의 세력 확장은 이제 생존을 위해 반드시 적응해야 할 환경이 되었다. 이 절에서는 남조국과 당 제국 사이, 그 경계 지역에 거주하였던 제료(諸獠)와 제만(諸蠻)에 대해 살펴보고자 한다.

우선, 사서에 등장하는 이들 공동체들의 명칭과 그 대체적인 위치를 살펴보고자 한다. 앞 장에서 살펴본 교통로와 경계 지점이 대략적인 지역적 분류의 기준이 될 것이다. 명칭은 때로 이들에 관한 부족한 자료를 메우는 정보를 제공하는 경우도 있다. 이들 공동체들의 정확한 중심지 위치를 파악하는 일은 쉽지 않다. 기미주 자사직을 획득한 공동체의 경우 그 기미주의 위치로 판별이 가능하지만, 모든 기미주의 위치가 파악되는 것은 아니다. 정주와 관련되어 등장하는 공동체의 경우 정주의 위치를 통해 추정할 수 있을 뿐이다. 더 중요한 사실은 '기록되지 않은' 혹은 기록이 '전해지지 않은' 공동체들도 많았다는 것이다. 지금 우리가 의존하는 기록들은 모두 중국 측에서 만들어진 사료들이다.

둘째로, 제국적 환경 혹은 질서에 대한 이들 제만과 제료 공동체들의 태도 혹은 전략에 관하여 살펴볼 것이다. 먼저 떠올릴 수 있는 반응은 '협력'과 '저항'일 것이다. 앞서 살펴본 바와 같이 기미부주 체제 하에서 남조국은 당 제국에 협력한 대가로 서이하 지역의 경쟁자들을 물리치고 '운남' 지역의 패자가 되었다. 반면 당 제국에 비타협적이었던 서이하 지역의 제만들은 당 제국의 지원을 등에 업은 남조국에 통합되었다. 그러나 이러한 협력과 저항은 동전의 앞뒷면 같은 측면도 있다. 남조국의 당 제국에 대한 '협력'은 남하하던 토번 세력에 대한 '저항'이었고, 서이하 제만의 당 제국에 대한 '저항'은 토번과의 '협력'을 전제한 것이었다. 그리고 남조국 또한 세력 확장 과정에서 토번과 당 제국 사이에서 외교적, 정치적 줄타기를 해야 했다. 그리고 이들에게 '협력'과 '저항'의 선택지만 있었던 것은 아니다. 이들 세력들과 거리를 두고 '방관'하거나, 여의치 않으면 '회피'하는 것도 가능하였다. 당시 이 지역의 모든 땅과 사람을 파악하고 조직할 능력이 당 제국에게도 남조왕국에게도 없었기 때문이다.

셋째, 이들 제만과 제료의 정치적 존재 양태에 관하여 우선은 중국적 질서 안에서의 존재 형태에 관해 살펴보고자 한다. 전통적으로 '중국'인들이 변경의 만이 정치체들을 관찰하여 서술할 때, 가장 먼저 제시하는 분류의 기준은 정주하는가 천사하는가의 여부, 그리고 군장(君長)의 유무였다. 전자는 당시 가장 전형적인 산업 양식인 목축과 농경의 입장에 따른 구분이고, 두 번째는 정치적 구조 및 규모에 관한 구분이다. 후한대에는 그 규모에 따라, 왕, 후, 군, 장으로 책봉하기도 하였다. 그리고 그 실체를 파악할 수 없거나, 중국인의 입장에서 납득할 만한 정치 조직 혹은 체제를 갖추지 못한 집단의 우두머리는 '수령', '거수' 등으로 불렀다. 그러나 스스로의 군장을 '조'라고 칭한 육조의 예나, '귀주' 혹은 '대귀주'라고 칭한 서찬 제만의 예와 같이, 이 지역의 다양한 정치체들도 각기 다양한 '고속(故俗)'을 가졌고, 그 고속에 따른 통치 질서를 가지고 있었다. 문제는 이들이 동아시아 세계 질서에 편입되면서, 어떠한 모습을 띠게 되는가이다.

'제료'와 '제만'의 분포

우선 '제료'의 분포부터 살피고자 한다. 『위서(魏書)』에서는 "요는 대개 남만의 별종으로, 한중(漢中)으로부터 공(邛)과 작(笮)에 이르기까지, 천동지간(川洞之間)이 있는 곳이면, 모두 존재한다. 종류가 심히 많고, 산곡에 산거하며, 대체로 씨족의 구별이 없다."라고[426] 적었다. 대체로 현재의 쓰촨성과 충칭시 지역에 고루 요인들이 존재하였다는 것으로 해석된다. 그리고 『통전』에서는 여기에 "전대에 처음 양주(梁州)와 익주(益州) 사이로부터 나와"라는 문장을 추가하였다.[427] 이 문장은 "이세(李勢)가 촉에 있을 때 제료가 처음으로 파서(巴西), 거천(渠川), 광한(廣漢), 양안(陽安), 자중(資中)에 출현하였는데, 군현을 공격하여 깨뜨리니 익주의 큰 걱정이 되었다"고, "환온(桓溫)이 촉[성한]을 격파한 이후로 통제할 힘이 없는데다가, 또 촉인들이 동쪽으로 흘러나가 산험(山險)한 지역이 많이 비게 되자, 요가 마침내 산을 끼고 계곡을 차지하게 되었다."라는[428] 『위서』의 기사와 호응한다. 정리하자면, 본디 현재의 충칭시 동남부, 구이저우성의 서북부 산지에 거주하던 요인들이 촉 성

---

426) 『魏書』卷101 「獠」, p.2248.
427) 『通典』卷第187 「邊防」3, p.5050.
428) 『魏書』卷101 「獠」, p.2249.

한 정권의 흥망 과정의 혼란을 틈타 파촉 전 지역과 남중의 북부 지역에까지 거주하게 되었다는 것이다.

그런데 〈표 14〉는 '제료'의 거주지가 검남도 지역에만 국한되지 않음을 보여 준다. 검중 지역은 물론 영남 지역까지 고르게 분포하고 있다. 이는 앞서 정주와 정현의 경내에 거주하는 숙료 혹은 생료의 예에서 이미 확인한 바이다. 그런데 이들을 하나의 '족군(族群, ehtnic group)'으로 파악할 수 있는가는 또 다른 문제이다. '요'라는 명칭이 순전히 중국인의 시각에서 붙여진데다가, 그 지칭 범위가 지나치게 넓어졌기 때문이다. 이것은 '만'을 하나의 족군으로 규정하기 어려운 것과 같은 이유이다. 또 요가 처음 출현하였을 때,[429] '요'로 불리게 한 특징들이 이 시기까지 유지되었는지도 의문이지만, 이 시기가 되면 요가 '이료(夷獠)' '이료(俚獠)' '만료(蠻獠)' 등과 다른 만이명과 연칭되는 경우가 많고, 또 심지어 '만'과 혼용되는 경우도 있기 때문이다.[430]

〈표 14〉 제료 목록 및 위치

명칭	유형	현재위치	사건	사건 시점
嘉州綏山縣婆籠川生獠	生獠	四川峨眉山市 동남 20킬로미터	작란, 약탈	785-804
葛獠(戎州와 瀘州 사이)	獠	四川 宜賓市/四川 瀘州市	작란, 약탈	859
劍南諸獠	獠		반인분의 역	640
桂州山獠	山獠	廣西 柳州市 서남	반란, 노략질	767
邛州獠	獠	四川 邛崍市, 大邑縣, 蒲江縣	반인분의 역, 반란	640
鈞州獠	獠		반란, 노략질	638

---

429) '요'가 언제 출현했는지는 알 수 없지만, 중국 정사에서는 『三國志』에 처음 등장한다. '永昌郡夷獠'(『三國志』 卷40 「蜀書」 11, p.1008)와 '牂柯興古獠種'(『三國志』 卷43 「蜀書」 13, p.1051)이 그것이다.

430) 『通典』과 『太平寰宇記』에서는 양당서의 기재 내용과 비슷한 내용을 전하면서, '남평료'를 '남평만'이라 적고 있다. '중국학계에서는 이들 '獠' 집단을 현재의 소수민족과 연결시켜서, 이른바 고대의 '민족식별'을 시도하고 있지만, 의미가 있는 일인지 의심스럽다. 수천년의 시간 동안 한 족군의 정체성을 유지시켜줄 특징이 유지되었으리라 믿기 어렵기 때문이다. 王文光(1997)과 같은 연구가 대표적인 사례이다.

南平獠	獠 王, 羈縻州	四川 동남부 및 四川, 貴州, 廣西의 교계 지역[431] / 四川 重慶으로부터 貴州 遵義 사이[432]	견사납관, 羈縻州에 예속	629
南平獠	獠, 渠帥		寧越太守	580?
南平獠	獠, 渠帥		땅을 들어 항복, 관직 사여	618?
南平獠	獠, 渠帥 羈縻州刺史		견사조공	623
南平獠	獠 首領 羈縻州刺史		반란	624
飛頭獠	獠	남평료 부근	특징 설명	
烏武獠	獠	남평료 부근	거주지의 특징과 풍습 소개	
納州獠	獠	四川 敍永縣 서남 지역	반란, 노략질	675
寶州獠	獠	廣東 信宜縣 지역	반란, 노략질	640
寶州生獠	生獠		내부	658
羅州獠	獠	廣東 廉江과 吳川市 지역	반란, 노략질	640
羅州生獠	生獠		내부	658
明州山獠	獠	越南 義靜省 甘祿 부근	반란, 노략질	638
巫州獠	獠	湖南 懷化, 洪江市 및 黔陽, 會同, 芷江侗族自治縣 新晃侗族自治縣, 通道侗族自治縣, 靖州苗族侗族自治縣, 貴州省 天柱縣	반란, 노략질	638
眉州獠	獠	四川 眉山, 彭山, 丹棱, 洪稚, 青神 등 縣 지역	반란, 노략질	627-649
眉州獠	獠		반인분의 역, 반란	640
壁州山獠	山獠	四川 通江縣과 萬源縣 일부	반란, 노략질	638
雅州獠	獠	四川 雅安, 名山, 榮經 天全, 盧山, 寶興 市縣	반란, 노략질	627-649
雅州獠	獠		반인분의 역, 반란	640
洋州山獠	山獠	陝西 西鄉縣	반란, 노략질	638
琰州獠	獠	貴州 鎮寧布依族苗族自治縣	반란, 노략질	650?
玉洞獠	獠		반란, 노략질	633
盍州獠	獠		반란, 노략질	627-649
集州山獠	山獠	四川 南江縣	반란, 노략질	638
巴州山獠	獠	四川 巴中, 平昌 縣 지역	반란, 노략질	627-649
巴州山獠	山獠		반란, 노략질	638
白石縣獠	獠	四川通江縣東北 400여 킬로미터 漸波	반란, 노략질	627-649

---

431) 盧勛 等(1996).

432) 王文光(1997), p.287.

| 符陽縣獠 | 獠 | 四川 通江縣 서북 涪陽 | 반란, 노략질 | 627-649 |
| 洪州獠 | 獠 | 四川 馬爾康縣 동부 | 반란, 노략질 | 627-649 |

〈표 14〉는 『신당서』와 「구당서」 서남이 남만 열전에 등장하는 '제료'에 관한 기록 가운데 명칭을 기준으로 정리한 것이다. 표에 대해 잠시 설명하자면, 우선 '유형' 항목은 기본적으로 명칭에서 보여주는 '요'로서의 특징을 표현하기 위한 것이었다. '생료'와 '산료'가 이를 잘 드러낸다. 그리고 이 명칭이 등장하는 맥락의 사건에서 '요'의 수장이나 공동체가 등장하는 정치적 형식이 드러난다면, 같이 표기하고자 하였다. '현재 위치'를 표기하는 기준은 앞서 설명한 바와 같고, 되도록 파악 가능한 것은 모두 명기하였다. '사건' 항목은 이들 요가 등장하는 사건 내용의 핵심적 성격을 표시한 것이다. 그리고 사건 시점은 그야말로 관련 기사의 사건이 벌어지는 시간이다. 이는 이들 요인 공동체의 존속 시간과는 무관한 것이다.

위 표에 보이는 요의 명칭은 남평료와 오무료, 옥동료(이상 지명) 그리고 갈료와 비두료(이상 특징)를 제외하면 모두 군현의 뒤에 요를 붙인 형식을 가지고 있다. '운남만'이나 '영창만'과 같이 만 앞에 지역 명칭을 붙여 이름을 짓는 것은 오랜 관행 중 하나이니, 이것이 이상할 것은 없다. 다만, 이것이 의미하는 바는 이들 제료들은 대부분 주현이 존재하는 곳에 거주하였다는 것이 된다. 납주, 명주, 염주를 제외하고는 모두 정주현이다. 그리고 앞서 살펴본 바 있듯이, 이중 염주는 사건이 일어날 당시 정주였다. 납주와 명주를 제외하고는 모두 정주현이었던 셈이다. 그리고 기록이 담고 있는 사건은 대부분이 '반란'과 '작란' '노략질'이었다. 결국 제료는 대부분 당 제국의 행정 기관들과 상대적으로 가까운 곳에 거주하였던 만이 집단들의 총칭이었고, 이 때문에 당 제국의 군현적 지배와 충돌할 일이 많았던 것으로 이해된다.

이제 '제만'의 분포를 살펴볼 차례이다. 이 부분은 네 갈래로 나누어 살펴보고자 한다. 앞서 살펴본 바 있는 교통로를 중심으로 한 갈래이다. 즉 검중도 방면으로 연결되는 검중·장가도와 검남도 방면으로 연결되는 청계관도 및 석문관도, 그리고 안남도호부로 연결되는 전월로이다. 우선 검중·장가로 방면부터 살펴보고자 한다. 〈표 15〉는 검중·장가로변의 제만을 명칭을 기준으로 정리한 것이다.

〈표 15〉에 보이는 제만 명칭은 '제료'의 그것과 많이 달라 보인다. 우선 주 이름 뒤에 만명이 붙은 것은 서주와 진주, 충주에 불과하다. 그리고 기사와 연결된 사건 또한 반란이 주된 문제가 된 것은 서주만과 진주만의 경우뿐이다. 다양한 배경의 명칭이 등장하고 있다. 우선, 곤명은 한대 이래의 오래된 서남이 종족명이고, 전은 고국명이자 지명이다. '이자'도 종족 명칭으로 보인다. 그리고 서조와 동사 그리고 남사는 그 만이 공동체의 수장 성씨를 딴 것이다. 장가는 한대 이래 오래된 군의 명칭이다. 명칭에서 보이는 가장 큰 특징은 역시 '국'이 포함된 명칭이 등장했다는 것이다. 나전국과 장가국, 전국이 그것인데, 나전국은 곤명만[433] 혹은 동찬오만(東爨烏蠻)의 폭만(暴蠻)에[434] 의해, 장가국과 전국은 장가만에 의해 성립된 것으로 알려져 있다. 사실 『통전』에서는 곤명만에 대해 '곤미국(昆彌國)'이라 표현하고, 내내 중국과 불통하다가 "대당 무덕 4년(621)년에 수주치중 길홍위가 남녕에 사자로 갔다가, 그 국에 이르러 초유하였다. 12월에 이르러 견사조공하였다."라고 적고 있다.

〈표 15〉 검중·장가도의 제만

명칭	유형	위치	사건 종류	시기
昆明	蠻	雲南 동부 및 동북부, 貴州의 서북부	견사회유, 내속, 수의 설치, 내조	618–626
昆明	蠻		邊州刺史의 초무, 내부	663
昆明	蠻		邊州刺史의 초무, 내부, 羈縻州 설치	670
昆明	蠻		내부, 羈縻州 설치	672
南謝	蠻, 首領	貴州 남부와 廣西 북부 일대[435]	入朝, 羈縻州설치	629
南謝	蠻, 大酋長, 羈縻州長史, 郡公		入朝	782
南謝 (蠻州)	蠻, 大酋長, 羈縻州長史, 郡公		入朝	797

433) 陳天俊(1982), pp. 117–119.
434) 胡克敏(1994), pp. 51–52.
435) 盧勛 等(1996), p. 259.

東謝蠻	蠻, 酋長	貴州 동남 지구[436]	入朝, 羈縻州설치	629
羅殿國	牂柯國 別帥, 羅殿王	貴州의 畢節, 黔西, 普定, 大方 等縣, 威寧, 赫章, 水城等縣[437]	내속, 책봉	841-846
西趙蠻	蠻, 酋長	貴州 貞豊 望謨縣 일대[438]	견사조공, 내부, 羈縻州 설치, 관직(刺史) 사여	629, 647
漵州蠻	蠻, 酋長	서주의 치소는 湖南黔陽縣 서남 黔城鎭	반란	806-819
辰州蠻	蠻, 酋長	진주의 관할 구역, 湖南 沅陵縣 이남의 沅水流域	반란	806-819
夷子蠻	蠻, 渠帥	서조만 근처	入朝, 내부, 羈縻州 설치	627-649
牂柯國	蠻國		上表	811
牂柯國	蠻國 鬼主		내속	836
牂柯國	蠻國 首領		견사조공, 羈縻州설치, 관(刺史) 작(郡公) 사여	620
牂柯國	蠻國 首領 羈縻州 刺史	貴州의 建安, 賓化, 新興 등의 縣	내조	737
牂柯國	蠻國 首領 羈縻州 刺史		관직(黔中都督)에 임명	737
牂柯國	蠻國 首領 羈縻州 刺史		조공, 관직사여	802
牂柯國	蠻國首領羈縻州刺史		조공	836
滇國	牂柯國 別帥, 滇王	장가국 근처	내속, 책봉	
充州蠻	蠻, 牂柯國別部	충주의 치소는 貴州 石阡縣 서남	견사조공, 羈縻州설치	620

   그리고 '유형' 항목에는 작위를 비롯하여 기미주 자사직과 장사직 같은
관직이 더러 보이고, '사건 종류' 항목에서는 '입조'와 '조공', '초무'와 '내
속', 관작의 사여, '기미주'의 설치 등이 많이 보인다. 앞서 제료의 경우
'작란' '반란' 등이 주조를 이루었던 것과 비교된다. 당 제국과의 관계에
서 위의 '제료' 거주 지역 보다는 상대적으로 평화가 유지된 것으로 보이는
데, 이것이 정주의 설치 여부와 관계가 있는지도 모르겠다. 또 한 가지,

---

436) 盧勛 等(1996), p.259.
437) 陳天俊(1982), p.117.
438) 盧勛 等(1996), p.260.

장가·검중로에서 이어져 남조의 수도 양저미성으로 통하는 교통로에서 옛 찬국 지역 즉 남조의 자동(柘東)절도 관할 지역은 서찬국 멸망 이후 오만 부락으로 채워졌다고 전해진다. 그러나 동찬오만에 속하는 몇몇 부락명을 제외하고는 구체적 내용을 확인하기 어렵다. 확인되는 부락명은 뒤의 석문로 부분에서 다루었다. 물론 대리국 건국 직전에 만들어진 것으로 알려진 「석성회맹비(石城會盟碑)」에 37찬부(爨部)의 존재가 보이고, 『남조야사(南詔野史)』와 『원사』 「지리지」의 비교를 통해 그 명칭도 상당수 밝혀져 있다. '흑찬(黑爨)' 혹은 '동찬오만'의 후예로 알려진 이들을 여기에서 일일이 나열할 필요는 없을 것이다. 다만 이들 37찬부의 존재가 남조국의 절도성을 통한 군사적 통치가 여전히 부락과 그 수령을 단위로 인간 집단들을 포섭하는 형태였음을 보여 주고 있다는 점은 지적해 두고 싶다.

〈표 16〉은 검남도 방면 청계관도 연변의 제만 명칭이다. 당 제국의 여주(黎州)도독부와 수주(巂州) 구간에 해당하는 만이들만 정리하였다. 앞서 살펴보았듯이, 당 제국과 남조국의 영향력(지배력)이 겹치는 구간이었기 때문이다. 여주보다 북쪽의 경우 '제료'에 관한 서술로 대신하고자 한다. 노수(瀘水) 이남 남조국 경내의 '제만'에 관하여는 토번과의 관계를 다루는 장에서 자세히 다루게 될 것이다.

〈표 16〉 청계관도의 제만

명칭	유형	위치	사건 종류	시기
婆鹽	羈縻部落, 鬼主 10인	여주의 치소는 四川 漢源縣 북부 九襄鎭	黎州都督府에 예속	729
阿逼蠻	蠻 部落, 14部落	上同	黎州都督府에 예속	729
廓淸道部落	羈縻部落, 主3인	上同	黎州都督府에 예속	729
廓淸道	蠻 首領, 郡王, 試太常卿	上同	관작 사여	803
凌蠻	蠻, 筰都夷와 白馬氏 후예가 되는 種	공주의 치소는 四川 邛崍市 동남 27.5킬로미터	黎와 邛 두 주의 동쪽에 존재	

三王蠻	蠻 部落, 筰都夷와 白馬氏 후예가 되는 種		왕작 세습, 댓가를 받고 남조국 염탐/ 黎와 邛 두 주의 서쪽에 존재	
顯養	諸蠻	수주의 치소는 四川 西昌市 → (831년 이후) 四川 冕寧縣 남부 瀘沽鎮/ 吐蕃 쪽	嶲州관할, 반란	652
東魯	諸蠻	上同	嶲州관할, 반란	652
嶲州新安城 六姓蠻	蠻	신안성은 四川 越西縣 북부	수주	
夷望	部落, 鬼主		嶲州에 예속	
鼓路	部落, 鬼主	上同	嶲州에 예속	
西望	部落, 鬼主	上同	嶲州에 예속	
安樂	部落, 鬼主	上同	嶲州에 예속	
湯谷	部落, 鬼主	上同	嶲州에 예속	
佛蠻	部落, 鬼主	上同	嶲州에 예속	
虧野	部落, 鬼主	上同	嶲州에 예속	
阿醓	部落, 鬼主	上同	嶲州에 예속	
阿鶚	部落, 鬼主	上同	嶲州에 예속	
銆蠻	部落, 鬼主	上同	嶲州에 예속	
林井	部落, 鬼主	上同	嶲州에 예속	
阿異	部落, 鬼主	上同	嶲州에 예속	
東蠻	蠻	'勿鄧. 豐琶, 兩林은 모두 東蠻이라 부른다' (四川 西昌 및 凉山州)	변주자사의 약탈	865
兩林	蠻(部落)	四川 西昌 및 凉山州 439)	내속, 封爵 하사	742-756
兩林	蠻(部落)		吐蕃에 羈屬	756
兩林	蠻(部落) 都大鬼主		戰功, 왕호책봉	785-805
兩林	蠻(部落) 都大鬼主, 郡王		入朝, 회사, 賜祿	785-805
勿鄧	蠻(部落)	四川 西昌 및 凉山州	내속, 封爵 하사	742-756
勿鄧	蠻(部落)		吐蕃에 羈屬	756
勿鄧	蠻(部落)大鬼主		납관, 관직 사여	785-805

439) 盧勛 等(1996), p.270.

勿鄧	蠻(部落) 都大鬼主		戰功, 군왕호책봉	785–805
勿鄧	蠻(部落) 都大鬼主, 郡王	四川 西昌 및 凉山州	入朝, 회사, 賜祿	785–805
勿鄧	蠻(部落)大鬼主, 郡王		吐蕃에 내부, 무력에 의한 징벌, 대귀주 임명	
豐琶	蠻(部落)		내속, 封爵 하사	742–756
豐琶	蠻(部落)		吐蕃에 羈屬	756
豐琶	蠻(部落) 都大鬼主	四川 西昌 및 凉山州	戰功, 군왕호책봉	785–805
豐琶	蠻(部落) 都大鬼主, 郡王		入朝, 회사, 賜祿	785–805
豐琶	蠻(部落) 大鬼主		인장 분실, 재수여	
奉國	部落		嶲州로부터 상사	
苴伽	部落		嶲州로부터 상사	

다양한 만, 특히 '부락'의 명칭이 등장하고 있음을 알 수 있다. 각 부락들에 관하여 많은 정보를 전하고 있지는 않지만, 이러한 명칭들만으로도 '중국'과는 이질적인 곳임을 느낄 수 있다. 유일하게 당 제국의 행정 기관명이 연결되는 '수주(嶲州) 신안성(新安城) 육성만(六姓蠻)'도 정확하게는 신안성 곁의 6성만이다. 『신당서』「남만전」에서는, "첫째는 몽만(蒙蠻), 둘째는 이만(夷蠻), 셋째는 와만(訛蠻), 넷째는 낭만(狼蠻)이고, 나머지는 물등(勿鄧)과 백만(白蠻)이다."라고 하여, 그 6성만에 대해 밝히고 있다. 그런데 곰곰이 살펴보면, 이는 각 성만의 이름이 아니라, 6성만의 족원(族源)과 성격이 각기 달랐음을 보여 준다. 낭만은 융주 관내에 주로 거하는 만이 공동체의 이름이며, 물등은 위 표에 보여지는 물등을 지칭할 것이다. 그리고 몽만과 '백만'은 송대 '여주제만'의 '오몽'과 '백만'을 연상시킨다. 결국 이들은 본디의 정주지로부터 이탈하여 신안성 근처에 모이게 된 집단으로 보아야 할 것이

다. 이러한 6성만의 존재는 이 지역 만이 공동체들의 이동과 분화 그리고 당 제국과의 협력 관계를 시사하는 것이 아닌가 추정된다.

또 유형에서 많이 보이는 부분은 '부락'과 '귀주' '대귀주'의 명칭이다. 귀주에 대하여는 뒤의 소절에서 설명하겠지만, 이들 지역 만이 정치체의 수장 명칭이다. 이를 '사건 종류' 항목과 연결하여 볼 때, 눈에 띄는 점은 입조, 내속, 예속 등의 용어가 보임에도 '정주'나 '기미주'의 신치 사례는 보이지 않는다는 점이다. 오히려 '군왕(郡王)'작의 사여는 몇 건 보인다. 물론 수주도독부나 여주도독부가 기미주를 거느리지 않은 것은 아니다. 그리고 이 지역이라고 해서 기미주가 설치되지 않았을 것 같지는 않다. 다만, 『신당서』 「지리지」가 전하는 바에 따르면, 수주도독부나 여주도독부가 통령한 기미주는 모두 '제강주(諸羌州)'였고, '제만주(諸蠻州)'는 없었다는 점은 주목할 필요가 있다. 적어도 여주 관할 지역과 수주 관할 지역 만이들의 경우, 당 제국과의 관계에서 기미주의 설치보다는 봉작의 사여와 '(대)귀주'로서의 지위를 보장받는 데 더 관심이 있었음을 알 수 있다.

756년 양림, 물등, 풍파 등의 토번에의 '기속' 사례도 보이지만, 이들 지역은 토번과의 경계 지역이기도 하였다. 사실 남조국이 수주 이북을 장악하기 전까지는 여주와 수주의 서부에 거주하는 공동체들은 남조국과 당 사이보다는 토번과 당 제국 사이에서 '양속(兩屬)'하는 존재들이었다. 물론 이들은 '토번'과 '남조국' 사이에서도 그러하였을 것이다.

〈표 17〉은 검남도 방면 석문도 주변에 거주한 만이들의 목록이다. 이 제만 목록은 당 제국의 융주도독부 관할과 옛 서찬국 동부의 땅에 거주하였던 만이 공동체의 모습을 보여주고 있다. 융주도독부는 당 전반기 수많은 기미주를 관할하였지만, 천보전쟁 이후 거의 기능하지 못하였다. 그 기능은 앞서 잠시 살펴본 바 있듯이, 주변의 도독부나 절도사부로 이관되었다. 위 빙주만과 순주만에 설치된 기미주 또한 서천절도사부에서 직접

관할하였던 것은 이미 살펴본 바 있다. '사건 종류' 항목에서 눈에 띄는 바는 융주 관내의 제만들과 동찬오만 부락들의 상반된 태도이다. 물론 이는 한 시점의 상황을 보여줄 뿐이지만, 남조국과 당 제국에 의해 양분된 이 지역의 경계를 보여주는 듯하다.

사실 이 대비보다 더 흥미로운 부분은 '양속' 관계를 암시하는 부분이다. 마지막 행의 '동찬기미주 18주'는 "[당 덕종] 정원(貞元) 연간(785~804)에 도독부(都督府)를 두어 기미주(羈縻州) 열여덟 곳을 통령하게 하였다."는 「남만전」의 기사를 표현한 것이다. 이는 앞서 살펴본 『신당서』「지리지」7하의 "촉 찬의 만주(蠻州) 18: 791년[정원 7년]에 거느린 주의 명단은 산일되었다. 오른쪽은 봉주도독부(峰州都督府)에 소속되었다."라는 기사를 상기시킨다. 이 둘을 맞추어 보면, 정원 연간에 설치된 도독부는 봉주도독부가 틀림없다. 그리고 서찬국이 망하고 서찬백만이 영창으로 옮겨진 뒤, 그 빈 땅을 동찬오만이 채웠다는 사실을 기억한다면, 촉찬 기미 18주는 결국 동찬오만에 대한 기미일 것이다. 결국 동찬오만은 남조국 왕실과 대대로 혼인 관계를 맺으면서도, 한편으로는 당 제국과도 외교적 관계를 이어나간 셈이다.

〈표 17〉 석문도 주변의 제만

명칭	유형	위치	사건 종류	시기
羅哥谷蠻	蠻, 羈縻都督府 관내	융주의 치소는 四川 宜賓市	戎州都督府 관내	
浪稽蠻	蠻, 羈縻都督府 관내		戎州都督府 관내	
浪蠻	(戎州管內)蠻, 羈縻州, 大鬼主타蠻 감독(狎)	四川 金陽縣 서남부	대대로 내부, 충근, 책봉 (歸義郡王)	785~804
狼蠻	蠻, 羈縻州 관내, 首領		내부 요청, 刺史에 임명	785~804
離東蠻	蠻, 羈縻都督府 관내		戎州都督府 관내	
騁州蠻	(戎州管內)蠻, 羈縻州, 大鬼主타蠻 감독(狎)		대대로 내부, 충근, 책봉 (歸義郡王)	785~804

馴州蠻	(戎州管内)蠻, 羈縻州, 大鬼主타蠻 감독(狎)	훈주의 관할 구역은 대체로 四川省 雷波, 永善 등의 縣境	대대로 내부, 충근, 책봉 (歸義郡王)	785~804
烏皮蠻	蠻, 羈縻都督府 관내		戎州都督府 관내	
婆秋蠻	蠻, 羈縻都督府 관내		戎州都督府 관내	
魯望	部落, 羈縻都督府 관내	雲南省 魯甸縣 [440]	관에서 쌀과 소금 지급	
阿芋路	部落, 烏蠻	雲南省 魯甸縣	南詔와 대대로 昏姻, 居曲州, 靖州故地	
阿猛	部落, 烏蠻	雲南 大關	南詔와 대대로 昏姻	
夔山	部落, 烏蠻	雲南 昭通 북 小岩洞	南詔와 대대로 昏姻	
暴蠻	部落, 烏蠻	雲南 宣威 북부	南詔와 대대로 昏姻	
盧鹿蠻	部落, 烏蠻	雲南 會澤 북부	南詔와 대대로 昏姻	
磨彌斂	部落, 烏蠻	尋甸舊營(雲南志)/ 雲南 宣威市 境	南詔와 대대로 昏姻	
東爨羈縻州18州	蠻	雲南 동남부 및 貴州 서남부 (봉주 치소는 越南 永富省 白鶴縣 南風州)	羈縻州 설치, 都督府 설치 (峯州도독부)	785~804

〈표 18〉은 전계로와 전월로의 제만을 모은 것이다. 전월로는 양저미성으로부터 안남도호부에 이르는 길이고, 전계로는 양저미성으로부터 옹주(邕州)를 거쳐 계주(桂州)에 이르는 노선이다. 전계로는 『만서』 권1에서, 번작이 그 길의 존재를 말하면서도, "옹주로(邕州路)로부터 만의 저미성(苴咩城)에 이르는, 그리고 검주로(黔州路)로부터 만의 저미성에 이르는 두 지역의 도정(途程)은 신이 미처 숙지(諳委)하지"[441] 못하였다고 한 그 길이다.

　　전계로 주변을 장악한 것은 서원만이었다. 초기에는 서원만의 영씨(甯

---

440) 王文光(1997), p.278.
441) 『雲南志補注』 卷1 「雲南界內途程」, pp.10~11.

氏)가 이 지역 제동(諸洞)의 패권을 장악하였고, 후기에는 황동의 황씨와 농동의 농씨가 차례로 패권을 이어갔다. 이들 서원만의 세력에 관하여, 『신당서』는 다음과 같이 적었다. "황씨(黃氏)와 농씨(儂氏)가 옹유한 주(州)가 열여덟이다. 경략사(經略使)가 이르면, 한 사람을 치소에 보내는데, 조금이라도 뜻대로 되지 않으면, 번번이 제주(諸州)를 침략하였다. 횡주(橫州)는 옹강(邕江)의 관도(官道)에 해당하여서, 영남절도사(嶺南節度使)가 늘 병사 500명을 거느리고 주둔하여 지키지만 제어할 수 없었다." 이러한 상황은 [문종(文宗)] 대화(大和) 연간(827-835)에 이르러 [옹관]경략사 동창령(董昌齡)에 의해 잠시 개선되었다. 그러나 9세기 후반 농동의 농씨가 남조국과 손을 잡으면서, 옹관 지역은 지속적인 군사적 압력 아래에 놓이게 되었다. 이러한 사정은 전월로 방면도 마찬가지였다.

반귀국 부락이나 임도부 부락에서 보듯이, 전월로 주변의 만이 공동체는 당 제국의 기미부주 체제에 편입되었다. 이들 기미주들은 봉주 및 환주도독부의 통령을 받았지만, 그 지배는 궁극적으로 안남도호부의 군사력에 의해 유지된 것이었다. 이는 도림인의 사례에서도 잘 드러난다. 그러나 이러한 당 제국에 의한 체제는 일방적으로 운영되지 못했다. 남조국의 성장과 세력 확장 때문이었다. 칠관동의 경우 본디 안남도호부의 비호 아래 도림인 등을 통어하면서, 안남의 방어선 역할을 하였지만, 9세기 중반 남조국과 혼인을 통해 동맹을 맺고 남조국에 부속하였다. 앞서 서원만의 경우도 그렇지만, 당 제국과 남조국 사이의 만이 공동체들은 생존을 위해 줄타기를 해야 하였다. 9세기 중반 이후, 전월로와 전계로 방면으로 적극적으로 진출하기 시작한 남조국의 세력은 당 제국의 멸망할 때까지 병화를 일으켰다.

이상 사서에 등장하는 제료와 제만 공동체들의 명칭과 그 대체적인 위치를 살펴보았다. 상대적으로 당 제국에 가까운 곳에 거주하였던 제료 공

명칭	유형	위치	사건 종류	시기
西原蠻	蠻	廣西 左右江 地方의 統稱.	甯氏	
西原蠻	蠻		반란, 진압	756, 759
西原蠻	蠻, 種落, 俚獠		반란, 진압	770, 780
黃洞	(西原蠻)洞蠻 首領 羈縻州	廣西 左江 일대의 寧明, 龍州, 崇左, 扶綏 등지	남조국과 결탁, 중국과 통호	860–873
黃橙洞	(西原蠻)洞蠻		黃氏	
黃橙洞	(西原蠻)洞蠻 首領		반란, 진압, 관직(刺史) 사여	794, 806?
黃橙洞	(西原蠻)洞蠻 首領	廣西 左右江 일대	반란	816
黃橙洞	(西原蠻)洞蠻 首領		반란, 중국관료의 항복	822
黃橙洞	(西原蠻)洞蠻 首領		반란, 항복	824–826
黃橙洞	(西原蠻)洞蠻 首領 羈縻州		복속, 공부	827–835
儂洞	(西原蠻)洞蠻 首領 羈縻州	廣西 右江의 天等, 靖西 등	복속, 공부	827–835
儂洞	(西原蠻)洞蠻 首領 羈縻州	廣西 右江의 天等, 靖西 등	남조국과 결탁, 중국과 통호	860–873
儂洞	(西原蠻)洞蠻 首領 羈縻州	廣西 右江의 天等, 靖西 등	만료간의 분쟁, 절도사의 중재	
潘歸國 部落	(安南生蠻)蠻部落, 羈縻州	雲南 屏邊苗族自治縣 서북22킬로미터의 新現	羈縻州(龍武州) 설치	766–779
桃林人	(安南)만이	임서원(越南 老街) 부근	해마다 변방의 軍役에 동원	862
峯州	(安南)羈縻都督府	봉주 치소는 越南 永富省 白鶴縣 남 風州	도독부설치	791
林覩符 部落	(安南生蠻)蠻部落, 羈縻州	越南 河宣省 安乎 부근	羈縻州(德化州) 설치	766–779
七綰洞	洞	임서원 부근	수령, 만(남조국)에 귀부	862
驩州	(安南)羈縻都督府	치소는 越南 義靜省 榮市	도독부설치	791

동체들은 하나로 묶어서 살펴보았고, 제만은 교통로와 경계 지점을 기준으로 나누어 검토하였다. 사서에 기재된 만이 공동체의 명칭들은 거칠지만 중요한 정보들을 제공하였다. 중국인들에 의한 기록은 그 채록된 명칭만으로도 당 제국과의 관계를 보여주었기 때문이다. 당 제국의 행정 기관

이 많이 설치된 곳에서는 그 지명이 많이 반영되었고, 그렇지 않은 경우는 현지의 지명이나 종족명이 많이 반영되었다. 그리고 지역별로 존재 형태도 다르게 보였다. 이에 관하여는 뒤에서 다시 다룰 것이다. 다시 한 번 강조하고자 하는 부분은 '기록되지 않은' 혹은 기록이 '전해지지 않은' 공동체들도 많았다는 것이다.

협력과 저항, 방관 혹은 회피

이제 제국적 환경 혹은 질서에 대한 이들 제만과 제료 공동체들의 태도 혹은 전략에 관하여 살펴볼 것이다. 『구당서』와 『신당서』를 비롯하여 남조국과 당 제국 시기를 다룬 사서들은 변경이라는 공간에서 활약한 다양한 정치 공동체의 사례를 제공한다. 이를 통해 확인할 수 있었던 것은 역시 '다양성'이다. 변경에 설치된 당 제국의 정주와 기미주, 그리고 남조국의 군사적 진출이 그들의 선택을 제약하는 조건이 되었지만, 그것이 절대적인 것은 아니었고, 모든 선택을 일률적으로 만들지도 못 했다. 이 공간에서 활동한 선주민 집단들은 그 조건 안에서, 각각의 환경에 따라 다양한 선택을 하였다.

또 하나 확인된 것은 '고속(故俗)'의 존재이다. 그것이 '천자'이든 '황제'이든 중국 국가의 군주는 '이풍역속(移風易俗)'을 지향한다. 방법의 차이만 있었지 궁극적인 목적은 같았다.[442] 제국의 지배가 '고속'을 변경시킨 바가 있겠지만, 그것을 완전히 소멸시키지는 못했다. 군현제적 지배의 확연이 왜곡되는 지점도 여기일 것이다. 황제 국가의 힘은 '부주현제'에 의한 통치를 강요하였지만, 이 또한 지역마다 시기마다 적용되는 양태가 달랐다. 그리고 이를 수용하는 측에서도 그것은 늘 변경된 '고속'을 존속시키는 방향으로 이용되었다.

---

442) 덕과 교화에 의해 점차적으로 이끌어 내는가, 법과 힘을 내세워 일률적으로 밀어붙이는가의 차이만 있었을 뿐, '보천지하'의 '솔토지민'을 하나의 풍속 안에 일통시키려는 욕망은 같았다.

먼저 떠올릴 수 있는 반응은 '협력'과 '저항'일 것이다. 우선 다음의 사례를 보자.

> [덕종] 정원 연간(785-804)에 가주(嘉州) 수산현(綏山縣) 파롱천(婆籠川)의 생료(生獠) 수령 보지(甫枳) 형제가 생만(生蠻)을 꾀어 난을 일으켜 거민을 약탈하였다. 서천절도사 위고가 그들을 참하고, 그 수령 용우(勇于)를 부르니, 나와 항복하였다. 혹자가 동릉의 경계[東凌界]에 책(柵)을 세워 지키자 하니, 위고가 따르지 않고 말하기를, "싸움이 없는데도 성(城)을 만들면, 기르는 바를 해치게 된다."라고 하였다. 요 또한 이로부터 지경(境) 어지럽히지 않았다.[443]

위 기사는 앞서 간단하게 살펴본 바 있는 사례인데, 여러 가지 정보를 제공하고 있다. 우선 앞서 언급한 바 있듯이, 가주와 수산현은 정주현이다. 이곳에 '생료'와 '생만'이 존재하였다. 그런데 이들이 연합하여 난을 일으켰고, 그 목적은 거민 곧 군현민을 약탈하는 것이었다. 이에 가주의 상급 기관인 검남도 서천절도사부가 수습에 나섰고, 난은 진압되었다. 그런데 흥미로운 부분은 이 사태의 수습 과정에서 예방책으로 축성이 건의되었는데, 이것이 절도사 위고에 의해 기각되었다는 것이다. 이 '축성'은 군사 시설의 설치를 의미하는 것이었다. 앞서 생만 혹은 생료의 개척 이후 '(군)진'이 설치되고, 이것이 현으로 발전했던 사례들을 기억할 것이다. 군현적 지배를 진척시킬 수 있는 기회임에도 불구하고, 위고는 전쟁이 없는데도 축성하는 것은 '기르는 바를 해치게 된다'는 이유로 거부하였다. 여기에서 '기르는 바'가 지칭하는 것이 축성의 요역과 군사 시설을 유지하는 데 동원될 군현민인지, 감시의 대상이 될 생료와 생만인지는 분명치 않다.

여기서 먼저 주목할 부분은 '계(界)'와 '경(境)'의 등장이다. 파롱천과 동

---

443) 『新唐書』 卷222下 「南蠻」 下, 〈南平獠〉, pp.6327-6328.

릉이 어느 지점을 지칭하는지 확인할 수 없지만, 동릉은 생료의 주거지인 파룡천에 대한 군사적 감시가 가능한 전략적 요충지로 군현에 속한 지명일 것이다. 그리고 요 또한 이후로 지경을 어지럽히지 않았다는 것과 이 기사의 맥락으로 보아, 이 동릉은 파룡천 생료와의 경계 지점이었던 것으로 보인다. 그렇다면 파룡천 생료와 당 제국의 주현 사이에는 경계가 존재한 셈이다. 이들 생료 및 생만과 수산현과 가주 그리고 서천절도사부와의 관계는 어떻게 설정되어야 할까?

이 사건에 관한 다른 기록이 없어서 비교할 수 없지만, 위 기사에서 '반(反)'이나 '반(叛)'을 쓰지 않고, '위란(爲亂)'이라고만 한 것이 주목된다. 이 기사의 바로 앞에 줄줄이 염주료(琰州獠)의 반(叛), 납주료(納州獠)의 반(叛), 계주산료(桂州山獠)의 반(叛) 사례들을 적고 있는 것과도 대비된다. 사건의 진행 내용이나, 제국 측의 수습 과정을 볼 때, 파룡천 '생료'는 복속했다가 이반한 것이 아니라, 경계 너머에 있다가 침범한 것으로 해석될 수 있는 것은 아닐까? 사실, 가주는 "주민과 이료가 섞여 거주"는 곳이었고, 수산현은 수대(隋代)에 생료를 초치하여 설치한 현이었다.[444] 아마도 파룡천의 생료들은 수산현이 생기기 전부터 그곳에 있었을 것이다. 아마도 정주와 정현의 경내에 있지만, 여전히 그들에 속하지 않은 생료의 예가 아닐까 생각된다.

다음은 앞서 후사가 막혀, 추장이 조씨로 넘어간 장주 장가만의 사례이다. 제국에 대한 '협력'의 좋은 예라고 생각된다.

이에 조씨(趙氏)를 추장으로 삼았다. 737년[개원 25년]에 [추장] 조군도(趙君道)가 내조(來朝)하였다. 그 후예 가운데 조국진(趙國珍)이라는 자가 있었는데, 천보(天寶) 연간에 전공이 있었다. 각라봉(閣邏鳳)이 이반하였을 때, 재상(宰相) 양국충(楊國忠)이 검남절도사(黔南節度使)를 겸

---

444) 『太平寰宇記』 卷74 「劍南道」 3 〈嘉州〉, p.1512.

령하였는데, 국진이 방략이 있다하여 검중도독(黔中都督)에 임명하였다. 누차 남조(南詔)를 패퇴시키고 오계(五溪)를 지킨 것이 십여 년이었다. 바야흐로 천하가 어지러워졌는데도, 그 부(部)만은 홀로 평안하였다. 공부상서(工部尙書)로 죽었다. [당 덕종] 정원(貞元) 연간에 그 추장 조주속(趙主俗)에게 관직을 주었는데, 역시 조공이 끊이지 않음을 포상한 것이다. [정원] 18년에 이르기까지 다섯 번 사자를 보내 조공하였다.[445]

조씨 가계와 장가만의 사례도 그러하지만, 조국진의 예는 주목할 만하다. 천보 연간의 전공이란 천보전쟁에의 참여를 의미하는 것으로 보인다. 아마도 조국진은 장주자사로서 본부의 군사를 이끌고 참여하였을 것이다. 이때의 공으로 검중도독부의 도독에 올랐고, 이후 검중도독으로서 여러 차례 남조국의 공격을 패퇴시킨 것으로 보인다. 또 여기에 남조국에 대항한 전쟁에서의 공으로 관직이 공부상서에까지 이르고 있다. 또 "부(部)만은 홀로 평안하였다"고 한 것으로 보아, 그가 개인으로서가 아니라 여전히 장가만부의 수장으로서 직을 수행하고, 또 남조국과의 전쟁을 수행한 것으로 보인다. 당 제국에의 협력은 남조국과의 갈등을 각오해야 하는 일이었다.

또 그가 공부상서(工部尙書)로 죽었다는 것은 그의 활약이 검중 지역에서만 그치지 않았음을 보여 준다. 다른 자료에 따르면, 조국진은 '검중절도사'로서 안록산의 난 정벌에서도 일정한 공을 세웠다. 이 사례로 보건대, 앞서 염주료의 반란 진압 과정에서 충주자사 사법흥과 함께 살해당한 '재주도독(梓州都督) 사만세(謝萬歲)'의 경우도 장가만 사씨로 볼 수 있지 않을까? 그리고 이러한 이들의 '협력'을 수동적인 것으로 해석할 필요는 없다. 이들이 장가만의 수령이자 황제의 신민으로서, 제국에서의 출세를 탐하였을 가능성 또한 배제할 필요는 없기 때문이다. 신라의 최치원이나 장보고의 예에서 보듯이, 당은 '열린 제국'이었다.

445) 『新唐書』卷222下「南蠻」下, 〈南平獠〉, p.6319.

당 제국의 확장은 중국 제국의 일방적 대외 진출에 의해서만 이루어진 것은 아니었다. 수많은 만이 집단들의 내부가 무력시위에 의한 것만은 아니었기 때문이다. 다음의 사례를 보자.

> 동사(東謝) 남쪽에 서조만(西趙蠻)이 있는데, 동쪽은 이자(夷子)와 떨어져 있고, ……. 조씨(趙氏)가 대로 추장(酋長)이다. 이자(夷子)의 거수(渠帥)는 성이 이씨(李氏)인데, 서조와 함께 모두 남만(南蠻)의 별종(別種)이며, 승병(勝兵)이 각기 1만 명이다. 예로부터 중국과 교통한 적이 없었는데, 검주(黔州)의 호수(豪帥) 전강(田康)이 넌지시 깨우쳐 준 까닭에 [당 태종] 정관(貞觀) 연간(627–649)에 모두 사자를 보내 입조하였다.[446]

위 기사에서 주목되는 바는 이자만 거수 이씨의 '견사입조'이다. 이자만이 정확하게 어디에 존재했는지는 현재 알 수 없지만, 검주 호수 전강의 존재로 보건대 검주도독부와 멀지 않은 곳이었던 것으로 보인다. 여기에서 주목되는 점은 정관 연간에 입조한 사실 보다는 그 전에 중국과 교통한 적이 없었다는 것이고, 그의 입조가 검주도독부 관내의 다른 수령의 권유로부터 비롯하였다는 것이다. 아마 전강이 넌지시 깨우쳐 준 것은 책봉 조공 관계에의 참여가 제공하는 많은 물질적 보상과 외교적 후광이었을 것이다. 앞서 '통압근계제만사' 부분에서 살펴보았던 '낭만(狼蠻)'의 예와 같이, 이러한 권유와 약속이 입조나 내부로 이어지지 않아도 문제가 없었다. 낭만은 끝내 당 제국을 외면한 셈이다. 어쨌든 책봉 조공 관계에의 참여가 보장하는 보상이 '중국' 주변의 수많은 만이 정치체들을 중국적 세계 질서 안으로 끌어들였다는 것은 이미 잘 알려진 사실이다. 그리고 이자만이 정관 연간까지 중국과 교통한 적이 없었다는 사실은 정주와 기미주만으로 채우기에는 이 공간이 여전히 넓었음을 다시 한 번 확인해 준다.

---

446) 『新唐書』 卷222下 「南蠻」 下, 〈南平獠〉, p.6321.

안남(安南)의 도림인(桃林人이라는 종족)은 임서원(林西原)에 거주하였다. 칠관동(七綰洞) 수령 이유독(李由獨)이 그들의 주인이 되니, 해마다 변방의 군역에 동원되었다. 이탁(李琢)이 안남에 있을 때, 겨울철 수비병[防冬兵] 6천 명을 파(罷)하자고 상주하면서 말하기를 (이)유독이면 일대(一隊)를 이루어 만의 침입을 막을 수 있다고 하였다. 만의 추장이 딸을 유독의 아들에게 시집보냈다. 칠관동이 (무리를) 들어서 만에게 부속(附屬)하였는데, 왕관(王寬)이 제어하지 못하였다. 862년[咸通 3년]에 호남관찰사(湖南觀察使) 채습(蔡襲)에게 [안남경략초토사(安南經略招討使) 왕관(王寬을)] 대신하게 하였다. 그리고 제도(諸道)의 병사 2만 명을 보내 주둔하여 지키게 하니, 남조국이 두려워하여 감히 나오지 못하였다.[447]

여(黎)와 공(邛) 두 주의 …… 서쪽에는 삼왕만(三王蠻)이 있는데, 대개 작도이(筰都夷)와 백마저(白馬氐)의 후예가 되는 종(種)이다. 양(楊), 유(劉), 학(郝) 세 성이 대대로 군장이 되어 왕의 봉작을 이었기 때문에 '삼왕' 부락이라 일컫는다. …… 해마다 절도부(節度府)로부터 백(帛) 300필(匹)을 받고 남조(南詔)를 염탐하는데, 남조국 또한 몰래 재물을 주어 성도(成都)의 허실을 엿보게 하였다. 절도사가 이를 때마다 추장이 와서 알현하는데, 절도사는 대부분 무위와 은혜로 회유한 것만을 상주하여 천자를 속였다. 알현하기 전에 반드시 도압아(都押衙)에 [알현을] 청하여 잠깐 명을 기다린다. 도압아가 알현하게 하지 않으면, 번번이 이반할 수 있음을 넌지시 내비쳤다. 늘 삼왕 부락에 기대어 고식지계만 구하였는데, 당 말에 이르면 더욱 심하여졌다.[448]

둘 다 앞서 살펴본 '양면강'의 예와 같이, 남조왕국과 당 제국 사이에서 이중적 태도를 취한 만이 정치체의 모습을 보여주는 사례이다. 앞의 것은 전월로 상의 것이고, 뒤의 것은 청계관도 연변의 것이다. 특히 앞의 칠관동 수령 이유독의 예는 당 제국의 통제 또한 선주 만이 공동체 사이의 질

447) 『新唐書』卷222下「南蠻」下, p.6283.
448) 『新唐書』卷222下「南蠻」下, p.6323.

서 위에 얹혀져 있었음을 보여주며, 또 그 질서의 유지를 위해 당 제국에 협력하는 모습을 잘 보여 준다. 또 삼왕만의 경우도 당 제국이 이들을 포섭하기 위해 많은 비용을 들이고 있음을 잘 보여 준다. 이렇듯 '변경'이라는 공간에 거주한 만이 공동체들에는 여러 선택지가 존재하였다. 이들에게 '협력'과 '저항'의 선택지뿐만 아니라, 제국과 거리를 두고 '방관'하거나, 여의치 않으면 '회피'하는 것도 가능하였다. 또 그 협력도 일방적인 희생이 아니라, 이익의 교환인 경우가 많았다. 이러한 상황은 당시 이 지역의 모든 땅과 사람을 파악하고 지배할 힘이 당 제국에게도 남조왕국에게도 없었기 때문에 가능한 일이었다.

부락, 종락(種落), 주현 그리고 국(國)

앞의 첫 번째 소절을 통하여 제료와 제만 수령들이 가진 직위 혹은 직함들을 확인하였다. '추장'과 '수령' 그리고 '거수' 등으로 불리기도 했지만, 군장을 스스로 '조(詔)'라고 칭한 육조의 예나, '귀주(鬼主)' 혹은 '대귀주(大鬼主)'라고 칭한 청계관도 물등 등의 예와 같이, 이 지역의 다양한 정치체들도 각기 다양한 '고속(故俗)'을 가졌고, 그 고속에 따른 통치 질서를 가지고 있었다. 그리고 이들은 당 제국과의 접촉에서 자신의 '고속'을 완전히 포기하지는 않았다. 이를 잘 보여주는 사례는 사실 이미 언급한 기미부주 체제 하의 남조국이었다. 남조국은 기미부주 체제에 참여하면서, 그 관직을 분점함으로써 자신들 내부의 권력 관계를 기미부주 체제에 그대로 잘 투영하였다. 이는 남조국에 의해 멸망한 서찬국의 제찬(諸爨)들도 마찬가지였다. 앞서 살펴본 7세기 초 사용우의 견사조공으로 인해 동시에 이루어진 장가만 수령들에 대한 장주, 충주, 구주 등 자사직의 수여도 같은 방식으로 이해될 수 있을 것이다. 그리고 송주도독부에 속한 생강 수령들에게 주어진 정주자사직의 제수와 세습의 특혜도 마찬가지이다.

문제는 이들이 동아시아 세계 질서에 편입되면서, 어떠한 모습을 띠게 되는가이다. 다시 말해서, 당시 동아시아 세계의 전형적 모델인 '천하국가(天下國家)'에 어떻게 접속하였는가의 문제이다.

이와 관련하여, 앞서 언급된 모든 종족들과 부락들이 '당'과 관계를 맺을 때는 '남조'와 마찬가지로 관작과 조공을 교환하였다는 사실 또한 주목되어야 한다. 우선 몇 가지 사례만 들어보자.

793년[貞元 9年] 칠월에 그 왕 탕립실(湯立悉)과 가린국(哥隣國)의 왕 동와정(董臥庭), 백구국(白狗國)의 왕 나타홀(羅陀忽), 포조국(逋租國)의 왕제(王弟) 등길지(鄧吉知), 남수국(南水國)의 왕 질설상실낭(姪薛尚悉囊), 약수국(弱水國)의 왕 동설화(董辟和), 실동국(悉董國)의 왕 탕식찬(湯息贊), 청원국(淸遠國)의 왕 소당마(蘇唐磨), 졸패국(咄霸國)의 왕 동막봉(董藐蓬)이 각기 자신의 종락(種落)을 이끌고 검남서천부에 내부하였다. …… 서천절도사 위고가 그 무리를 유주(維州) 패주(霸州) 보주(保州) 등의 주에 두고 종자와 양식 그리고 경우(耕牛)를 공급하여 모두 생업을 유지하게 하였다. 입실 등 여러 국왕이 스스로 내조하였는데, (황제가) 인덕전(麟德殿)으로 불러 보았다. 입실에게는 은청광록대부(銀靑光祿大夫)와 귀화주자사(歸化州刺史)의 직을, 등길지에게는 시태부소경(試太府少卿) 겸 단주장사(丹州長史)의 직을, 설상실낭에게는 시소부소감(試少府少監) 겸 패주장사(霸州長史)의 직을 제수하였다. 그리고 동와정은 상행길에 면주(綿州)에 이르러 죽은 까닭에 무덕주자사(武德州刺史)의 직을 추증하고 그 아들 이라(利囉)를 보녕도독부장사(保寧都督府長史)로 삼고 가린왕을 습봉하도록 명하였다.[449]

위고는 자신의 속료 최좌시(崔佐時)를 양저미성(羊苴咩城)으로 보냈다. 이때에 토번의 사자가 (양저미성에) 많이 있었다. (그래서) 은밀히 좌시를 타일러 장가사자(牂牁使者)의 옷을 입고 들어오게 하였다. 좌시가 말

---

449) 『舊唐書』 卷179 「南蠻 西南蠻」 〈東女國〉, pp.5278-5279.

하기를, 「나는 당의 사자인데, 어찌 작은 오랑캐[小夷]의 옷을 입을 수 있겠는가?」하였다. [450]

장가(牂柯)의 거수(渠帥)는 성이 사씨(謝氏)로 예부터 중국을 신하로 섬겨, 대대로 제 땅의 목수(牧守)가 되었다. 수(隋) 말에 대란이 일어나 마침내 끊어졌다. 대당(大唐) 정관(貞觀) 연간에 그 추(酋)가 사신을 보내 직공(職貢)을 닦았다. 승병(勝兵)과 전사(戰士)가 수만이었다. 이에 그 땅에 장주(牂州)를 두었다. 지금은 검중군(黔中郡)의 기미주이다. [451]

첫 번째 기사는 앞서 살펴본 바 있는 '양면강'과 관련된 기사이다. 내부하여 내조(來朝)한 서산 8국의 왕들에게 주어진 관직들을 구체적으로 보여주고 있다. 앞서 이미 살핀 바와 같이 이들 관직들은 모두 세습되는 것이었다. 두 번째 기사는 토번에 기속되었던 남조국이 다시 당에 귀의하기 위해 준비할 때의 한 장면이다. 여기에서 주목되는 것은 '장가사자의 옷'이다. 세 번째 기사를 보면, 옷의 주인인 '장가사자'가 장가(만)국의 사자였음을 알 수 있다. 그리고 보이는 대로 장가국은 검중군(검주도독부)의 기미주인 장주(牂州)의 만이였다. 앞서 살펴보았듯이, '장가국'은 620년[무덕 3년]에 사자를 보내 조공하였으며, 이로 인해 장주자사에 제수되고 야랑군공에 책봉되었다. 그리고 남조국 각라봉의 배당(背唐) 이후에도 남조국의 침략을 격퇴하고, 당의 기미부주 체제 아래에서 자신의 영토를 보존하고 조금씩 세력을 늘려나갔다. 그리고 당조에 대한 조공도 멈추지 않았다. 이들 기사들은 모두 당의 '기미주'와 '국' 그리고 관직[기미주 자사]의 책봉과 조공이 충돌 없이 공존하고 있음을 보여 준다.

여기에서 우리는 '책봉 조공 체제'의 기능 하나를 확인할 수 있다. 즉 중국 국가의 황제(천자)가 운용하는 '천하'의 질서에 '국'을 포섭하는 전통적

450) 『新唐書』卷222上, p.6274.
451) 『通典』卷187 「邊防」3, p.5051.

인 기능이다. 즉 본디 중국 황제의 '천하' 질서 바깥에 존재하였던 '국'이나 세력, 그리고 천하 질서 내에 있더라도 새로이 '유국(有國)'의 자격을 갖추게 된 집단의 수장을 관작의 '책봉'을 통해 황제 지배하의 천하 질서 내로 편입시키는 것이다. '책봉'을 받은 '국'의 수장은 반대급부로 '조공'을 통해 황제(천자)의 지배를 확인하는 것이고, 이들은 또 앞서 살핀 바와 같이 이 '조공'을 통해 여러 정치적 경제적 이득을 취하는 것이다. 바꾸어 말하면, '책봉 조공 체제'로의 편입은 중국 황제(혹은 천자)가 주재하는 세계에 속하는 '국'임을 증명 받는 것이 된다.

다음의 기사들은 이러한 '국'의 성격에 대해 시사하는 바가 있다.

우총(牛叢)이 (사자를) 책망하여 다음과 같이 말하였다. "남조국 왕의 조상은 육조 가운데 가장 작은 이(夷)였다. (그런데) 천자가 그 근실함을 살펴서 육조를 합하여 하나로 만들어 주고, 성도(成都)의 부용(附庸)이 되게 하여 국(國)의 명칭을 붙여 주었다. (게다가) 자제가 태학에 입학하는 것을 허락하여 중화의 풍속을 익히게 하였다. (그런데) 오늘날 (끝내) 왕명(王命)을 스스로 저버렸다."[452]

782년[建中 3년]에 대추장(大酋長) 검교만주장사(檢校蠻州長史) 자양군공(資陽郡公) 송정(宋鼎)이 제사(諸謝)와 함께 조하(朝賀)하였는데, 덕종(德宗)이 그 국이 작다는 이유로 (이후의 조하를) 허락하지 않았다. 검중관찰사(黔中觀察使) 왕초(王礎)에게 호소하기를 (자신들의) 주가 장가(牂牁)와 붙어 있으니, 장가를 따라 조하하기를 바란다고 하였다. 왕초가 상주하기를, "장(牂)과 만(蠻) 두 주는 호구가 많고 세력이 강하여 인근 번(蕃)의 두려움을 사고 있으니, 청컨대 3년에 한 번 조하하게 하십시오." 라고 하였다. 조를 내려 그대로 따랐다.[453]

첫 번째 기사는 873년 성도로 진격하던 남조국의 탄작이 보낸 사신에

452) 『新唐書』 卷222中, p.6289.
453) 『新唐書』 卷222下, p.6320.

대해 서천절도사 우총이 꾸짖어 한 말이다. 여기에서 주목하고자 하는 바는 바로 '국의 명칭을 붙여 주었다'는 표현이다. '부용'이란 대국에 부속한 소국이라는 뜻이니, '성도의 부용이 되게' 하였다는 것은 결국 검남절도사부의 관리를 받는 기미주가 되게 하였다는 의미이거나, 794년 [정원 10년] 다시 귀부하여 '남조국 왕'으로 책봉을 받고 검남서천절도사부의 기미를 받게 된 것을 지칭하는 것이다. 그렇다면 '국의 명칭을 붙여 주었다'는 것은 당시 책봉 조공 체제의 한 양식인 기미주 체제에 포섭되거나 왕으로 책봉을 받아 황제의 제후국이 되었다는 의미이다.

두 번째 기사는 만주(蠻州)의 수령 중 하나인 송정이라는 자가 장가만의 여러 수령들[諸謝]들과 함께 조하하였으나, 이후의 조하 참여를 거부당하였다가,[454] 자신이 속한 검중관찰사의 도움을 얻어 3년에 1회 조하할 수 있는 권리를 얻었다는 내용이다. 흥미로운 점은 처음 조하에 참여하는 것을 거절당할 때의 이유이다. 그것은 그 '국'이 작다는 것이었다. 그 '국'이라는 것은 송정이 '검교장사(檢校長史)'의 직을 가진 '만주(蠻州)'를 말하는 것일 터이니, 기미주 혹은 그 기미주 안에 기미주의 부료직을 가진 추장의 부락을 의미하는 것이다. 이 기사는 기미주 체제에 포섭되어 관직을 받은 만이의 규모가 '조하'를 허락하지 못할 정도로 작아도, '국'으로 인식되고 있음을 보여 준다.

당시 사료에 등장하는 모든 만이와 기미주를 분류하고 분석하고 난 뒤에야 정확한 결론을 내릴 수 있겠지만, 남조국을 비롯하여 위의 몇 사례만으로도 당의 지배 아래 있었던 만이 기미주들이 하나의 '국'으로 인식되

---

454) 『舊唐書』에서는 797년 송정 및 諸謝의 입조 기사를 전하면서, 위의 사건을 다음과 같이 적었다. 『舊唐書』 卷197 「南蠻 西南蠻」〈東謝蠻〉, p.5275, "[이에 앞서] 黔中經略招討觀察使 王礎가 상주하여, '전례의 자사는 建中 3년(782)에 한 차례 朝貢하였는데, 그 뒤로부터 다시 구례에 따라 입조하는 것을 불허하였습니다. 올해 간절히 하소연하기를, [자신의] 州가 群牁와 접하여 함께 聲敎를 입었는데, 홀로 배척받아 참담하다 하고, 삼가 장가 등을 수행하여 朝賀하기를 구한다 하였습니다. 엎드려 바라건대, 특별히 도타운 깨우침을 내리시고, 群牁刺史와 마찬가지로 관직을 제수하십시오. 그 장가의 두 주는 戶口가 많고, 人力이 강대하여 인근의 諸蕃이 모두 우러르고 두려워하고 있습니다. 청컨대, 이 두 주는 3년마다 한 차례 조공하도록 하시되, 장가가 돌아가며 순서를 정하는 것을 따르게 하십시오. 아울러 그 재간과 위망이 무리의 추앙을 받는 자를 골라 충임하십시오."라고 하였다. 勅旨를 내려 말하기를, '朱鮪 등의 관직을 바꾸는 것을 마치면, 그 나머지는 구례대로 하라.'"라고 하였다."

었음을 추정할 수 있을 것이다. 그리고 이들이 '국'으로 인식되며, 또 이들이 조공을 행할 수 있었다면, 이들에게 세습 가능한 기미주의 관직이 수여되는 것은 바로 '책봉'에 다름 아니었다. 이를 통해 기미주 체제가 책봉 조공 체제의 한 양식임을 다시 한 번 확인할 수 있다.

전통 시대 '천하'에 속한 '국'들은 다양한 형태와 층위를 가지고 있었다. 9세기의 '남조국'처럼 중국 국가와의 책봉 조공 관계에서 탈피하여 칭제하며 '화친'을 요구할 정도의 '국'이 존재하는 한편, 앞서 만주 송정의 부락처럼 조하의 의식에 참여하는 것조차 거절당할 정도의 작은 '국'들이 존재하였다. 그리고 이들 '국'들은 중국 황제가 설정한 '천하' 질서 안에서 차별적인 권한을 행사하고 동일하지 않은 의무를 수행하면서 자신의 국제적 지위를 유지하였다. 따라서 주대 이래 천자 혹은 황제가 운용하는 '천하'의 질서에 '국'을 포섭하는 책봉 조공 체제의 전통적인 기능은 당대에도 여전히 작동하고 있었다고 말할 수 있다.

다시 정리하여 말하면, 9세기 남조국과 당의 경계는 남조왕국과 당 제국의 경계일 뿐, '남조'와 '중국'의 경계는 아니었다고 할 수 있다. '남조'와 '중국' 사이에는 다양한 형태의 수많은 부락과 수령들이 존재하였다. 그리고 이들 중 대부분은 당시의 국제 질서 속에서 '국'으로 인식되었다. 이들 '국' 사이에는 다양한 형태의 '국경'이 존재하였을 것이다. 따라서 '남조국'와 '중국' 사이에는 복수의 '국'들이 존재하였고, 그 국간의 경계들이 중첩하여 있었다고 말할 수 있다.

이상 이 절에서는 검중도와 검남도 및 영남도 서부에 거주하였던 제만과 제료 공동체의 명칭과 분포, 제국적 질서에 대한 태도, 그리고 이들이 중국적 세계 질서에 접속하는 방식을 통하여 그 경계의 중첩성을 확인하였다. 이들 공동체들의 입장에서, 당 제국의 지배와 남조국의 세력 확장은 이제 생존을 위해 반드시 적응해야 할 환경이 되었다. 우선, 명칭과 그 대체적인 위치를 살핀 결과, 당의 주현이 보다 많이 점재한 지역에 주로 거주한 제료의 경우, 그 행정 기구에 따라 이름이 붙여지는 경우가 많았다. 그리고 검남도 남부와 안남도호부, 옹관경략사의 관할 지역은 현지의 특성에 따라 다양한 명칭과 수장의 직함이 나타났다. 그리고 제국과의 관계도 충돌보다는 타협의 사례가 많았다. 둘째로 제국적 환경 혹은 질서에 대한 이들 제만과 제료 공동체들의 태도 혹은 전략에 관하여 살펴보았다. 결론적으로 당 제국의 정주와 기미주가 점재한 공간에서 만이 공동체들은 조건에 맞게 다양한 선택을 하였다. 그곳에 일방적인 관계만이 존재하지는 않았다는 점을 확인하였다. 그리고 마지막으로 이들 만이 공동체들의 중국적 질서 안에서의 정치적 존재 형태에 관해 살펴보았는데, 제국적 질서와 '고속(故俗)'의 타협, 그리고 책봉 조공 관계를 통한 '천하국가' 질서에의 접속 등을 확인할 수 있었다.

이 장에서는 남조국과 당 제국 사이의 변경 지역이, 여전히 많은 빈 공간을 내포하고 있었다는 전제 위에, 남조국과 당 제국의 경계가 어떻게 구성되었는지를 살펴보았다. 그 결과 이 '변경'이라는 공간은 당 제국의 정주현들과 기미주들이 점재할 뿐, 대부분은 여전히 제만과 제료의 공동체들로 채워져 있었다는 점을 다시 확인하였다. 이 공간들은 정주와 기미주 그리고 당 제국의 지배가 미치지 않는 혹은 제도적 관계를 맺지 않은 집단들로 채워져 있었고, 서로 복잡하게 얽혀 있었다. 이미 널리 주장되는 바이지만, 이것이 의미하는 바는 당 제국의 변경 지역 지배가 결국은 점과 선의 지배에 불과하였다는 것이다. 그리고 새로운 정주와 기미주현의 개척은 결국 점과 선의 연장에 지나지 않았다.

우선, 첫 번째 절에서는 배경적 이해를 위하여, 794년 이후 남조국과 당 제국 사이의 관계 전변에 관하여 간단히 정리하였다. 794년 남조국은 토번과의 관계를 끊고, 당과의 결맹을 통해 중국적 국제 질서에 복귀하였지만, 기미부주 체제로 편입되지는 않았다. 이미 중국 안에서 기미부주 체제가 종언을 고했기 때문이다. 책봉 조공 관계는 회복되었지만, 남조국을 상대한 것은 '번진 체제'였다. 이 번진 체제의 확연은 '운남안무사' '통압근계제만사' 등의 새로운 관리 기구를 만들어 내었고, 이 기구는 기미부주 체제가 그러했던 것처럼, 사직이 만이 기미주 자사에게 겸령되는 경우까지 만들어 내었다. 그리고 남조국과 당의 외교적 관계는 859년을 기점으로 종언을 고했는데, 책봉 조공 관계마저 해소되었다. 남조국은 당에 대해 화번공주의 출가와 '적국'의 예를 요구하였지만, 양국 사이는 '전쟁'으로 점철되다가, 결국 두 왕조 모두 수명을 다하였다.

둘째 절에서는 '검남도(劍南道)'를 비롯하여 '강남서도(江南西道)'의 '검중채방사(黔中採訪使)' 그리고 영남도(嶺南道)의 관할 지역으로 남조국과 경계를 접한 지역의 정주와 기미주의 분포와 성격을 살펴보았다. 특히 양자의 개념과 관계의 '역사적' 성격에 유의하였다. 이 글에서 검토한 몇 가지 정주와 기미주의 사례들은 완성된 제도적 형태로부터 '삐져나오는' 것들이었다. 이를 통해 확인한 것은 기미부주 체제 또한 황제국가가 지닌 자체의 모순, 즉 이상과 현실의 괴리가 초래한 타협물의 하나였다는 것이다. 타협의 역사적 산물인 기미부주현은 그 제도적 형태가 완성되기 전에 다양한 형태가 존재할 수밖에 없었다. 뿐만 아니라, 그 타협은 이상과 현실의 끊임없는 길항의 산물이었기 때문에, 언제든지 '전형적' 형태에서 벗어나는 '정주'와 '기미주'를 만들어낼 수밖에 없었다. 제국의 입장에서 '기미주'는 궁극적으로 사라져야 할 대상이었다. 따라서 '기미주'의 산출이 그 목적이 될 수는 없었다. 만이 수장들에게 주어진 정주 자사직의 경우는 이러한 맥락에서 이해되어야 할 것이다.

이러한 맥락에서 검중도에 보이는 충주 등의 사례나, 검남도에 보이는 유주의 사례도 자연스럽게 이해될 것이다. 그리고 제국의 접근과 그로 이해 만들어지는 환경들은, '변경'의 공간에 선주하였던 '요', '만', '강' 공동체들에게 생존을 위한 선택을 강요하였다. 그들은 제국이 만들어 내는 국제적 위계에 순응하거나 '협력'할 수도 있었고, '저항'할 수도 있었다. 또 회피할 수도 있었다. 그런데, 협력과 저항이 절대적인 기준을 가진 분류는 아니었다. 그들을 끌어당기는 힘이 동북쪽에만 존재한 것이 아니었기 때문이다. 당 제국에 대한 협력은 토번이나 남조국에 대한 저항을 의미할 수 있었고, 저항이 토번이나 남조국과의 협력을 의미할 수도 있었다. 하나의 힘에 의해 통합되지 않은 복수의 공동체의 공존은 다양한 선택과 복잡한 질서를 만들어 냈다. 따라서 기미부주현의 장관직을 수용하든, 정주 정현 경내의 만이 수령으로 존재하든, 중국 제국의 군사력이나 행정력이 미치지 않는 공간으로 이동하든, 그 선택이 만들어 낸 효과와 질서는 단일하지 않았다.

셋째, 검남도와 검중도(검중채방사)의 제료(諸獠)와 제만(諸蠻)의 존재 양태를 살펴보았다. 제만과 제료 공동체의 명칭과 분포, 제국적 질서에 대한 태도, 그리고 이들이 중국적 세계 질서에 접속하는 방식을 통하여, 그 경계의 중첩성을 확인하였다. 이들 공동체들의 입장에서, 당 제국의 지배와 남조국의 세력 확장은 이제 생존을 위해 반드시 적응해야 할 환경이 되었다. 우선, 사서에 등장하는 이들 공동체들의 명칭과 그 대체적인 위치를 살펴보았는데, 당의 주현이 보다 많이 점재한 지역에 주로 거주한 제료의 경우, 그 행정 기구에 따라 이름이 붙여지는 경우가 많았다. 그리고 검남도 남부와 안남도호부, 옹관경략사의 관할 지역은 현지의 특성에 따라 다양한 명칭과 수장의 직함이 보여졌다. 둘째로 제국적 환경 혹은 질서에 대한 이들 제만과 제료 공동체들의 태도 혹은 전략에 관하여 살펴보았다. 결론적으로 당 제국의 정주와 기미주가 점재한 공간에서 만이 공동체들은 조건에 맞게 다양한 선택을 하였고, 그곳에 일방적인 관계만이 존재하지는 않았다는 점을 확인하였다. 그리고 마지막으로 이들 만이 공동체들의 중국적 질서 안에서의 정치적 존재 형태에 관해 살펴보았는데, 제국적 질서와 '고속'의 타협, 그리고 책봉 조공 관계를 통한 '천하국가' 질서에의 접속 등을 확인할 수 있었다.

남조국 시기 윈남과 티베트 사이, 그리고 토번

IV

남조국 시기 운남과 티베트 사이,
그리고 토번

　누차 강조하였듯이, 7세기 초 티베트 고원에서 출현한 토번은 9세기 중엽까지 당과 함께 동아시아 세계를 양분한 강국이었으며, 남조국의 성장 과정에서 토번의 출현과 그 존재는 무시할 수 없는 영향을 끼쳤다. 앞서 Ⅱ장에서 토번과 남조국 사이의 주요 교통로를 두 갈래로 살펴본 바 있다. 잠시 다시 소개하자면, 한 갈래는 양저미성(羊苴咩城) － 철교(鐵橋) －데첸[德欽] － 망캉[芒康]으로 이어지는 길이다. 즉, 서이하 지역에서 바로 북쪽으로 진사쟝[金沙江] 강과 란창쟝[瀾滄江] 강 유역을 따라 올라가서 라싸에 이르는 길이다. 그리고 이 길은 남조국이 청계관과 대도하 이남을 장악한 이후, 수주(嶲州)로부터 서쪽으로 향하여 현재의 리쟝[麗江] 지역을 거치는 노선과 만난다. 다른 한 갈래는 차위[察隅]로부터 대설산(大雪山)을 지나, 까오리공산[高黎貢山] 서쪽의 마이카 강[恩梅開江; N' Mai Hka River]을 따라 영창(永昌)에 이르는 길이다.[455]

　그리고 경계와 관련하여 우선 살펴본 것은 첫 번째 노선이었고, '양저미성 → 대리성 → 용구성 → 등천성 → 영북성 →검천성 → 염심성 → 철교성 → 율재성 → 라싸로 이어지는 경유지 가운데 가장 주목되는 지점으로 철교성을 지적한 바 있다. 적어도 794년[唐 德宗 貞元 10年] 이후에는

---

455) 田峰(2010), p.132.

철교성이 남조국과 토번 사이에 중요한 군사적 경계가 되었기 때문이다. 794년에 당과의 결맹을 결정한 남조국 이모심(異牟尋)의 군대가 기습 공격하여 동과 서에 있는 두 성을 깨뜨리고, 철교를 끊었다. 그리고 서성(西城)에 철교절도(鐵橋節度)와 군대를 두어 지키게 하고, 탕랑(湯浪), 가맹(加萌), 어랑(於浪), 전연(傳兖), 장곤(長褌), 마사(磨些), 박자(撲子), 하인(河人), 농동(弄棟) 등 10여 종을 관할하게 하였다.[456] 그리고 『신당서』「남조전」에서도 남조국의 강역을 표시하면서, '철교'의 남쪽이라 명시하여,[457] 철교가 토번과 남조국의 경계에 있어서 중요한 의미를 지니고 있음을 보여주었다.

　경계와 관련하여 철교 다음으로 강조한 것이 검천과 노수(瀘水), 그리고 곤명성으로 이어지는 노선이었다. 검천은 남조국이 검천절도를 설치한 중진이었지만, 남조국이 서이하 지역을 통일해 가는 과정 중에는 남조국과의 투쟁에서 밀려난 서이하만 집단이 거쳐 가는 얼하이 지역의 변방이었다. 그리고 늘 토번 세력과 연결되는 지점이었다. 검천에서도 쫓겨난 세력들이 택하게 되는 피난처는 노수 즉 진사쟝[金沙江] 강의 북안 지역이었다. 따라서 노수는 자연스럽게 서이하 지역을 평정하고 검천을 장악한 남조국과 그곳에서 밀려나 토번에 의탁한 세력 사이의 정치적, 군사적 경계가 되었다. 남조국이 토번의 철교성을 깨뜨리고 철교를 끊은 뒤에도 동성은 버려두고, 서성에만 군대를 주둔시킨 것도 노수를 자연스러운 방어선으로 삼으려 했기 때문일 것이다. 곤명성은 소금의 산지로 주변에 거주하는 동만(東蠻)과 마사만(磨些蠻) 그리고 제번(諸蕃) 부락의 생존이 달린 곳이었다. 그리고 당과 토번 남조 세 나라가 쟁탈전을 벌인 전략적 요충지였다.

　이 장의 목적은 당시 이들 경계 지점과 노선을 포함하는 지역에 거주했

---

456) 『雲南志補注』卷6 「雲南城鎮」, p.86.
457) 『新唐書』卷222上 「南蠻」上〈南詔〉上, p.6267.

던 여러 인간 집단의 분포 및 변화, 그리고 존재 형태를 확인하는 것이다. 노수 연변의 경계 지역에는 다양한 인간 집단과 그들의 정치체들이 분포하였다. 이를테면, 탕랑, 가맹, 어랑, 전연, 장곤, 마사, 박자, 하인, 농동 등의 부락으로부터 시만과 순만 부락, 그리고 마사 종락과 동만에 이르기까지 많은 부락들이 거주하였다. 이 중에는 이전부터 거기에서 살던 이들도 있었지만, 남조국에 의해 옮겨진 집단도 있었다. 남조와 토번 그리고 당 삼국의 관계 변화에 따른 이 지역의 형세 변화와 거주민들의 분포 변화를 살펴보고자 한다. 따라서 우선 첫 번째 절에서는 남조국과 토번 관계의 변화를 연대기적으로 설명할 것이다. 이 부분에서는 '천보전쟁'과 '철교전쟁' 두 전쟁이 중요한 역할을 하였다. 그리고 두 번째로는 토번이 철교를 장악하여 신천도독(神川都督)을 두었을 당시와 남조국이 철교성을 장악한 이후 제 세력의 분포와 그 변화를 검토할 것이고, 마지막으로는 남조국과 토번 사이에서 양속하였던 대표적 집단인 '마사만'과 '동만'에 관하여 살펴볼 것이다.

1. 남조국과 토번 관계의 전개와 교통로

이 절에서는 당시의 마사강(磨些江; 현재의 金沙江)에 가설된 철교를 중심으로 한 남조국과 토번 관계의 전개 과정을 시간 순서대로 정리할 것이다.[458] 우선 7세기 중후반 토번의 운남 서북 지역 진출로부터 남조국의 흥기와 천보전쟁에 이르는 과정을 간단하게 살펴볼 것이다. 그리고 794년에 이루어진 남조국과 당의 점창산(點蒼山) 회맹, 또 당 군대의 철교 습격으로 인해 벌어진 철교전쟁 및 그 결과를 소개할 것이다. 마지막으로, 이 철교와 철교가 지녔던 역사적 기능에 관하여 간단히 소개할 것이다.

---

458) 철교의 설치와 이를 전후한 역사적 사건의 전개, 그리고 그 역사적 의미에 관하여는 馮智(1992)의 글이 비교적 자세하게 정리하고 있다. 다만 신천(神川)에 관한 해석과 비정은 따르기 어렵다.

토번의 운남 지역 진출과 천보전쟁

남조국의 서이하(西洱河; 현재의 *洱海*) 지역 통합 과정과 천보전쟁에 관하여는 앞서 Ⅰ장에서 설명하였다. 따라서 여기에서 그 과정을 다시 반복할 필요는 없을 것이다. 서이하 지역을 둘러싼 토번과 당 그리고 남조국의 관계에 대하여는, 토번의 서이하 지역 진출에 대항하여 당이 남조국을 지지한 결과 남조국이 친토번 세력을 제압하고 서이하 지역을 통일하게 되었다는 것이 중국 학계의 통설적 설명이다. 물론 일찍이 이와 다른 견해를 제출한 연구도 있다. 토번이 운남 지역에 진출한 이후, 남조국은 줄곧 토번 및 당 제국에 '양속(兩屬)'하였으며, 국면의 변화에 따라 또 자신의 이해에 따라 공개적 동맹 관계를 바꾸었을 뿐이라는 것이다.[459] 이 글은 기본적으로 후자의 관점에 동의한다.

토번이 운남 서북 방면에 진입한 구체적 시점에 관해 명확히 지적해 주는 현존 기록은 없다. 그러나 다음의 기록들은 그 시점을 680년 전후로 추정하는 시각에[460] 근거를 제공하여 왔다. 『신당서』 「토번전」에서는 679년과 680년 기록 사이에 다음과 같이 적었다. "처음에 검남도(劍南道) 무주(茂州) 서편에 안융성(安戎城)을 쌓아 그 변비 지역을 압박하였다. [토번이] 머지않아 생강(生羌)을 길잡이로 삼아 안융성을 취하여 지키니, 이로 인해 서이하 제만(諸蠻)을 아울렀고, 양동(羊同)과 당항(党項)의 제강(諸羌)을 모두 신하로 삼았다."[461] 그리고 『자치통감』〈영륭(永隆) 원년(680) 7월조〉에는, "이에 앞서, 검남은 무주에서 모병하고, 서남쪽에 안융성을 쌓아 토번이 만과 통하는 통로를 차단하였다. 토번은 생강을 향도로 삼아 이 성을 함락시키고, 군대를 이 성에 주둔시켰다. 이로 말미암아 서이하의 제만이 모두 토번에 항복하였다."라고 적었다.[462] 이 기록들은

---

459) 趙櫓(1990), pp.31-32.
460) 方國瑜(2001Ba), pp.149-150; 宋蜀華(2001), p.58; 梁曉强(2013), pp.74-76.
461) 『新唐書』 卷216上 「吐番上」, pp.6077-6078.
462) 『資治通鑑』 卷202 「唐紀」 18, p.6395.

모두 680년 토번이 당의 안융성을 점령함에 따라 서이하 제만이 토번에 복속하였음을 전하고 있다.

이에 비하여 마야오[馬曜]를 비롯한 일부 학자들은 토번의 진출 시점을 650년대 말 혹은 660년대 초로 추정하고 있다.[463] 이들의 설명을 빌리자면, 진입 시점을 680년 전후로 잡는 시각에는 분명히 문제가 있다. 토번의 서이하 지역 진입과 직결시키기에는 안융성은 위치가 너무 멀었다. 민쟝[岷江] 강 상류 유역, 쓰촨의 아빠[阿壩] 지역에 위치한 안융성은 토번 군대가 운남 서북 지역에 들어가기 위해 이용했을 "망캉 – 데첸 – 철교 – 양저미성"의 철교(鐵橋) 노선과는 더욱이 아무런 관련도 없었다. 따라서 서이하 제만이 토번에 항복한 것과 토번의 안융성 점령을 직접적으로 연관시키기는 어렵다는 것이다. 반면 이 연구들이 주목한 것은 요주(姚州)의 도독부 승격이었다. 앞서 I장에서 요주도독부의 치폐 과정은 상세히 다룬 바 있다. 664년에 요주가 도독부로 승격되는데, 이것이 토번의 서이하 지역 진출과 연결된 당 조정의 중요한 결정이었다는 것이다.[464] 그 목적은 바로 서이하 지역 각 부락에 대한 통제를 강화하고, 토번 세력이 이 지역에 침투하는 것을 견제하는 데 있었다. 이에 근거하여 토번이 서이하 북부 지역에 진출한 시점을 664년보다 이른 650년대 말 혹은 660년대 초로 추정한 것이다.

운남 서북 지역에 진출하여 서이하만을 복속시킨 토번은 이곳의 원활한 관리와 교통의 편의를 위하여, 마사강 철교(鐵橋)를 놓았으며, 동시에 부근 신천(神川)에[465] 신천도독부(神川都督府)를 설치하였다. 당 또한 이 사

---

463) 馬曜 主編(1977), p.74; 趙橹(1990), p.28; 趙心愚(2004), p.15; 趙心愚(2010), pp.68-69; 田峰(2010), pp.132-133.

464) 趙橹(1990)의 경우, 664년 요주도독부의 승격은 그 이전 운남 서북부 및 서이하 지역에서 일어난 일련의 무장 반란에 대한 당조정의 조치이며, 680년 이후 요주도독부가 폐지됨에 따라 서이하 지역 제만이 모두 토번에 신속하게 되었다고 주장한다(p.28).

465) 馮智(1992)는 신천을 금사강으로 비정하고(p.26), 趙心愚(2010)도 이를 지지하였으나, 史爲樂은 腊普河에 비정하였다. 라푸허하는 윈난성 웨이시리수주자치현[維西傈僳族自治縣] 타청전[塔城鎭] 경내에 있는 진사장[金沙江] 강의 지류이다. 이 글에서는 이를 지지한다.

태를 좌시하지 않았고, 이는 다시 토번을 자극하였다. 『자치통감』에 따르면, [466] 689년[467] "오월 병진일에 문창우상(文昌右相) 위대가(韋待價)를 안식도행군대총관(安息道行軍大總管)으로 삼아 토번을 쳤으며", "낭궁주(浪穹州)의 만추(蠻酋) 방시석(傍時昔)[468] 등 25부는 앞서 토번에 붙었다가, 이때에 이르러 내항하였다. 방시석을 낭궁주 자사로 삼아 그 무리를 통령하게 하였다." 물론 이 기사에서 앞의 전쟁과 뒤 방시석의 내항이 직접 연결된 사건이라고 말할 수는 없다. 위 전쟁은 토번의 승리로 마감되었을 뿐 아니라, 그 전장도 토번의 북쪽 경계 지역이었기 때문이다. 다만 후자의 내항이 당시 토번과 당 사이의 전면적 분쟁과 무관하다고 볼 수는 없을 것이다. 이 시기 토번에서 막 집권한 찌두쏭첸[Tridu Songtsen 赤都松; 都松芒布吉, 赤都松贊, 676-704]은 전격적으로 육조(六詔) 지역을 빼앗는 전쟁을 시작하였다. 찌두쏭첸은 동북 방면으로 당 및 돌궐(突厥)과 교전을 진행하는 동시에, 동남쪽의 제만(諸蠻) 또한 그 경략의 목표로 삼았다. 685년에 정식으로 집권한 찌두쏭첸은 19년의 집권 기간 동안 동남 제만 경략에서 막대한 성과를 거두었는데, 703년에는 '6조'의 땅을 모두 점령하였고,[469] 704년에 남조국 정벌 전쟁 도중 병사하였다.[470]

『구당서』와 『신당서』의 기록에 따르면, 찌두쏭첸이 죽은 뒤 얼마 지나

---

466) 『資治通鑑』 卷204 「唐紀」 20, p.6457.

467) 『신당서』 본기에서는 687년[垂拱 3년] 십이월 임진일에 韋待價가 安息道行軍大總管이 되어 토번을 공격하게 되었으며(『新唐書』 卷4 「則天順聖武皇后」, p.86.), 689년[永昌 1년] 오월 병진일에 寅識迦河에서 토번과 싸웠으나 패전한 것으로 기록되어 있다(『新唐書』 卷4 「則天順聖武皇后」, p.88).

468) 『新唐書』와 『蠻書』에서는 방시석을 '豊時'로 표기하였다(『新唐書』 卷222中 「南蠻」 中 〈南詔〉 下, p.6249; 『雲南志補注』 卷3 「六詔」 第3, p.33).

469) 『敦煌藏文吐蕃文獻譯注』의 「編年史」에 따르면, "토끼해(兔年, 703年)……겨울에 贊普가 羌地(六詔)로 나아가서, 모두 공격해서 함락시켰다. 1년이다."(黃布凡 馬德, 2000, p.46). 또 『敦煌藏文吐蕃文獻譯注』의 「贊普傳記」에서는, "나중에 와서 六詔의 疆土를 빼앗고, 白蠻의 稅를 징수했으며, 烏蠻의 屬民을 거두었다. 권세의 빛나는 모양이나 강역의 광활함으로 말하면, 이 찬보를 뛰어넘는 이는 지난 역대에 일찍이 없었다."라고 적었다(黃布凡 馬德, 2000, p.254).

470) 『敦煌藏文吐蕃文獻譯注』의 「編年史」, "용의 해(龍年, 704年)…… 겨울에 贊普가 蠻地에 나아가서 政을 주관하는 기간에 승천(升天)하였다."(黃布凡 馬德, 2000, p.46). 그런데 贊普의 죽음에 관하여, 漢의 사적에서는 藏의 사적과 이야기하는 방식이 다르다. "때에 吐蕃의 남쪽 지경 屬國 泥婆羅門 等이 모두 이반하니, 贊普가 스스로 가서 토벌하였는데, 군중에서 죽었다."(『舊唐書』 卷196 「吐蕃 上」, p.5226).

지 않아 당의 반격이 이루어졌다. 703년 '6조'의 땅을 모두 점령한 토번이 707년 서이하만을 동원하여 요주 변계를 침입하자, 당이 반격에 나선 것으로 보인다. 『구당서』「본기」에서는 707년 유월 무자(戊子)일에 요수도토격사(姚巂道討擊使)이자 시어사(侍御史)인 당구징(唐九徵)이 요주(姚州)의 반만(叛蠻)을 격파하였고, 적을 포로로 잡은 것이 3천 명을 헤아렸으며, 마침내 그곳에서 돌에 새겨 공적을 기렸다고 적었다.[471] 또 『대당신어』는 다음과 같이 적었다. "마침 토번이 촉한에 침구하자, 구징이 군대를 이끌고 영창군(永昌郡) 천여 리를 나가 토벌하였는데, 누차 싸워 모두 이겼다. 이때 토번이 철삭(鐵索)으로 양수(漾水)와 [472] 비수(濞水)를[473] 가로지르는 다리를 놓아 서이하와 통하였으며, 만(蠻)이 성을 쌓아 지켰다. 구징이 그 성루를 모두 무너뜨리고, 그 두 철교를 불태워 버렸다. 그리고 관기(管記) 여구균(閭丘均)에게 명하여 검천(劍川)의 바위에 새기고 서이하[원문은 전지(滇池)]에 철주(鐵柱)를 세워서 공을 기념하게 하였다."[474] 『신당서』「토번전」 또한 이와 비슷한 내용을 전하고 있으며,[475] 『신당서』「본기」는 같은 날에 토번과 요주만이 변계를 침구하여, 요수도토격사 당구징이 패퇴시켰다고만 적었다.[476]

---

471) 『舊唐書』卷7「中宗」, p.143.

472) 양수는 현재의 양비장[漾濞江] 강으로 비정되는데, 양비장 강은 란창장[瀾滄江] 강의 두 번째로 긴 지류이고 윈난성 경내에서는 가장 큰 지류이다. 윈난성 리장나시주[麗江納西族]자치현 루어펑산[羅鳳山]산에서 발원하여 란창장 강에 합류하기까지 394킬로미터를 남북으로 흐른다.

473) 비수는 현재의 순비허[順濞河] 하로 비정된다. 순비허 하는 윈난성 양비이주[漾濞彝族]자치현의 서남쪽을 흐르며, 양비장 강과 합류하여 란창장 강으로 들어간다.

474) 『大唐新語』卷11「褒錫」第24, p.164. 이 문헌에서는 본디 철주가 세워진 위치를 전지라고 적었으나, 이 연구에서는 方國瑜의 주장을 따랐다. 팡궈위는 전승기념물이 전승지와 멀리 떨어진 곳에 세워졌을 리 없다는 논리와 『칙토번찬보서(勅吐蕃贊普書)』를 비롯한 해당 시기 문헌의 기록, 전근대 시기 학자들의 논증에 근거하여 철주가 세워진 위치는 '서이하' 지역이어야 한다고 주장하였다(方國瑜, 2001Ba, p.153).

475) 『新唐書』卷216上「吐蕃上」, p.6081. 그런데 이 기사에는 약간의 문제가 있다. 이 기사가 710년에 발생한 李知古 사건의 뒤를 이어 등장한다는 점이다. 물론 이 기사를 신뢰하는 연구도 있다. 方國瑜(2001Ba)는 오히려 이지고의 사건을 705년으로 비정하고 『구당서』 등의 睿宗卽位 기록을 '中宗復位'의 오기라고 주장한다(pp.150-151). 그러나 이러한 시간 구성은 이 기사뿐이다. 게다가 『구당서』와 『자치통감』 등은 오히려 이지고 사건 이후 몇 년간 서이하로 들어가는 길이 막혔다고 적고 있다. 따라서 이 기사가 '착간' 등 모종의 이유에 의해 잘못 배치된 것으로 보는 것이 합리적이라 판단된다.

476) 『新唐書』卷4「中宗」, pp.109-110.

이러한 당의 반격은 이지고(李知古)의 실패로 주춤하였다. 앞서 언급한 바 있지만, 당 예종(睿宗)이 즉위한 710년에 감찰어사 이지고는 '요주의 제만(諸蠻)이 토번에 붙기 전에 쳐야 한다'고 주장하였다. 그리고 검남(劍南)의 군대를 이끌고 요주만을 공격하였다가, 결국 토번의 협력을 얻은 요주 지역의 만추(蠻酋) 방명(傍名)에게 죽임을 당하였다.[477] 이때 만이들은 이지고의 시체를 가지고 하늘에 제사 지냈는데, 그 이유는 그가 이 지역에 군현적 지배를 관철시키려 한 데 있었다. 이전에 요주의 미하만(渼河蠻) 즉 이하만을 공격하여 항복을 받아낸 이지고는 나아가 그 땅에 성을 쌓고, 부요(賦搖)를 징수할 것을 조정에 청하였다. 황문시랑(黃門侍郎) 서견(徐堅)이 반대하였으나, 예종이 이를 허락하여 성보를 쌓고 주현을 열치하게 하였다. 그리고 이지고는 만이의 호추(豪酋)를 죽이고 그 자녀를 노비로 삼아 그 토착 세력을 약화시키려 하였다. 그러다가 오히려 죽음을 당한 것이다.[478] 결국 토번에 대항하기 위해 요주의 미하만 지역에 주현을 설치하고 군현적 지배를 실현하려던 정책은 이지고의 피살과 함께 실패로 끝났고, 그 결과 수 년 동안 요주와 수주 사이의 교통이 단절되는 사태를 초래하였다.

이윽고 '서이하' 지역을 둘러싼 토번과 당의 쟁탈전은 가장 격렬한 단계에 들어섰다. 앞서도 살펴보았지만, 이 틈을 잘 이용한 것은 남조국이었다. 남조국은 당의 지원을 얻어 주변 지역을 병합해 가기 시작하였다. 당 조정 또한 남조국의 북진을 통해 토번을 견제하고자 하였다. "[현종] 개원(開元) 연간(713-741) 초에 나성(邏盛)이 죽고, 아들 성라피(盛邏皮)가 섰다. 성라피가 죽고, 아들 피라각(皮邏閣)이 섰다. 738년[개원 26년]에 조를 내려 특진(特進)에 제수하고, 월국공(越國公)에 봉하였으며, 이름을 하사하여 귀의(歸義)라고 하였다. 그 뒤에 이하만(洱河蠻)을 격파한

---

477) 『舊唐書』 卷196上 『吐蕃』 上, p.5228.
478) 『新唐書』 卷199 『徐堅』, pp.5662-5663.

공으로 운남왕(雲南王)에 책봉되었다. 귀의는 점차 강성하고, 나머지 5조는 점차 약해졌다. 이에 앞서 검남절도사(劍南節度使) 왕욱(王昱)이 귀의로부터 뇌물을 받고, 육조를 통합하여 일조(一詔)로 만들도록 상주하였다. [몽]귀의가 이미 5조를 병합하여 군만을 복속시키고, 토번의 군대를 격파하자, 날로 교만이 커졌다."[479] 남조국은 당의 세력에 의지하여 신속하게 육조를 통일하였다. 내내 복잡하였던 서이하 지역의 형세는 이제 단순해졌다. 서이하 북부의 등탐(遵睒), 낭궁(浪穹), 시랑(施浪) 등 오만(烏蠻) 부락들은 남조국의 강력한 공세에 직면하게 되었고, 간신히 신천도독부 경내로 물러나 토번의 보호를 구할 뿐이었다.

당과 토번 그리고 남조국의 국제 관계에서 첫 번째 큰 전환점은 앞서 I장에서 살펴본 바 있는 '천보전쟁'이었다. '천보전쟁' 과정과 그 결과에 관한 설명을 여기서 다시 반복할 필요는 없고, 다음『구당서』의 기사로 대신하고자 한다.

[현종 천보] 7년(748)에 [몽]귀의가 죽자, 조를 내려 그 아들 각라봉(閣羅鳳)을 세워 운남왕을 습봉하게 하였다. 얼마 지나지 않아 선우중통(鮮于仲通)이 검남절도사가 되고, 장건타(張虔陀)가 운남태수가 되었다. 중통은 속이 좁고 급한 데다 지모도 적었고, 건타는 속이기를 잘하여, [남조국을] 예로 대하지 않았다. 구례(舊例)에 따라, 남조국은 늘 그 처자와 더불어 도독을 알현하였는데, [장]건타가 그들과 시종 사통하였다. [장건타가] 요구하는 것들이 있었는데, 각라봉이 대부분 응하지 않자, 장건타가 사람을 보내 꾸짖어 모욕하고, 이어서 은밀히 각라봉의 죄악을 상주하였다. 각라봉이 분하고 원통하여 군대를 일으켜 이반하였다. [장]건타를 공격, 포위하여 죽였는데, 때는 천보(天寶) 9년(750)이었다. 다음 해에 [선우]중통이 군대를 이끌고 융주(戎州)와 수주(嶲州)로 나왔다. 각라봉이 사신을 보내 사죄하였는데, 운남부의 녹사참군(錄事參軍) 강여지(姜如芝)와

---

479) 『舊唐書』 卷187 「南蠻西南蠻傳」, p.5280.

함께 와서 그 노략한 것을 다시 돌려주겠다고 청하면서, 또 말하였다. "토
번의 대군이 국경을 압박하고 있으니, 만약 허락하지 않으면, 마땅히 토번
으로 귀부할 것이며, [그러면] 운남 땅은 [더 이상] 당의 소유가 아니게 될
것이다." [선우]중통이 허락하지 않고, 그 사자를 가둔 뒤, 군대를 진격시
켜 대화성(大和城)에 육박하였으나, 남조국에게 패하였다. 이로부터 각라
봉은 북쪽으로 토번에 신속하였으며, 토번은 각라봉을 찬보종(贊普鍾)으로
삼고, 동제(東帝)라 호칭하여 금인(金印)을 지급하였다.[480]

남조국이 당의 기미부주 체제에서 이탈하여 토번에 신속한 과정은 이와
같았다.[481] 752년[唐 玄宗 天寶 11년]에 토번은 남조국 왕 각라봉을 책봉
하여 "찬보종"으로 삼았으며, 남조국과 토번은 공개적으로 정치적 군사적
연맹을 결성하였다. 이 결과 당은 운남 지역에서 수세에 몰렸다. 남조국은
토번과의 공동 군사 행동을 통해 자신의 세력을 급속하게 확장하였으며,
그 세력이 수주 등지에 미쳤다. 그리고 당은 이제 '남중' 지역에 대한 통제
를 포기하여야 했으며, 42년간 토번과 남조국의 협공에 시달려야 했다.
이러한 국면 전환 과정에서 가장 큰 이익을 얻은 것은 역시 남조국이었다.

그러나 토번과 남조국 사이의 모순이 점차 커짐에 따라 형세는 다시 바
뀌었다. 양국 관계가 악화되자, 동맹은 결국 와해되었다. 앞서 Ⅲ장에서
살핀 바와 같이, 토번은 당의 영역을 침략할 때마다, 매번 남조국을 선봉
에 세웠으며, 부렴이 무겁고 번잡하였다. 그리고 남조국의 험요지를 빼앗
아 성보(城堡)를 세우고, 해마다 병력을 징발하여 방비를 돕게 하니, 남조
국의 조정과 백성들이 괴로워하였다.[482] 이러한 사정을 전해들은 당의 검

---

480) 『舊唐書』 卷187 「南蠻西南蠻傳」, pp.5280-5281. 『冊府元龜』, 『新唐書』, 『資治通鑒』에도 유사한 기록이 있다.

481) 위 『구당서』 기사의 내용은 돈황에서 발견된 '찬보전기(贊普傳記)'에서도 확인된다. 이에 따르면, "남방 아
랫부분의 남조국 복지(腹地)에는 백만(白蠻)이라 불리는 작지 않은 추장 부락이 있는데, 찬보가 그 높고
깊은 모략으로 조(詔)를 내리니, 만왕 각라봉이라는 자가 전에 와서 칭신(稱臣)하여 경례하였다. 찬보가
'종(鍾)'의 명호를 내렸다. 이로 인하여, 사람이 많은 나라에 다시 속민이 보태지고, 넓은 땅에 다시 강역이
증가하였다."(王堯 陳踐, 1992, p.53, p.166; 黃布凡 馬德, 2000, p.285).

482) 『舊唐書』 卷197 「南蠻 西南蠻」, p.5281; 『新唐書』 卷222上 「南蠻」 上, p.6272; 『資治通鑑』 卷232 「唐紀」 48,
p.7480.

남절도사 위고(韋皋)는 밀사를 보내 남조국을 설득하였다. 결국 이모심(異牟尋)은 "철교를 수복하여 경계로 삼고, 한(漢)의 옛 강역으로 돌아가"기로[483] 결심하였다. 토번이 남조국을 칭신(稱臣)하게 하는 데는 성공하였지만, 장기적 지배 구조를 만들어 내지는 못 한 것이다. 무겁고 번다한 잡세의 징수나 병력 차출로 인해, 남조국은 끝내 토번을 배신하고 당과 손잡을 궁리를 하게 되었다.

점창산(點蒼山) 회맹과 철교전쟁

남조국과 당 사이의 점창산 회맹과 남조국과 토번 사이에 벌어진 철교전쟁은 모두 794년에 발생하였다. 『신당서』는 이 과정을 비교적 상세히 전하고 있다. 우선, "토번이 부(賦)를 강요하는 것이 매우 많고, 그 험요지를 모두 빼앗아 영후(營候)를 세우는 데다, 해마다 병력을 차출하여 방비를 돕게 하니, 이모심(異牟尋)이 점차 고심하게 되었다." 청평관(淸平官) 정회(鄭回)가 당에 귀의하도록 이모심을 설득하였다. "이모심이 그 말을 좋게 여겨 점차 (당에) 내부(內附)할 것을 도모하였으나, 감히 드러내지 못하였다. 또 마침 절도사 위고(韋皋)가 제만을 위무하는 것이 위혜(威惠)가 있었다. 제만이 두루 이모심의 말을 얻어서 위고에게 알리니, 이때가 정원(貞元) 4년(788)이다. 위고가 첩자를 통해 (이모심에게) 서찰을 보내었다. …… 5년 뒤(792년) (결국) 정책을 결정하여 사자 3인을 길을 달리하여 동시에 성도(成都)에 이르게 하였다. (사자들을 통해) 위고에게 백서(帛書)를 보냈다."[484]

위고가 이모심의 사자를 맞아 경사로 호송하여 보내니, 당 덕종(德宗)이 조를 내려 첩자를 파견하여 실정을 살피게 하였다. 이에 위고가 자신의 속료 최좌시(崔佐時)를 양저미성(羊苴咩城)으로 보냈고, 이 시점에서

---

483) 『雲南志補注』 卷10 「南蠻疆界接連諸蕃夷國名」, p.144.
484) 『新唐書』 卷222上 「南蠻」 上, p.6272.

점창산의 회맹이 이루어진다. "이때에 토번의 사자가 (양저미성에) 많이 있었다. (그래서) 은밀히 좌시를 타일러 장가(牂牁) 사자의 옷을 입고 들어오게 하였다. 좌시가 말하기를, '나는 당의 사자인데, 어찌 소이(小夷)의 의복을 입을 수 있겠는가?'하였다. 이모심이 밤에 그를 맞아들였는데, 자리와 화톳불을 설치하여 놓았다. 좌시가 그 자리에서 바로 천자의 뜻을 알렸다. 이모심이 속으로 토번이 두려워 돌아보니 좌우가 (모두 놀라서) 얼굴빛이 변하였다. (이모심은) 눈물을 흘리며 재배하고 명을 받들었다. (이모심은) 자신의 아들 합권(合勸) 및 청평관에게 좌시와 더불어 점창산에서 맹을 행하게 하였다. 재서(載書)는 네 부를 만들어서, 하나는 신사(神祠)의 석실에 보관하고, 하나는 서이수(西洱水)에 가라앉혔으며, 하나는 조묘(祖廟)에 안치하였다. 그리고 나머지 하나는 천자에게 바쳤다. 이에 병사를 동원하여 토번의 사자를 죽이고 금계(金契)를 새겨 바쳤다. (그리고) 조장(曹長) 하남라(叚南羅)와 조가관(趙迦寬)을 보내 좌시를 수행하여 입조하게 하였다."[485]

남조국은 결국 토번을 배반하고 당을 선택하였다. 아울러 당과 힘을 합하여 토번을 공격하였다. 794년에 이미 당과 회맹한 남조국의 이모심은 토번의 원병 요청을 빌미로 군사 수만 명을 이끌고 북상하여 토번을 기습하였다. 크게 승리를 거두었으며, 토번 세력을 압박하여 노수(瀘水) 이북으로 물러나게 하였다. 남조국과 토번 사이에 발생한 이 '철교전쟁'은 남조국의 완벽한 승리로 끝났다. 이 전쟁의 결과 운남 서북 지역에서 7세기 중엽 이래 이어져 온 국제 질서는 크게 바뀌었으며, 이 지역의 종족 분포에도 새로운 변화를 몰고 왔다.[486] 또한 운남 지역에서 당과 토번 세력 사이의 저울추도 균형을 잃었다.

794년 정월에, "남조만 이모심은 신천에서 토번을 깨뜨리고, 사자를

485) 『新唐書』 卷222上 「南蠻」 上, p.6274.
486) 趙心愚(2010), pp.67-68.

보내 승전보를 바쳤다."[487] 아울러 "그 아우 주라련(湊羅棟)을 보내어, 지도와 공물 및 토번의 금인(金印)을 바치고, 남조국의 호칭 복원을 요청하였다."[488] 이에 당 조정은 "이듬해 여름 유월에 이모심을 책봉하여 남조국왕으로 삼았다. 사부랑중(祠部郎中) 원자(袁滋)로 하여금 절(節)을 가지고 정사(正使)를 겸령하게 하였고, 성도소윤(成都少尹) 방기(龐頎)를 부사로 삼았다. 그리고 최좌시를 판관(判官)으로 삼았다. 구문진(俱文珍)을 선위사(宣慰使)로 삼고, 유유암(劉幽巖)을 판관으로 삼았다. (이모심에게) 황금인을 내렸는데, (황금인에는)「정원책남조인(貞元册南詔印)」이라 새겨져 있었다."[489] 책봉의 의례가 행해진 것이고, 남조국은 다시 당과의 책봉조공 관계로 회귀하였다.

철교가 함락된 뒤, 토번은 납천(納川, 현재 中甸 부근)[490] 등지로 물러나 빼앗긴 땅의 수복을 위해 노력하였다. 토번이 수없는 진공을 감행하였지만, 철교를 수복하지는 못하였다. "이때에 이르러 적의 기세가 꺾여 군대가 떨쳐 일어나지 못하였다. 기서람삭(欺徐濫鑠)이 철교에 이르자, 남조국이 그 물에 독을 풀어 사람이 많이 죽었다. 이에 (기서람삭은) 납천으로 옮겨서 방벽을 쌓고 대기하였다. 이 해에 토번은 때 이른 서리와 눈 때문에 아무런 전공 없이 철군하였으며, 다음 해를 기약하였다. 토번은 당과 남조국이 기각지세(掎角之勢)를 이루는 것 때문에 고전하였고, 또한 감히 남조국을 도모하지 못하였다."[491] 한편, 이모심의 토번에 대한 군사 행동도 더 이상의 큰 성과는 없었고, 이모심은 "철교를 완전히 수복하여 경계로 삼는"것으로 만족해야 했다.[492] 토번 또한 노수 북안의 곤명(昆

---

487) 『册府元龜』卷995「外臣部」〈交侵〉, p.11687下右.
488) 『資治通鑑』卷235「唐紀」51, p.7561.;『新唐書』卷222上「南蠻」上, p.6274.
489) 『新唐書』卷222上「南蠻」上, p.6274.
490) 瑟格 蘇郎甲楚(1998), p.61.
491) 『新唐書』卷222上,「南蠻」上〈南詔 上〉, p.6277.
492) 『雲南志補注』卷10「南蠻疆界接連諸蕃夷國名」, p.144.

明), 신천, 납천 등에 군사 시설을 강화하여 지켰다.[493] 노수가 양국의 군사적 경계가 된 셈이다. 철교전쟁에서 패배한 이후, 토번은 결국 운남에 돌아오지 못하였다.

철교와 교통로, 그리고 교류

앞서 살펴보았듯이, 마사강의 철교는 특수한 역사적 배경을 지녔다. 이것의 건설과 파괴는 남조국과 토번 관계의 전개 과정은 물론이고, 당시 당과 토번 및 남조국 삼자 사이의 역학 관계를 반영하였다. 이 철교는 본디 토번이 군사적 그리고 정치적 목적을 가지고 가설한 중요한 군사 교량이었다. 철교의 현재 위치는 다음의 기록이 단서가 된다. 『만서』 권6에서는, "철교성은 검천에서 북쪽으로 사흘 거리에 있으며, 분지 가운데 평탄한 도로와 역(驛)이 있다. 정원 10년에 남조국의 이모심이 군대를 보내 동서의 두 성을 격파하고, 철교를 끊으니, 대롱관(大籠官) 이하 물에 몸을 던져 죽은 자가 만을 헤아렸다."라고 적었다.[494] 번작(樊綽)이 말하는 "철교성"은 대체로 마사강 양안에 있었을 것이고, 철교를 지키기 위한 시설이었을 것이다. 한편, 펑즈[馮智]는 『신찬운남통지(新纂雲南通志)』와 위 『만서』 기사에 대한 자오뤼푸[趙呂甫]의 주석에[495] 근거하여, 철교성의 위치를 오늘날 윈난성 디칭장주[迪慶藏族]자치주 웨이시시엔[維西縣] 타청샹[塔城鄉]으로 비정하였다. 그의 견해에 따르면, 철교 서성은 타청관[塔城關]에, 그리고 동성은 오늘날의 치중춘[其宗村]에 있었다.[496]

철교 및 두 철교성은 군사적으로 매우 중요한 거점이자, 교통의 중심지였다. 우선 철교 동성은 납천으로 통한다. 그리고 서성의 남쪽은 바로 검

---

493) 『新唐書』卷222上, 「南蠻」上〈南詔 上〉, p.6278.
494) 『雲南志補注』卷6 「雲南城鎮」第6, p.86.
495) "그 유지는 麗江縣 塔城公社 塔城村 북쪽 2킬로미터 남짓 되는 지점의 金沙江岸이며, 유적은 이미 존재하지 않는다."(『雲南志校釋』卷6 「雲南城鎮」, p.233).
496) 馮智(1992), p.28. 한편 方國瑜는 동성의 위치 비정을 달리하였다. 그는 동성이 굳이 강을 끼고 마주볼 필요는 없다며, 동성의 위치를 中甸縣城 즉 지금의 샹거리라로 추정하였다(『雲南志補注』卷.6, pp.86-87).

천으로 이어지며, 서쪽으로는 검심성(劍尋城, 현재의 維西)과 교통할 수 있다. 두 성을 거쳐 서북 방향으로는 소시탐(小施睒), 대시탐(大施睒), 농시천(弄視川), 율재성(聿齎城, 현재의 데첸)등지로 이어지고, 이를 통해 오늘날의 시짱[西藏] 변경 지역으로 들어갈 수 있었다. 이러한 군사적 중진이자 교통의 요지에 토번은 신천도독부를 설치하였고, 아울러 철교절도를 두어 16성을 통령하게 하였다.[497] 그리고 당연한 수순이겠지만, 나중에 철교성을 점유한 남조국 또한 철교절도를 두었다.

이 교통로는 경제적으로도 매우 중요하였다. 『만서』에는, "큰 양[大羊]은 대부분 서강(西羌) 및 철교에 인접한 토번 지계로부터 3천 2천 마리가 들어와서 널리 교역된다."라고 적었는데,[498] 교역되는 상품의 종류가 단지 양뿐만은 아니었을 것이다. 794년 남조국 왕에 책립된 이모심은 당 황제에게 대량의 특산물을 진공한 바 있는데, 『만서』에 따르면, 남조국의 독특한 검인 탁초(鐸鞘), 낭천검(浪川劍), 생금(生金), 슬슬(瑟瑟), 우황(牛黃), 호박(琥珀), 백첩(白疊), 방사(紡絲), 상아(象牙), 무소의 뿔[犀角], 월탐에서 나는 말[越睒馬], 무소의 가죽으로 무장한 말[統備甲馬],[499] 병갑문금(並甲文金) 등 "방토의 귀한 물건"이었다.[500] 이들은 대부분 『만서』 권7 운남 관내의 산물을 다룬 부분에서 설명하고 있는 물건들이다. 이 산물들이 당으로만 보내지지는 않았을 것이다.

남조왕국의 관내에는 이와 같은 많은 물산뿐만 아니라, 허다한 염정(鹽井)이 존재하였다. 『만서』의 기록에 따르면, 소금이 나는 곳이 매우 많았으며, 권역별로 중심이 되는 염정이 존재하였고, 역내 만인과 이인 공동체들이 공유하였다. 서북 지역에서도 "검심(劍尋) 동남쪽에 있는 방미잠

---

497) 田峰(2010), p.134.
498) 『雲南志補注』 卷7 「雲南管內物産」, p.111.
499) 『雲南志校釋』 卷7, 「雲南管內物産」, p.279. 이를 무소 가죽으로 만든 神馬, 즉 민간 제사시 기복 혹은 액막 이용으로 쓰이는 물건으로 보는 연구도 있다(賈志伟, 2013, p.49).
500) 『雲南志補注』 卷10 「南蠻疆界接連諸蕃夷國名」, pp.137-138.

정(傍彌潛井)과 사추정(沙追井)", "검천에 있는 세락등정(細諾鄧井)", 철교 동쪽의 곤명성(昆明城),[501] 등이 모두 대량으로 소금이 나는 곳이었다. 특히 곤명성 부근 염지의 경우 규모가 컸고, 794년까지 상당 기간 토번에 의해 점유되어 중요한 소금 공급원이 되었다. 토번은 철교와 이 교통로를 통하여 대량의 소금을 끊임없이 가져왔을 것이다. 토번이 마사강에 철교를 가설한 뒤에 이 교통로는 빠르게 번영하였고, 이 철교는 오랜 기간 동안 융합과 교류의 장이 되었으리라 평가된다.[502]

앞서 소개한 바 있듯이, 번작의 『만서』는 남조왕국의 서부 지역[永昌]과 토번을 연결하는 또 한 갈래의 길을 기록하고 있다. "대설산은 영창의 서북쪽에 있다. 등충(騰沖)으로부터 보산성(寶山城)을 지나고, 다시 금보산(金寶城) 이북의 대탐(大賧, 지금의 葡萄)을 지난다. 둘레가 100여 리로, 빠짐없이 모두 야만(野蠻)이다. …… 삼면이 모두 대설산이고 그 높이는 하늘에 이른다. 가끔 토번이 탐에 이르러 교역을 하는데, 말하기를 산중에 길이 있고 찬보의 아장(牙帳)과 멀지 않다고 한다."[503] 이것은 까오리공산(高黎貢山)의 서쪽에 있는 도로이다. 이 길 또한 민간 교역로였음을 알 수 있다. 토번 사람들은 늘 대설산을 넘어 이곳에서 만(蠻) 부락들과 상품 교역을 진행하였다.

이 밖에도 남조국과 토번 사이에는 아마도 크고 작은 다른 길들이 존재하였을 것이다. 그러나 앞서 살펴보았듯이 가장 중요한 교통로는 여전히 토번 측에서 중시하였던 철교를 지나 율재(聿齋)에 이르고 망캉[芒康]에 이르는 길이었다. 이 길은 토번과 남조국 뿐 아니라, 그 사이에 존재했던 수많은 정치체와 인간 집단들을 경제적으로 문화적으로 이어 주고 묶어 주는 역할을 하였다.

---

501) 『雲南志補注』卷7「雲南管內物産」, pp.101-102.
502) 田峰(2010), p.134.
503) 『雲南志補注』卷2「山川江原」, pp.21-22.

2. 철교성(鐵橋城)과 그 주변의 사람들

앞서 언급했듯이 650년대 말 혹은 660년대 초 운남의 서북부 서이하 지역에 진출한 토번은 마사강에 철교를 가설하고 동서 두 철교성을 설치하였으며, 이를 관리하고 주변 지역을 통제하기 위하여 신천도독(神川都督)을 두었다. 그리고 794년 철교에서 토번 세력을 몰아낸 남조국은 서쪽 철교성에 철교절도(鐵橋節度)를 두었다. 우선 신천도독이 철교와 철교성을 관할하던 시기에 그 주변에 어떤 인간 집단들이 분포하였는지, 또 794년 이후에는 어떠한 변화가 있었는지를 살펴보는 것이 이 절의 목적이다. 우선 토번 군대를 좇아 이주하였을 토번인 집단의 추이를 살펴보고, 여타 제 종족 부락들의 분포와 변화를 살펴볼 것이다.

신천도독의 설치와 토번인의 이주

토번 세력이 서이하 북부 지역에 진입한 뒤, 한편으로는 앞서 설명한 바와 같이 이 지역을 두고 당과 계속하여 쟁탈전을 전개하였고, 다른 한편으로는 서이하 일부 지역에 대한 통제를 강화하였다. 『돈황장문토번문헌역주』「편년사」에서는 703년에 "겨울, 찬보가 강지(姜地)로 가서 모두 공격하여 함락시켰다."라고 적었고, 같은 문헌의 「짠포전기[贊普傳記]」에서는 찌두쏭첸·짠포가 "육조(六詔)의 강토를 탈취하여, 백만(白蠻)에게 부세를 징수하고, 오만(烏蠻)을 거두어 속민으로 삼았다."라고 적었다.[504] 군사적으로 굴복시켰을 뿐만 아니라, 보다 직접적인 통제를 강화한 것이다. 이를 직접적으로 담당한 것이 신천도독(神川都督)이었다. 신천도독의 가장 중요한 역할은 군사적 통제와 관할 지역 내 정치체 사이의 질서를 조절하고 유

---

504) 黃布凡 馬德(2000), p.46, p.2546. 여기서 "강(姜)"과 "육조(六詔)"는 티베트어로 장(vJang) 혹은 장위(vJang-yul)인데, "강(絳)" 혹은 "강역(絳域)"이라 번역할 수도 있고, 8세기 초에는 주로 운남 서북 및 이해 지역을 지칭하였다(趙心愚, 2010, p.69). 같은 문헌을 번역하고 주석한 王堯 陳踐(1992)는 해석과 용어를 조금 달리하였다. 우선 「편년사」의 기사에 대하여는 "겨울, 찬보가 南詔에 가서"라고 풀었고(p.149), 「전기」의 기사에 대하여는 "찬보가 또 정령을 추행하여 남조국에 미치게 하여"라고 풀었다(p.166).

지하는 것이었을 것이다. 주변 정치체들에 대한 책봉을 관리하였을 것이며, 그들 사이의 분쟁에 개입하고 종주권을 행사하기도 하였다.[505] 그리고 앞서 살핀 바와 같이 토번은 이 지역에서 교통로 개통과 대규모 군대의 주둔 등의 조치를 취하였다. 이는 자연스럽게 토번인들의 이주를 초래하였고, 이러한 추세는 794년 철교전쟁 발발 전까지 지속되었다.

이미 설명한 바 있지만, 토번은 양수(漾水)와 비수(濞水) 위에 철삭교(鐵索橋)를 가설하였고, 마사강 철교를 건설하여, 토번의 수도 나사성(邏些城)과 남조국의 수도 양저미성(羊苴咩城)을 비롯하여 중요 지역들을 잇는 교통로를 연결시켰다.[506] 그리고 교통로의 핵심 연결 고리인 철교 부근에 신천도독을 두어, 이들 지역에 대한 군사적 통제를 강화하였다. 아울러 주요 교통선을 따라 중요 지점에 군대를 파견하여 주둔하게 하였다. 대표적인 곳이 검천과 낭궁(浪穹)이었다. 검천은 마사강의 철교 서성으로부터 바로 남쪽으로 이어지는 곳이었고, 낭궁은 지금의 윈난성 얼위안현(洱源縣)에 해당되는데 보다 남쪽으로 치우쳐 있었다. 팡궈위(方國瑜)는 이 상황을 다음과 같이 설명하였다. "토번이 남진하여 서이하 지역에 이른 뒤 낭궁을 점거하여 전초(前哨)로 삼았으며, 누차 당과의 쟁탈전을 거치면서도 물러나지 않았다.

---

505) 다음의 기록들이 이를 잘 보여 준다. 다시 당에 귀부한 남조국의 왕 이모심은 검남서천절도사 위고에게 보내는 '백서(帛書)'에서 다음과 같이 밝혔다. "신천도독 논눌설(論訥舌)이 낭인(浪人) 이라식(利羅式)으로 하여금 [남조국] 부락의 대성들을 현혹하여 무시로 군대를 일으킨 것이 지금 12년이나 되었습니다."(『新唐書』卷222상「南蠻」上, pp.6272-6273) 백서는 793년의 시점에서 이모심이 왜 토번을 배반하고 당에 귀의하는가의 이유를 밝힌 서한이다. 즉 이 내용은 남조국이 토번에 칭신한 이후의 이야기이다. 이를 통해 확인할 수 있는 것은 우선 신천도독 논눌설이 12년 이상 같은 자리에 있으면서, 무시로 남조국의 군대를 동원하였다는 점이다. 또 『만서』에는 다음과 같은 이야기가 있다. "시방(時傍)의 어미는 몽귀의(蒙歸義)의 딸이고, 그의 여식은 다시 각라봉(閣羅鳳)의 처가 되었다. 처음에 미라피(咩羅皮)가 이미 패하자, 시방이 등천(遵川)에 들어가 거하면서, 삼랑(三浪) 사람들을 초유하여 수천 호를 얻었다. 나중에 각라봉의 시기를 받아, 끝내 백애성(白崖城)으로 옮겨갔다. 검천(劍川)의 의라식(矣羅識)과 신천도독이 교통하여 말이 오가자, 시방도 그 모의에 참여하여, 함께 조(詔)로 세워지기를 구하였다. 음모가 새어나가, 시방은 살해당했다. 의라식은 북쪽 신천으로 달아났고, 신천도독은 그를 나사성(羅些城)으로 보냈다."(『雲南志補注』卷3「六詔」, p.31) 『신당서』에도 같은 이야기가 실려 있다(『新唐書』卷222中「南蠻」中, p.6293). 미라피는 5조의 하나이자 삼랑의 하나인 등탐조의 조주(詔主)이다. 조는 군주 곧 왕을 의미하고, 조를 세운다는 것은 '국(國)'의 성립을 의미한다. 이 이야기는 신천도독이 5조 사이의 관계에 개입하면서 조(詔)의 치폐까지도 도모할 수 있음을 보여 준다.

506) 『大唐新語』卷11「褒錫」第24, p.164.;『新唐書』卷216上「吐蕃上」, p.6081.

752년[천보11년]에 이르러 토번은 남조국을 도와 당의 군대를 격퇴하였다. …… 토번은 여전히 낭궁에 주둔하였으며, 이 때문에 남조국의 영북절도(寧北節度)는 등탐(邆賧)에 설치될 수밖에 없었다. 794년에 이르러 남조국의 이모심이 다시 당과의 관계를 회복하고, …… 신천도독을 격파하고 철교절도를 설치하고 나서야, 토번 세력이 비로소 물러갔다."[507]

이와 같은 교통로의 개통과 대규모 군대의 주둔은 적지 않은 토번인의 이주를 초래하였다. 여러 토번사 연구 성과에 따르면,[508] 토번의 군사 조직은 행정 및 생산을 함께 담당하는 삼위일체의 조직이었다. 통상적으로 토번의 지방 통치는 1급 군사 행정 조직 5개 '루[茹ru]'와 2급 군사 행정 조직 61개 '동대[東岱(stong sde)]'로 구성되었다고 설명된다. 본디의 4개 루와 영토 확장을 통해 설치된 1개 루가 각기 10개 동대로 구성되고, 다시 여기에 영토 확장을 통해 11개 동대가 추가되면서 5루 61동대가 완성되었다. 동대는 '천호(千戶)'의 의미를 갖고 있다. 그리고 이러한 토번의 군사 조직은 씨족 집단을 기초로 한 전인개병제의 형태를 띠고 있었다. 동대의 '대(岱, sde)'는 바로 부락의 뜻을 포함하였다. 뒤집어서 말하면, 토번의 부락 편제는 거의 군사 조직에 가까웠으며, 부민은 '쿠이[桂]'와 '융[庸]' 두 집단으로 구성되어 있었다. '쿠이'는 신분이 비교적 높고 군사 작전의 주력 집단이었던 반면, '융'은 농업과 목축에 종사하여 부세를 납부하고, 신분이 비교적 낮아 서민과 노예에 속하는 집단이었다. 그리고 전쟁에 임할 때는 부락을 단위로 한 집단이 출정하였다. 따라서 토번의 출정은 바로 부락 단위의 천사를 의미하였다.[509]

---

507) 方國瑜(2001Ba), p.156.

508) 佐藤 長(1959), pp.750-763; 阿旺(1989), p.57; 趙心愚(2010), pp.70-71; 朱悅梅(2012), p.74, pp76-79; 班瑪更珠(2013), pp.50-56; 賀冬(2014), pp.52-55.

509) 趙心愚(2010)는 格勒(2006, p.291, p.295)을 인용하여 다음과 같이 적었다. "따라서 토번의 출병과 원정은 실제상 종족의 천사 활동이다. 한 지역 혹은 부락은 일단 출정 임무를 부여받으면, 전체 부락의 남자와 여자를 총동원한다. 청장년층 남자들은 앞에서 싸우면서 길을 이끌고, 부녀와 자녀 및 노인들은 뒤에서 가축들을 몰면서, 천막[帳篷]과 생산도구를 싣고 간다. 후방인원에 충당된다. 이 때문에 당대 토번의 동쪽을 향한 정벌 전쟁 혹은 확장된 수백 년의 과정은 실제상은 서부 장족이 동쪽으로 대이동하는 과정이다(p.70)."

이러한 토번 군사 행정 조직의 구성과 특징은 기존의 문헌에서도 확인되는데, 온말(嗢末)이라는 집단에 관한 『신당서』와 『자치통감』의 기록이 주목된다. 『신당서』 「토번전」의 기록에 따르면, "혼말(渾末)은 온말(嗢末)이라고도 하는데, 토번의 노부(奴部)이다. 노(虜)의 법은 군대를 낼 때 반드시 호실(豪室)을 징발하는데, 모두 노(奴)를 거느린다. 평상시에는 흩어져 거하면서 농사와 목축에 종사한다. [토번 말기 농서(隴西)의 대장이던] 논공열(論恐熱)이 난을 일으키자, 돌아갈 곳이 없게 되어, 함께 서로 불러 모아 모인 것이 수천 명이 되었다. 스스로를 온말이라고 불렀으며, 감주(甘州), 숙주(肅州), 과주(瓜州), 사주(沙州), 하주(河州), 위주(渭州), 민주(岷州), 곽주(廓州), 첩주(疊州), 탕주(宕州) 사이에 거주하였다."[510] 또 『자치통감』에서는 다음과 같이 기록하였다. "이 해에 온말이 입공(入貢)하였다. 온말은 토번의 노를 부르는 호칭이다. 토번이 군대를 일으킬 때마다 그 부실(富室)의 대부분은 노를 거느리고 종군하는데, 종종 일가(一家)에 수십 인에 이른다. 이 때문에 토번의 무리가 많다. 논공열이 난을 일으키자 노의 대부분이 주인을 잃었다. 마침내 서로 규합하여 부락을 이루었고, 감주(甘州), 숙주(肅州), 과주(瓜州), 사주(沙州), 하주(河州), 위주(渭州), 민주(岷州), 곽주(廓州), 첩주(疊州), 탕주(宕州) 사이에 산재하였다가, 토번이 미약해지자 도리어 의부한 것이다."[511] 10세기 중반 농서 지역에 출현한 온말이란 집단은 바로 그곳에 출진해 있던 토번 군사 행정 조직의 하층을 구성한 '노[庸]'로부터 비롯하였던 것이다. 이렇듯 토번 군대의 출정은 사실상 종족 집단의 이주를 조직하는 것이었다.

직접적인 기록은 없지만, 이러한 토번 군사 조직의 특성과 다음의 간접적 기록들은 신천도독부는 물론 서이하의 여러 거점에 적지 않은 토번 이민이 있었음을 짐작케 한다. 『당회요』에서는 다음과 같이 적었다. "정원

---

510) 『新唐書』 卷216下 「吐蕃」 下, p. 6108.
511) 『資治通鑑』 卷250 「唐紀」 66 〈咸通3年(862)〉, pp. 8101–8102.

10년(794) 3월 검남절도사 위고가 상주하였다. 운남 만왕(蠻王) 이모심(異牟尋)이 부락의 병마를 이끌고 토번을 깨뜨렸는데, 철교로부터 성루 16곳을 거두고 토번 왕 5인을 사로잡으니, 귀항한 백성이 12만 인으로 약 3만여 호를 헤아립니다. ……."[512] 그리고 『자치통감』에도 비슷한 기록이 있다.[513] 이를 통해, 794년 당시 서이하의 북부 지역 16개 성에 적어도 3만 호 12만 인 이상의 토번 이주민이 산재하였음을 알 수 있다. 가장 많은 곳은 아무래도 신천도독의 주둔지였을 것이고, 바로 남쪽에 위치한 검천 또한 적지 않은 토번 이민이 거주하였을 것이다. 『대원혼일방여승람(大元混一方與勝覽)』에 그 흔적이 남아 있다. 이에 따르면, "검천현은 옛 검천이다. 만은 이를 토번탐(吐蕃賧)이라 불렀는데, 철교성에 가까웠고, 몽씨(蒙氏) 때에 토번을 축출한 뒤로 백인(白人)이 거주하여, 의독검(義督瞼)을 세웠다. 검(瞼)은 한어(漢語)로 부(府)를 이른다."[514] 몽씨는 남조 왕족의 성이다. 토번탐이라는 검천의 별명은 해당 지역 사람들에게 토번인 거주의 기억이 매우 강렬했음을 잘 보여 준다.

그리고 검천 이남에 낭궁 또한 적지 않은 토번인의 이민이 있었을 것으로 추정되는 곳이다. 대규모의 군대가 장기 주둔하면서 후방 지원 인력에 대한 수요가 많았기 때문에, 일부 토번 부락이 군대를 따라 옮겨 온 것은 충분히 자연스러운 일이었다. 이들 대규모 군대 주둔지 외에 주요 교통 노선상에 존재하는 여러 험요지들 또한 토번인 이주민들이 거주하였을 것이다. 오늘날 여전히 티베트 문화권으로 남아 있는 데첸(德欽), 쫑디엔(中甸), 웨이시(維西) 등에도 적지 않은 토번인들이 있었을 것으로 추정된

---

512) 『唐會要』卷99, p.1764.
513) "이에 앞서 토번과 회골이 북정(北庭)을 다투었는데, 사상자가 심히 많았다. 운남에 1만인의 징병을 요구하였다. 이모심이 '국'이 작다고 사양하여 3천인의 징발을 청하였으나, 토번이 적다고 하였다. 더하여 5천에 이르니, 토번이 허락하였다. 이모심이 5천인을 보내어 앞서게 하고, 스스로 수만 인을 이끌고 그 뒤를 밟았다. 밤낮으로 진군하여 토번을 습격하였다. 신천에서 전투를 벌여 크게 격파하였다. 철교 등 16성을 취득하였다. 그 왕을 사로잡고, 그 무리 10여만을 항복시켰다."(『資治通鑑』卷234 「唐紀」50〈貞元 10年 (794) 正月〉, pp.7552-7553.)
514) 『大元混一方與勝覽』卷中 「雲南等處行中書省」〈鶴慶路〉, p.458.

다. 토번이 서이하 북부 지역에 진출한 7세기 중엽부터 794년까지 100년이 훌쩍 넘는 시간 동안의 군사적 수요를 고려한다면, 토번인의 이주는 지속적으로 이어졌을 것이고, 이 지역에서 토번인 인구의 증가는 자연스러운 일이었을 것이다.

철교전쟁 이후, 윈난성 서북의 리쟝[麗江] 및 그 이남 지역은 이미 당과의 관계를 회복한 남조국에 의해 완전히 통제되었고, 토번이 이 일대에 조직한 통치 질서는 종언을 고하였다. 이에 따라 적지 않은 토번인 이주자들이 철수하는 군대를 따라 진사쟝 강 북쪽으로 이동하였고, 어떤 이들은 전쟁이 끝난 뒤 남조국에 의해 축출되었다. 또 일부 토번인들은 쭝디엔과 웨이시 및 데첸 일대로 이주하기도 하였을 것이다. 따라서 전에 비해 리쟝 및 그 이남 지역에 거주하는 토번인의 분포와 수는 대대적으로 축소되었다. 이 지역에서 정치적 군사적 지위를 잃은 뒤, 토번의 영향력은 신속하게 쇠약해졌다. 그리고 여전히 검천과 리쟝 등 지역에 남은 토번인들은 점차 다른 종족들과 융합하였을 것이다. 이렇듯 일찍이 동남쪽으로 향했던 토번인의 대규모 이주는 철교 전투 이후 중단되었고, 이 지역에서 그들의 활동도 기록에서 사라졌다.

신천도독과 철교절도 관할 구역 내의 사람들

이 소절에서는 토번 이주자들 외에 신천도독 관할 구역 안에 거주했던 여러 종족 집단의 분포와 그 추이에 관하여 살펴보고자 한다.[515] 이를 직접적으로 보여주는 자료는 존재하지 않지만, 『만서』와 『신당서』 「남만전」의 분석을 통해 추정하는 것은 가능하다.[516] 특히 앞서 인용한 철교성 관

---

515) 이 소절은 자오신위의 「唐 貞元 연간 철교전쟁 전후 전(滇) 서북 지구 민족 분포의 변화」라는 글(趙心愚, 2010)에 많은 계몽을 받았으며, 이를 비판적으로 재구성하였음을 미리 밝혀둔다. 몇 가지 부분에서 의견을 달리하는 부분도 있지만, 전체적인 틀과 구상에 대하여는 전적으로 동의하는 바이다.

516) 『敦煌本吐蕃歷史文書』 중에도 운남 서북부 지역에 분포하는 종족 부락에 관련된 기록이 있지만, 지나치게 개괄적이다. 일반적으로 티베트 문자 문헌 중의 mywa-dkar-po는 한문 사적 중에서 '白蠻'의 對譯이고,

할 하의 10여 종족 집단과의 비교를 통해, 794년 이전 철교를 중심으로 노수(瀘水) 주변에 거주하던 종족 집단의 존재와 그 변화를 추정할 수 있다. 철교절도 관할 하 탕랑(湯浪), 가맹(加萌), 어랑(於浪), 전연(傳兗), 장곤(長褌), 마사(磨些), 박자(撲子), 하인(河人), 농동(弄棟) 등의 명칭은 794년 철교전쟁 이후 남조국의 강제 이주에 의한 인구 변화를 반영하기 때문이다. 결론적으로 당시 신천도독 관할 구역 안에는 시만(施蠻), 순만(順蠻), 마사만, 농동만, 낭궁(浪穹), 등탐(遵賧), 시랑(施浪), 하만(河蠻), 장곤만, 박자만(撲子蠻), 한상만(漢裳蠻)이라 불리는 사람들이 거주하였다.

우선 시만과 순만 그리고 마사만이라 불리는 집단은 토번과의 관계가 밀접하고 남조국과의 물리적 거리가 비교적 멀었다. 시만에 관한 『만서』의 기록을 보면 다음과 같다. "시만은 본디 오만(烏蠻) 종족이다. 철교의 서북쪽 대시탐(大施賧), 소시탐(小施賧), 검심탐(劍尋賧)이 모두 그 거주지이다. 남자는 증포(繒布)로 만당고(縵襠袴, 가랑이가 나뉘지 않는 바지)를 만들어 입는다. 부인은 정수리로부터 가로로 그 머리카락을 나누어, 이마와 정수리 뒤에 각기 상투를 하나씩 틀었다. 남녀 모두 종신토록 맨발이며 양가죽을 둘러 입는다. 부락주는 대대로 모두 토번이 책봉[僞封]하여 왕으로 삼는다. 794년[정원 10년]에 남조국이 성읍을 공격하였는데, 그 왕 심라(尋羅)와 종족(宗族)을 사로잡아 몽사성에 두고 생계를 보살폈다[養給]."[517] 이렇듯 시만의 지배 집단은 몽사성으로 이주시킨 데 비하여, 그 부락민은 다른 지방으로 옮겼다. 우선 『만서』에서는 '자동성(柘東城)'에 관하여 설명하면서, "정원 10년에 남조국이 서융(西戎)을 깨뜨리고, 시, 순, 마사 제종 수만 호를 옮겨 그 땅을 채웠다."라고 적었

---

mywa - nag - po는 '烏蠻'의 대역이다. 이 밖에 역사문서 중에 또 "南詔"를 Vjang - mywa라고 적는데, "絳蠻" 혹은 "雲南蠻", "六詔蠻"으로 번역할 수 있다. 이것은 토번이 운남 지역에 들어 온 뒤, 운남 서북 지역 종족에 대한 대체적 분류와 호칭법으로 보인다(趙心愚, 2010, p.73).

517) 『雲南志補注』 卷4 「名類」, p.56.

다.[518] 이에 따르면 시만 부락민의 상당수가 자동성 지역으로 이주된 것으로 보인다. 그리고 『원사』 「지리지」에 따르면, 이들의 일부는 성계탐(成偈睒) 즉 현재의 리장 동쪽 용성[永勝] 지역으로 옮겨졌다.[519]

『만서』에는 순만 집단에 관한 기록도 있다. "순만은 본디 오만 종류인데, 처음에는 시만 부락과 함께 검천과 공천(共川) 등 여러 천에 섞여 살았다. 미라피(哶羅皮)와 탁라망(鐸羅望)이 이미 등천과 낭궁을 잃은 뒤 물러나서 검천과 공천을 압박하여 빼앗았다. 이로 말미암아 철교 이북으로 옮겨가 거주하였다. 따라서 그 땅의 이름을 검강(劍羌)이라 하였다. 검심탐 서북 400리에 있으며, 남녀의 풍속이 시만과 대략 같다. 그 부락주 또한 토번이 왕으로 책봉하였다. 794년[정원 10년]에 남조국의 이모심이 그 왕 방이잠(傍彌潛) 및 종족(宗族)을 사로잡아 운남의 백암(白岩)에 두고 생계를 보살폈다. 그 순만 부락[520] 백성은 흩어져 동북의 여러 천(川, 즉 睒)에 예속되었다."[521] 시만과 달리 순만의 수령은 몽사성이 아니라 백암 즉 백애성(白崖城)으로 옮겨 놓았다.

순만 부락민의 경우는 앞서 살펴보았듯이 그 일부는 자동성 부근으로 옮겨졌다. 그러나 적지 않은 무리는 그대로 현지에 남아 있었던 것으로 보인다. 앞서 II장 6절에서 인용한 바 있지만, 『만서』에는 다음과 같은 기록도 있다. "영북성(甯北城)은 ……. 동쪽 땅에는 야공천(野共川)이 있고, 북쪽 땅으로는 훼천(虺川)이 있고, 다시 북쪽으로 궤천(樻川)이 있고, 또 다시 북쪽으로 낭사천(郎娑川)이 있고, 또 다시 북쪽으로 상천(桑川)이 있으니, 곧

518) 『雲南志補注』 卷6 「雲南城鎭」, p.80.
519) "北勝府는 麗江의 동쪽에 있다. 唐 南詔 시에 철교 서북쪽에 시만이 있었는데, 貞元 연간에 이모심에게 공파되었고, 그 종이 옮겨져 이곳에 거하게 되었다. ……, 그 땅은 成偈睒이라 하였다. 다시 고쳐서 善巨郡이라 하였다."(『元史』 卷61 「地理」 4 〈雲南諸路行中書省 麗江路軍民宣撫司〉, p.1464). 趙心愚(2010, p.76)는 이후 기록에서 운남 서북 지역에서 시만 관련 내용이 사라지는 것으로 보아, 부락 전체를 이주시킨 것으로 보인다고 했는데, 이는 『원사』 「지리지」의 기록과는 어긋난다.
520) 원본에는 '施蠻'으로 되어 있는데, 『雲南志補注』는 그대로 두었고(p.57), 『雲南志校釋』은 '순만'으로 고쳤다 (p.152). 여기서는 문맥에 따라 후자와 같이 순만으로 해석하였다.
521) 『雲南志補注』 卷4 「名類」, pp.56~57.

철교성 북쪽의 구탐천(九賧川)에 이른다. 다시 서북쪽으로 나미천(羅眉川)이 있다. 다시 서쪽으로 모랑공성(牟郞共城)이 있다. 다시 서쪽으로 방미잠성(傍彌潛城)에 이르는데, 염정이 있다. 염정 서쪽에 염심성(斂尋城)이 있다. 모두 시만과 순만 부락이 지금 거주하는 땅이다."[522] 이 기록과 함께 위에 순만 부락 백성이 흩어져 예속된 '동북 제천'을 해석한다면, 순만 부락의 상당수는 여전히 철교성에서 멀지않은 지역에 흩어져 거주하였다고 생각할 수 있다. 이는 시만에도 똑같이 적용될 수 있을 것이다. 또 이렇게 남아 있던 이들 순만의 일부는 리쟝 동부 지역으로 옮아간 것으로 보인다. 『원사』「지리지」에 따르면, 철교 이북에 남아 있던 추장 중의 하나인 성두족(成斗族)이 점차 융성하여 하나의 부(部)를 이루었고, 이후 리쟝과 용성 사이에 위치한 우탐(牛賧)으로 이주하였다. 그리고 13세손 자당유(自瞠猶)에 이르러 대리국(大理國)에 예속하였다.[523]

시만 및 순만의 군장에 대해 토번이 책봉한 것에 비하여 마사만의 경우는 책봉 기록이 없다. 다만 비교적 넓게 분포하였으며 남조국과 토번 사이에서 '양속(兩屬)'하는 존재로 그려졌다.[524] 『만서』에는 또 다음과 같은 기록이 있다. "마만(磨蠻) 또한 오만 종류이다. 철교 상하 및 대파(大婆), 소파(小婆), 삼탐람(三探覽), 곤지(昆池) 등의 천이 모두 그 주거지이다. 그 땅에는 소와 양이 많으며, 일가(一家)마다 양 무리를 소유한다. 종신토록 손과 얼굴을 씻지 않으며, 남녀 모두 양가죽을 두른다. 그 풍속이 음주가무를 좋아한다. 이 종은 본디 요주(姚州) 부락의 백성이다. 남조국이 이미 철교 및 곤지 등의 여러 성을 습격하여 격파한 뒤, 무릇 1만 호를 노획하였는데, 모두 곤천(昆川) 주변과 서찬(西爨)의 옛 땅에 분산 예속시켰다. 마사만은 시만 바깥에 있으며, 남조국과 혼인가가 되었고, 또 월석조

522) 『雲南志補注』卷6「雲南城鎮」, p.84.
523) 『元史』卷61「地理」4〈雲南諸路行中書省 麗江路軍民宣撫司〉順州), pp.1464-1465. 우탐 즉 원대의 順州는 현재 윈난성 용성시엔[永勝縣] 서쪽 23킬로미터에 위치한 순저우샹[順州鄕] 저우청춘[州城村]으로 비정된다.
524) 『新唐書』卷222上「南蠻」上, p.6277; 『舊唐書』卷197「南蠻 西南蠻」, p.5282.

와 인아(姻婭) 관계를 형성하였다."[525] 마사만은 당시 일부분이 강제 이주되었지만, 적지 않은 숫자가 운남 서북 지역에 남아 있었다. 그리하여 철교절도 관할 구역 내에는 여전히 마사 부락이 있었다.

농동만(弄棟蠻) 집단은 본디 노수 이남 지역에 거주하던 사람들이다. 『만서』에서는 이들에 관하여 다음과 같이 적었다. "농동만은 백만의 묘예(苗裔)이다. 본디 요주 농동현의 부락이다. 그 땅은 옛날에 포주(褒州)가 되었다. 일찍이 부락의 수령이 자사가 되었으나, 실수로 사호(司戶)를 때려죽인 일로 부승(府丞)에게 논죄되자, 끝내 무리를 이끌고 북쪽으로 달아났다. 나중에 마사강(磨些江) 가에 나뉘어 흩어졌으며, 검(劍)과 공(共)의 제천(諸川)을 아울러 모두 차지하였다. 그러나 [농동현의] 나머지 부락은 가지 않았다. [남은 부락들은] 천보 연간에 요주자사 장건타가 성을 지켜 항전할 때, 함몰되어 거의 사라졌다. 794년[정원 10년]에 남조국의 이모심이 토번의 성읍들을 깨뜨려 빼앗았는데, 사로잡은 농동만을 영창 땅으로 옮겼다."라고 적었다.[526] 이에 따르면, 요주 농동현 주변에 존재하던 농동만은 이미 사라졌고, 마사강 주변으로 이주한 농동만은 마사강을 따라 상당히 넓게 분포하였으며, 토번과 물리적으로 가까웠던 것으로 보인다. 『만서』에서 영창으로 옮겼다고 한 것과 달리, 『신당서』 「남조전」에서는 사로잡은 농동만으로 '운남 동북'을 채웠다고 적었다.[527] '운남 동북'이란 자동성 일대를 지칭한다. 두 기록 중에 하나가 오류일 수도 있지만, 그보다는 농동만의 이주가 동서 양 방향으로 이루어진 것으로 보인다. 그리고 여전히 마사강 주변에 남아 있는 부류도 있었다. 『신당서』 「남만전」에는 위의 강제 이주 이후에도 수주에서 곤명성을 지나 토번에 이르는 길목에 농동만이 존재하였음을 보여주는 기록이 있고,[528] 또 앞서 언급했듯이 남조국의 철교절도 관할 구역 내에

---

525) 『雲南志補注』卷4「名類」, p.57.
526) 『雲南志補注』卷4「名類」, pp.52~53.
527) 『新唐書』卷222上「南蠻」上〈南詔〉上, p.6275.
528) 『新唐書』卷222上「南蠻」上, p.6276.

여전히 농동만이 존재하였다.

철교전쟁 전에 토번의 신천도독 관할 내에서 남조국과의 거리가 비교적 가깝고, 아울러 남조국의 위협에 가장 많이 노출되었던 것은 '삼랑조(三浪詔)'였다. 『만서』에 따르면, "무릇 낭궁(浪穹), 등탐(遵睒), 시랑(施浪)을 총칭하여 '낭인(浪人)'이라 한 까닭에 '삼랑조'라고 말한다."[529] 삼랑 세력은 토번의 비호 아래 장기간 남조국에 맞섰다. 남조국이 토번과 공개적으로 결맹하기 전에 서이하 지역의 5조를 공격하여 패퇴시켰으나, 완전히 없애고 병탄한 것은 월석조(越析詔)와 몽수조(蒙舊詔)뿐이었다. 낭궁, 등탐, 시랑 3조는 비록 패전하였으나, 잔여 세력이 검천 일대로 퇴각하였고, 토번의 보호 아래 존속하였다. 토번이 남조국에 패퇴한 여러 조들을 장기간 비호한 목적은 물론 이들 정치 세력을 이용하여 서이하 지역을 통제하고, 점차 세력이 커지는 남조국을 견제하고자 하는 것이었을 것이다. 이는 남조국과 결맹한 뒤에도 마찬가지였다. 이는 『만서』의 기록들이 잘 보여 준다.

우선 낭궁에 관하여 다음과 같이 적었다. "넷째로 낭궁이 하나의 조이다. 조주(詔主) 풍시(豐時)와 풍미(豐哶) 형제가 함께 낭궁에 있었다. 나중에 풍미가 등탐을 습격하여 거주하였는데, 이로 인해 각기 하나의 조(詔)가 되었다. 풍시가 죽고, 아들 시라탁(時羅鐸)이 섰다. 시라탁이 죽고, 아들 탁라망(鐸羅望)이 서서, 낭궁주자사가 되었다. 남조와의 전투에서 패하여, 부락을 이끌고 검천으로 물러나 지켰다. 그런 까닭에 검랑(劍浪)이라 과장하여 칭하였다. (탁라망이) 죽고, 아들 망편(望偏)이 섰다. 망편이 죽고, 아들 편라의(偏羅矣)가 섰다. 편라의가 죽고, 아들 의라군(矣羅君)이 섰다. 정원 10년(794)에 남조국이 검천를 격파하고, 의라군을 사로잡아 영창(永昌)으로 옮겼다."[530] 794년 이후 영창으로 옮긴 것이 주목된다.

---

529) 『雲南志補注』 卷3 「六詔」, p.33.
530) 『雲南志補注』 卷3 「六詔」, p.33.

둘째로 등탐에 관한 기록이다. "다섯째로 등탐이 하나의 조이다. 조주 풍미가 처음에 등탐을 습격하였는데, [당의] 어사(御史) 이지고(李知古)가 조서를 가지고 나아가 죄를 물으니, 즉일로 죄를 쓰고 죽었다. 그 아들 미라피(哔羅皮)가 나중에 등탐주자사가 되었는데, [737년에] 몽귀의(蒙歸義)와 더불어 하만(河蠻)을 토벌하였다. 마침내 [하탐을] 분할하여 대리성(大釐城)에 웅거하였다. 미라피는 바로 몽귀의의 생질이다. 나이가 어리고 꾀가 없어, 귀의가 그 성을 습격하여 탈취하였다. 미라피는 다시 등탐으로 들어가, 즉시 낭궁과 시랑 두 조의 원병과 더불어 귀의를 쳤다. 당시 귀의는 이미 대리를 이기고, 용구(龍口)에 성을 쌓고 있었다. 삼랑의 군대가 이른다는 소식을 듣고, 무리를 이끌고 맞서 싸웠다. 삼랑이 크게 패하니, (귀의가) 그 달아나는 것을 좇아 등탐을 지났으며, 패한 군졸의 대부분은 진흙과 모래 가운데에 빠져 죽었다. 미라피는 이로부터 야공천(野共川)[531]으로 물러나 거하였다. 미라피가 죽고, 아들 피라등(皮羅鄧)이 섰다. 피라등이 죽고, 아들 등라전(鄧羅顛)이 섰다. 등라전이 죽고, 아들 전지탁(顛之託)이 섰다. 남조국이 검천을 격파한 뒤, 야공을 거두고, 전지탁을 사로잡아 영창으로 옮겼다."[532] 역시 영창으로 옮겼다고 한 것이 눈에 띈다.

마지막으로, 시랑에 관하여는 다음과 같이 기록하였다. "여섯째로 시랑이 하나의 조이다.[533] 조주는 시망흠(施望欠)이다. 처음에 각라봉이 석화성(石和城)을 점거하여 시각피(施各皮)를 사로잡자,[534] 망흠은 도움이 끊겨 [고립되었다]. 나중에 풍미의 아들 미라피와 함께 몽귀의를 쳤으나, 또 모두 패해 무너졌으며, 의저화성(矣苴和城)으로 물러나 지켰다. 귀의가

<hr>

531) 현재 윈난성 허칭시엔[鶴慶縣]으로 비정된다.
532) 『雲南志補注』卷3「六詔」pp.33-34.
533) 시랑조의 위치는 邆川城 동북의 靑素鄉으로 비정된다(『雲南志補注』卷3「六詔」, p.36 주1).
534) 『신당서』에서는 "시각피라는 자가 있어 또한 8조의 후예였고, 석화성에 웅거하였다. 각라봉이 공격하여 사로잡으니, 시망흠이 고립되었다."라고 적었다(『新唐書』卷222中「南蠻」中, p.6294-6295).

점차 강의 입구로부터 진군하여, 그 부락을 위협하였다. 얼마 지나지 않아 시망흠의 무리가 무너지고, 겨우 가족의 반을 이끌고, 서쪽으로 달아나 영창으로 갔다. …… [망흠에게] 유남(遺南)이라는 이름의 딸이 있어, 미색으로 이름이 나있었다. 도리어 사자를 보내 유남을 귀의에게 보내겠다 청하니, (귀의가) 허락하였다. 망흠은 마침내 난창강(蘭滄江)을 건넜는데, 몽사(蒙舍)에서 죽었다.[535] 망흠의 동생 망천(望千)은 의저화성이 처음 무너질 당시 북쪽으로 달아나 토번으로 갔다. 토번이 (그를) 세워 조(詔)로 삼고, 검천으로 돌려보냈는데, 무리를 이룬 것이 수만이었다. 망천은 천방(千傍)을 낳고, 천방은 방라전(傍羅顛)을 낳았다. 남조국이 검천을 격파하고 나서, 시랑 부락을 모두 사로잡았다. 방라전은 단신으로 탈출하여, 노수의 북쪽으로 달아났다. 이제 삼랑이 모두 평정되었으며, 오직 방라전과 의라식의 자손들이 토번 내에 있을 뿐이다."[536]

이상 삼랑조에 관한 『만서』의 기록을 살펴보았다. 이를 통해 확인할 수 있는 것은 세 가지이다. 우선 앞서 언급한 바와 같이 삼랑조는 서이하 지역의 패권을 두고 남조국과 내내 길항하였으며, 패배하였음에도 불구하고 토번의 비호를 받으며 철교전쟁 직전까지 검천에 할거하였다. 둘째, 낭궁주자사와 등탐주자사에서 보이듯이 낭궁조와 등탐조 또한 남조국과 같이 초기에 당 제국의 기미부주 체제에 속하였었다. 등탐주자사 미라피의 경우 737년에 남조국 각라봉과 함께 하만(河蠻) 토벌에 나서기도 하였다. 이러한 관계에 변화를 초래한 것은 토번 세력의 진출, 그리고 앞서 살핀 바와 같이 서이하 지역에 대한 '군현화'를 주장하던 당 조정 내 강경론자들의 존재였을 것이다. 마지막으로 삼랑조의 경우 대부분 영창 지역으로 옮겨진 것으로 보이며,[537] "삼랑이 모두 없어졌다(三浪悉滅)"는 『신당서』의

---

535) 『신당서』에서는 난창강을 건너 죽었다고 했다(『新唐書』 卷222中, 「南蠻」 中, p.6295).

536) 『雲南志補注』 卷3 「六詔」, pp.35-37.

537) 자오신위(趙心愚)는 낭궁과 등탐 두 조주와 나머지 무리가 모두 영창으로 옮겨졌을 뿐 아니라, 시랑조도 그 조주와 함께 도주한 무리를 제외한 나머지 또한 영창으로 옮겨졌다는 왕지린(王吉林, 1992, p.314)의

표현으로 보건대, 적어도 검천 지역에서 '낭인'들은 축출된 것으로 보인다. 남조국의 입장에서도 끝까지 자신들에게 맞섰던 삼랑 세력을 그 본거지에 남겨두려 하지는 않았을 것이다.

하만(河蠻)은 철교절도 관할 내의 하인(河人)과 같은 사람들로 보이는데, 삼랑조와도 서로 관련이 있었다. 『만서』에 따르면, "하만은 본디 서이하에 살던 사람들이며, 지금은 하만으로 부른다. 그 옛 땅에는 육조가 모두 위치하였으나, 하만은 이하(洱河)의 성읍을 스스로 굳게 지켰다. 개원(開元) 이전에 일찍이 수령이 입조하여 본주 자사에 제수되고, 상을 받고 돌아가기도 하였다. 남조국의 몽귀의가 대화성(大和城)을 공격하여 함락시키자, 하만이 마침내 모두 북으로 옮겨갔고, 모두 낭조(浪詔)에 기제(羈制)되었다. 정원 10년에 낭조가 격파되어 무너지자, 다시 운남 동북 자동으로 옮겨져 거주하였다."[538] 이하의 성읍이란 대화성, 대리성(大釐城), 양저미성을 가리킨다. 이 세 성 모두 본디 하만이 거주하던 곳이었다.[539] 낭조에게 기제되었다는 것은 토번과 삼랑조의 통제 아래 남조국과 맞섰다는 의미일 것이다. 794년 철교성을 점령한 이후 일부는 남겨두고 상당 부분은 자동 지역으로 강제 이주시킨 것으로 보이는데, 이들을 기제하였던 삼랑 세력과 분리한 것이 주목된다.

장곤만(長褌蠻)도 철교절도 관내에 잔존하였으며, 본디 삼랑조와 관계가 밀접하였다. 『만서』에서는 다음과 같이 적었다. "장곤만은 본디 오만의 후예로 부락은 검천에 있고, 낭조(浪詔)에 속하였다. 그 본디의 풍속이 모두 의복이 길어서 잠방이(褌)가 땅에 끌리며, 또 다른 의복은 없고, 오직 소와 양의 가죽을 두른다. 남조국이 이미 검랑(劍浪)을 격파한 뒤, 마침내 그 부락을 옮겨 시만 및 순만과 함께 거하게 하고 양급(養給)하였다."[540]

주장을 지지하였다(趙心愚, 2010, p.75).
538) 『雲南志補注』卷4「名類」, pp.54~55.
539) 『雲南志補注』卷5「六賧」, p.70.
540) 『雲南志補注』卷4「名類」, p.54.

낭조에 '속'한다고 한 것은 그들이 검천에 거주하면서 하만과 마찬가지로 삼랑조에 '기제'되었기 때문일 것이다. 또 "그 부락을 옮겨 시만 및 순만과 함께 거하게"하였다고 했으나, 그 이주 위치는 밝히지 않았다. 앞서 인용한 바 있듯이, 『만서』의 〈자동성〉조에서는 남조국이 정원 10년에 시만, 순만, 마사만 제종 수만 호를 옮겨 그 땅을 채웠다고 했는데, 장곤만 또한 당시에 이들과 함께 자동성으로 이주된 제종 중에 하나가 아니었을까 추정된다. 그리고 이미 언급했듯이, 장곤만도 하만과 마찬가지로 일부는 철교절도 관내에 남겨졌다.

박자만(撲子蠻) 또한 신천도독 시기부터 철교절도 시기까지 그 관내에 존재했던 인간 집단이다. 『만서』에서는, 박자만이 개남(開南), 은생(銀生), 영창, 심전(尋傳) 등의 지역에 주로 분포하지만, "철교 서북변에서 난창강으로 이어지는 곳에도 역시 (이들) 부락이 있다."고 적었다.[541] 또 "박자만은 날래고 사나우며 민첩하다. 청파라단(靑婆羅段)으로 통신고(通身袴)를 만들어 입는다. 박기죽(泊箕竹)으로 만든 활을 잘 다루어, 깊은 숲속에서 하늘다람쥐[飛鼠]를 쏘아도 맞추지 못하는 것이 없다."라고 적었고, 『신당서』에서는 "사람들이 대부분 장대하며, 방패를 지고 삭(矟)을 잡고 싸운다."라고[542] 적었다. 이들이 철교전쟁 과정에서 어떠한 역할을 하였는지는 알 수 없지만, 그 이후 남조국 지배하에서 용병으로 활용된 것은 분명해 보인다. 『만서』의 저자 번작(樊綽)은 자신의 글에서 남조군 포로 중에 섞여 있던 '박자만' 병사에 대한 목격담을 전하고 있다.[543]

마지막으로 한상만(漢裳蠻)이다. 『신당서』「남조전」에서는 "한상만"이라 하고,[544] 『만서』에서는 "상인(裳人)"이라고 불렀다. 『만서』의 기록을 보면, "상인은 본디 한인(漢人)이다. 부락은 철교 북쪽에 있는데, 천사 연월은

541) 『雲南志補注』卷4 「名類」, p.58.
542) 『新唐書』卷222下 「南詔」下, p.6325.
543) 『雲南志補注』卷4 「名類」, p.58.
544) 『新唐書』卷222上 「南詔」上, pp.6275-6276.

알지 못하였다. 처음에는 한의 복제(服制)를 계승하였으나, 나중에 점차 제융(諸戎)의 풍속이 섞였으며, 오늘에 이르기까지 조하(朝霞) 천으로 머리를 동여맬 뿐, 그 나머지는 다른 것이 없다."라고 적었다.[545] 『신당서』 「남만전」도 나머지는 한의 복장과 같다고 하였다. 한상만이 한인이었는가의 여부에 관하여는 의견이 엇갈리지만,[546] 추정할 수 있는 부분은 이 부락이 본디 한인이었다 하더라도, 당시는 이미 선주민들과 동화되었을 것이라는 점이다.[547] 남조국은 토번을 축출한 뒤, 한상만을 강제 이주시켰다. "794년[정원 10년]에 남조국의 이모심이 군사를 거느리고 토번의 철교절도성을 공파하였는데, 상인 수천 호를 사로잡아 모두 운남 동북의 제천(諸川)으로 옮겼다."[548] 이른바 '동북의 제천'은 자동성 일대이다. 이후에 철교절도 관할 구역 내에서 한상만은 사라졌다.

이상을 정리하자면, 794년 이전 신천도독의 관할 구역 내에는 시만, 순만, 마사만, 농동만, 낭궁, 등탐, 시랑, 하만, 장곤만, 박자만, 한상만 등의 집단이 거주하였는데, 이 가운데 시만, 순만, 마사만, 농동만, 하만, 장곤만, 박자만 등은 일부라도 남았고, 나머지는 대부분이 다른 곳으로 강제 이주되었다. 그리고 그 빈자리는 탕랑(湯浪), 가맹(加萌), 어랑(於浪), 전연(傳兗) 등 새로운 이름을 가진 집단이 채우게 되었다.

새로 등장한 집단 가운데 어랑과 전연은 전혀 정보를 구할 수가 없고, 탕랑과 가맹의 경우는 『만서』의 다른 곳에 그 이름이 나온다. "고려공산(高黎共山)은[549] 영창 서쪽에 있으며, 아래쪽은 노강(怒江)에 임하여 있다. 그 동서쪽은 평지[平川]인데, 일러 궁탐(穹賧)이라 하며, 탕랑과 가맹

545) 『雲南志補注』卷4 「名類」, p.54.
546) 펑쯔는 이 지역과 관련된 기록들을 분석한 뒤에 한상만은 본디 한인이며, "대개는 삼국 시대 신천 일대에 유입된 것"이라고 주장하였다(馮智, 1992, p.29). 왕지린(王吉林, 1992)은 한상만 한인설의 신빙성을 부정하고 있다.
547) 趙心愚(2010), p.78.
548) 『雲南志補注』卷4 「名類」, p.54.
549) 高黎共山은 현재 윈난성 서부의 까오리공산(高黎贡山)이다.

이 거주하는 곳이다. 초목이 마르지 않으며, 장기(瘴氣)가 있다." 이 기사에서는 탕랑과 가맹이 궁탐에 거주하고 있다고 전하고 있다. 그런데 문제는 이 궁탐이 철교성과는 거리가 너무 멀다는 것이다. 궁탐은 현재 윈난성 바오산시[保山市] 서쪽의 루쟝빠[潞江壩]로 비정된다. 게다가 이곳은 영창절도에 소속된 곳이었다. 철교성의 관할이 여기까지 미칠 리 없었다. 이를 합리적으로 이해할 방법은 남조국이 궁탐에 거주하던 이들 탕랑과 가맹 부락을 강제로 철교성 주변으로 옮겨 왔다고 보는 것 밖에 없다. 그리고 앞서의 경우들을 통해서 짐작하였겠지만, 이러한 일은 남조국 통치 기간 중 늘 일어나던 일이었다. 『만서』에 따르면, 영창성의 영창절도 관할 내에는 마사만이 존재하였다.[550]

철교전쟁 이후 이 지역민들에 대한 강제 이주는 남조국이 서찬국을 멸망시킨 뒤 서찬백만(西爨白蠻)을 영창 지역으로 이주시킨 이후 가장 큰 규모의 강제 이민이라고 칭할 수 있을 것이다. 그 전체 규모가 얼마나 되었는지에 대하여는 관련 사적의 기록이 자세하지 않지만, `앞서의 기록들을 근거로 상상해 보자면 대체로 15만 명에서 20만 명 정도로 추정할 수 있다.[551] 남조국은 새로이 점령하는 지역에 이러한 조치를 취하는 경우가 적지 않았는데, 이는 재지 세력을 약화시키고 새로운 곳의 개발을 진전시키는 데 전략적으로 좋은 선택이었다. 철교전쟁 이후 토번과의 군사적 경계에서 최전선에 위치하게 된 철교성 주변에서 친토번 세력을 제거하는 것은 매우 당연한 조치였다. 이들 강제 이주 종족 부락들 가운데는 그 대부분이 이주된 집단도 있고, 일부분만 이주된 집단도 있었다. 대부분이 이주된 집단은 이 지역에서 사실상 사라졌고, 이후의 기록에도 등장하지

---

550) 『雲南志補注』卷6「雲南城鎮」, p.88.
551) 앞서 살펴보았듯이, 『만서』에서는 제한적이나마 "시만, 순만, 마사 제종 수만 호를 옮겨" 자동성을 채웠으며, 또 "상인 수천 호를 사로잡았"고, 토번에 의해 검천에 재건된 시량조의 "무리가 수만이 된다"는 등의 제공하고 있다. 대체로 1호 5인이 비율로 거칠게 계산해 보면, 적어도 10만 이상이 사민되었을 것으로 추정할 수 있다.

않는다. 부분적으로 이주된 집단은 인구가 대대적으로 감소하였고, 분포 지역도 축소되었다. 그리고 결국은 다른 종족 부락들과 점차 융합되어, 어떤 집단은 대리왕국 시기 혹은 그보다 조금 지난 시점에서 이미 기록에 나타나지 않게 되었다.[552] 그런데 여기에서 간과하지 말아야 할 점은 이러한 토번과 남조국의 지배에도 불구하고 이곳 사람들이 '토번인'이나 '남조인'이 되지는 않았다는 것이다.

3. 마사만(磨些蠻)과 동만(東蠻), 그리고 '양속'

남조국과 토번 사이의 경계에서 철교성 못지않게 전략적으로 중요한 지점은 아마도 곤명성(昆明城)이었을 것이다. 곤명성은 노수의 동로수(東瀘水) 구간의 서편 그리고 마사강(磨些江) 구간의 동북쪽에 위치하여, 남조국과 토번 사이뿐 아니라 당을 포함한 3국의 경계 형성에도 중요한 역할을 수행하였다. 앞서 Ⅱ장 6절에서 이미 지적하였듯이, 곤명성은 주변 소금 산지들을 통제할 수 있는 요지로 이 지역에 거주하는 동만(東蠻)과 마사만(磨些蠻) 등 여러 종족 부락들의 생명이 달린 곳이었으며, 당과 토번 남조 삼국이 쟁탈전을 벌인 전략적 요충지였다.

곤명성과 관련하여 주목되는 종족 집단은 언급한 바와 같이 '마사만'과 '동만'이라 불리는 이들이다. 곤명성이 토번과 남조국 그리고 당 사이에 쟁탈의 대상이 된 것과 마찬가지로, '마사만'과 '동만'이라 칭해진 종족 부락들도 각 세력의 회유 대상이 되었다. 우선 『만서』에서 마사만에 관한 기록들을 모아 보면, 그 거주 범위가 매우 넓음을 알 수 있다. "노수(瀘水)는 북쪽에서 흘러와서, 곡라(曲羅)에 이르러 세 구비[三曲]를 돌아 나간

---

552) 예를 들어, 『원일통지』 '여강로(麗江路)'조에서는, "만(蠻)는 8종이 있다. 마사(磨些), 백(白), 나락(羅落), 동민(冬悶), 아창(峨昌), 효(撬), 토번(吐蕃), 노(獹)이다. 서로 섞여 거주하기 때문에 일족(一族)이라 칭한다(『元一統志』 卷7, p.561)."라고 소개하고 있다. 본디 철교절도 관할 구역 내의 농동만등은 이미 사라졌고, 일단의 새로운 종족 부락이 다시 출현하였다. 비록 이 여강로의 기록이기는 하지만, 기본적으로 8세기 말에서 元代까지의 운남 서북 지역 종족 이동과 융합의 정황을 반영하고 있다. 그리고 어쩌면 원구이 고원 지대의 환경을 생각하면, 이러한 인간 집단의 변화는 지극히 당연한 것이다.

다.[553) 매 구비 중간에 모두 마사 부락이 있는데, 그 험하고 깊은 곳에 의지하고 있어서, 윗대로부터 대대로 공격하여 토벌할 수 없었다."[554) 여기에서 노수는 동로수이며, 세 구비는 동로수 구간의 상류에 해당한다. 또 "그 수원이 토번 중절도(中節度) 서편의 공롱천(共籠川) 이우석(犛牛石) 아래에서 흘러나오는 까닭에 일러 이우하(犛牛河)라 한다. 농시천(弄視川)을 끼고 돌아, 남으로 흘러 철교 위아래의 마사 부락을 지나면, 곧 마사강(磨些江)이라 부른다."[555) "그 철교 위 아래 및 곤명과 쌍사(雙舍)에서 송외(松外) 이동에 이르기까지, 곁에 노수를 가까이 하는데, 모두 마사 종락(種落)이 거주하는 땅이다."[556) "동만과 마사만 여러 토번 부락이 용구하수(龍佉河水)를[557) 함께 먹는데, 그 가운데 염정이 두 곳 있다.[558) 정리하자면, 마사만은 철교성 부근으로부터 동로수의 상류 지역까지 노수 주변에 주로 거주하며, 동만 및 여러 토번 부락들과 잡처하였다.

이렇듯 넓게 분포하다 보니, 당이나 남조국에 내속한 마사만 부락이 존재하는 한편, 토번에 내속한 부락도 있었다. 801년[당 정원 17년]에는 토번의 곤명성에서 관할하는 마사만 천여 호가 당에 내부(內附)하는 사건이 발생하였다.[559) 그런데 바로 전해인 800년에 토번이 남조국과 당의 수주(巂州)를 대상으로 한 대대적인 군사 작전을 감행하였다가 실패하였다. 남조국의 철교성 방면으로 진공하기 위해 서공천(西貢川)에 상걸력(尙乞力)과 기서람삭(欺徐濫鑠) 등을 주둔시켰고, 또 수주를 포위할 목적으로 곤명에 8만 명의 군사를 주둔시켰다. 이때 당의 검남서천절도사 위고(韋皐)와 공동으로 대응하던 이모심은 "동만과 마사를 헤아리기 어려움

---

553) 『雲南志補注』에 따르면, 三曲은 岡曲, 定曲, 碩曲이다(p.15).
554) 『雲南志補注』 卷1 「雲南界內途程」, p.14.
555) 『雲南志補注』 卷2 「山川江源」, p.22.
556) 『雲南志補注』 卷6 「雲南城鎮」, p.87.
557) 용구하는 현재 쓰촨성 옌비엔시엔[鹽邊縣] 야룽장[雅砻江] 강의 지류인 용싱허[永興河] 강에 비정된다.
558) 『雲南志補注』 卷7 「雲南管內物産」, p.102.
559) 『舊唐書』 卷140 「韋皐」, p.3824; 『新唐書』 卷158 「韋皐」, p.4935.

을 두려워하며, [그들이] 토번의 향도가 될까 염려되니 먼저 그들을 공격하고자 한다"는 뜻을 위고에게 전하였다. 위고가 답신하여 안심시키자, 이모심은 이에 "동만과 마사만의 제만에 격문을 보내 양식을 성안으로 들이고, 들이지 못하는 것들은 모두 태우도록 하였다."[560] 이모심으로부터 격문을 받은 동만과 마사만의 제만은 모두 남조국과 당조 관할하에 있던 이들이었을 것이다.

800년과 801년에 일어난 두 사건은 마사만의 미묘한 위치를 잘 보여 준다. 남조국과 토번 그리고 당 사이에 끼인 마사만 부락들은 본디 그 땅에 살던 이들이었다. 군사적 힘의 균형추가 움직임에 따라 그들을 '관할' 하는 주체는 바뀌었지만, 그 관계가 절대적인 것은 아니었다. 801년 당으로 내부하여 토번의 짠포를 화나게 했던 마사 부락의 존재는 800년에 이모심이 걱정하던 마사만과 동만의 모습이었을 것이다. 통합된 권력을 형성하지 못하고 부락 단위로 노수변에 산재하였던 마사만 부락들은 아마도 생존을 위해 힘과 부의 향방에 따라 '속(屬)'하는 대상을 바꾸어 갔을 것이다. 이는 동만 부락들도 마찬가지였다. 다음 『신당서』「위고전」의 이야기가 이를 잘 보여 준다.

처음에 동만은 땅이 이천리에 승병(勝兵)이 늘 수만 명에 달하였다. 남쪽으로는 남조국에 의지하고 서쪽으로는 토번과 결맹하여, 세(勢)의 강약을 엿보며 걱정거리가 되었다. 위고가 능히 수복(綏服)으로 만든 까닭에 전공(戰功)이 있었다. 조를 내려 나시(邢時)는 순정왕(順政王)으로, 몽충(夢衝)은 회화왕(懷化王)으로, 표방(驃傍)은 화의왕(和義王)으로 삼고, '양림(兩林)', '물등(勿鄧)' 등을 새긴 인(印)을 사여하였다.[561]

동만은 본디 남조국과 토번 그리고 당 사이에서 끊임없이 그 세력의 강약

---

560) 『新唐書』 卷222上 「南蠻」 上, pp.6276~6277.
561) 『新唐書』 卷158 「韋皋」, p.4934.

을 엿보며 어디에 붙을지를 저울질하던 존재였다. 물론 이는 생존을 위한 것이었을 것이다. 위 동만 수령들이 세운 전공은 789년 노수의 다리를 끊고 토번을 공격한 것이다. 이로써 동만은 토번과의 결맹을 저버렸다. 물론 이 당과의 결맹도 절대적인 것은 아니었다. 몽충은 얼마 지나지 않아 다시 토번과 결맹하였고, 위고에게 그 대가를 목숨으로 치러야 했다.[562] 이렇듯 동만 또한 당과 토번 그리고 남조국 사이에서 '양속'하는 존재였다.

어쨌든 이들 동만과 당 그리고 남조국과의 관계 전개를 간단히 정리하면 다음과 같다. 『신당서』 「양찬만전」에서 "물등(勿鄧) 풍파(豊琶) 양림(兩林)은 모두 동만이라" 일컫는다고 한 바와 같이, 동만은 물등, 풍파, 양림 부락들을 가리킨다. 그리고 이들은 "[당 현종] 천보 연간에 모두 봉작(封爵)을 받았다. 남조국이 수주(巂州)를 함락시키자, 마침내 토번에 기속(羈屬)하였다. [당 덕종] 정원 연간에 다시 정성을 들여 복종을 약속하였는데, 물등의 대귀주 저숭(苴嵩)에게 공부단련사(邛部團練使)를 겸령하게 하고 장천군공(長川郡公)에 책봉하였다."[563] 동만 부락의 수령들이 당 현종 천보 연간에 봉작을 받은 것은, 729년 이월 정묘일 이루어진 수주도독(巂州都督) 장심소(張審素)에 의한 곤명성 및 염성(鹽城) 함락과[564] 관련되었을 것으로 추정된다. 남조국이 수주를 함락시킨 것은 "마침 안록산(安祿山)이 반란을 일으키자, 각라봉(閣羅鳳)은 그 틈을 타서 수주(巂州)와 회동군(會同軍)을 공격 함락"한 것과[565] 호응하는 것으로 보이니, 755년 이후 얼마 지나지 않은 시점일 것이다. 그리고 동만이 다시 귀부하는 '정원 연간'은 『구당서』 「위고전」에 따르면 788년[정원 4년]이다.[566] 따라서 이 동만은 729년부터 755년 무렵까지는 당에 귀부하였고, 다시 788년까지

---

562) 『新唐書』 卷158 「韋皋」, p.4935.
563) 『新唐書』 卷222下 「南蠻」 下 〈兩爨蠻〉, p.6317.
564) 『舊唐書』 卷8 「玄宗」 〈開元17年〉, p.193; 『新唐書』 卷5 「玄宗」 〈開元17年〉, p.134.
565) 『舊唐書』 卷197 「南蠻 西南蠻」 〈南詔蠻〉, p.5281.
566) 『舊唐書』 卷140 「韋皋」, pp.3822-3824.

약 20여 년간 토번에 복속하였다가, 788년 이후 다시 당에 귀부하였다.

그리고 『신당서』「남만전」하에서는 동만이 남조국에 귀속하는 계기를 다음과 같이 적었다. 864년[함통(咸通) 5년]에 "남조국이 (군대를) 돌려 수주를 약탈하여 서남 지역을 흔들어 놓았다. 서천(西川)절도사 숙업(蕭鄴)이 자신에게 딸린 만이의 귀주(鬼主)를 이끌고 대도하(大度河)에서 남조국을 맞이하여 패배시켰다. 이듬해(865) (남조국이) 다시 공격하여 왔다. 마침 수주자사 유사진(喩士珍)이 탐욕스럽고 교활하여 은밀히 양림 지역의 동만 사람들을 약탈하여 묶어서 내다 팔았는데, 만의 금과 바꾸었다. 그런 까닭에 성문을 열어 항복하였고, 남조국은 수졸(戍卒)을 모두 죽였다. 유사진은 마침내 만의 신하가 되었다."[567] 이로 보건대, 동만은 865년을 기점으로 해서 남조국에 통속된 것으로 판단된다.

다음은 『신당서』〈양찬만조〉에 실려 있는 이들 '동만'에 관한 개괄적 설명인데, '동만' 부락들 사이에도 나름의 질서가 있었음을 보여 준다.

물등(勿鄧)은 땅이 사방 천리이며, 공부(邛部)[568] 6성(姓)이 있다. 한 성은 백만(白蠻)이고, 다섯 성은 오만(烏蠻)이다. 또 초리(初裏) 5성이 있는데, 모두 오만이고, 공부와 대등(臺登)[569] 사이에 산다. 부인은 검은 비단[黑繒]을 입는데, 그 길이는 땅에 끌릴 정도이다. 또 동흠만(東欽蠻) 2성이 있는데, 모두 백만이고, 북곡(北谷)에 산다. 부인은 하얀 비단[白繒]을 입는데, 길이가 무릎을 넘지 않는다. 또 속만(粟蠻) 2성과 뇌만(雷蠻) 3성 그리고 몽만(夢蠻) 3성이 있는데, 여주(黎州)와 수주(巂州) 융주(戎州)에 흩어져 살며, 모두 물등에 예속되어 있다. 물등 남쪽으로 70리에 양림(兩林) 부락이 있는데, [거기에는] 십저(十低) 3성과 아둔(阿屯) 3성 그리고 휴망(虧望) 3성이 있어서 [모두] 여기[兩林部落]에 예속되어

---

567) 『新唐書』卷222中「南蠻」中〈南詔 下〉, p.6284.
568) 공부는 공부천(邛部川)이라고도 적는다. 당송 시기 주로 현재의 쓰촨성(四川省) 위에시시엔(越西縣) 경내에서 거주하며 목축하였다.
569) 대등은 현재의 쓰촨성 미엔닝시엔(冕寧縣) 남쪽 루구쩐(瀘沽鎭)의 동부에 있는 루구샤(瀘沽峽) 골짜기를 지칭하는 것으로 보인다.

있다. 그 남쪽에는 풍파(豐琶) 부락이 있는데, 아락(阿諾) 2성이 여기에 딸려 있다. 양림(兩林)은 땅은 비록 좁았지만, 제부(諸部)가 추대하여 장(長)을 세웠고, 칭호를 도대귀주(都大鬼主)라고 하였다.[570]

물등 안에도 공부 6성과 초리 5성의 부락이 있고, 그에 통속되는 부락으로 동흠만 2성, 속만 2성, 뇌만 3성, 몽만 3성 등, 그 부락의 구성이 매우 복잡함을 알 수 있다. 특히 같은 물등에 속하는 부락들도 '백만'과 '오만'의 구분이 있다. 이것을 보아도 중국 문헌에서 '백만'과 '오만'의 구분은 '숙(熟)'과 '생(生)'과 같은 '중국'의 입장에서 본 문화를 기준으로 한 구분으로 보는 것이 타당할 것이다. 양림 부락에도 십저 3성, 아둔 3성, 휴망 3성 등의 부락들이 딸려 있음을 알 수 있다. 이는 풍파 부락도 마찬가지여서 아락 2성 부락들을 포함하고 있다. 또 재미있는 점은 이 풍파만이 "본디 수주의 백성에서 나왔다"는 기록도 있다.[571] 이는 이들 풍파 부락이 상당 기간 동안 중국 국가의 편호로 존재했고, 그 수령 또한 이들에 대한 군현적 지배에 적극 협조하였던 '대성'으로부터 나왔을 가능성을 보여 준다. 어쨌든 여기에서 가장 중요한 사실은 이들 '동만'에 속하는 종족 부락들이 남조국과 당과 토번의 경계 지역에 존속하였으며, 특히 그들 내부에 누층적인 권력 관계를 가지고 '고속'을 유지하면서, 그 스스로의 정치 질서를 가지고 있었다는 점이다.

이상 곤명성을 중심으로 남조국과 토번 그리고 당 사이에 개재하였던 '국'들 중의 대표적 집단인 마사만과 동만에 관하여 간단하게나마 살펴보았다. 이들은 우선 부락 단위로 존재하였던 것으로 보이지만, 이들 부락들 사이에는 나름의 질서 즉 '고속(故俗)'이 있었을 것으로 추정된다. 그리고 이들 부락을 단위로 한 정치체들은 남조국, 토번, 당 삼국 사이에서 세의 강약을 엿보며 '양속'하는 존재들이었다.

---

570) 『新唐書』 卷222下 「南蠻」 下 〈兩爨蠻〉, p.6317.
571) 『雲南志補注』 卷4, 「名類」, p.66.

이 장의 목적은 당시 남조국과 토번 사이의 경계 지점과 교통로를 포함하는 지역에 거주했던 여러 세력들을 살펴보는 것이었다. 경계 지역인 노수 연변에는 다양한 인간 집단과 정치체들이 거주하였다. 이를테면, 탕랑, 가맹, 어랑, 전연, 장곤, 마사, 박자, 하인, 농동 등의 부락으로부터 시만과 순만 부락, 그리고 마사 종락과 동만에 이르기 까지 많은 부락들이 거주하였다. 이들은 이전부터 거기에서 살던 이들도 있었지만, 옮아온 혹은 옮겨진 집단도 있었다. 남조국과 토번 그리고 당, 이 세 세력 사이의 관계 변화에 따라, 이 지역과 이 지역에 거주했던 인간 집단들의 분포가 바뀌었기 때문이다. 따라서 우선 서이하 지역을 둘러싼 세력 균형의 변화를 남조국을 주체로 하는 '천보전쟁'과 '철교전쟁' 두 전쟁을 통해 설명하였다. 그리고 둘째로는 남조국과 토번 사이의 쟁탈 대상이었던 철교성 주변에 거주하였던 인간 집단들의 분포와 그 변화에 대해 살펴보았다. 마지막으로는 남조국과 토번, 그리고 당의 세력이 맞부딪히던 요지였던 곤명성 주변으로 눈길을 돌렸다. 이 지역에 거주하던 인간 집단, 특히 마사만 부락과 동만 부락의 '양속'과 내부의 질서에 관하여 간단하게나마 살펴보았다.

서이하 지역을 둘러싼 세 세력의 쟁탈전은 두 전쟁을 기점으로 하여 세 단계로 전개되었다. 첫 단계는 토번이 서이하 북부 지역에 진출하기 시작한 시점인 650년대 말 혹은 660년대 초로부터 천보전쟁 직전까지의 시기이다. 천보전쟁 직전까지 서이하 지역은 북쪽에서 밀려오는 토번 세력과 이미 운남 중동부까지 진출한 당 세력이 길항하는 장소였다. 본디 당과 토번 사이에서 '양속'하던 서이하 지역의 정치체들은 시간이 흐르면서 이해관계에 따라 각자의 노선을 정하였다. 당의 지원을 적극 활용한 남조국이 서이하 지역을 점유하자, 북쪽으로 밀려난 삼랑조와 하만 등은 자연스럽게 토번과의 동맹을 강화하였다. 이 균형은 752년 남조국과 당 사이의 '천보전쟁'으로 깨졌다. 서찬국의 멸망 이후 작은 사건으로부터 시작된 남조국과 당의 갈등은 끝내 두 차례에 걸친 전쟁으로 이어졌고, 토번과 연합한 남조국은 당 세력을 운남에서 축출하였다. 그리고 남조국의 토번에 대한 신속과 양자의 군사적 연합은 서이하 북부 지역에서 토번의 안정적 지배를 초래하였고, 이 두 번째 단계는 794년 '철교전쟁' 직전까지 이어졌다.

두 번째 단계는 '철교전쟁'을 전환점으로 하여 세 번째 단계로 넘어갔다. 토번과 남조국 사이의 모순이 점차 커짐에 따라 형세가 바뀌었다. 양국의 관계가 악화되자, 동맹은 결국 와해되었다. 토번은 남조국에게 칭신하게 하였지만, 장기적 통치 구조를 만들어 내지는 못 한 것이다. 무거운 잡세의 징수나 병역으로 인해, 남조국은 끝내 토번을 배신하고 당과 손을 잡았다. 당의 검남절도사 위고와 남조국의 이모심 사이에 밀사가 오갔고, 결국 794년 점창산의 회맹이 이루어졌다. 이미 당과 회맹한 남조국의 이모심은 토번의 원병 요청을 빌미로 군사 수만 명을 이끌고 북상하여 토번의 신천도독을 기습하였다. 철교를 끊고 동서의 철교성을 모두 점령하였으며, 토번 세력을 압박하여 노수(瀘水) 이북으로 물러나게 하였다. 남조국의 완벽한 승리로 끝났다. 이 철교전쟁은 7세기 중엽 이래 이어져 온 이 지역의 정치 및 군사 질서를 철저하게 바꾸었다.

철교를 통과하여 나사성과 양저미성을 잇는 교통로는 경제적으로도 매우 중요하였다. 대량의 특산물이 이 노선을 통해 토번으로 들어갔을 것으로 추정된다. 이 지역에는 다양한 물산이 날 뿐만 아니라, 소금이 많이 생산되었다. 염정이 많았기 때문이다. 토번은 철교를 장악한 뒤에 대량의 소금을 끊임없이 토번으로 들여보냈다. 당연히 이 노선은 민간에도 개방되어, 상업 교류의 통로가 되었다. 토번이 철교를 가설한 뒤에 이 교통로는 빠르게 번영하였고, 이 철교는 오랜 기간 동안 융합과 교류의 상징이 되었다. 남조국과 토번 사이에는 물론 다른 길들도 있었지만, 가장 중요한 교통로는 역시 철교를 지나 율재(聿齋)에 이르고 망캉[芒康]에 이르는 길이었다.

남조국과 토번 사이 가장 중요한 경계 지점이었던 철교성 주변에는 다양한 인간 집단들이 거주하였다. 그리고 이들 거주 집단은 앞서의 단계에 따라 변화가 있었다. 토번이 신천도독을 두어 관할한 시기에는 수많은 토번인 이주자들을 비롯하여 본디 가까운 지역에 거주하던 시만, 순만, 마사만 그리고 남조국과의 패권 다툼에 밀려 이주한 낭궁조, 등탐조, 시랑조의 '삼랑조', 여기에 농동만, 하만, 장곤만, 박자만 등이 거주하였다. 토번인의 이주는 주로 토번 군대의 주둔과 함께 이루어졌는데, 토번군의 원정 자체가 그 조직의 특성상 대규모 종족 이동을 수반하였기 때문이다. 신천도독부가 두어졌던 철교성 일대는 물론이고, 검천과 낭궁 지역에도 토번군의 대규모 주둔이 이루어졌다. 따라서 이들 대규모 병단 주둔지를 비롯하여 토번군이 주둔하게 된 험요지에는 토번 부락민들이 집단적으로 존재하였다. 그러나 철교전쟁 이후 토번인 집단은 대부분 사라졌다. 그리고 나머지 집단들의 구성도 변화가 있었는데, 토번의 비호 아래 내내 남조국에 도전하였던 삼랑조의 경우는 대부분 강제로 다른 곳으로 옮겨졌다. 나머지 집단들에 대하여도 부분적인 강제 이주가 이루어졌다. 그리고 그 빈 자리는 탕랑, 가맹, 전연 등 다른 집단의 이주를 통해 채워졌다. 이는 새로 점령한 지역에 대한 통제와 개발을 위한 전략적 선택이었다.

곤명성 또한 남조국과 토번, 그리고 당 사이에서 끊임없이 쟁탈 대상이 되었던 중요 거점이었다. 아마도 세 세력이 마주치는 길목이기도 하였지만, 산재한 염지와 염정의 장악을 통해 주변에 거주하는 인간 집단들을 통제할 수 있었기 때문에 그 전략적 가치가 더 컸을 것이다. 곤명성 주변에 거주하던 부락들 가운데 대표적인 것은 마사만과 동만으로 통칭되는 이들이었다. 이들은 곤명성을 누가 차지하든 상관없이 그곳에 거주하였던 이들이다. 특히 마사만 부락은 동로수 상류로부터 철교성 부근까지 노수변을 따라 넓은 지역에 분포하였고, 따라서 같은 마사만에 속하는 부락들이라도 '속'하는 곳이 각기 달랐다. 동만 부락들은 주로 동로수 연변 지역에 거주하였으며, 늘 남조국과 티베트 그리고 당 사이에서 '양속'하였다.

마사만 부락의 내부 구성에 관하여는 기록이 없지만, 동만에 관하여는 비교적 자세한 자료가 남아 있다. '동만'은 크게 물등, 풍파, 양림 부락으로 나뉘지만, 이들 세 집단은 다시 수많은 하위 부락들로 구성되었다. 물등 내부에는 공부 6성과 초리 5성의 부락이 있고, 그에 통속되는 부락으로 동흠만 2성, 속만 2성, 뇌만 3성, 몽만 3성 등이 있어 그 구성이 매우 복잡하였다. 양림 부락에도 십저 3성, 아둔 3성, 휴망 3성 등의 부락들이 딸려 있었다. 이는 풍파 부락도 마찬가지여서 아락 2성 부락들을 포함하고 있다. '중국'인들에게 '동만'이라는 통칭으로 불렸지만, 그 안에는 수많은 부락들이 존재하였고, 나름의 질서에 따라 누층적인 위계를 가지고 스스로 정치 질서['故俗']를 유지하였다. 그리고 남조국과 당과 토번 사이에서 생존을 위해 끊임없이 그 세력의 강약을 저울질하였다. 이러한 현상은 '동만' 내의 지역 질서 안에도 존재하였을 것이다.

V

남조국과
'해남제국(海南諸國)' 사이

V

남조국과
'해남제국(海南諸國)' 사이

　7세기 중반 당과 토번 사이에서 양속하던 남조국은 8세기 초반 당과 협력하여 서이하 지역을 통일하고 서찬국을 멸망시켜 남중(南中) 지역의 패자로 떠올랐다. 그런데 남조국은 우여곡절 끝에 '천보전쟁'을 겪으면서 당의 기미부주 지배에서 벗어나 토번에 신속하였고, 이후 세력이 날로 확대되었다. 앞서 살펴보았듯이, 토번과 결맹한 남조국은 꾸준히 당의 세력권을 잠식하였다. 그리고 794년 점창산 회맹으로 당과의 책봉 조공 관계로 복귀한 이후에는, 오히려 당과의 합동 작전으로 토번의 세력권을 잠식하였다. 또 9세기 초 당과 토번의 회맹으로 양국의 관계가 안정되어 공동의 군사 행동이 어려워지자, 이번에는 재차 당과의 책봉 조공 관계에서 벗어나 화번공주(和蕃公主)의 출가와 '적국(敵國)'의 예를 요구하며, 성도와 안남 방면으로의 원정을 멈추지 않았다.

　남조국의 이러한 세력 확대는 북변과 동변에 그치지 않았다. 토번과의 군사 연합으로 당의 수주(嶲州)를 탈취하여 북부 변경을 안정시킨 뒤, 남조국은 바로 서남 및 남부 변경에 대한 개척을 전개하였다. 심전(尋傳) 지역과 은생(銀生) 지역 정복이 시작이었다. 그리고 새로 개척한 이 두 곳의 최전방 지역을 교두보로 삼아 동남아시아 대륙부 지역으로 영향력을 확장해 나갔다. 특히 심전 지역 경영과 서방으로의 진출이 주목을 끈다. 비록 자세한 기록이 남아 있지는 않지만, 전쟁과 외교 그리고 무역을 통한 교류는 남조국 존속 기간 내내 지속되었다. 이 장에서는 이에 관하여 정리하고자 한다.

'해남제국(海南諸國)'이라고 하면, 일반적으로 남북조와 수·당 시기를 기록한 중국 정사에서 동남아시아 제국을 이르는 말이었다. 중국의 삼국시대 이후 활발해지기 시작한 해상 교통은 동남아시아 여러 국가들과의 교통을 활발하게 만들었고, 이 길은 인도에까지 이어졌다. 중국 동남 해안에서 시작된 바닷길은 동남아시아 대륙부의 해안을 따라 이어지다가, 말레이 반도 중부의 끄라(Kra) 지협에서 두 길로 갈라졌다. 하나는 끄라 지협을 통과하여 다시 인도양의 해안선을 따라 동인도로 들어가는 것이고, 다른 하나는 해안선을 타고 반도의 끝까지 내려와서 말라카 해협을 통과하여 다시 북상하는 것이다. 요즘 들어 많은 학자들이 이 두 노선을 '해상 실크로드'라고 부르고 있다.

중원과 동남아시아 그리고 인도를 잇는 교통로가 바닷길로만 이어진 것은 아니었다. 쓰촨에서 윈난, 버마를 거쳐 동인도에 이르는 길 또한 '서남 실크로드'로 불리고 있다. 남조국과 인도의 교통로 또한 두 갈래로 갈라졌다. 여기에서 '해남'이 반드시 물리적 '바다'의 남쪽을 이르는 것만은 아니었다. 즉 전통적으로 관념상의 바다인 '사해'를 '해내'와 '해외'로 구분하던 의식도 개재되어 있는 것으로 보인다. 물론 분명 교지에 이르는 바닷길, 그리고 교지가 면한 '바다의 남쪽'이라는 의미를 무시할 수는 없다. 다만 다음의 예와 같이, 물리적 '바다의 남쪽'이라는 의미만으로는 완벽한 이해가 쉽지 않은 예들이 적지 않다는 것이다. "개원(開元) 연간 초에 안남만(安南蠻) 수령 매숙란(梅叔鸞)이 이반하여, 흑제(黑帝)를 칭하고, 32주의 무리를 일으켰으며, 밖으로 임읍(林邑), 진랍(真臘), 금린(金隣) 등의 국(國)과 연결하였다. 해남(海南)에 웅거하여, 무리가 40만 명에 이르렀다."[572]

어쨌든 앞서 Ⅱ장에서 살펴보았듯이, 남조 왕국 또한 이 두 방향의 교역로에 연결되어 있었다. 그리고 역사 기록에 따르면, 그 교역로 상에는 동남아시아 대륙의 고국(古國)들이 존재하였고, 이 가운데 남조국과 관련하여 중요한 '국'으로 표국(驃國), 미락국(彌諾國), 미신국(彌臣國), 야반국(夜半國), 곤륜국(昆侖國), 대진바라문국(大秦婆羅門國), 소바라문국(小婆羅門國), 여왕국(女王國), 진랍국(真臘國) 등이 있었다. 남조국과 이들 '사이(間)'를 살펴봄으로써 서남 방면 남조국의 강역과 경계를 검토해 보고자 한다.

우선 남조국의 '심전만' 정벌로 시작된 서쪽 방면으로의 진출과 경영을 살펴보고자 한다. 남조국은 이 방면에 영창절도와 진서절도를 설치하여 이를 관리하고 추진하였다. 그리고 남조국은 794년 은생성의 설치를 기점으로 남쪽 방면의 개발에 나섰고, 은생절도와 개남절도를 통해 이를 관리하였다. 두 번째 절에서는 이에 관하여 검토할 것이다. 마지막으로 동남아시아 대륙부 고국들의 '국'제 질서와 그 특징, 그리고 남조국과의 관계에 대해 간단히 살펴보고자 하는데, '남조적 세계'를 강조하고자 한다.

1. 남조국의 '심전(尋傳)' 지배와 표국(驃國 Pyu States)

'표 · 천축도'는 남조국의 양저미성으로부터 지금의 버마 지역을 통과하여 동인도에 이르는 육로이다. 한 무제 시기 장건(張騫)의 보고에 의해 중국에 알려진 '촉신독도(蜀身毒道)'나 후대의 '전인도(滇印道)'와 비슷한 내용을 가진 길일 것이다. 앞서 언급했지만, 한동안 중국인들에게 잊혔던 신독도의 구체적 노선이 중국 사서에 등장하는 것은 당 제국 시기였다. 『만서』의 기술과 가탐(賈耽, 730~805)의 기술이 그것이다. 물론 신독도가

---

572) 『新唐書』 卷207 「宦者」 上, p.5857.

중국인들에게 잊혔다고 해서 없어진 것은 아니었다. 그곳에는 여전히 사람들이 살고 있었고, 길은 이어졌다.[573] 문제는 왜 8세기 중반 이후 이 길이 중국인들의 주목을 끌게 되었는가 하는 것이다. 이 시기 이 지역에서 가장 현저한 변화는 남조국에 의한 남중 지역의 통일과 지속적 세력 확장이었다. 특히 서쪽으로의 진출이 주목된다.

남조왕국으로 통하는 길은 동북쪽으로만 열려 있지 않았다. '남조국'의 건국 설화에는 서방으로부터 온 관음과 승려가 등장하고, 남조국에 선양한 '백자국(白子國)'의 건국 설화 중에는 인도로부터 온 아육왕(阿育王, Asoka)이 등장한다. 이러한 사례들은 서쪽으로 인도와 연결된 교통로의 존재와 또 그 통로를 통한 활발한 교통을 상정하게 한다. 남조국의 입장에서 동쪽 끝에는 중국이 있었고, 서쪽 끝에는 인도가 있었다. 남중을 장악한 남조국은 서쪽과 남쪽으로의 정벌에도 적극적이었다. 근자에 들어 남조국과 서남방과의 관계, 특히 상업적, 경제적 관계를 중시하는 연구들이 늘어나기 시작하였다. 즉 남조국의 적극적 군사 활동의 목적이 이 지역 상업 교통로의 확보에 있었다는 것이다.[574] 이러한 대외 활동은 802년 표국이 당조에 조공하는 사건을 만들어 내었다. 794년 남조국과 당의 관계 회복과 표국의 조공은 교통로의 구체적 노정이 중국 측 지식인들에게 알려지는 데 공헌하였을 것이다. 특히 가탐의 기술에 영향을 미쳤을 것이다.

앞서 언급했듯이, 남조국의 서방으로의 세력 확대는 심전만 정벌로부터 비롯하였으며, 이의 개발과 경영은 영창절도와 진서(여수)절도의 설치에 의해 추진되었다. 따라서 우선 심전만 정벌과 경영 과정에 대해 살펴보

---

573) 이 인도로 향하는 상업 교통로에 관하여, 谷躍娟(2007: p.91)은 다니엘 홀의 다음과 같은 언급을 인용하면서 지나치게 치우친 해석이라고 지적하였다. "4세기 중국은 버마 변경에 대한 통제를 느슨히 하였고, 심지어 342년에는 영창군(永昌郡)을 철폐하였다. 이 뒤에 이 노선은 현저하게 봉쇄되었고, 남조국의 각 라봉에 이르러서야 비로소 다시 열렸다. 이에 따라 버마 북부의 경제적 발전 및 버마 퓨 족 사람들과 중국 당왕조 사이의 접촉이 대대적으로 촉진되었다."([英] 丹尼爾 霍爾, 『東南亞史』, 中山大學東南亞歷史研究所譯, 北京: 商務印書館, 1982, p.45/ Daniel George Edward Hall, A History of Southeast Asia, London: Macmillan Limited, 1955).

574) 谷躍娟(2007), p.90.

고, 표국과의 관계를 정리하고자 한다.

남조국의 '심전(尋傳)' 지배와 영창·여수절도

남조국의 서부 진출은 영창절도 관할 내 자유성(柘俞城)의 설치로부터 시작하였다. 다음은『만서』에서 영창성에 관해 설명한 내용이다.

영창성(永昌城)은 옛 애뢰(哀牢)의 땅이고, 점창산(玷蒼山) 서쪽으로 6일 거리에 있다. 서북쪽으로 광탕성(廣蕩城)과의[575] 거리가 60일의 일정이다. 광탕성은 토번과 경계를 접하고 있다. 후설산(候雪山) 서변의 대동천(大洞川)을 사이에 두고 있으며, 또한 제갈무후성(諸葛武侯城)이[576] 있다. 성중에 신묘(神廟)가 있는데, 토속이 함께 경외하여, 빌기[禱祝]를 빼먹지 않는다. 만이가 말을 타고 가다가도, 멀리서 묘를 바라보면, 즉시 말에서 내려 종종걸음으로 뛰어간다. 서남쪽으로 자남성(柘南城)을 관할하는데, 토속이 서로 전하기를 요진(要鎭)이라 부른다. 정남쪽으로 당봉천(唐封川)을[577] 지나면, 망천련(茫天連)에[578] 이른다. 난창강(蘭滄江)이서로부터 월탐(越賧)과[579] 박자(撲子)까지 그 종(種)은 모두 망저자(望苴子)이다. 풍속이 용력을 숭상하고, 땅에는 또 말이 많이 난다. 개원(開元) 연간 이전에는 폐절하여 육조(六詔)와 교통하지 않았다. 성라피(盛羅皮)가 비로소 자유성(柘俞城)을 설치하였고, 각라봉 이후 점차 순해지고 복속하였다. 통틀어 계산하면, 남조국의 (상비군) 병사가 3만 명을 헤아리는데, 영창이 그 하나를 점한다. 또 잡종(雜種)으로 금치(金齒), 칠치(漆齒), 은치(銀齒),[580] 수각(繡脚), 천비(穿鼻),[581] 나형(裸形),[582] 마사(磨些), 망외유(望外喩)[583] 등이 있는데, 모두 세 번 네 번 통역을 거쳐야

---

575) 광탕성은 남조국이 설치하였으며, 영창절도에 속하였고, 大賧의 治所가 되었다. 史爲樂은 오늘날 버마의 카친주 북부 푸타오(葡萄; Putao; ၃ၯၘၜ)로 비정하였다. 方國瑜는 캄티(坎底; Hkamti)壩로 비정하였으며(『雲南志補注』, p.88), 谷躍娟(2007)도 캄티로 비정하였다.

576) 方國瑜의 고증에 따르면, 현재 윈난성의 룽링시엔(龍陵縣)에 해당한다(『雲南志補注』, p.88).

577) 方國瑜(『雲南志補注』, p.88)와 史爲樂 그리고 譚其驤 모두 윈난성 펑칭시엔(鳳慶縣)으로 비정하였다.

578) 方國瑜(『雲南志補注』, p.88)와 譚其驤 모두 윈난성 멍리엔시엔(孟連縣)으로 비정하였다.

579) 史爲樂은 월탐을 윈난성 텅충시엔(騰沖縣) 북쪽 38킬로미터 위치의 용안지에(永安街)로 비정하였는데, 譚其驤도 비슷한 곳에 비정한 것으로 보인다.

언어가 하탑(河賧)과 서로 통한다.[584]

위 기사는 영창절도의 관할 범위와 통제 하에 있는 종족들에 관한 정보를 제공하고 있다. 광탕성, 제갈무후성, 자남성, 당봉천, 망천련, 월탐, 자유성 등은 모두 영창절도의 관할 범위에 존재하는 성들이다. 그리고 박자, 망저자, 금치, 은치, 수각, 천비, 나형, 마사, 망외유 등은 영창절도 관할 내에 거주하는 인간 집단의 이름이다. 박자만의 경우 월탐과 함께 지명처럼 사용되고 있는데, 『만서』의 '박자만' 조에서 개남, 은생, 영창, 심전 네 곳에 모두 있다고 한 것으로 보아,[585] 여기에서는 영창절도 관할 내 박자만의 주된 거주지를 지칭한 것으로 보인다. 그리고 하탑은 하만이 거주하던 곳으로 당시 양저미성을 포함하여 남조국의 최고 지배 집단이 거주하던 서이하 서안의 평지 지역을 지칭한다.

위 기사에서 가장 주목되는 부분은 망저자만 거주 지역에 설치된 자유

---

580) 『雲南志補注』 卷4 「名類」 p.62, "흑치만은 옻으로 그 이에 옻칠을 한다. 금치만은 금조각으로 그 이를 감싸고, 은치(만)는 은으로 감싼다. 일이 있어 나가 다른 사람을 만날 때는 이것으로 장식을 삼고, 자고 먹을 때는 뺀다. 모두 정수리 위에 상투 하나를 튼다. 푸른 베로 통신고(通身袴)를 만들어 입으며, 또 푸른 베로 만든 띠(靑布條)를 비껴 맨다(두른다)."

581) 『新唐書』 卷222下 「南蠻」 下〈兩爨蠻〉, p.6325, "천비종(穿鼻種)은 지름이 1척이나 되는 금 고리로 코를 꿰어 아래로 늘어뜨리는데 턱 아래까지 내려온다. 군장(君長)은 실로 고리를 묶는데, 다른 사람이 끌어야 움직인다. 그[군장] 다음은 두 개의 꽃모양의 머리가 달린 금 못으로 코를 꿰어 아래로 나오게 한다."

582) 『雲南志補注』 卷4 「名類」 p.59~60, "나형만(裸形蠻)은 심전성 서쪽 300 리에 과혈(窠穴)을 만들고 있는데, 야만(野蠻)이라고도 부른다. 각라봉이 심전을 평정하고 난 뒤, 야만으로 하여금 산곡에 흩어져 살게(散居)하였다. 그 만이는 싸우지 않을 때는 스스로 어울려 숨어 모여 있다가, 전투가 있으면, 서로 불러 모은다. 그 남녀는 산과 들에 두루 퍼져 있으며, 또한 군장이 없다. 갈란사옥(擖欄舍屋)을 짓고 산다. 여자가 많고, 남자가 적다. 농전이 없고, 의복이 없으며, 오직 나무껍질을 취하여 몸을 가린다. 간혹 5천 10처가 함께 장부 하나를 공양하는데, (장부는) 날이 다하도록 활을 놓지 않으며, 갈란에서 내려오지 않는다. 밖에서 습격하여 해치려는 자가 있으면 쏜다. 그 처가 산림에 들어가서, 벌레(蟲), 물고기(魚), 나물(菜), 소라조개(螺蜆) 등을 채집하여 돌아와 구워 먹인다."

583) 『雲南志補注』 卷4 「名類」 p.61, "望蠻 外喩 部落은 永昌 西北쪽에 있다. 사람들이 長大하고, 방패를 진채(負排) 槊을 잡는데, 앞으로 나아가면 無敵이었다. 또 木弓과 短箭을 잘 다루었다. 箭鏃에 毒藥을 바르는데, 맞은 사람은 선채로 쓰러져 죽었다. 婦人 또한 맨발이며, 靑布로 적삼과 치마[衫裘]를 만들어 입고, 가조개[珂貝]와 큰뱀의 어금니[巴齒] 그리고 진주(眞珠)를 꿰어, 비스듬히 몸에 두르기를 수십 회 한다. 지아비가 있는 자는 머리카락을 세워 나눈 뒤 두 개의 상투를 틀고, 지아비가 없는 자는 정수리 뒤에 하나의 상투를 틀어 세운다. 그 토지는 沙牛를 기르기에 적당한데, 역시 여러 곳의 소들보다 크고, 뿔이 4尺 이상 자란다. 婦人들은 오직 유즙(乳酪)을 즐기며, (피부가) 살지고 희고, 풍속이 놀러 다니기를 좋아한다."

584) 『雲南志補注』 卷6 「雲南城鎮」, pp.87~88.

585) 『雲南志補注』 卷4 「名類」, p.58.

성이다. 기사에 따르면, 성이 처음 설치된 것은 성라피 시기(713-728)이고, 이는 『만서』의 '망저자만'조에서도 "망저자만은 난창강 이서에 있는데, 성라피가 쳐서 평정한 곳이다."라고 하여 확인하고 있다.[586] 망저자만은 그 용맹함과 뛰어난 기마술로 인하여 남조국 왕과 각 성진의 대장들이 출정할 때 선봉부대로 내세웠다는 그 부류이다.[587] 이들은 본디 개원(開元) 연간 이전에는 남조국을 포함한 육조와 교통조차 하지 않았고, 성라피가 자유성을 설치한 뒤에도 그 손자 각라봉 때 가서야 이들을 군대에 편입시켜 선봉으로 세울 정도로 순복하게 된 셈이다. 이렇게 놓고 보면, 자유성의 설치야말로 영창절도 관내 개척의 시작이라고도 할 수 있을 것이다. 자유성의 현재 위치에 대하여는 이모심 시기에 연화부(軟化府)가 설치되는 윈난성 텅충시엔[騰沖縣]으로 비정하는 연구가 있다.[588]

「남조덕화비」를 비롯하여 다른 기록들을 종합하면, 남조국의 왕 각라봉이 심전만을 정벌한 것은 762년이었다.[589] 우선 다음 「남조덕화비」의 기사를 보자.

아 여기에 심전(尋傳)이 있으니, 경작지가 비옥하고 넉넉하며, 사람과 물자가 풍성하게 모여든다. 남으로는 발해(渤海)와 통하고, 서쪽으로는 대진(大秦)에 가깝다. 천지가 개벽(開闢)한 이래로 성교(聲敎)가 미치지 못한 곳이고, 희황(羲皇) 이후로 무력에 의한 정벌이 더해지지 않은 곳이었다. 왕인 내[詔]가 그들을 바꾸어 의관(衣冠)을 갖추게 하였고, 그들을 의와 예로써 교화하였다. 11년(762) 겨울에, 친히 요좌(寮佐)와 함께 아울러 군대[師徒]를 거느리고, 나무를 베어 길을 뚫고, 배를 만들어 다리로 삼았다. 무위(威武)를 발하고, 문사(文辭)로 깨우쳤다. 항복한 자들은 무위(撫慰)하여 안거(安居)하도록 하였고, 거슬러 막는 자들은 줄줄이 목을 꿰어 포로로

586) 『雲南志補注』卷4「名類」p.60.
587) 『雲南志補注』卷4「名類」p.60; 『新唐書』卷222上「南蠻」上, p.6268.
588) 文薇 尹家政(2007), pp.6-7.
589) 孫華(2010), p.180; 谷躍娟(2007), p.90.

잡았다. 어리석은 자들을 긍휼히 여겨 묶인 것을 풀어 주고, 형세가 좋은 곳을 택하여 성을 쌓았다. 나형만(裸形蠻)은 치지 않았는데도 스스로 왔고, 기선(祁鮮) (이서)가 명망을 듣고 우러러 이르렀다.[590]

위 기사는 762년 겨울 각라봉이 직접 심전 지역을 정벌하여 이 지역과 주변 지역의 제만을 복속시켰음을 보여주고 있다. 그리고 비옥한 토지와 넉넉한 물자, 풍부한 유동 인구, 대진과 발해로 이어지는 교통상의 이점 등 '심전'이라는 지역이 가진 매력도 잘 제시하고 있다. 남조국이 이 지역에 관심을 가진 궁극적 이유일 것이다. 더하여 주목되는 부분은 정벌 대상이 심전만에 그치지 않았다는 것과 형세가 좋은 곳을 선택하여 성을 쌓았다는 점이다. 이러한 각라봉의 심전 정벌에 관하여는 다른 사서들도 적고 있는데, 『구당서』는 "서쪽으로는 다시 심전만을 항복시켰다."라고 하여, 이를 확인하였다.[591] 그리고 『신당서』에서는 이 사건에 대하여, "또 마침 안록산(安祿山)이 반란을 일으켰는데, 각라봉은 이를 기화로 수주(巂州)의 회동군(會東軍)을 빼앗았다. …… (또) 서쪽으로 (나아가) 심전과 표(驃) 따위의 여러 국(國)을 항복시켰다."라고 적었다.[592] '표(驃) 따위의 여러 국(國)을 항복시켰다'는 부분이 더해진 것이 흥미롭다. 우선 이는 심전 정벌 이후 표국에 대한 경략도 있었음을 시사한다. 그리고 심전 또한 '국'으로 표현되었다는 점도 간과해서는 안 된다. 『만서』에서는 『신당서』의 설명에 "남쪽으로 표국과 교통하였다."라는[593] 내용이 덧붙여졌다.

영창절도가 언제 처음 설치되었는지에 관한 기록은 없지만, 논리적으로 생각하면 자유성이 설치된 이후 762년 심전 정벌 전의 어느 시점이어야 할 것이다. 자유성의 설치를 시작으로 영창절도 관내의 핵심 지역들을 확

---

590) 『南詔德化碑』, p.7.
591) 『舊唐書』 卷197 「南蠻 西南蠻」, p.5281.
592) 『新唐書』 卷222上 「南蠻」 上 〈南詔〉上, p.6271.
593) 『雲南志補注』 卷3 六詔 p.36-37.

보한 뒤에야 심전 정벌에 나설 수 있었을 것이기 때문이다. 즉 최소 34년에서 최대 49년간 영창 지역에 대한 개발과 경영이 이루어지고, 그 힘을 바탕으로 심전 지역 정복과 경영이 시작된 것이다. 762년에 남조국의 각라봉은 심전 지역을 정복하였다. 이를 통해 남조국의 세력은 오늘날 이라와디 강 서안의 기선산(祈鮮山, 현재 甘高山 Namyin)까지 확장되었다. 아마도 처음에는 영창절도(永昌節度)가 그 경영을 맡았겠지만, 축성과 개발이 이루어지면서, 현지에서 보다 발 빠른 대응이 필요하게 되었을 것이고, 결국 진서성(鎭西城, 버마 카친주의 曼冒)에 진주하는 진서절도(鎭西節度)의 설치가 이루어졌을 것이다. 그리고 지속적인 축성을 통한 경영 범위가 확대되면서, 그 중진을 여수성으로 옮기게 되면서, 심전 지역 개발은 영창절도와 무관하게 되었을 것으로 추정된다. 결과적으로, 영창절도의 통할 구역은 대체로 현재 윈난성의 바오산[保山]시, 린창[臨滄]시와 푸얼[普洱]시 서남부의 일부 지방, 더훙[德宏]주의 절대 부분, 누쟝[怒江]주 서부와 버마 카친주의 북부 지대를 포괄하였다.

진서절도 및 여수절도의 관할 범위를 파악하는 데는 다음 『만서』의 기사가 도움이 된다. 다소 길지만 전문을 인용하였다.

월례성(越禮城)은[594] 영창 북쪽에 있고, 장방성(長傍城)과[595] 등만성(藤彎城)을[596] 관할한다. 장방성은 3면이 높은 산이고, 녹비강(祿豼江)을 내려다보고 있다. 등만성은 남쪽으로 마사락성(磨些樂城)에[597] 이르며, 서

---

594) 史爲樂은 월례성을 현재 윈난성 騰沖縣 북쪽으로 69킬로미터 거리의 大塘 부근에 비정하였다. 方國瑜도 마찬가지이다(『雲南志補注』, p.91, 주2).

595) 史爲樂은 장방성을 현재 버마의 카친주(克欽邦) 동부의 拖角 부근으로 비정된다. 方國瑜도 他夏(拖角)에 비정하였다(『雲南志補注』, p.91, 주2).

596) 등만성의 경우, 方國瑜는 騰衝城에 비정하였다(『雲南志補注』, p.92, 주4).

597) 마사락성은 賈耽 노정의 樂城, 『구당서』의 些樂城과 같다. 이 성의 현재 위치에 관한 비정은 의견이 갈린다. 方國瑜는 지금의 瑞麗城으로 보았다(『雲南志補注』, p.92). 史爲樂의 사전에서는 곧 茫施이며, 현재 雲南 潞西縣治[芒市]에 해당한다고 하였다. 『고금지명사전』도 같은 입장이다. 谷躍娟(2007)은 판단을 유보하여 현재의 瑞麗 혹은 遮放(申旭, p.124)이라 하였다. 쩌팡은 윈난성 루시시[瑞西市] 남부와 루이리시[瑞麗市], 룽촨시엔[隴川縣]의 경계가 만나는 지점이고, 루시시 내 두 번째로 큰 다이주[傣族] 취거 지역이라고 한다.

남쪽에 나군심성(羅君尋城)이[598] 있다. 다시 서쪽으로 이성(利城)에[599] 이르며, 수랑양천(水郞陽川)을 건너, 바로 남쪽으로 산을 지나면, 압서성(押西城)에[600] 다다른다. 다시 남쪽으로 수외천(首外川)에[601] 이른다. 또 서쪽으로 망 부락(茫部落)에[602] 이른다. 다시 서쪽으로 염정(鹽井)에[603] 이른다. 다시 서쪽으로 발오하(拔熬河)에[604] 이른다. 여수성(麗水城), 즉 심전대천성(尋傳大川城)은[605] 물의 동쪽에 있다. 상랑평(上郞坪) 북쪽으로 미라저(眉羅苴)와 염정에 이르고, 다시 안서성(安西城)에 이르는데, 곧장 북쪽으로 소바라문국(小婆羅門國)에[606] 이른다. 동쪽에는 보산성(寶山城)이 있다. 다시 서쪽으로 여수(麗水)를 건너, 금보성(金寶城)에 이른다. 미라저 서남쪽에는 금생성(金生城)이 있다. 금보성의 북쪽 모랑성(牟郞城)으로부터 여수를 건너 금보성에 이른다. 금보성으로부터 서쪽으로 도길천(道吉川)에[607] 이르고, 동북쪽으로 문파성(門波城)에 이르고, 서북쪽으로 광탕성(廣蕩城)에 이르며, 토번과 경계를 접한다. 북쪽으로 설산을 마주하고 있고, 관할하는 부락은 진서성(鎭西城)과 같다. 진서성 남쪽으로 창망성(蒼望城)에 이르는데, 여수에 근접해 있고, 동북쪽으로 미성(彌城)에 이른다. 서북쪽으로 여수도(麗水渡)에[608] 이른다. 여수도에서 남쪽을 바라보며 기선산(祁鮮山)에 이른다. 산 서쪽에 신룡하책(神龍河柵)이 있다. 기선산 이서는 곧 나형만(裸形蠻)이다. 마령(摩零)

---

598) 史爲樂 나군심성을 윈난성 梁河縣 동북 10킬로미터 지점의 曩宋으로 비정하였다. 『고금지명』 사전은 雲南省 梁河縣 東北쪽의 曼東으로 비정하였다. 方國瑜는 騰衝縣의 曼東街로 비정하였다(『雲南志補注』, p.92, 주4).

599) 史爲樂 사전은 이성을 윈난성 梁河縣 서쪽 7킬로미터 지점의 勐宋으로 비정하였다. 『고금지명』과 方國瑜(『雲南志補注』, p.92, 주4)도 같다.

600) 史爲樂은 윈난성 盈江縣 동쪽 15킬로미터 지점의 舊城에 비정하였다. 『고금지명』과 方國瑜(『雲南志補注』, p.92)는 盈江縣에 비정하였다.

601) 方國瑜는 龍川江 남안의 小隴川壩에 비정하였다(『雲南志補注』, p.92, 주5).

602) 方國瑜는 지금의 雲南省 芒市縣에 비정하였다(『雲南志補注』, p.92, 주5).

603) 方國瑜는 遮放(德宏傣族景頗族自治州 芒市 遮放鎭)에 비정하였다(『雲南志補注』, p.92, 주5).

604) 方國瑜는 瑞麗壩에 위치한다고 비정하였다.(『雲南志補注』, p.92, 주5).

605) 方國瑜와 譚其驤은 여수성과 같은 것으로 보았고, 谷躍娟(2007)은 버마 카친주 북부의 江心坡 일대로 비정하였다.

606) 婆羅門國에 대해 史爲樂 사전은 현재 버마 서부의 아라칸(Arakan) 지역과 인도 아삼(阿薩姆 Assam)주 남부 일대로 비정하였다.

607) 道吉川에 대해 방국유는 방위로 보아 지금의 崗板에 있었으며, 상세히는 알 수 없다고 하였다(『雲南志補注』, pp.93-94, 주10).

608) 麗水渡에 대해 方國瑜는 여수성에 있다고 하였다(『雲南志補注』, p.94, 주15)

을 관할하는 도독성(管摩零都督城)은 산 위에 있다. 심전과 기선에서 쭉 가면, 모두 장독(瘴毒)이 있고, 땅이 평평한 것이 숫돌과 같은데, 겨울에도 초목이 마르지 않으며, 해가 풀 사이로 진다. 여러 성진[諸城鎮]의 관리들이 장려(瘴癘; 학질)를 두려워하여, 혹은 다른 곳으로 달아나서 친히 일을 보지 않는다. 남조국이 특히 마령산(摩零山) 위에 성을 쌓고, 복심(腹心)을 두어, 심전(尋傳), 장방(長傍), 마령(摩零), 금미성(金彌城) 등 오도(五道)의 일을 주리하게 하였다고 한다. 무릇 금치(金齒), 칠치(漆齒), 수각(繡脚), 수면(繡面), 조제(彫題),[609] 승기(僧耆)[610] 등 10여 부락을 다스린다.[611]

위 기사에서 월례성, 장방성, 등만성, 마사락성, 나구심성, 이성, 압서성, 수외천, 망 부락 등은 영창절도 관할에 속한다. 그리고 여수성[심천대천성], 상랑평, 미라저, 안서성, 보산성, 금보성, 금생성, 모랑성, 도길천, 문파성, 진서성, 창망성, 미성, 신룡하책, 마령성 등은 진서절도 및 여수절도 관할에 속하는 셈이다. 진서절도는 진서성에 진주하였는데, 통할 구역은 대체로 현재의 이라와디 강 상류 유역 동서 양안 지대였고, 그 남부 변경은 표국과 접하여 있었다. 후기에 진서절도는 북쪽으로 옮겨 여수성(麗水城, 현재 伊洛瓦底江 동안의 達羅基 Ta law Gyi 부근)에 진주하였으며, 여수절도로 개칭하였다. 위 기사에 등장하는 성들은 대부분 앞서 「남조덕화비」에서 "형세가 좋은 곳을 택하여" 쌓은 성에 해당될 것이

---

609) 『新唐書』卷222下 「南蠻」下〈兩爨蠻〉, p.6325. "조제종(雕題種)은 몸과 얼굴에 눈썹먹으로 검은 물을 들인다."

610) 僧祇族은 페르시아(波斯)어 zangi의 譯音. 남해(남지나해)의 토착 종족을 가리키는 범칭. 혹은 아프리카 동해안의 흑인을 가리킨다. 여기서는 前者의 뜻으로 보인다. 『신당서』「지리지에는」에는 '葛葛僧祇國'이 등장하고(『新唐書』卷43下 「地理」7下〈羈縻州〉, p.1153), 또 가릉사자가 "[헌종] 원화(元和) 8년(813)에 승기족(僧祇族) [출신] 노예 네 명과 오색앵무(五色鸚鵡) 그리고 빈가조(頻伽鳥) 따위를 바쳤다."(『新唐書』卷222下 「南蠻」下〈訶陵〉)는 기록이 있다. 『舊唐書』卷197에는 元和 10年(815)으로 되어 있다. 그리고 실리불서가 개원 연간에 "또 난장이[侏儒]와 승기녀(僧祇女) 각기 2명과 가무인(歌舞人)을 바쳤다."(『新唐書』卷222下 「南蠻」下〈室利佛逝〉, p.6305)는 기록도 등장한다. 해양부 국가들의 바친 승기족과 심전 지역의 승기족이 어떠한 관계가 있는지는 더 살펴보아야 할 문제이다.

611) 『雲南志補注』卷6 「雲南城鎮」, pp.90-91.

다.[612] 그리고 여수절도의 관할 부락은 진서성과 같다고 했는데, '심전만'에 더하여 말미의 "금치, 칠치, 수각, 수면, 조제, 승기 등 10여 부락"이 우선 해당되었을 것이다. 그리고 위 명단에는 없지만 전투에 능했던 '박자만(撲子蠻) 부락도 심전 지역에 거주하였다.[613]

또 '여러 성진'의 관리들이 학질을 두려워하여 다른 곳으로 달아나 친히 일을 보지 않는다는 내용은 자연환경으로 인한 '통치'의 한계를 보여주지만, 역으로 성진의 본디 역할이 무엇인지 분명하게 보여 준다. '장려'를 두려워하여 피하였다는 것은 그들이 현지인이 아니라 남조국 조정에 의해 파견된 자이었음을 의미한다. 즉 성진은 남조국이 관리를 파견해서 현지의 일을 친히 처리해야 할 '장소'인 것이다. 결국 성진 설치의 제일 목적은 행정적 통치에 있었다고 해석될 수 있을 것이다. 통치 대상인 이들 부락이 현재의 어떤 족군(族群, ethnic group)과 연결되는지 확정할 수 있는 방법은 없다.[614] 여기에서 중요한 것은 당시에 이들이 그곳에 거주하였다는 것이고, 또 이들에 대해 남조왕국이 통치를 수행하였다는 것이다.

「남조덕화비」에도 등장하고, 당시 여수절도 관할 심전 지역의 인구 구성에서 가장 핵심적인 역할을 했을 것으로 보이는 '심전만'에 관하여만 잠시 살펴보고자 한다. 다음의 기사들을 보자.

> 심전만(尋傳蠻)은 각라봉에게 토벌되어 평정되었다. 그 풍속은 사면포백(絲縣布帛)이 없어서 사라롱(娑羅籠)을 두른다. 맨발로 가시덤불(榛棘)을 밟을 수 있다. 화살을 시위에 건 활을 잡고 다니며, 고슴도치(豪猪)를 쏘

---

612) 자오훙창(趙鴻昌)의 연구 통계에 따르면, 남조국의 강역이 확대됨에 따라, 남조국의 성진 수도 늘어나 많을 때는 100여 곳에 이르렀는데(趙鴻昌, 1991, p.69), 남조국이 심전 지역에 설치한 성진을 보면, 기록에 보이는 것만 대개 30 곳에 가깝다. 매우 밀도가 높다. 이는 남조국이 여기에 상대적으로 많은 역량을 투입했음을 보여주는 것이다(谷躍娟, 2007, p.91.).

613) 『雲南志補注』卷4 「名類」 p.58, "撲子蠻은 날래고 사나우며 민첩하고, 靑婆羅段으로 通身袴를 만들어 입는다. …… 開南·銀生·永昌·尋傳 네 곳에 모두 (이 종류가) 있다. 鐵橋 西北에서 蘭滄江에 이어지는 곳에도 역시 (이들) 部落이 있다."

614) 현재 중화인민공화국 십송판나 내의 다이주[傣族]와 푸랑주[布朗族] 사이에 치아를 흑색 내지 홍색으로 물들이는 습속이 있는 것을 '금치'와 연결시키고 있으나, 『신당서』나 『만서』 등에서 설명하는 것과 다르다.

아, 그 고기를 날로 먹으며, 양쪽 어금니를 취하여 정수리에 꽂아 장식으로 삼고, 또 그 가죽을 길게 잘라 허리에 맨다. 전투마다 대로 짠 바구니를 머리에 뒤집어쓰는데, 투구의 모양과 같다.[615]

신(臣)의 본사(本使) 채습(蔡襲)은 함통(咸通) 3년(862) 12월 27일에 작은 무장력[小槍鏢]을 가지고 100여 인을 사로잡았습니다. 신의 본사 채습이 양가(梁軻)에게 본 것을 들었는데, (포로 중에) 대나무 상자를 머리에 쓰고 고슴도치 가죽을 허리에 맨 자가 있었으며, 마침내 심전만의 본말을 (나에게) 말해 주었습니다. 강서장군(江西將軍)의 병사들이 이 만(蠻)의 고기를 취하여 구웠습니다.[616]

첫 번째 기사에 보이는 심전만의 습속은 『신당서』「남만전」에도 그대로 실려 있다.[617] 그런데 여기에서 주목되는 것은 두 번째 기사이다. 여기에서 '신'은 『만서』의 저자인 번작(樊綽)이고, 본사는 863년 당시 번작의 상관 채습이 상서(尙書)로서 겸직했던 안남경략초토사(安南經略招討使)를 지칭한다. 양가는 안남(安南) 자성(子城) 우후(虞候)의 관직을 지닌 사람으로 당시 남조국에 사신으로 오간 경력이 있던 자였다.[618] 그러니까 두 번째 기사의 현장은 안남도호부가 설치되었던 베트남 하노이이고, 당과 남조국 사이의 전장인 셈이다. 정리하자면, 당 군대에 포로로 잡힌 심전만은 남조국에 의해 징발되어 안남도호부 공성전에 투입되었던 것이다. 여기에서 남조국의 심전 지역 정벌과 경영의 군사적 목적이 잘 드러난다. 『만서』의 다른 부분에서도 이를 분명히 지적하였다. "흑치만, 금치만, 은치만, 수각만, 수면만은 모두 영창과 개남(開南)에 있고, 잡류의 종(種)이다. …… 모두 남조국의 통제를 받았으며, 공전(攻戰)이 있으면 역시 부름을 받았다."[619] 『만서』에

---

615) 『雲南志補注』卷4「名類」, pp.58-59.
616) 『雲南志補注』卷4「名類」, p.59.
617) 『新唐書』卷222上「南蠻」上〈南詔〉上, p.6271.
618) 『雲南志補注』卷4「名類」p.58.
619) 『雲南志補注』卷4「名類」p.62.

는 또 박자만이 안남도호부 공성전에 투입된 사례도 실려 있다.[620] 남조국의 강력한 군사력과 지속적인 대외 군사 활동의 밑바탕에는 피정복 지역 종족 집단의 병력 충원도 존재하였음을 알 수 있다. 그리고 이는 남조국의 정복 지역에 대한 통제가 간단하지 않았음을 시사한다.

『남조덕화비』에서 "서쪽으로 심전(尋傳)을 열어, 녹비(祿郫)에서는 여수(麗水)의 금이 난다."라고[621] 말한 것처럼, 심전만을 굴복시켜 그 땅을 얻은 남조국의 최대 수확 중의 하나는 역시 '여수의 금[麗水之金]'이었다.[622] 앞서 Ⅱ장에서 이미 인용한 바 있지만, 정원 연간의 재상 가탐(賈耽)은 '여수의 금'과 관련하여 다음과 같은 말을 남겼다. "엎드려 바라건대, 황제 폐하께서는 오로지 위로 성왕(聖王)의 풍취와, 태평의 운(運)을 바탕으로 신의를 돈독하고 분명하게 하시고, 오상(五常)의 도를 굳게 지키셔서, 뭇 백성을 은혜로 기르시고, 원방의 오랑캐들을 회유하십시오. 그리하면 노남(瀘南)이 여수(麗水)의 금을 공헌할 것이고, 막북(漠北)이 여오(余吾)의 말을 바칠 것이며, 아득한 교화가 가득 넘쳐서 솔토(率土)가 흠뻑 적실 것입니다."[623] 여기에서 노남은 물론 남조국을 지칭하는 것이며, 여수의 금은 막북의 명마에 버금가는 유명 상품이 된 것이다. 『만서』에서는 '여수의 금' 채취와 관련하여 다음과 같은 기록이 있다.

생금(生金)은 금산(金山) 및 장방(長傍)의 여러 산에서 나고, 등충(藤充) 북쪽의 금보산(金寶山)에서도 난다. 토인(土人)의 (생금) 채취법은 다음과 같다. 봄과 겨울 사이에 산 위에 갱도를 파는데 깊이가 한 장 남짓이고, 넓이가 수십 보이다. 여름에 물이 불어 내려올 때, 그 니토(泥土)를 물에 넣어 갱도로 들여보내면, 니토가 쪼개어져 사석이 가려진다. 금 조

---

620) 『雲南志補注』卷4「名類」p.58, "臣의 本使 蔡襲이 咸通 4年(863) 正月 3日 陣영 앞에 진상된 포로(生擒) 중에서 撲子蠻을 얻었는데, 拷問을 해도 모두 말을 하지 않았으며, 그 팔뚝을 잘랐으나 여전히 소리를 내지 않았습니다. 安南 子城 虔候 梁軻가 이르기를, 이는 撲子蠻이라 하였습니다."

621) 「南詔德化碑」『金石萃編』卷160; 『大理歷代名碑』, p.8.

622) 谷躍娟(2007), p.97.

623) 『舊唐書』卷138「賈耽」, pp.3784-3786.

각이나 덩어리를 얻을 수 있는데, 큰 것은 무게가 한 근 혹은 두 근에 이르고, 작은 것은 석 량이나 다섯 량이 되니, 값이 부금(麩金)보다 귀한 것이 여러 배나 되었다. 그러나 만(蠻)의 법이 엄준하여, 관에 바치는 것이 열에 일곱 여덟이고, 그 나머지만 사유하는 것이 허락되었다. 만약 관에 바치지 않으면 서로 고발하도록 하였다. 부금(麩金)은 여수(麗水)에서 나는데, 모래를 가득 담아 물에 흔들어 가려내어[淘汰] 얻는다. 하탐(河賧)의 법에 남녀가 죄를 범하면, 대부분 여수로 보내 도금(淘金)하는 일을 하게한다. 장방천(長傍川)의 경계 3면의 산에서 모두 금이 나는데, 부락의 백성이 모두 금을 바치며, 다른 세역(稅役)이나 징요(徵徭)가 없다.[624]

위 기사의 지명들로 보건대, '여수의 금'은 결국 심전 지역에서 나는 금이다. '만'과 '하탐'은 모두 남조국을 지칭하고, 특히 '하탐'은 서이하 지역을 가리킨다. 이 기사에서 주목되는 부분은 두 가지이다. 하나는 남조국이 법에 의해 생산된 금의 10분의 7, 8을 국가 소유로 돌렸다는 것이다. 특히 금이 많이 나는 장방천의 경우 부락민들 모두에게 금을 생산하게 하였고, 그 대신 여타의 세역이나 요역을 면제해 주었다. 이 사무의 처리는 물론 장방성의 관리들이 수행하였을 것이다. 장방천 지역 세역과 요역의 면제는 역으로 점령지에서 성진의 설치가 본디는 세역과 요역의 징수에 목적이 있었음을 재차 확인해 준다. 또 하나는 하탐 즉 남조국의 중심지에서 발생한 범죄자들을 대부분 이 지역에 투입하여 '도금' 작업에 종사하게 하였다는 것이다. 이는 이 지역에서 금을 채취하는 사업에 늘 인력이 모자랐음을 의미한다. 그리고 그만큼 심전 지역에서의 금 채취가 수익성이 좋은 사업이었고, 남조국의 재정에 큰 도움이 되었음을 추측케 한다. 『만서』에 따르면, 남조국은 835년에 현재 버마 지역에 있었던 미락국을 격파하고, 그 나라 사람 2,000~3,000명을 포로로 잡

---

624) 『雲南志補注』 卷7 「雲南管內物産」, p.106.

아다가 여수절도에 배속시켜 도금에 종사하도록 하였다.[625] 아마도 이러한 일이 이 한 건에 그치지는 않았을 것이다.

책의 앞부분에서 이미 살펴보았지만, 이르면 기원전 4세기에 심전 지역으로부터 표국의 강역을 거쳐 인도로 향하는 상업 교통로는 촉신독도의 일부를 구성하고 있었다. 이 노선은 양저미성에서 출발하여, 영창에 이르러 누장[怒江, 사르원강 상류] 강을 건너 제갈량성(諸葛亮城)에[626] 이르고, 다시 서남쪽을 향하여 낙사성(樂些城)에 이르러 표국 경내로 진입한다. 표국의 도성에 도달한 다음에는 서쪽으로 흑산[아라칸 산맥]을 넘고, 다시 서쪽으로 인도 아삼(阿薩姆 Assam) 주의 구와하티(高哈蒂 Guwahati), 갠지스 강 남안의 라즈마할(拉日馬哈 Rajmahal)에 이르러 다시 인도 중부 지역으로 진입한다.[627] 또 제갈량성을 분기점으로 하여, 서쪽으로 또 한 갈래의 노선이 표국을 거쳐 인도에 갈 수 있다. 앞서 살펴본 바와 같이, 이 갈래의 길은 제갈량성으로부터 서쪽으로 등충(騰充)과 미성(彌城)을 거쳐, 간비디(甘裨地) 고개를 넘어 여수성(麗水城)에 도달하고, 이라와디 강과 모가웅 강을 건너 안서성(安西城)에 이른 다음, 다시 서쪽으로 친드윈 강(親敦江 Chindwin)을 건너 인도 아삼 지역의 구와하티에 진입하고, 첫 번째 길과 만난 뒤에 방글라데시 및 인도 중부 지역으로 이어진다.[628]

앞서 성진의 분포에 관한 기사를 통해 이미 파악하였을 터이지만, 남조국은 영창절도 관할 구역과 진서절도의 관할 구역에 남조국에서 표국에 이르는 교통로의 각 지선마다 중요한 성진들을 설치하였다. 영창성 이서로부터 시작하여 남쪽으로 향하는 지선은 제갈량성, 마사락성을 거쳐 표국의 경내로 들어가는데, 촉신독고도(蜀身毒古道)의 한 갈래이다. 그 북

---

625) 『雲南志補注』卷10「南蠻疆界接連諸蕃夷國名」, p.127.
626) 諸葛亮城: 제갈무후성이라고도 한다. 方國瑜는 龍陵縣으로 비정하였다(『雲南志補注』, p.88).
627) 申旭(1994), pp.123-128.
628) 申旭(1994), pp.123-128.

쪽으로 향하는 갈래 길에는 등충성(騰充城), 미성(彌城), 보산성(寶山城), 금보성(金寶城), 여수성(麗水城), 안서성(安西城) 등이 설치되었다. 이밖에 남조국이 표국과 서남쪽에서 경계를 맞대는 곳에도 얼마간의 권역을 이루는 성진들이 설치되었는데, 이를테면 진서성(鎭西城), 마령성(摩零城), 창망성(蒼望城), 향백성(香柏城)[629] 등이 그것이다. 그리고 영창(永昌)으로부터 서북쪽을 향하여 가면, 고려공산(高黎貢山)을 넘어 바로 버마 북쪽 및 인도에 이르는 일련의 성진이 있는데, 월례성(越禮城), 장방성(長傍城), 심전대천성(尋傳大川城), 광탕성(廣蕩城) 등이 여기에 해당하였다. 그리고 사적에도 남조국이 심전 지역에 성진을 건치한 기록이 비교적 많은데, 그 주된 이유는 이 지역에서 연속적으로 이루어져 온 상업 활동이 남조국으로 하여금 이 지역을 다른 지역보다 중시하게 만들었기 때문일 것이다.[630] 결국 이러한 성과 진의 설치는 이 지역에 대한 행정적 군사적 지배가 일차적인 목적이겠지만, 그 분포로 보건대 인도로 향하는 상업 교통로의 보호라는 목적도 무시할 수 없어 보인다.

심전 지역은 바로 이러한 교통의 요지에 놓여 있었다. 심전 지역이 지닌 이러한 경제적 혹은 상업적 매력이 남조국을 유인하였고, 이것이 심전 지역의 이른 개발과 경영을 초래하였다. 시간상으로 보면 남조국의 심전 지역 경영은 은생 지역에 비해 30년이나 빨랐다. 그리고 그 경영의 주요 수단이었던 성진(城鎭)의 설치에서도 분명히 상대적으로 밀도가 높았다. 성진은 남조국이 통치를 수행하기 위한 기지와 보루이며, 그 설치는 남조국의 정치적 군사적 역량의 팽창과 걸음을 같이하였다. 남조국에서 성진의 설치는 대개 정치적, 군사적, 경제적 세 방면의 기능을 가졌다. 성진은 남조국 행정 구역의 중심이자 관부의 소재지이고, 또 한 지역의 요해지를 장악하는 군사 거점이었다. 동시에 상업 교통의 중추와 중요 역참 및 상

---

629) 谷躍娟(2007)은 현재 버마 서남의 莫寧에 비정하였다.

630) 谷躍娟(2007), p.92.

단 집거지의 기능을 갖추고 있었다.[631]

이상 서술한 바와 같이, 남조국의 심전 지역 지배와 영창절도와 여수절도의 설치 운영에 관하여 살펴보았다. '여수의 금'이라고 하는 질 좋은 황금이 나고, 인도로 이어지는 상업 교통로가 통과하는 심전 지역은 8세기 중반 이후 남조국의 세력 확장에 가장 큰 밑거름이 되었다. 여기에는 이러한 물질적 조건뿐만 아니라, 남조국의 지배 아래 편입된 다양한 종족 부락의 인적 조건 또한 상당한 기능을 하였다. 이들은 남조국에 의해 파악되고 동원되어, 세역과 노역을 담당하였으며, 군사력의 일부로 그리고 황금 채취의 노동력으로 동원되기도 하였다. 풍부한 물적 인적 자원을 소유한 심전 지역은 남조국의 입장에서 매우 매력적인 곳이었다. 남조국은 무력으로 장악한 뒤, 상당한 수의 성진을 설치하고, 관료와 군대를 보내 적극적으로 관리하였다. 이 성과 진들 너머에는 표국과 미락국을 비롯한 고국들과 종족 부락들이 존재했고, 이들 인간 집단들의 연쇄는 인도 동북부로 이어졌다. 심전 지역과 은생 지역 경영으로 힘을 축적한 남조국은 이제 그 밖으로 세력을 확장하고자 하였다.

남조국과 표국의 관계

당시 현재의 버마로부터 인도 동북부 지역에 이르는 지역에는 표국(驃國)을 비롯한 복수의 고국들이 존재하였다. 『만서』에 등장하는 7개 고국들의 위치를 간단히 소개하면 다음과 같다. 표국의 위치는 오늘날 버마 중부 이라와디 강 유역의 만달레이(Mandalay) 지역에 해당한다. 미락국(彌諾國)은 미락강(彌諾江)에서 이름을 얻었고, 그 영역은 오늘날 버마 친드윈(親敦江 Chindwin) 중하류 유역 양안이며,[632] 그 족속은 친족(欽族 Chins)

---

631) 谷躍娟(2007), p.91.
632) 尤中(1987), p.54.

이다.[633] 미락국은 표국의 통제를 받았고, 미락도(彌諾道)는 표국에 역속(役屬)되는 아홉 성진 중의 하나였다.[634] 미신국(彌臣國)은 오늘날 버마 이라와디 강이 바다로 들어가는 하구 일대에 있었고, 곤륜국(昆侖國)은 오늘날 버마 살윈(Salween) 강 하구에 있었다. 두 '국'의 주된 종족은 몬 족(猛族 Mon)이었고, 몬 족이 세운 나라들 중에서도 비교적 세력이 컸다.[635] 야반국(夜半國)은 맹양성(孟養城) 남쪽, 이라와디 강이 남쪽으로 꺾여 흘러가는 지점의 서쪽에 있었다.[636] 대진바라문국(大秦婆羅門國)은 현재 인도 아삼(Assam) 주에 있었고, 그 정동 방향으로 남조국 안서성(安西城)의 변계와 땅을 맞대고 있었다.[637] 소바라문국(小婆羅門國)은 아삼(Assam) 남부의 마니푸르(Manipur) 임팔(Imphal) 이남에 있었다.[638]

표국은 대체로 4세기 이전에 세워져 9세기 경에 사라진 것으로 설명된다. 그리고 오늘날 이 표국은 성읍국가군으로 이해된다. 이들 성읍 중 고고 발굴에 의해 실증된 유적지는 베익타노(Beikthano), 할린(Halin) 그리고 스리크세트라(Sri Ksetra) 세 곳이다.[639] 표(Pyu)족은 티베트-버마어(Tibeto-Burman) 계통이라는 설이 루스(G.H. Luce) 이래의 통설이었지만, 근래에 이르러 중국학자들 가운데 몬-크메르(孟高棉語族 Mon-Khmer)어족설과 월족설이 제기되기도 하였다. 심지어는 현재 중화인민공화국의 '소수민족'인 바이주[白族]와의 연관설이 제기되기도 하였다.[640]

표인들에 관하여, 가장 일반적인 설명은 다음과 같다. 이라와디 강 유역의 선주민은 몬 족이었으며, 표인이 북쪽으로부터 도착하여 이들을 몰아내고, 뒤이어 버마 인들이 다시 표의 지역을 차지한 것이다. 기원후

633) 方國瑜(2001Bb), p.234, p.251.
634) 『新唐書』卷222下「南蠻」下〈驃〉, p.6307.
635) 方國瑜(2001Bb), p.251.
636) 方國瑜(2001Bb), p.251.
637) 方國瑜(2001Bb, p.243)는 아삼(Assam)의 나가(Naga) 산지를 경계로 하였다고 주장.
638) 方國瑜(2001Bb), p.251.
639) 李謀 李晨陽(1997), p.122.
640) 李謀 李晨陽(1997), pp.122-129.

1~2세기 경부터 이라와디 강의 중상류 지역에 살기 시작하였으며, 7세기 경 이라와디 강 중류 프롬(Prome) 부근을 중심으로 크게 발전하다가 (Vikmrama 왕조, 수도는 Sri Kshetra), 남쪽 몬 족의 공격을 받아 북부로 밀려 올라갔다. 이들은 정교한 관개 시설을 이용해 벼농사를 지었고, 이라와디 강의 뱃길을 따라 북으로는 운남, 남으로는 해안에 면한 몬 족과 통하거나 서쪽으로 아라칸(Arakan)을 넘어 인도와의 교역도 발전시켰다고 한다. 성곽 내에 거주하며 고유 문자를 가지고 있던 '도시민'이었다.[641]

표국 및 그 주변 지역은 상업과 교통 및 지리 측면에서 최고의 조건을 갖추고 있었다. 바로 버마의 한 역사학자가 지적한 그대로, "중국과 인도 사이의 육상 상업로의 개통 이후 중국 쓰촨에서 오는 상인들이 육로로 인도에 가는 것은 물론이고, 인도 북부로부터 와서 중국으로 가는 상인들도 모두 표인들의 구역을 거쳐야만 했다. 이로 인하여 표인들의 중심지 베익타노는 바로 내륙 상업 교통망의 중추가 되었다."[642] 남조국은 "서쪽으로 심전을 열고, 남쪽으로 표국과 통한" 뒤에 표국에 대한 통제를 매우 중시하였다. 『신당서』「표국전」에서 말하기를, "남조국은 군대가 강하고 땅이 이어져 있다고 여겨서, 늘 (표국을) 기제(羈制)하였다."[643] 표국에 대한 이러한 군사적 통제는 앞서 살펴보았듯이 영창 및 진서 절도의 설치와 군대의 주둔에 의해 가능하였다. 『만서』권6에 따르면, "통틀어 계산하면, 남조국의 병사가 3만 명을 헤아리는데, 영창이 그 하나를"[644] 점하였다. 영창은 표국의 문호를 통제하는 거점이었던 것이다. 상비군 병력의 3분의 1을 배치한 것은 남조국이 표국을 얼마나 중시하였는지를 보여주기에 충분하다.[645]

641) 최병욱(2006), pp.135–137.
642) [緬]吳儒性 李孝驥節譯(1990), p.60.
643) 『新唐書』卷222下「南蠻 下」〈驃〉, p.6308.
644) 『雲南志補注』卷6「雲南城鎮」, p.88.
645) 『雲南志補注』(1995)卷6「雲南城鎮」, 〈補注〉⑤, p.89; 谷躍娟(2007), p.92.

앞서 남조국이 표국을 늘 기제하였다는 기록에서도 알 수 있듯이, 『만서』나 『신당서』 등에 보이는 남조국과 표국의 정치적 관계는 종주국과 부용국의 관계에 가까웠다. 급기야 832년에 남조국이 "표국을 겁략(劫掠)하고, 그 무리 3천여 명을 사로잡아다가, 자동(柘東)에 예속시"키는 사건이 벌어졌다. 이 사건 이후 표국과 표인들이 역사 기록에서 사라져 버렸기 때문에, 남조국에 의해 멸망한 것으로 해석되기도 한다. 그러나 이때 남조국에 의해 파괴된 것은 4세기에서 9세기까지 전성기를 이루었던 할린성이었을 것으로 추정된다.[646] 표국의 도성으로 알려진 스리 크세트라는 10세까지도 번영하였기 때문이다. 단지 할린이 파괴된 이후 비로소 할린과 스리 크세트라 사이에 있던 버간국이 성장하기 시작하였고, 이후 점차 표인의 세력은 버마 인들에 의해 대체되어 갔다. 이윽고 11세기에 버간왕조는 버마 전역을 호령하는 제국으로 성장하였다.

남조국과 표국 사이의 정치적 관계를 보여주는 사례들을 정리하면 다음과 같다. 우선, 정원(貞元) 연간에 남조국이 당에 만의 가곡을 진헌하는데, "또 표국으로 하여금 악인을 바치게 했다.[647] …… 옹강(雍羌) 또한 동생인 실리이성(悉利移城)의 성주(城主) 서난타(舒難陀)를 보내 그 나라의 악(樂)을 바쳤다."[648] 이 사건은 표국과 남조국 사이에 존재하는 일정한 부용의 관계를 잘 보여주었다.[649] 또 808년 남조국에서는 심각권(尋閣勸)이 즉위하였는데, "스스로 칭하기를 표신(驃信)이라 하였다. 만이(夷)의 말로 임금(君)이다."[650] 이와 관련하여 페리오(伯希和, Paul Pelliot)는 "살피건대, '표(驃)'는 중국 측 기록에서 버마 인의 고칭이고, 그 대음을 혹자는 퓨(Phyu)라고 한다. 이는 주로 버마 종의

---

646) 李謀 李晨陽(1997), pp.123-124.
647) 『新唐書』 卷222下 「南蠻下」 〈驃〉, p.6308.
648) 『新唐書』 卷222下 「南蠻下」 〈驃〉, p.6312.
649) 谷躍娟(2007), p.92.
650) 『新唐書』 卷222中 「南蠻中」 〈南詔 下〉, p.6281.

칭호였다. 남조국 왕이 버마를 침입한 것이 이미 여러 차례였다. 따라서 파커(巴克, Parkar)의 설을 따를 만하다. 표신은 퓨신(Phushin)의 상대음이 되니, 버마 어로 '표의 임금'이 된다."고 하였다.[651] 심각권이 자칭하여 '표신'이라고 한 것은 남조국과 표국의 정치적 관계가 상당히 긴밀했음을 보여 주는데,[652] 이는 이 지역에서 남조국을 중심으로 하는 국제 질서가 만들어졌을 가능성을 시사한다.

이 밖에 『남조야사(南詔野史)』의 각 판본들이 모두 풍우(豐佑) 재위 기간인 859년에 사자국(獅子國, 스리랑카)이 면(緬)을 공격했을 때, 단종방(段宗膀)을 보내 구원하였던 일을 기록하고 있는데,[653] 당시 도시국가로 성장하던 버간(Pagan)으로 해석되기도 한다.[654] 비록 중국 정사류의 고적과 버마 사적에서 이 사건에 관한 기록을 찾을 수 없지만, 이 이야기는 지금까지도 여전히 운남 따리의 바이주[백족] 지역 및 이주[이족]의 부분 지계 중에 유전되고 있다고 한다.[655] 역사상 남조국과 표국의 관계가 매우 밀접했음을 설명해 준다.

2. 진랍(眞臘 Chenla)과 여왕국(女王國), 그리고 남조

이 절에서는 남조국의 은생 지역 개발과 절도의 설치, 그리고 진랍과 여왕국 사이의 관계 등을 살피고자 한다. 우선 기록을 통해 얻을 수 있는 두 고국의 모습을 살펴보고, 은생 지역 개척 과정과 남조국의 정책 등을 살펴보고자 한다. 자료의 한계로 인해 대강을 소개하는 정도에 그칠 것이다. 그러나 이 시기 운남에서 일어난 남조국의 동남아시아 지역으로의 진출이 생각보다는 활발했다는 사실은 확인할 수 있을 것이다.

---

651) [法]伯希和著 馮承鈞譯(2003), p.201.
652) 谷躍娟(2007), p.93.
653) 『南詔野史會證』, p.130; 李謀 李晨陽(1997), p.129; 谷躍娟(2007), p.93.
654) 李謀 李晨陽(1997), p.124.
655) 傅光宇(1999).

진랍과 여왕국에 관한 기록들

우선 진랍에 관한 사적의 기록들을 모아 이야기해 보면 다음과 같다. 우선『만서』의 기록부터 시작해 보자.

> 수진랍국(水眞臘國)과 육진랍국(陸眞臘國)은 만(蠻)의 진남(鎭南)과 서로 접하여 있다. 만적(蠻賊)이 일찍이 마군(馬軍)을 거느리고 해반(海畔)에 도달했는데, 창파(蒼波)의 흉용(汹湧)함을 보고, 놀라서 군대를 거두어 퇴각하였다.[656]

수진랍과 육진랍이란 말 그대로 바다에 접한 진랍과 육지로만 이루어진 진랍이라는 뜻이다. 이미 짐작했겠지만, 두 진랍은 본디 하나의 나라였다.『신당서』에서는, "진랍(眞臘)은 한편으로는 길멸(吉蔑)이라고도 하는데, 본디 부남(扶南)의 속국이었다. 경사(京師)로부터 2만 700리 떨어져 있다. 동쪽은 차거(車渠)와 조금 떨어져 있고, 서쪽으로는 표(驃)와 이어져 있으며, 남쪽으로는 바다에 면해 있다. 북쪽으로는 도명(道明)과 붙어 있고, 동북으로는 환주(驩州)에 닿쳐 있다."라고 하였다.[657] 그리고『구당서』에서는, "임읍의 서북쪽에 있으며, …… '곤륜(崑崙)'의 부류이다. ……북쪽으로 애주(愛州)에 이르기까지 60일 거리이다. 그 왕의 성은 찰리씨(刹利氏)이다. 대성(大城)이 30여 곳 있는데, 왕도(王都)는 이사나성(伊奢那城)이다. 풍속은 옷을 입는 것이 임읍과 같다."라고 적었다.[658] 두 기록을 모으면, 본디 진랍은 부남의 속국이었다가 부남의 세력권을 거의 그대로 계승한 나라이고, 동쪽으로는 차거와 떨어져 있고, 동남쪽으로는 참파와 접하며, 동북쪽으로는 환주와 인접하였다. 서쪽으로는 표국과 이어져 있고, 남쪽으로는 바다에 면하였으며, 북쪽으로는 애주와 60일 거리인데, 중간에 도명과 붙어 있다.

---

656)『雲南志補注』卷10「南蠻疆界接連諸蕃夷國名」, pp.132-133.
657)『新唐書』卷222下「南蠻」下〈眞臘〉, p.6301.
658)『舊唐書』卷197「南蠻 西南蠻」〈眞臘國〉, p.5271.

그리고 본디의 진랍에는 큰 성만 30여 곳 있을 정도로 그리 작지 않은 나라였으며, 왕도는 이사나성이었다.

이 진랍국이 둘로 갈라진 것은 705년의 일이었다. 『구당서』에서는, "남방 사람들[南方人]은 진랍국을 일러 길멸국(吉蔑國)이라 하였다. [중종(中宗)] 신룡(神龍) 연간(705-706) 이후, 진랍은 둘로 나뉘었는데, 반은 남쪽으로 바다가 가깝고 못과 늪이 많아서, 수진랍(水眞臘)이라고 불렀다. 나머지 반은 북쪽으로 산과 구릉이 많아서, 육진랍(陸眞臘)이라고 불렀으며, 문단국 (文單國)이라고도[659] 하였다."고 적었다. 그리고 "수진랍국은 그 지경이 동서남북으로 둥글게 약 800리이며, 동쪽으로는 분타랑주(奔陀浪州)에 이르고, 서쪽으로는 타라발저국(墮羅鉢底國)에[660] 이르며, 남쪽으로는 작은 바다[小海]에 이르고, 북쪽은 곧 육진랍이었다. 그 왕이 거하는 성(城)은 파라제발(婆羅提拔)이라고 부른다. 나라의 동계(東界)에 작은 성(城)들이 있는데, 모두 그것들을 국(國)이라고 부른다. 수진랍국에는 코끼리가 많다."라고 적었다. 『신당서』에서는 거의 같은 내용에다 문단은 "파루(婆鏤)라고도" 하며, "왕의 칭호를 '차굴(笡屈)'이라" 한다는 정보를 덧붙였다.[661] 길멸은 크메르(Khmer)를 의미한다고 하는데, 진랍이 부남을 거의 그대로 계승하였지만, 그 종족적 기원은 달리하였다는 것이 통설이다.[662]

---

659) 문단국의 위치에 관하여 그 동안 여러 가지 설이 제기되었지만, 중국 학계에서 가장 널리 받아들여지고 있는 설은 라오스의 Vientiane설이라고 한다. Vientiane은 한자로 '萬象(Van Tuong)'에서 유래하였으며, 이 곳은 루앙프라방과 함께 14세기 중반에 건국된 라오스의 초기 국가 란 창(Lan Chang)의 두 중심지 중 하나였다. 란 창은 '100만 마리의 코끼리'라는 의미를 갖고 있다 한다(최병욱, 2006, p.230).

660) 현재의 泰國 남부의 차오프라야강Chao Phraya River; 湄南河) 하류 유역으로 그 도성은 현 태국의 佛統(Nakhon Pathom)이다.

661) 『新唐書』卷222下「南蠻」下 〈眞臘〉, p.6301.

662) 첸라의 족원에 관하여 최병욱은 다음과 같이 설명하였다. "캄보디아는 푸난(扶南)의 영역을 대부분 계승한 국가였지만 푸난과의 민족적 연계성은 없다. 푸난의 민족 기원은 말레이계 해상 민족이었던 데 반해, 크메르인들은 언어 분류상 몬-크메르어로 분류되는 민족이다. 이들은 티베트 쪽에서 내려와 한 집단은 현 태국의 차오프라야 강변 및 버마의 남부인 이라와디 강 하류까지 가서 정착했고, 다른 부류는 메콩강을 따라 내려오면서 정치권력을 만들어 점차 통합되어 갔다. …… 크메르인들은 농업을 기반으로 한 민족이며, 내륙에서의 동서 교역을 통해서도 부를 축적했다. 특히, 메콩과 연결되는 톤레삽(Tonle Sap) 湖 주변의 풍부한 농업 생산력과 톤레삽 호수의 수산 자원은 인구의 안정된 부양 및 지속적인 증가를 가능하게 했기 때문에, 해상 교역에 기반한 푸난에게 도전할 수 있는 역량을 축적할 수 있었다"(최병욱, 2006, p.88).

전근대 시기의 캄보디아	
후난(扶南)(1세기 – 약630년)	
첸라(眞臘)(약630년 – 802년)	
수첸라(水眞臘) 약705년 – 802년)	육첸라(陸眞臘) 약705년 – 802년)
앙코르왕국 (크메르왕국) (802년 – 1432년)	
캄보디아(1432년 – 1864)	

　　앞의 기사에서 '만'과 '만적'은 모두 남조국을 지칭한다. '진남'은 곧 개남절도(開南節度)이다. 그런데 육진랍과 수진랍 모두 '진남'과 접하여 있다는 것이 의미하는 바는 무엇일까? 물론 팡궈위(方國瑜)는 둘의 분계는 자세히 알 수 없지만, 남조국과 경계를 접한 것은 육진랍이었을 것"이라고[663] 하였지만, 그렇게 가볍게 받아들이기는 어려워 보인다. 그의 주장은 오늘날의 '국경'이나 '영토' 개념을 가지고 가볍게 추단한 것일 뿐, 명확한 근거를 제시하지 않았기 때문이다. 특히 "만적(蠻賊)이 일찍이 마군(馬軍)을 거느리고 해반(海畔)에 도달했는데, 창파(蒼波)의 흉용(洶湧)함을 보고, 놀라서 군대를 거두어 퇴각"하였다고 한 것은 다른 상상을 가능하게 한다. 수륙 두 진랍 중 바다에 면한 것은 수진랍국 뿐이었다.[664] 그렇다면, 위 기사에서 남조국의 군대가 이른 바닷가는 육진랍과 수진랍 중 누구의 강역 안에 있었을까? 분명 육진랍의 것은 아니었을 것이다. 남조국의 군대가 육진랍의 권역을 지났는지의 여부는 확인할 수 없지만, 바닷가에 이르려면 수진랍의 권역은 지나야 했을 것이다. 게다가 『만서』에서는 은생성으로부터 출발한 교통로를 설명하면서, "다시 정남쪽으로 강랑천(羌浪川)

---

663) 方國瑜(2001Bb), p.246.
664) 『雲南志補注』에서도 "마치 일찍이 원정하여 수진랍의 바닷가에 이른 것처럼 보이지만, 고핵할 만한 사적이 없다"라고 하였다(p.133).

에 통한다. 도리어 변해(邊海)는 무인지경이다."라고 적었다.[665] 육진랍과 수진랍 둘을 합쳐서 30여 개의 큰 성들, 큰 성들을 중심으로 연결되는 작은 성읍들, 이들 크고 작은 점들을 잇는 교통로로 만들어진 세계에서 '경계를 접한다'는 것이 무엇을 의미하는지는 다시 생각해 볼 문제이다.

그리고 한 가지 더 지적하여 둘 문제는 '속국(屬國)'에 관한 것이다. 『신당서』에서는 육진랍 즉 문단국의 속국으로 삼반(參半)과 도명(道明)을 소개하고 있다. "문단 서북쪽의 속국을 일러 삼반이라고 하였는데, 625년 [무덕(武德) 8년]에 사자를 보내 공헌하였다."[666] 또, "도명 또한 속국인데, 옷을 입지 않았고, 옷을 입은 사람을 보면 함께 비웃었다. 소금과 철이 나지 않았고, 대나무로 만든 노(弩)로 새와 짐승을 사냥하여 자급하였다."[667] 삼반에 관하여, 팡궈위는 용나가국(庸那迦國 Yonaka)을 구성하는 두 부분인 북부의 거리(車里 Sip-Son-Phan-Na)와 남부의 금성국(金城國 Suvarna) 중 금성국에 해당하며, 당시 남조국의 망내도(茫乃道)와 서로 접하여 있었을 것이라고 주장하였다.[668] 그리고 도명에 관하여는 여왕국과 같은 것으로 추정하였다. 이에 관하여는 여왕국을 다루면서 다시 이야기할 것이다.

어쨌든 중요한 것은 '속국'이 존재하였다는 것이다. 진랍 자체도 본디 부남국의 '속국'에서 시작하였고, 또 진랍국도 속국을 거느렸던 것이다. 한 가지 더 재미있는 사실은 문단국 즉 육진랍의 속국인 삼반국이 본디 진랍과는 '수호' 관계를 가진 나라였다는 점이다. 『신당서』는 진랍의 대외 관계를 설명하면서, "삼반(參半) 및 표국(驃國)과는 대대로 수호(修好)를 맺어"왔다고 적고 있다. 다시 말해서 삼반은 705년 이후 어느 시점에 세력

---

665) 『雲南志補注』 卷6 「雲南城鎮」, p.89.
666) 『新唐書』 卷222下 「南蠻」 下 〈眞臘〉, p.6302.
667) 『新唐書』 卷222下 「南蠻」 下 〈眞臘〉, p.6302.
668) 方國瑜(2001Bb), pp.247-248. 그리고 그 현재 위치는 태국 북부의 시엔센(景線 Xiensen)과 시엔마이(景邁 Xienmai)로 비정하였다.

이 약해져서 문단국의 '속국'이 된 셈이다. 그리고 『구당서』에서 육진랍을 설명하면서, "나라의 동계(東界)에 작은 성(城)들이 있는데, 모두 그것들을 국(國)이라고" 부른다 했던 부분은 수많은 성읍 국가들과 그들 사이에 복잡하고 누층적인 종속 관계로 만들어진 국가 내지 '국'제 질서의 모습을 상상하게 한다.

여왕국(女王國)에 대하여 『만서』는 다음과 같이 적었다.

여왕국은 만계(蠻界)의 진남절도(鎭南節度)와 30여 일정의 거리이다. 그 국은 환주(驩州)와의 거리가 열흘의 일정이고, 왕왕 환주의 백성과 교역한다. 만적(蠻賊)이 일찍이 2만 명의 군사를 거느리고 그 국을 쳤는데, 여왕의 약(藥) 화살 공격을 받아서 열에 하나도 살아남지 못 했다. 만적 (蠻賊)이 이에 회군하였다.[669]

신라 사람 최치원(崔致遠)이 적은 『계원필경집(桂苑筆耕集)』 권16 「보안남록이도기(補安南錄異圖記)」에는 "땅[陸]의 서북쪽은 여국, 오만의 길과 접한다."라는 구절이 있다고 한다. 팡궈위는 여기에서의 여국을 여왕국으로 오만을 남조국으로 보고, 이것을 안남도호부에서 여왕국을 거쳐 남조국에 이르는 길로 해석하였다. 그리고 이를 바탕으로 여왕국의 위치를 현재 베트남 서북부의 썬라(山羅 So'nLa)와 라이차우(萊州 Laichau) 지역으로 비정하였다. 아울러 여왕국이 고유 명사가 아닐 가능성을 제기하면서, 앞서 언급한 문단국의 속국 도명과 여왕국을 동일시하는 가설을 내어놓았다. 방위의 유사성, 여러 가지 간접 정황, 그리고 여왕국의 '약 화살'과 도명의 '죽노(竹弩)'의 유사성 등을 그 근거로 들었다.[670] 충분히 가능한 상상이라 생각된다.

이상 진랍국과 여왕국에 관하여 간단히 정리하였다. 여기에서 주목되

669) 『雲南志補注』卷10 「南蠻疆界接連諸蕃夷國名」, p.132.
670) 方國瑜(2001Bb), pp.249~250. 谷躍娟(2007, p.92)은 女王國의 위치는 확실하게 가리킬 수는 없지만, 오늘날 태국 북부의 南奔府 일대라는 설이 취할 만하다고 하였다.

는 점은 남조국의 군대가 진랍과 여왕국에도 진출했다는 것이다. 승리의 기록도 없고, 심지어 여왕국에서는 패하기도 하였지만, 중요한 것은 남조국의 진출이 이루어졌고, 또 그것이 교통로의 유지로 이어졌다는 점이다. 그리고 이의 교두보로 진남절도, 즉 개남절도의 설치가 선행되었다는 것 또한 기억되어야 할 것이다. 다음 소절에서는 은생 및 개남 절도의 설치와 운영에 관하여 살펴볼 것이다.

은생 및 개남 절도의 운영과 진남만

『만서』에서는 794년에 설치된 은생성(銀生城)을 기점으로 하여 해상 교통로로 이어지는 세 갈래의 길을 간략하게 소개하고 있는데, 앞서 Ⅱ장에서 이미 살펴보았다. 궁극적으로 바닷길로 이어지는 노선이었다. 이를 간단히 정리하면, 제1노선은 은생절도의 치소인 은생성으로부터 동남쪽으로 현재의 모쟝[墨江]현, 쟝청[江城]현, 베트남의 라이초우, 여왕국(女王國)을 거쳐 베트남 중부 연해로 이어지는 노선이다. 제2노선은 은생성에서 출발하여, 현재 태국의 치앙마이를 거쳐 타이 만의 차오프라야 강(Chao Phraya River) 하구에 이르는데, 타이 만(혹은 시암 만)의 "바라문, 파사, 사파, 발니, 곤륜의 사람들이 교역하는 장소"에 이르는 것이 목표이다. 제3노선은 개남성으로부터 살윈 강(Salween)의 하구, 마타반(Martaban) 만에 있는 곤륜국에[671] 이르는 교통로를 이야기해 주고 있다.

심전 지역에 비하면 상대적으로 수가 적지만, 은생 및 개남 절도 관할 구역에도 성진이 설치되었다. 은생성[현 景東縣], 개남성[현 景東縣 開南], 유추화도독성[현 鎭沅縣], 위원성[현 景谷縣], 봉일성[普洱縣 磨黑鎭], 이윤성[江城縣 整董鎭]의 6개 성이 그것이다. 이들 성진의 설치는 심전 지역에서와 마찬가지 기능을 가졌을 것이다. 각종 진기한 산물

---

671) 方國瑜(2001Bb, p.234)에 따르면, 곤륜국은 살윈(Salween)강 하구의 모울마인(Moulmain) 부근에 있었다.

들과 100여 개의 염정, 그리고 앞서 Ⅱ장에서 인용한 『만서』 기사의 말미에 "중간에 또 모가라(模迦羅), 우니(于泥), 예강자(禮强子) 등의 족류(族類) 다섯 부락을 다스린다."는 내용에서 보듯이 인력자원들에 대한 관리와 경영이 그 목표였을 것이다. 특히 이 성들을 잇는 노선은 망내도로 이어지는데, 그 목적은 분명 흑치 등 무리의 10 부락 지역, 즉 지금의 십송판나(Sib song Panna) 지역을 통제하는 데 있었을 것이다. 『만서』는 다음과 같은 내용도 전하고 있다.

> 망만(茫蠻) 부락은 모두 개남(開南)의 잡종이다. 망(茫)은 그 임금의 호칭이며, 만인들은 망조(茫詔)라 부른다. 영창성으로부터 남쪽으로, 먼저 당봉(唐封)을 지나고, 봉람저(鳳藍苴)에 이른다. 다음으로 망천련(茫天連), 그 다음으로 망토호(茫吐薅)이다. 또 대탐(大賧), 망창(茫昌), 망성공(茫盛恐), 망자(茫鮓), 망시(茫施)가 있는데, 모두 그 종류이다. 다락집 형태의 집[樓]에 거주하며, 성곽은 없다. 혹은 이에 옻칠을 한다. 모두 푸른색 베로 만든 바지를 입고, 등나무를 깎아 허리를 매며, 홍증포(紅繒布)로 상투를 묶는데, 그 남는 부분을 뒤로 늘어뜨려 장식으로 삼는다. 부인은 (목면직품인) 오색의 사라롱(娑羅籠)을 두른다. 공작새는 인가의 나무 위에 깃들인다. 코끼리는 크기가 물소[水牛]만 하다. 토착의 풍속은 코끼리를 길러 밭을 갈고, 그 대변을 땔감으로 쓴다. 794년[貞元 10年]에 남조국의 이모심(異牟尋)이 그 족류(族類)를 공격하였다.[672]

망만에 대한 소개와 이들에 대한 정복이 794년에 있었음을 보여주는 기사이다. 『신당서』에도 비슷한 내용의 기사가 있다.[673] 심전 지역을 경영한 지 30년 뒤인 794년에, 남조국은 군대를 남쪽 은생 지역으로 파견하여, 각라봉(閣羅鳳) 시기에 완전히 정복하지 못 했던 망천련[현재의 孟連縣], 망토호[현재 瀾滄縣 일대], 흑치(黑齒) 등 10 부락[현재 버마 南撣邦

---

672) 『雲南志補注』 卷4 「名類」, p.64.
673) 『新唐書』 卷222上 「南蠻」 上 〈南詔〉上, p.6276.

South Shann states에 위치], 그리고 같은 구역의 "천비만(穿鼻蠻)", "장종만(長鬃蠻)", 동봉만(棟峰蠻) 등의 부락 전부를 정복하였다. 아울러 은생절도(銀生節度)를 설치하여 관할하도록 하였다. 물론 이 지역에는 앞서 심전 지역을 살펴볼 때 보았듯이, 박자만과 금치만, 은치만, 수각만, 수면만 등도 거주하였고, 이들도 은생절도와 개남절도의 통령을 받았을 것이다. 이로부터 남조국 남부의 강계(疆界)는 문단국과 여왕국에 접하게 되었다.

이와 같이, 심전 지역을 경영한 지 30여년이 지난 8세기 말에 남조국은 은생 지역에 대한 경영 강도를 크게 강화하였다. 이모심은 재차 군대를 파견하여 은생 지역을 철저하게 정복하였다. 그리고 은생절도를 설치하였는데, 그 관할 구역은 대체로 현재의 푸얼[普洱]시와 시솽반나[西雙版納]주에 해당하였다. 앞서 언급했듯이 남조국은 은생절도성을 비롯하여 성진들을 설치하였다. 그리고 이들 성진들을 근거지로 하여, 양저미성으로부터 남부 해변으로 통하는 상업 도로를 개통하였다.[674] 남조국은 표국뿐만 아니라, 기타 동남아시아 고국들도 빈번한 무역 왕래를 전개하였다.

앞의 기사가 보여주듯이, 은생 지역의 경영을 통해 남조국은 남쪽 방향으로 동남아시아 각 고국을 연결하는 통로를 열고, 아울러 은생성을 동남아시아 대륙부 고국들을 향한 또 하나의 중요한 상업 중계역으로 만들었던 것이다. 곤륜국은 몇 갈래의 길로 남조국과 교통하였는데, "코끼리 및 청목향(青木香), 전단향(旃檀香), 자단향(紫檀香), 빈랑(檳榔), 유리(琉璃), 수정(水精), 여배(蠡杯) 등의 제향약(諸香藥)과 진보(珍寶) 그리고 서우(犀牛) 등이 나"고,[675] 빈번한 무역 활동을 유지하였다. 바로 이로 인하여 향약과 진보가 비로소 남조국에 수입될 수 있었으며, 다시 중계 무역의 형식을 거쳐 '중국' 내 시장에서도 항상 볼 수 있는 상품이 되었다.

---

674) 谷躍娟(2007), p.91.
675) 『雲南志補注』 卷10 「南蠻疆界接連諸蕃夷國名」, p.129.

『당본초(唐本草)』에는 다음과 같이 적었다. "자진단(紫真檀)은 곤륜(昆侖)과 반반국(盤盤國)에서 나며, 비록 중화에서 나지 않지만, 세상에 널리 사용된다."[676]

　은생 지역은 심전 지역과 함께 남조국이 동남아시아 방면으로 확장하기 위한 2대 최전방 진지였던 셈이다. 은생 지역과 심전 지역에 대한 남조국의 경영은 역내에 성과 진을 설치하는 것으로부터 시작하였다. 그리고 이 성진들을 거점으로 삼아 외부로 군사적 외교적 영향력을 확장하는 동시에, 경제적으로 소통하여 교통하는 데에 이르렀다. 그리고 이러한 소통을 유지하고 발전시키기 위하여, 상업 교통로를 통제하려는 노력을 지속할 수밖에 없었다. 따라서 심전 지역과 은생 지역에 대한 개발과 경영은 단순히 정치적 군사적 목적뿐만 아니라, 경제적 의도도 함께 고려하여 평가하여야 할 것이다.

3. '동남아시아 세계'의 '국'제 질서와 '남조적 세계'

지금까지 8세기 이후 남조국이 심전 지역과 은생 지역 개발을 통해 동남아 대륙부 지역으로의 세력 확대를 추진하였고, 그 결과 동남아시아 대륙부 세계와 정치·외교적으로 군사적으로 그리고 경제적으로 '연결'되었음을 살펴보았다. 버마 북부를 통해 인도로 연결되는 교통로에 접속하였을 뿐만 아니라, 멀리 해안선을 따라 인도차이나 반도를 돌아 인도로 이어지는 해상 교통망에도 접속하였다. 앞서 살펴보았듯이, 이것이 단순한 교역망에의 참여를 의미하는 것은 아니었다. 이 과정은 장기간의 군사 행동과 행정적 통치, 외교 관계의 축적을 거쳐 이루어진 것이었다. 이 절의 목적은 그 역사적 의미를 해석하는 데에 있다.

　남조국이 발원한 운남성 서부의 따리 지역은 현재 중화인민공화국 국

---

676) 吳興南(1997), p.42.

경 안에 존재하고, 원 제국기 이후 운남의 대부분 지역이 중원 제국의 행정적 군사적 지배에 편입되었으며, 명 제국기 이후에는 막대한 한인의 이주로 인해 인구 구성면에서도 '중국'으로부터의 독자성을 주장하기가 쉽지 않게 되었다. 따라서 중국 대륙 안에서 남조국사를 비롯한 운남사는 중국사의 일부로 인식되어 왔다. 운남사의 중국사로의 귀속에 회의적인 학자들도 운남사를 '동아시아(세계)사'의 변경, 그리고 '동남아시아(세계)사'의 변경에 위치지우는 데는 주저하지 않는다. 남조국사에 대한 이해도 여기에서 크게 벗어나지 못하는 형편이다. 현재 남조국사는 비교적 체계적 기록으로 엮어진 '동아시아 고대사'와 영성한 사료들로 구성된 동남아시아 고대사의 경계에 서 있는 셈이다.

앞서 살펴보았듯이, 남조국과 동남아시아 역사공동체들 사이의 관계를 보여주는 자료는 매우 영성하다. 특히 중국 측과의 관계와 비교해 보면 더욱 그러하다. 그럼에도 불구하고 분명한 사실은, 8세기 중반 이후 남조왕국과 동남아시아 세계의 고국들 사이에는 활발한 교류가 있었다는 점이다. 남조국은 영창절도와 은생절도를 기반으로 하여, 그 세력을 꾸준히 확대시켜 나갔다. 연이어 군대를 내어 표국, 미낙국, 미신국, 야반국, 곤륜국, 진랍, 여왕국을 공격하였으며, 이러한 남조국의 영향력은 멀리 대바라문국과 소바라문국에까지 미쳤다.[677] 이 절에서는 이를 '국(國)'제 질서의 관점에서 재구성하고, 역사적 의미를 부여하고자 한다. 먼저 고대 동남아 대륙부 세계의 국제 질서에 관하여 간단하게 살펴보고, 그것의 남조국과의 관계를 따져 보고자 한다.

동남아시아 대륙부 고국(古國)들의 '국'제 질서

앞서 진랍을 살펴보면서 진랍이 본디 부남의 속국이었다는 사실, 그리

---

677) 谷躍娟(2007), p.92.

고 문단국에 삼반과 도명 두 속국이 있었던 점, 또 육진랍 동변의 성들이 '국'으로 불렸다는 것을 살펴본 바 있다. 이 시기 동남아시아 대륙부에 산재했던 크고 작은 '국(國)' 사이의 관계와 그것의 중첩은 조엽수림대(照葉樹林帶) 타이(Thai) 인들의 세계에서 복수의 촌(村, Ban)으로 이루어진 국(國, Muang), 그리고 그 국의 왕인 '차오'들 사이의 누층적 (외교적) 신속 관계를 다룬 일본의 동남아시아사학자 이시이 요네오(石井米雄)의 '무앙(Muang) 국가'론[678]을 상기시킨다. 이 글에서 주요 분석 대상 중의 하나였던 표국 또한 이러한 형식의 누층적 신속 관계 위에 운영된 '국가'였던 것으로 추정할 수 있다. 다음의 기사들은 그 일단을 보여 준다.

가라파제(迦羅婆提) 등 20개 국과 왕래(往來)하여 통빙(通聘)하고, 역속(役屬)하는 것이 도림왕(道林王) 등의 9성(城)이며, 경토(境土) 안에 있는 것이 나군잠(羅君潛) 등 290 부락(部落)이다. [679]

속국이 모두 18 곳이다. (이를 열거하면) 가라파제(迦羅婆提), 마례오특(摩禮鳥特), 가리가(迦梨迦), 반지(半地), 미신(彌臣), 곤랑(坤朗), 게노(偈奴), 나율(羅聿), 불대(佛代), 거론(渠論), 파리(婆梨), 게타(偈陀), 다귀(多歸), 마예(摩曳)이고, 나머지는 곧 사위(舍衛), 첨파(瞻婆), 사파(闍婆)이다. [680]

진성(鎭城)은 모두 아홉이다. (이를 열거하면) 도림왕(道林王), 실리이(悉利移), [681] 삼타(三陀), 미락도립(彌諾道立), 돌민(突旻), [682] 제게(帝偈), 달리모(達梨謨), 건당(乾唐), 말포(末浦)이다. [683]

678) 무앙(Muang;國)-무반(Ban; 村) 체제에 관하여는 이시이 요네오(石井米雄)의 설명 참조(石井米雄·桜井由躬雄, 1991, pp.43-46).
679) 『舊唐書』卷197「南蠻 西南蠻」〈驃國〉, p.5285.
680) 『新唐書』卷222下「南蠻」下〈驃〉, p.6307.
681) 悉利移는 悉利城이라고도 적으며, 유지는 미얀마 중부 만달레이(Mandalay)의 모곡(抹谷, Mogok) 부근에 해당한다. 800년 唐에 악곡을 바칠 때 사자로 파견되었던 왕의 동생이 바로 실리이성의 성주였다.
682) 突旻은 미얀마의 중부에 위치한 버간(蒲甘, Bagan;Pagan)에 해당한다. 푸감은 이라와디 강의 중류 좌안에 위치하며, 만달레이(Mandalay)로부터 150여 킬로미터 떨어져 있다. 이곳은 고대 미얀마의 첫 번째 왕조인 버간왕조(Pagan Kingdom, 11세기~13세기)의 수도가 있던 곳이라고 한다.
683) 『新唐書』卷222下「南蠻」下〈驃〉, p.6307, "무릇 부락은 298개로 이름이 보이는 것이 서른 둘이다. ……"

위 『구당서』와 『신당서』의 기사들은 표국에 관한 것으로 같은 내용을 기술한 것이다. 누층적으로 구성된 표국의 내부 구조와 국제 관계를 간단하지만 분명하게 보여 준다. 이에 따르면, 표국은 20개 국과 왕래하여 빙례를 통하고, 9개의 성을 역속하며, 290개의 부락을 강역 내에 두어 다스렸다. 같은 내용을 『신당서』에서는 가라파제를 비롯한 18개 국(國)의 명칭을 열거하면서, 이를 '속국'으로 규정하였다. 둘째 기사에서 보듯이, 역속하는 9개의 성은 '진성(鎭城)'이라고 표현하였다. 또 부락은 모두 298개라고 하였다.[684] 숫자의 차이는 『신당서』와 『구당서』가 자료를 취한 시기나 자료원의 차이로 이해되지만, 이와 같이 다소 엇갈리는 표현은 중국을 중심으로 한 국제 질서와 같으면서도 다른 모습을 반영하는 것으로 판단된다.

우선 '진성'이라는 표현은 당대와 오대십국의 방진(方鎭)을 연상시키는데, 아마도 번진 시기의 번진이 그러했던 것처럼 중앙 혹은 왕으로부터 상대적 자율성을 가졌던 것을 표현한 것이라 생각된다. 특히 『구당서』에서 역속(役屬)이라고 표현한 것으로 보건대, 중앙에 복속하나 상대적 독립성을 가진 정치체였던 것으로 생각된다. 특히 이와 관련하여 802년 표국의 악을 들고 입조하여 당 덕종(德宗)으로부터 태복경(太僕卿)의 관직을 받았던 서난타(舒難陀)가 주목되는데, 그는 표국 왕 옹강(雍羌)의 동생이자, 진성의 하나였던 실리이성(悉利移城)의 성주(城主)였다. 아마도 290개의 부락은 9개의 거점성에 분할 위탁 지배되었을 것이다. 그리고 그 진성은 서난타의 예에서 보이는 바와 같이 왕실과 가까운 그리고 충성도가 높은 이들에게 맡겨졌을 것이다.

더욱 흥미로운 부분은 18개의 속국과 '왕래(往來)하여 통빙(通聘)하는' 20개국의 대비이다. 숫자는 다소 차이나지만, 문맥이나 그 구조로 보건

---

684) 『新唐書』 卷222下 「南蠻」 下 〈驃〉, p.6307.

대 두 기사는 같은 대상을 표현한 것이다. 이는 표국과 비슷한 구조를 가졌지만, 힘은 상대적으로 약한 20개 혹은 18개의 속국이 존재하였으며, 이들이 표국의 왕과 차등적 외교 관계를 가졌음을 의미하는 것이다. 이를 정리하면, 290개 내지 298개의 부락이 존재하고, 이들은 9개의 권역으로 나누어져 표왕에 역속되는 9개 진성에 의해 통합된다. 그리고 이러한 강역 바깥에 표왕에 신속(臣屬)하는 18~20개의 속국이 존재한다. 그리고 이 세계의 가운데 표왕과 그의 성읍(國)이 존재하는 것이다. 이러한 상상은 동남아 대륙부의 전통적 '봉건' 통치 질서인 무앙(Mueang;國)-반(Ban; 村) 체제와도 잘 들어맞는다. 그리고 또 동남아시아의 전통적인 '만다라(曼荼羅, Mandala)'형 국가구조,[685] 국제 질서의 구조와도 부합한다.

이 부분에서 앞서 언급했던 808년 남조국의 왕 심각권(尋閣勸)이 즉위하면서 스스로 표신(驃信)이라 칭한 사실을 떠올릴 필요가 있다. 표신의 의미는 이미 밝혔듯이 '표(Pyu)의 군주'이다. 결국 심전 지역 개발과 군사력을 바탕으로 표국을 기제(羈制)하게 된 남조국 왕은 위에 언급한 바와 같은 표왕으로 대표되는 '세계'의 '최고 군주'임을 선언한 것이다. 즉 남조국은 이 지역에서 자신을 중심으로 하는 국제 질서 혹은 세계 질서를 수립한 것이다. 아마도 9세기 후반 이후 당에 대한 원정과 '적국' 례의 요구, 그리고 대외적 칭제는 이러한 배경과 무관하지 않을 것이다.

---

685) 이시이 요네오의 설명을 빌리자면, "(동남아시아) 대륙부의 생태 공간은 山地部와 平原 내지 平野部로 대별된다. 역사적으로 보면, 전통국가의 형성은 늘 후자에 의해 수행되어 왔다. ……근대 국가에서는 불가결한 명확한 국경 관념을 결여한, 王都에 중심을 가진 정치권력이 도달하는 범위를 '國'으로 인식하는 전통국가의 외연은 지배자의 자질에 의해 伸縮하였다. 강력한 지배자가 출현한 경우에 일거에 세력 범위를 확대한 '국'도, 다시 범용한 왕의 치하에 이르면, 그 세력 범위가 순식간에 수축하여 버릴 뿐만 아니라, 각지에 대항 세력이 떼 지어 나타나 그 지배를 이탈하는 데에 이른다. 중앙권력과 지방의 여러 국들을 묶어주는 관계는 그 사이의 거리에 반비례하여 약해지며, 물리적 강제력이 미치지 않는 원거리의 경우에는 칭호의 수여나 공물의 봉헌 등 상징의 교환에 그친다. 중앙-지방의 관계와 비슷한 구조를 가진 지배-종속의 관계는 지방의 여러 권력들 사이에서도 인정되었다. 이러한 구조를 가진 전통국가의 형태는 '만다라형 국가'로 불린다.(石井米雄 桜井由躬雄, 1999, p.6)."

'남조적 세계'

지금까지 살펴본 것과 같이, 남조국은 심전 지역과 은생 지역에 대한 정벌과 경영을 통해 동남아시아 지역 진출의 발판을 만들었다. 그 경영의 내용은 성진의 설치를 통한 지배와 교통로의 장악이었다. 특히 심전의 금과 '촉신독도'로부터 얻어지는 수익은 이후 남조국의 세력 확대에 밑받침이 되었을 것이다. 동남아시아 방면으로의 진출이 물론 평화적인 것만은 아니었다. 오히려 중요한 수단은 무력이었는지도 모른다. 짧은 기록에 의지할 수밖에 없지만, 남조국의 군대는 타이 만과 이라와디 강 하구까지 이르렀던 것으로 보인다. 물론 군사 행동이 언제나 성공적이었던 것은 아니었다. 여왕국에 대한 원정은 독화살로 인해 원정군의 열에 아홉을 잃었다.[686] 이라와디 강 하구에 있었던 것으로 추정되는 곤륜국에 대한 정벌 또한 그 결과가 처참하였다. 곤륜국 군대의 수공에 걸려 만 명 이상의 병사가 굶어 죽었고, 남은 병력도 팔 하나를 잃은 채 회군할 수밖에 없었다.[687] 야반국에 대한 정벌도 뜻을 이루지 못했다.[688] 그러나 미락국과 표국 정벌에서 보이듯이, 전반적으로 남조국의 군사적 압박은 외교적 승리를 가져온 것으로 보인다.

『만서』 권10에서는 표국에 대해 다음과 같이 적었다. "이신사(移信使)가 있어 만계(蠻界)의 하탐(河賧)에 오면, 상괭이[江猪], 백첩(白氎) 및 유리항아리[琉璃罌]를 무역한다."[689] 이른바 '이신사'라고 하는 것은 사실 남조국에 대한 표국의 조공 사절 및 무역 상단이었던 셈이다.[690] 『만서』 권10에는 또 대진바라문국에 대해 "만왕이 좋아하여, 그 국과 왕래한다.",[691] 소바라문국에 대해 "만이가 좋게 여겨 그 국과 '신(信)'을 통한

---

686) 『雲南志補注』 卷10 「南蠻疆界接連諸蕃夷國名」, p.131.
687) 『雲南志補注』 卷10 「南蠻疆界接連諸蕃夷國名」, p.129.
688) 『雲南志補注』 卷10 「南蠻疆界接連諸蕃夷國名」, p.131.
689) 『雲南志補注』 卷10 「南蠻疆界接連諸蕃夷國名」, p.129.
690) 夏光南(1948), p.52.
691) 『雲南志補注』 卷10 「南蠻疆界接連諸蕃夷國名」, p.130.

다."라고[692] 적었다. 이 두 나라 모두 중국과 인도의 교통을 연결하는 중요한 지리적 위치에 자리 잡은 까닭에, 남조국은 그들과 우호적 정치 관계를 유지하였다. 피차간에 표국의 "이신사"와 유사한 종류의 정치 활동을 유지하였을 것이다.[693] 이밖에 수·륙 진랍(真臘) 등의 고국들 또한 남조국에 조공을 바쳤던 것으로 보인다.

원대의 '전민(滇民)' 장도종(張道宗)이 적은 『기고전설집(紀古滇說集)』에서는 다음과 같은 내용을 전하고 있는데, 남조국의 외교적 교류 범위를 잘 보여 준다.

"때는 727년[당 현종 개원 15년]이다. 5조가 마침내 평정되어 복종하였고, 당이 왕을 책봉하여 특진(特進)·운남왕(雲南王)·월국공(越國公)·귀부의동삼사(歸府儀同三司)로[694] 삼았다. 당으로부터 진봉된 뒤에 영창제군(永昌諸郡), 면(緬), 섬라(暹羅), 대진(大秦)은 모두 서쪽으로 교통하는 나라(國)들, 교지(交趾), 팔백(八百), 진랍(真臘), 점성(占城), 과국(撾國)은 모두 남쪽으로 통하는 나라(國)들이 되었는데, 진기한 금보(金寶), 소금(鹽), 배, 면(棉), 전포(氈布), 혼거(琿琚), 파패(巴貝)를 해마다 바치며, 왕에게 조공을 거르지 않으니, 이에 점차 강성하여졌다."[695]

남조국이 강성해짐에 따라, 단순한 통교와 통상을 목적으로 한 외교 관계는 점차 '차등적 외교 관계'로 옮아가게 된 것으로 판단된다. 남조국은 몰려드는 조공 사절을 맞이하기 위해 새로운 건물을 지어 그들을 접대해야 했다. 오화루(五華樓)가 그것이다. 이에 대하여, 『기고전설집』은 또 다음과 같이 적었다. "856년[大中10年]에 (남조국)왕 권풍우(勸豐佑)가 오화루를 세워, 서남이(西南夷) 16국의 대군장(大君長)들을 모았다." 그리

---

692) 『雲南志補注』 卷10 「南蠻疆界接連諸蕃夷國名」, p.131.
693) 谷躍娟(2007), p.93.
694) 開府儀同三司의 오류일 것이라 추정된다.
695) 立石謙次(2010), p.70.

고 이어서, 오화루는 실제로는 832년에 이미 만들어졌으며, 둘레가 사방 5리(2.5킬로미터), 높이가 100척(33미터)으로 1만 명 이상이 거주할 수 있을 정도로 규모가 컸다고 기록하였다.[696] 16국이 구체적으로 어디인지는 알 수 없지만, 대리국(大理國) 시기에 만들어진『장승온화권(張勝溫畫卷)』을 통해 추정해 볼 수는 있다.

『장승온화권(張勝溫畫卷)』의 131도(圖)에서 134도까지는 "십육대국주중(十六大國主衆)"[697]이라는 제목이 붙어 있다. 제목대로라면 16명의 국왕이 대리국 왕으로 보이는 인물과 어디론가 향하고 있는 장면이다. 제목 외에 다른 설명은 없으므로 조공을 위해 대리국에 방문한 국왕으로 상상하는 것도 그리 무리해 보이지는 않는다. 게다가 공교롭게도 여기서도 16명이다. 이들 중에는 눈이 깊고 코가 높은 자도 있고, 얼굴 가득 수염이 난 자도 있고, 또한 얼굴이 하얗게 정결하여 수염이 없는 자도 있다. 또 어떤 이는 머리에 면류관을 썼고, 어떤 이는 여우가죽 모자를 썼고, 어떤 이는 꿩과 닭 꼬리 깃을 썼다. 손에는 혹자는 연꽃을 쥐었고, 혹은 바다소라[海螺]를 받들었고, 혹은 염주를 헤아린다. 형상으로부터 분석해 보면, 분명 남아시아와 동남시아에 속하는 무리들도 포함되어 있다. 이 화권(畫卷)은 각 사서의 기록과 맞아떨어지고, 남조국 시기에 이미 조공하는 "16국"이 있었다는 설을 설명해 주는 것처럼도 보인다.[698] 그런데 문제는 이 그림이 상당히 격식화 되어 있는 것처럼 보인다는 점이다. 즉 둔황 석굴 벽화 유마변(維摩變) 중 '번국인물도(蕃國人物圖)'와 매우 유사하다. 둔황 막고굴 유마힐변경 도상의 변화를 추적한 연구에 따르면, 시기에 따라 내용이 조금씩 달라지기는 하지만 기본 도상 구조는 초기 혹은 성당기의 형식을 그대로 연용하였다고 한다. 이는 '번국인물도'도 마찬가지였다.[699]

696) 立石謙次(2010), p.80.
697) 李霖燦(1967), 圖版37. 여기에 실은 그림〈십육대국주중〉또한 이 책에서 빌려온 것이다.
698) 谷躍娟(2007), p.93.
699) 박근칠(2013), p.176-196.

열여섯 대국의 국왕(혹은 그의 사자들)을 이끌고 어디론가 향하는 대리국 군주의 모습을 담은 이 그림이 사실을 반영한 것인지, 대리국 사람들의 이상적 꿈을 표현한 것인지는 알 수 없다. 아니면 전혀 엉뚱한 내용을 담은 것일 수도 있다. 어쨌든 보이는 인물상이 실제 대리국에 모습을 나타냈을 국왕이나 사자들의 모습을 묘사한 것이 아닌 것은 분명해 보인다. 그러나 그렇다고 해서 이 그림이 856년 서남이 16국의 대군장을 불러 모았다고 한 『기고전설원집』의 기록과 무관하다는 증거는 되지 못한다. 이 16국 대군장의 회합 사실을 당시 유행하던 그림 형식으로 표현했을 가능성도 있기 때문이다. 『기고전설원집』의 기사와 위 그림이 사실이라면, 이를 통해 9세기 중반 남조국이 자신을 중심으로 하는 '세계'를 건설했음을 추단할 수 있다. 이는 6~7세기 동북아시아에 자신을 중심으로 '소책봉 체제'를 건설했던 고구려나, 7~8세기 동아시아 대륙의 절반을 호령했던 토번의 모습을 연상케 한다. 이미 당 제국과의 책봉 조공 관계로부터 벗어난 남조국은 동아시아 세계와 동남아시아 세계에 걸쳐 자신을 중심으로 한 세계를 만들어 낸 것이다.

『장승온화권』의 〈십육대국주중(十六大國主眾)〉

이 장의 목적은 당시 동남아시아 대륙부에 존재했던 표국, 전랍, 여왕국 등의 고국들과 남조국, 그리고 이들 사이에 존재했던 수많은 다양한 정치체와 종족 공동체들과의 관계를 살펴보는 데에 있었다. 그리고 그 과정에서 남조국의 강역과 경계를 확인하는 것이 본디의 목적이었다. 이 결과 확인한 것은 남조국과 동남아시아 국제 질서의 겹침(overlap)이었다. '표신'을 자칭하는 것이나 '16국 대군장'을 모아 조공을 받는 장면은 바로 동남아시아 대륙부에서 강자로 부상한 남조국이 누층적으로 구성된 기존의 '국'제 질서의 최상층에까지 올라간 것을 의미한다. 즉 이 지역에 남조국 스스로를 중심으로 하는 세계를 구성한 것이다. 이러한 결과를 만들어 낸 과정의 시작은 '심전' 지역의 정벌과 경영이었다. 그리고 이어진 은생 지역의 개발과 경영은 서쪽과 남쪽으로 진출하는 교두보가 되었다. 따라서 이 장의 내용은 우선 심전 지역 지배와 표국과의 관계, 두 번째로 은생 지역 개발과 전랍 및 여왕국과의 관계, 마지막으로 동남아시아 대륙부에서 남조국을 중심으로 하는 국제 질서의 성립의 순서로 구성하였다. 그 내용을 요약하면 다음과 같다.

우선, 심전 지역 지배와 표국에 관한 내용이다. 이 절에서 가장 중요한 내용은 심전 지역이 가진 특성과 이에 대한 남조국의 지배 내용, 그리고 표국과의 관계에서 보이는 국제 질서의 양상이다. 심전은 '여수의 금'이라고 하는 질 좋은 황금이 나고, 인도로 이어지는 상업 교통로가 통과하는 곳이었다. 762년 이 지역을 정벌한 남조국은 이 지역을 통과하는 교통로를 중심으로 다수의 성진을 설치하여 경영하였다. 이들 성진은 군대의 주둔지이고, 행정 관서의 소재지였으며, 상인과 상품의 집산지였다. 남조국은 이들 성진 조직을 통해 여수의 금을 채취하였고, 상업 유통망을 관리하였다. 물론 이 지역에 거주하였던 다양한 종족 부락들에 대한 통제와 인력 동원, 그리고 세금 징수 등의 업무 또한 이들 성진에 의해 이루어졌을 것이다. 이러한 심전 지배는 이후 남조국 세력 확장의 가장 큰 교두보가 되었다.

이들 성과 진들 너머에는 표국과 미락국을 비롯한 고국들과 종족 부락들이 존재했고, 이들 인간 집단들의 연쇄는 인도 동북부로 이어졌다. 그리고 중국 측 기록에 의하면, 이 당시 동남아시아 대륙부의 서부 지역, 즉 버마 지역에서 가장 큰 세력을 형성한 것은 역시 표국이었던 것으로 보인다. 290여 개의 부락 위에는 표국 왕이 역속하는 9개의 진성이 있었다. 그리고 그 바깥에는 표왕에 '통빙'하는 18개 이상의 '속국'이 존재하였다. 이 지역 세계 국제 질서의 최정점에 있었던 것이다. 남조국은 심전 지역에 대한 지배를 바탕으로 결국은 이 표국을 '기제(羈制)'하에 두었다. 그리고 808년에는 새로 남조국 왕으로 즉위한 심각권이 스스로 '표신' 즉 '표의 왕'이라 칭하였다. 이것이 의미하는 바는 분명했다. 그 '세계'의 주인이 자신임을 선포한 것이다. 832년에는 대규모 군사 행동을 통해 이후 표국 멸망과 버간(Pagan)의 성장에 치명적 영향을 미쳤다.

둘째로, 은생 지역의 경영과 진랍 및 여왕국 등과의 관계 문제였다. 진랍국과 여왕국에 관하여 간단히 정리하였는데, 여기에서 주목되는 점은 남조국의 군대가 진랍과 여왕국에도 진출했다는 것이다. 승리의 기록도 없고, 심지어 여왕국에서는 패하기도 하였지만, 중요한 것은 남조국의 진출이 이루어졌고, 또 그것이 교통로의 유지로 이어졌다는 점이다. 이것이 가능했던 것은 이의 교두보로 진남절도, 즉 개남절도의 설치가 선행되었기 때문이었다. 은생 지역은 심전 지역과 함께 남조국이 동남아시아 방면으로 확장하기 위한 2대 최전방 진지였다. 794년 은생 지역에 대한 정벌은 개남절도와 은생절도의 설치로 이어졌다. 이 지역에서도 그 숫자나 밀도는 떨어지지만, 심전 지역과 마찬가지로 성진의 설치가 이루어졌다. 경영 방식이 심전 지역과 크게 다르지 않았던 것으로 보인다. 그리고 이 지역의 교통로는 바다로 이어졌다. 즉 중국으로부터 인도로 이어지는 해안 교통로, 즉 '바다의 실크로드'에 접속한 것이다. 자세한 내용은 알 수 없지만, 기록에 따르면 남조국의 군대는 이 노선들을 통해 남해에 이르렀음이 분명하다.

셋째, 이 부분에서는 두 방면으로 이루어진 남조국의 동남아시아 진출을 종합하고, 이 지역에서 이루어진 남조국 중심의 국제 질서 구축을 확인하는 것이 그 내용이었다. '표신' 칭호의 선포와 '서남이 16국 대군장'을 모아 조공을 받는 남조국 왕의 모습은 '남조적 세계 질서'의 형성을 상상하게 만든다. 이의 내용을 구체적으로 증명할 자료는 많지 않지만, 9세기 중반 이미 당과 토번의 간섭으로부터 벗어난 남조국의 국력과 군사력은 이를 간단히 부정할 수 없게 만든다. 특히 남조국을 이어받은 대리국 시기에 만들어진 『장승온화권』〈십육대국주중(十六大國主眾)〉의 그림은 더욱 이러한 상상을 북돋운다. 게다가 그것이 기존 동남아시아 세계 동남아 대륙부의 '봉건적' 국제 질서인 무앙(Mueang;國)-반(Ban; 村) 체제나 '만다라(曼荼羅, Mandala)'형 국가구조 위에 얹힌 것이라면, 더욱 그 존재의 가능성이 높아질 것이다. 마치 6~7세기 동북아시아에서 자신을 중심으로 '소책봉 체제'를 건설했던 고구려나, 7~8세기 동아시아 대륙의 절반을 호령했던 토번과 같이, 남조국은 동아시아 세계와 동남아시아 세계에 걸쳐 자신을 중심으로 한 작은 '세계'를 만들어 낸 것이다.

그리고 남조국이 만들어 낸 이 세계 안에서도 교통로와 공간의 연쇄는 이어졌다. 이들 교통로를 통해 이동한 것은 군대와 상인과 상품만은 아니었다. 문화도 오고 갔다. 802년 남조국을 통해 당에 음악과 악인을 바친 표국에 관한 기록에는 재미있는 이야기가 있다. "대포생(大匏笙)이 둘 있는데, 모두 열여섯 개의 관(管)을 가졌다. 좌우에 각기 여덟 개로, 모양이 봉(鳳)의 날개 같다. 큰 관은 길이가 4척 8촌이고, 나머지 관들은 층나게 [가지런하지 않은 모양으로] 서로 이어진다. 만드는 법은 생관(笙管)과 같

고, 모양은 역시 봉(鳳)의 날개와 비슷하게 하였다. 대나무로 황(簧)을[700]

만들고, 박[匏]에 구멍을 뚫어 바닥에 이르게 하였다. 상고(上古)의 팔음

(八音)이라고는 하나,[701] 모두 목(木)에 칠(漆)을 한 것으로 대신하였고,

금속으로 황을 만들었을 뿐, 포(匏)의 음(音)이 없다. 오직 표국(驃國)만

이 옛날의 제작 방식을 따랐다."[702] 언젠가 '촉신독국도'를 따라 중국의 악

기가 버마 지역으로 흘러들었다가, 그 모습을 그대로 간직한 채 802년

당 제국의 중국으로 돌아왔다는 이야기이다.

---

700) 簧은 관악기의 부리에 장치하여 그 진동으로 소리를 내는 얇은 조각을 가리킨다.

701) 八音은 중국 古代의 樂器에 대한 統稱으로, 통상 金, 石, 絲, 竹, 匏, 土, 革, 木 8種의 서로 다른 재질로 만
들어진 악기들을 말하는 것이다. 본문에서 위고가 말하는 바는 중국 고대의 8음에 '匏'가 들어가 있지만,
당시 중국에는 실질적으로 '匏'로 제작된 악기가 없었다는 것이다.

702) 『新唐書』卷222下「南蠻」下〈驃〉, p.6313.

결론

남조국의 구성과
통치 체제의 중층성

결론

남조국의 구성과
통치 체제의 중층성

　이 연구는 '운남사'의 관점에서 남조(왕)국의 '강역'과 '경계'가 어떻게 구성되었는지를 묻는 단순한 질문으로부터 시작하였다. 남조국과 그 뒤를 이은 대리국은 '운남'의 공간적 범주를 형성하는 데 적지 않은 역할을 하였다. 그 답을 찾기 위해 사용한 방법도 단순하였다. 8~9세기 당시 남조국과 인접하여 길항하였던 세력들, 예컨대 당 제국, 토번, 동남 아시아 대륙부의 표국, 진랍, 여왕국과의 경계를 추적하는 것이었다. 물론 오늘날 근대 국민국가 사이의 국경과 같은 선명한 경계선을 기대한 것은 아니었다. 오히려 복수의 경계선들이 중첩되는 양상을 예상하였고, 주로 교통로를 파악하여 그 노선 상에서 드러나는 경계 지점들을 찾아내려고 노력하였다. 이 시점에서 그 예상은 크게 벗어나지 않은 것으로 보인다. 운남사의 관점이란 '운남'이라는 공간적 범주를 역사적 구성물로 보고, 그것의 역사적 변화 과정을 추구하겠다는 것이다.

　이렇듯 다소 모호해 보이는 강역과 경계는 남조국의 구성과 그 통치방식의 중층성에서 기인한 듯하다. 남조국의 핵심 근거지는 당시 현지인들이 주로 '하탐(河賧)'이라 불렸던 따리[大理] 지역이었다. 중국인들은 얼하이의 호수명을 따서 주로 '서이하'로 불렀다. 8세기 초 이곳에 들어와 4

조를 비롯한 서이하만을 축출한 몽사조는 이곳에 정착하여 세력을 키워 나갔다. 이곳은 도읍이 있었고, 남조국의 지배 집단이 거주하는 공간이 기도 하여 다른 지역과 구별되었다. 그리고 하탑의 바깥은 여섯 혹은 여 덟 절도성과 둘 혹은 네 도독성에 의해 통제되었다. 그리고 이들 절도성 과 도독성들 주위에는 수많은 성과 진들이 배치되었고, 이들은 대부분 남 조국을 통과하는 간선 교통망을 잇고 있었다. 이들 절도성과 도독성의 가 장 일차적인 임무는 본디 남중 지역에 거주하던 오만종과 백만종 부락들, 그리고 토번 및 당 제국과의 전쟁을 통해 새로 편입된 지역, 또 서남쪽 정 벌을 통해 새롭게 편입된 지역들에 대한 통제였다. 그리고 이들 절도성 과 도독성 구역 바깥에는 간헐적 군사 행동이나 외교적 압박에 의해 복속 시킨 정치체(國)들과 종족 공동체 부락들이 존재하였다. 이렇듯 남조국의 강역과 경계는 적어도 세 겹의 층위를 가졌던 셈이다.

남조국은 윈구이[雲貴] 고원 지대를 주요 기반으로 삼았는데, 이곳의 토지는 약 94퍼센트의 산지에 대략 6퍼센트의 평지로 구성되어 있다. 따 라서 이곳에는 예로부터 산지와 평지라는 두 개의 세계가 존재하였고, 평 지에 거주하는 집단과 산지에 거주하는 집단이 서로 다른 생활양식을 유 지한 것은 당연한 일이었다. 수백, 수천 개의 조각으로 나뉘어 산지에 점 점이 박혀 있는 평지들 가운데 오아시스처럼 존재하는 중요 분지에 거점 성진을 설치하고, 이들을 연결하는 교통로를 장악함으로써 국가를 유지하 는 것은 남조국에게 가장 합리적인 선택이었다. 이는 분절적인 자연환경 과 인구 구성이라는 조건에 기인한 것이었다. 이 지역에서 국가권력에 의 한 일원적, 군현적 지배를 기대하는 것은 매우 오랜 기간 동안 쉽지 않은 과제였다.

물론 이러한 조건은 남조국에게만 해당된 문제는 아니었다. 이 지역에 진출한 토번과 당 제국도 이들 지역의 종족 부락에 대해 간접적, 집단적 지배를 택할 수밖에 없었다. 따라서 윈구이 고원 지대와 그 주변 지역에 상존했던 다양한 종족 공동체와 부락들 및 정치체(國)들은 이 지역에 진출하는 거대 세력들 사이에 쟁탈의 대상이 되었다. 그리고 이들 종족 공동체와 정치 공동체들은 생존을 위해 시절의 유불리에 따라 귀속 대상을 달리했으며, 때로는 '양속(兩屬)'하기도 했다. 남조국과 토번, 그리고 당 제국의 '강역'은 여기에서 겹쳐졌으며, 이들 사이의 '경계'는 결국 이들 집단들의 선택과 처지에 따라 수시로 변화하였다. 이 연구는 이들 종족 공동체 및 정치체들의 존재와 그들의 선택이 8세기 중반 이후 줄곧 세력을 확장해 나간 남조국의 강역과 경계를 구성하는 데 어떤 역할을 했는지를 주로 살펴보았다.

길의 속성은 분절이 아니라 연속이다. 이어지지 않는 길은 그 의미가 사라지거나 축소될 수밖에 없다. 그리고 앞서 살펴보았듯이, 길은 수많은 인간 집단을 연결하고 있다. 그런 의미에서 길은 공간의 연쇄망이라고 할 수 있다. 남조국은 이러한 교통로와 공간의 연쇄망에 얽힌 국가였다. 성도부터 버마를 거쳐 인도로 이어지는 길, 광주와 교주에서 인도로 이어지는 육로와 해로처럼 남조국은 이미 이들 교통로에 접속하였거나 접속하고자 노력하는 과정에서 그 세력을 확장하여 강역을 넓혔다. 토번과 당 제국에 대항하여 마사만과 동만을 자신의 세력권 안에 묶어 두었고, 장가국과 곤명국 등의 이료 집단과 통교하고, 서원만 등을 동맹으로 삼았다. 서쪽과 남쪽으로는 심전과 은생 지역 정벌과 경영을 통해 그 지역의 물산과 인력을 동원할 수 있었다. 이를 발판으로 '표신', 즉 '표의 왕'이 되어 표인들이 구축한 국제 질서의 최정점에 서게 되었으며, 진랍과 여왕국의 조공을 받았다. 결국 9세기 중반 남조국은 당 제국과의 책봉 조공 관계로부터 완전히 벗어났을 뿐 아니라, 동아시아와 동남아시아에 걸친 지역에서 스스로를 중심으로 하는 세계 질서를 만들어 냈다.

이상이 이 연구의 핵심 내용을 축약한 것이다. 다음은 본문 내용을 요약한 부분이다.

Ⅰ장에서는 남조국이 따리[大理] 지역 남단 외이산[巍山] 분지의 소국에서 출발하여, 남중 지역을 제패한 국가로 성장하는 과정을 살펴보았다. 전설에 따르면, 오만의 별종으로 백만 계통의 백씨국에 잡처하였던 남조국의 왕족 가계는 장씨의 백자국으로부터 선양받음으로써 나라를 세웠다. 그리고 서이하만을 비롯한 따리 지역의 만이 국들이 당 제국과의 관계에서 대부분 비협조적이었던 데 비하여, 남조국은 오히려 당 제국의 기미부주 체제에 순응함으로써 세력을 확대하였다. 그 무렵 당 제국은 티베트 고원의 신흥 강국 토번을 견제하기 위해 의도적으로 남조국의 세력 확대를 도왔다. 5조와 서이하만을 타도하고 서이하 지역을 장악한 남조국은 안녕성 사건을 계기로 쿤밍 지역에 진출하였고, 서찬 지배 집단의 내분을 틈타 서찬국을 멸하고 남중 전역을 장악하였다. 이어 당 제국의 운남태수[요주자사] 장건타와의 분쟁이 계기가 되어 당 제국과 전쟁을 벌였고, 결국 당 제국의 기미 지배로부터 이탈하였다.

이상의 내용과 관련하여, 두 가지만 언급해 둘 것이 있다. 하나는 '백자국'의 실재 여부와 그 기록에 관한 문제이고, 다른 하나는 기미부주 체제에 관한 문제이다. 본문에서는 '백자국(백씨국)'의 실재 여부와 관련하여 판단하지 않고 지나갔지만, 이는 충분히 숙고해 보아야 할 문제이다. 백자국 실재 여부에서 가장 문제가 되는 부분은 아마도 1차 사료의 부재일 것이다. 정사를 비롯하여 중국 측 자료에는 백자국을 세운 장인과와 관련한 기록은 물론이고, 마지막 군주인 장락진구와 관련된 기록도 찾기 어렵다. 후지사와 요시미는『남조도전』등의 자료를 이용하여 장인과의 백자국이 따리 지역의 패권을 장악하고 있었던 것처럼 주장하고 있지만, 결정적 증거는 제시하지 못하였다. 그럼에도 불구하고 백자국의 존재에 대하여 무시할 수만은 없는 이유는 앞서 언급했듯이 이 설화가 운남 지역 야사 계통의 사료들에서 지속적으로 반복된다는 점이다. 이 문제에 대한 최종적 판단은 좀 더 많은 연구를 요한다고 할 수 있겠다.

본문에서 기미부주 체제 하에서 남조국이 세력을 확대하여 가는 모습을 살펴본 바 있다. 남조국의 세력 신장의 배경에 토번의 위협과 더불어 초기 요주도독부 운영의 실패가 있기는 하지만, 당 제국의 기미부주 체제가 실체 없는 요식적인 것만은 아니었음을 확인할 수 있었다. 남조국의 성장 과정은 기미부주 체제에 속한 정치체의 수장들이 지닌 권리와 의무를 잘 보여 준다. 기미주의 수장들은 그 관작을 세습하고 그 내부에 대하여는 자치권을 가지지만, 그들 사이에 세력 관계의 변경을 행할 경우에는 기미주를 관리하는 당 제국의 관부 내지는 조정의 승인을 받아야 했다. 이렇게 기미부주 체제 내에 편입된 여러 세력 사이의 분쟁에 당 제국의 관부나 조정이 개입할 권리를 주장하거나 그 의무를 요청받는 사례들은 적지 않게 찾아볼 수 있다. 이러한 내용의 기미부주 체제는 당 제국이 자신을 중심으로 하는 세계 질서를 유지 관리하는 수단이었지만, 기미부주에 속한 만이 정치체들의 입장에서는 국제 질서에 접속하여 스스로를 보호하는 수단이기도 하였다. 당 제국의 기미부주 체제 안에서 세력을 키운 남조국은 결국 천보전쟁을 거치면서 남중 지역 전체의 패권을 장악하였다. 서찬국의 유민 20여 만 호를 영창 지역으로 옮겼다거나 서이하만을 자동 지역으로 옮겼다는 기록들은 이 지역에 대한 실질적 지배권이 남조국의 지배자들에게 있었음을 명백히 보여 준다.

Ⅱ장에서는 남조국을 중심으로 하는 교통망을 살펴보았다. 이 장의 목적은 두 가지였다. 하나는 이 연구 과제의 제목대로 남조국의 강역과 경계의 기본틀을 확인하는 데 있었다. 그리고 다른 하나는 이 강역과 경계가 가진 문제성의 단초를 드러내 보이는 데 있었다. 우선 간선 교통로는

쓰촨성 방면으로 연결되는 '청계관도'와 '석문도', 구이저우성 방면으로 연결되는 '장가 · 검중도', 지금의 베트남 하노이로 연결되는 '전월교통로', 동남아 방면으로는 버마를 거쳐 동인도로 이어지는 '표 · 천축도'와 동남아 해상 루트로 이어지는 '은생절도제로(銀生節度諸路)', 티베트 고원과 연결되는 교통로가 존재하였다. 따라서 각 교통로별 노선을 확인한 뒤에 표와 지도로 정리하였으며, 각 노선상에서 경계와 관련되어 주목되는 지점들을 확인하였다. 아울러 그 경계상에 존재하는 인간 집단들의 대강을 확인하였다.

먼저, 청계관도에서 주목되는 지점은 청계관과 대도하, 그리고 아회령과 노수였다. 전자는 9세기 중반 이후 남조국의 팽창과 함께 주된 경계 지점이 되었던 곳이다. 특히 대도하는 토번과 당 제국 그리고 남조국의 세력이 부딪히는 각축장이 되었다. 그리고 청계관은 대도하 선을 보호하기 위한 전초기지의 역할을 하였다. 아회령은 천보전쟁 후 756년에 남조국이 토번과 결맹하여 노수(瀘水) 이북으로 진격해 회천(會川)을 차지하고 수주(嶲州)를 함락하였을 때, 토번과의 사이에 만들어진 경계이다. 이것이 794년 남조국과 당 제국의 회맹 이후에도 계속 이어진 것으로 보인다. 이 경계는 8세기 중반부터 9세기 초 · 중반 대도하가 주요 경계선이 되기 전까지 남조국과 당 제국 사이의 경계를 대표한다. 여기에서 문제는 『만서』의 저자인 번작이 이 경계선이 대도하선으로 올라간 후에도 왜 자신의 저서에서 여전히 아회령을 만과 한의 경계로 지정하고 있는가이다. 단순한 오기일 수도 있겠으나, 이는 번작의 신분 그리고 당시 국가 사이 결맹의 성격 등과 관련하여 더 따져 볼 필요가 있는 문제이다.

노수는 많은 산천이 그러하듯이 오랫동안 운남 지역에서 경계의 역할을 하였다. 앞서 살펴보았듯이 토번과의 경계 역할도 하였고, 청계관도에서는 중국과의 경계 역할을 하는 경우도 많았다. 제갈량의 정벌군을 맞이했던 옹개(雍闓)나 맹획(孟獲), 사만세(史萬歲)의 군대를 맞이해야 했던 서찬의 찬완(爨翫), 그리고 천보전쟁 때 당군을 맞이했던 남조국의 각라봉에게 적군이 노수를 건너는 것은 전쟁의 개시를 의미했다. 이러한 역사의 축적은 당시 사람들에게 노수를 현실적인 군사 경계와 무관한 심리적 경계로 만들었다. 가탐(賈耽)이 막북에 비견하여 언급한 '노남(瀘南)'이라는 표현의 유행은 이를 반영한다. 이때 '노남'은 남조국을 의미하는데, 구체적 국가로서 남조라기보다는 노수 남쪽의 공간과 세력들을 대표하는 추상화된 존재로서 남조국이었을 것이다. 이는 또 다른 차원 혹은 범주의 경계 개념을 보여 준다.

석문관도에서 주목했던 지점은 노망(魯望)과 용화성(龍和城)이었다. 전자는 당 제국의 관할 지역과 남조국의 관할 경계에 해당하고, 후자는 남조국 내에서 자동절도 지역과 농동절도 지역 사이의 경계를 대변한다. 그리고 양자는 멸망 직전 서찬국의 범주를 대표하기도 한다. 즉 노망은 동찬오만의 북단이고, 용화성은 서찬백만 범주의 서단이었다. 그리고 후자의 경우는 남조국과 대리국을 거치면서 백만과 오만을 가르는 경계로 발전하였다. 그런데 사실 이 경계는 과거 중국의 삼국 시대 건녕군과 운남군을 가르는 경계였으며, 또 더 올라가면 전국과 수·곤명의 경계이기도 하였다. 이 또한 경계의 역사성에 대해 숙고하게 하는 또 하나의 사례이다. 그리고 이 노선에서는 당 제국과 남조국 사이에 큰 전투가 없었고 노망을 경계로 한 분계도 오랫동안 지켜진 것으로 보이는데, 그 원인에 대해서 추가 연구가 필요할 것이다.

'장가·검중도'의 노선에 관하여는 기존 사료에 명확한 노정이 기재되어 있지 않기 때문에 옌껑왕(嚴耕望)의 작업을 토대로 그 노선을 따져 보았다. 노선 자체는 옌껑왕의 작업을 그대로 받아들였지만, 장주와 충주의 위치처럼 장가국과 나전국의 위치와 관련된 부분은 다른 연구들을 참조하여 수정했다. 사실 이 교통로는 당 제국과의 왕래에 거의 사용되지 않은 것 같다. 당 제국의 사자가 이 통로를 통해 남조국에 들어왔다는 기록이 없을 뿐더러, 남조국과 당 제국의 전쟁에서도 이 통로는 거의 사용되지 않았다. 오히려 이 노선은 남조국과 이들 장가제만 사이의 교통로로 이용된 것으로 보인다. 그래서 더욱 기록이 없을 것이다. 이 노선에서 남조국과 장가국, 곤명국, 나전국과의 경계 지점이 명확하게 잡히지는 않는다. 다만, 이 노선에서 주목되는 점은 여러 장가만들과 그들의 '국(國)'이다. 구체적으로는 기미주와 '만' 부락과 '국'의 관계 문제이다. 이들과 관련된 장에서는 이 '국' 문제에 천착해 보고자 했다. 사실 당 제국과 경계한 지역에서는 모두 이것이 문제가 되었다.

보두로로 대표되는 전월교통로에서 주목한 지점은 보두(步頭)와 고용보(古湧步)였다. 보두는 천보전쟁 이전, 그리고 고용보는 854년 무렵까지 남조국과 당 제국 사이의 경계를 대표하였다. 보두는 당 제국이 남중 지역을 군사적으로 보호하기 위해 설치한 군사·교통의 요지였다. 즉 유사 시 안남에서 군대를 신속하게 이동시키기 위해 수로를 최대한 연장한 지점이었다. 그리고 이 보두에서 안녕을 거쳐 수주로 이어지는 교통로의 개척은 서찬국 제찬만의 불만과 소동을 초래하였고, 이를 계기로 서찬국은 남조국에 의해 멸망하였다. 보두로 개척은 한 무제 때 남월 공략을 위한 장가도의 개척을 목적으로 서남이 지역에 진출하기 시작했던 것과 비교하면, 상당한 변화인 셈이다. 어쨌든 이 보두로는 가탐이 말한 '안남통천축도(安南通天竺道)'의 일부를 구성하였다.

이 노선에서 주목되는 또 하나의 대상은 역시 수많은 기미주와 '만이' 부락들이다. 당 제국이 안남도호부의 운영과 유지에 매우 적극적이었지만, 역시 그 공간을 채우고 있는 것은 '한인'들이 아니라 '만인'과 '요인'들이었다. 854년 이후 서원만의 이반, 남조국과 서원만 등의 결맹, 남조국의 안남 침입으로 이어지는 일련의 사건들은 안남도호부가 남조국에 함락되는 사태까지 초래하였다. 그리고 이러한 사태는『신당서』「남만전」의 찬자가 "당이 쇠약해짐에 미쳐서, 서원(西原)과 황동(黃洞)이 이어서 변방의 해가 된 것이 백여 년이나 된다. (당이) 그 멸망에 이른 것은 남조 때문이다."라고 적을 정도로 후세인들에게 깊은 인상을 남겼다.

'해남제국'들과의 교통로에서는 두 부분으로 나누어 살펴보았다. 하나는 남조국의 영창 지역에서 표국으로 대표되는 버마 지역을 통과하여 동인도로 가는 두 개의 노선이이다. 다른 하나는 기록이 많지는 않지만, 베트남 중부 해안, 태국의 시안만, 그리고 버마의 남부 해안으로 이어지는 교통로들의 존재를 확인하는 것이었다. 특히 전자 부분에서 주목한 것은 심전만 지역을 정벌하여 지배한 사실이다. 심전 지역은 토번과 남조국, 표국, 인도의 상인들이 모이는 교역의 요지였을 뿐 아니라, 이른바 '여수의 금'이 대량으로 생산된 곳이었다. 남조국은 이곳을 장악하고 경영하기 위하여 많은 성진을 설치했을 뿐만 아니라, 이 지역의 보호를 위해 전 병력의 3분의 1을 영창절도 지역에 배치하였다. 그리고 영창성에서 시작된 교통로는 육로를 따라 이라와디 강과 아라칸 산맥을 가로질러 동인도로 들어갔으며, 또 한 갈래의 교통로는 이라와디 강을 따라 강 하구까지 이르렀다. 그리고 은생절도를 중심으로 형성된 후자의 교통로들도 육로는 물론 차오프라야 강과 살윈 강 등의 수로를 이용하여 바다에 닿고 있는데, 당시 활발했던 해상 교역에 참여하고자 했던 것은 아닌지 추정해 보았다.

또 간단하게나마 남조국과 토번 사이의 교통로와 경계 지점에 관해서도 살펴보았다. 주로 눈에 띄는 것은 철교성과 곤명성 그리고 노수였다. 사실 철교성과 곤명성도 결국 노수와 연동된 것이라 할 수 있다. 이 노수 연변에는 다양한 인간 집단과 정치체들이 거주하였다. 이를테면, 탕랑, 가맹, 어랑, 전연, 장곤, 마사, 박자, 하인, 농동 등의 부락부터 시만과 순만 부락, 그리고 마사 종락과 동만에 이르기 까지 많은 부락이 거주하였다. 이전부터 그곳에서 살던 사람들도 있었지만, 남조국에 의해 옮겨진 집단도 있었다. 이들과 관련된 이야기들, 그리고 토번과 남조국이 교역을 위해 만났던 또 다른 장소였던 '대탐'에 대해서도 언급하였다. 대탐이 있었던 곳의 현재 명칭은 캄티롱(Hkamti Long)인데, 이는 거대한 황금의 땅이라는 의미를 가지고 있다고 한다. 역시 이곳도 여수의 금과 연관이 있었다. 앞으로는 소금과 황금으로 대표되는 '상품'과 교통로, 그리고 국가의 관계에 대해서도 생각해 보아야 할 것이다.

Ⅲ장에서는 남조국과 당 제국 사이의 변경 지역이 여전히 많은 빈 공간을 내포하고 있었다는 전제 위에, 남조국과 당 제국의 경계가 어떻게 구성되었는지를 살펴보았다. 그 결과 이 '변경'이라는 공간은 당 제국의 정주현들과 기미주들이 점재할 뿐, 대부분은 여전히 여러 만인과 요인의 공동체들로 채워져 있었다는 점을 다시 확인하였다. 이 공간들은 정주와 기미주 그리고 당 제국의 지배가 미치지 않는, 혹은 제도적 관계를 맺지 않은 집단들로 채워져 서로 복잡하게 얽혀 있었다. 이미 널리 주장되는 바이지만, 이것이 의미하는 것은 당 제국의 변경 지배가 결국은 점과 선의 지배에 불과했다는 것이다. 그리고 새로운 정주와 기미주현의 개척은 결국 점과 선의 연장에 지나지 않았다.

우선, 배경 이해를 위하여 794년 이후 남조국과 당 제국 사이의 관계 전변에 관하여 간단히 정리하였다. 794년 남조국은 토번과의 관계를 끊고, 당 제국과의 결맹을 통해 중국적 국제 질서에 복귀하였지만, 기미부주 체제로 편입되지는 않았다. 이미 중국 안에서 기미부주 체제가 종언을 고했기 때문이다. 책봉 조공 관계는 회복되었지만, 남조국을 상대한 것은 '번진 체제'였다. 이 번진 체제의 확연은 '운남안무사', '통압근계제만사' 등의 새로운 관리 기구를 만들어 냈고, 이 기구는 기미부주 체제가 그러했던 것처럼, 사직이 만이 기미주 자사에게 겸령되는 경우까지 만들어 냈다. 그리고 남조국과 당 제국의 외교 관계는 859년을 기점으로 종언을 고했는데, 책봉 조공 관계마저 해소되었다. 남조국은 당 제국에 화번공주의 출가와 '적국'의 예를 요구했지만, 양국 사이는 '전쟁'으로 점철되다가 결국 두 국가 모두 수명을 다하였다.

둘째, '검남도(劍南道)'를 비롯하여 '강남서도(江南西道)'의 '검중채방사(黔中採訪使)', 그리고 '영남도(嶺南道)'의 관할 지역을 중심으로 남조국과 경계를 접한 지역의 정주와 기미주의 분포와 성격을 살펴보았다. 특히 양자의 개념과 관계의 '역사적' 성격에 유의하였다. 이 글에서 검토한 몇 가지 정주와 기미주의 사례들은 완성된 제도적 형태로부터 '삐져나오는' 것들이었다. 이를 통해 확인한 것은 기미부주 체제 또한 황제 국가가 지닌 자체의 모순, 즉 이상과 현실의 괴리가 초래한 타협물의 하나였다는 것이다. 타협의 역사적 산물인 기미부주현은 그 제도적 형태가 완성되기 전에 다양한 형태로 존재할 수밖에 없었다. 뿐만 아니라 그 타협은 이상과 현실의 끊임없는 길항의 산물이었기 때문에, 언제든지 '전형적' 형태에서 벗어나는 '정주'와 '기미주'를 만들어 낼 수밖에 없었다. 제국의 입장에서 '기미주'는 궁극적으로는 사라져야 할 대상이었다. 따라서 '기미주'의 산출이 그 목적이 될 수는 없었다. 만이 수장들에게 주어진 정주 자사직의 경우는 이러한 맥락에서 이해되어야 할 것이다.

이러한 맥락에서 검중도에 보이는 충주 등의 사례나 검남도에 보이는 유주의 사례도 자연스럽게 이해될 것이다. 그리고 제국의 접근과 그로 인해 만들어지는 환경들은 '변경'의 공간에 선주하였던 '요', '만', '강' 공동체들에게 생존을 위한 선택을 강요하였다. 그들은 제국이 만들어 내는 국제적 위계에 순응하거나 '협력'할 수도 있었고, '저항'할 수도 있었다. 또 회피할 수도 있었다. 그런데 협력과 저항이 절대적인 기준을 가진 분류는 아니었다. 그들을 끌어당기는 힘이 동북쪽에만 존재한 것이 아니었기 때문이다. 당 제국에 대한 협력은 토번이나 남조국에 대한 저항을 의미할 수 있었고, 반대로 당 제국에 대한 저항이 토번이나 남조국과의 협력을 의미할 수도 있었다. 하나의 힘에 의해 통합되지 않은 복수 공동체의 공존은 다양한 선택과 복잡한 질서를 만들어 냈다. 따라서 기미부주현의 장관직을 수용하든, 정주 정현 경내의 만이 수령으로 존재하든, 중국 제국의 군사력이나 행정력이 미치지 않는 공간으로 이동하든, 그 선택이 만들어 낸 효과와 질서는 단일하지 않았다.

셋째, 검남도와 검중도(검중채방사)의 제료(諸獠)와 제만(諸蠻)의 존재 양태를 살펴보았다. 여러 만인과 요인 공동체의 명칭과 분포, 제국적 질서에 대한 태도, 그리고 이들이 중국적 세계 질서에 접속하는 방식을 통하여 그 경계의 중첩성을 확인하였다. 이들 공동체들의 입장에서 당 제국의 지배와 남조국의 세력 확장은 생존을 위해 반드시 적응해야 할 환경이 되었다. 우선, 사서에 등장하는 이들 공동체들의 명칭과 그 대체적인 위치를 살펴보았다. 당 제국의 주현이 보다 많이 점재한 지역에 주로 거주한 요인 공동체들의 경우, 그 행정 기구에 따라 이름이 붙여지는 경우가 많았다. 그리고 검남도 남부와 안남도호부, 옹관경략사의 관할 지역은 현지의 특성에 따라 다양한 명칭과 수장의 직함이 보였다. 다음으로는 제국적 환경 혹은 질서에 대한 이들 만인과 요인 공동체의 태도와 전략에 관하여 살펴보았다. 결론적으로 당 제국의 정주와 기미주가 점재한 공간에서 만이 공동체들은 조건에 맞게 다양한 선택을 하였고, 그곳에서는 일방적인 관계만이 존재하지 않았다는 점을 확인하였다. 그리고 마지막으로 중국적 국제 질서 안에서 이들 만이 공동체들의 정치적 존재 형태에 관해 살펴보았다. 제국적 질서와 '고속'의 타협, 그리고 책봉 조공 관계를 통한 '천하, 국, 가 질서'에의 접속 등을 확인할 수 있었다.

Ⅳ장의 목적은 당시 남조국과 토번 사이의 경계 지점과 교통로를 포함하는 지역에 거주했던 여러 세력을 살펴보는 것이었다. 경계 지역인 노수 연변에는 다양한 인간 집단과 정치체들이 존재하였다. 이를테면, 탕랑, 가맹, 어랑, 전연, 장곤, 마사, 박자, 하인, 농동 등의 부락부터 시만과 순만 부락, 그리고 마사 종락과 동만에 이르기까지 많은 부락이 거주하였다. 이들은 예전부터 그곳에서 살던 이들도 있었지만, 옮아온 혹은 옮겨진 집단도 있었다. 남조국과 토번 그리고 당 제국 사이의 관계 변화에 따라, 이 지역과 이 지역에 거주했던 인간 집단들의 분포가 바뀌었기 때문이다. 따라서 우선 남조국을 주체로 하는 '천보전쟁'과 '철교전쟁'을 통해 서이하 지역을 둘러싼 세력 균형의 변화를 설명하였다. 이어서 남조국과 토번 사이의 쟁탈 대상이었던 철교성 주변에 거주하였던 인간 집단의 분포와 그 변화에 대해서도 살펴보았다. 마지막으로는 남조국과 토번, 그리고 당 제국이 맞부딪힌 요지였던 곤명성 주변으로 눈길을 돌렸다. 이 지역에 거주하던 인간 집단, 특히 마사만 부락과 동만 부락의 '양속'과 내부 질서에 관하여 간단하게나마 살펴보았다.

 서이하 지역을 둘러싼 남조국과 토번, 그리고 당 제국의 쟁탈전은 천보전쟁과 철교전쟁을 기점으로 하여 세 단계로 전개되었다. 첫 단계는 토번이 서이하 북부 지역에 진출하기 시작한 시점인 650년대 말 혹은 660년대 초부터 천보전쟁 직전까지 시기이다. 천보전쟁 직전까지 서이하 지역은 북쪽에서 밀려오는 토번 세력과 이미 운남 중동부까지 진출한 당 제국이 길항하는 장소였다. 본디 당 제국과 토번 사이에서 '양속'하던 서이하 지역의 정치체들은 시간이 흐르면서 이해관계에 따라 각자 노선을 정하였다. 당 제국의 지원을 적극 활용한 남조국이 서이하 지역을 점유하자, 북쪽으로 밀려난 삼랑조와 하만 등은 자연스럽게 토번과 동맹을 강화하였다. 이 균형은 752년 남조국과 당 제국 사이의 '천보전쟁'으로 깨졌다. 서찬국의 멸망 이후 작은 사건으로 시작된 남조국과 당 제국의 갈등은 두 차례에 걸친 전쟁으로 이어졌고, 토번과 연합한 남조국은 당 제국을 운남에서 축출하였다. 그리고 남조국의 토번에 대한 신속과 양자의 군사적 연합은 서이하 북부 지역에서 토번의 안정적 지배를 초래하였다. 이러한 두 번째 단계는 794년 '철교전쟁' 직전까지 이어졌다.

세 번째 단계는 '철교전쟁'을 전환점으로 토번과 남조국 사이의 모순이 점차 커짐에 따라 형세가 바뀌었다. 양국의 관계가 악화되자 동맹은 결국 와해되었다. 토번은 남조국에게 칭신하도록 했지만, 장기적 통치 구조를 만들어 내지는 못 한 것이다. 무거운 잡세의 징수나 병역으로 남조국은 끝내 토번을 배신하고 당 제국과 손을 잡았다. 당 제국의 검남절도사 위고와 남조국의 이모심 사이에 밀사가 오고 갔고, 결국 974년 점창산의 회맹이 이루어졌다. 이미 당 제국과 회맹한 남조국의 이모심은 토번의 원병 요청을 빌미로 군대 수만 명을 이끌고 북상하여 토번의 신천도독을 기습하였다. 철교를 끊어 동서의 철교성을 모두 점령하였고, 토번 세력을 압박하여 노수(瀘水) 이북으로 물러나게 하여 남조의 완벽한 승리로 끝났다. 이 철교전쟁은 7세기 중엽 이래 이어져 온 이 지역의 정치와 군사 질서를 철저하게 바꾸었다.

나사성과 양저미성을 잇는 철교를 통과하는 교통로는 군사적 중요성 외에 경제적으로도 매우 중요하였다. 대량의 특산물이 이 노선을 통해 토번으로 들어갔을 것으로 추정된다. 서이하 지역에는 다양한 물산들이 날 뿐만 아니라, 소금도 많이 생산되었다. 염정이 많았기 때문이다. 토번은 철교를 장악한 뒤에 대량의 소금을 끊임없이 가져왔다. 당연히 이 노선은 민간에도 개방되어 상업 교류의 통로가 되었다. 토번이 철교를 가설한 뒤에 이 교통로는 빠르게 번성하였고, 이 철교는 오랫동안 융합과 교류의 상징이 되었다. 물론 남조국과 토번 사이에 다른 길들도 있었지만, 가장 중요한 교통로는 역시 철교를 지나 율재(聿齋)를 거치고 망강(芒康)에 이르는 길이었다.

남조국과 토번 사이 가장 중요한 경계 지점이었던 철교성 주변에는 다양한 인간 집단들이 거주하였다. 그리고 이들 거주 집단은 앞서의 단계에 따라 변화가 있었다. 토번이 신천도독을 두어 관할한 시기에는 수많은 토번 이주자를 비롯하여 본디 가까운 지역에 거주하던 시만, 순만, 마사만 그리고 남조국과 패권 다툼에 밀려 이주한 낭궁조, 등탐조, 시랑조의 '삼랑조', 여기에 농동만, 하만, 장곤만, 박자만 등이 거주하였다. 토번인의 이주는 주로 군대의 주둔과 함께 이루어졌는데, 토번군의 원정 자체가 그 조직의 특성상 대규모 종족 이동을 수반하였기 때문이다. 신천도독부가 있던 철교성 일대는 물론이고, 검천과 낭궁 지역에서도 토번군의 대규모 주둔이 이루어졌다. 따라서 이들 대규모 병단 주둔지를 비롯하여 토번군이 주둔한 험요지에는 토번 부락민들이 집단적으로 존재하였다. 그러나 철교전쟁 이후 토번인 집단은 대부분 사라졌다. 그리고 나머지 집단들의 구성도 변화가 있었는데, 토번의 비호 아래 내내 도전하였던 삼랑조의 경우 대부분 남조국에 의해 강제로 다른 곳으로 옮겨졌다. 나머지 집단들도 부분적인 강제 이주가 이루어졌다. 그리고 그 빈 자리는 탕랑, 가맹, 전연 등 다른 집단의 이주로 채워졌다. 이는 새로 점령한 지역에 대한 통제와 개발을 위한 전략적 선택이었다.

곤명성 또한 남조국과 토번, 그리고 당 제국 사이에서 끊임없이 쟁탈의 대상이었던 중요 거점이었다. 아마도 세 세력이 마주치는 길목이기도 했지만, 산재한 염지와 염정의 장악을 통해 주변에 거주하는 인간 집단들을 통제할 수 있었기 때문에 전략적 가치가 더 컸을 것이다. 곤명성 주변에 거주하던 부락들 가운데 대표적인 것은 마사만과 동만으로 통칭되는 이들이었다. 이들은 곤명성을 누가 차지하든 상관없이 그곳에 거주하였던 이들이다. 특히 마사만 부락은 동로수 상류로부터 철교성 부근까지 노수변을 따라 넓은 지역에 분포하였다. 따라서 같은 마사만에 속하는 부락들이라도 '속'하는 곳이 각기 달랐다. 동만 부락들은 주로 동로수 연변 지역에 거주하였으며, 늘 남조국과 토번 그리고 당 제국 사이에서 '양속'하였다.

마사만 부락의 내부 구성에 관하여는 기록이 없지만, 동만에 관하여는 비교적 자세한 자료가 남아 있다. '동만'은 크게 물등·풍파·양림 부락으로 나뉘지만, 이들 세 집단은 다시 수많은 하위 부락으로 구성되었다. 물등 부락 내부에 공부 6성과 초리 5성의 부락이 있고, 그에 통속되는 부락으로 동흠만 2성, 속만 2성, 뇌만 3성, 몽만 3성 등이 있어 구성이 매우 복잡하였다. 양림 부락에도 십저 3성, 아둔 3성, 휴망 3성 등의 부락들이 딸려 있었다. 이는 풍파 부락도 마찬가지여서 아락 2성 부락을 포함하고 있다. 중국인들에게 '동만'이라는 통칭으로 불렸지만 그 안에는 수많은 부락들이 존재하였고, 나름 질서에 따라 누층적인 위계를 가지고 스스로 정치 질서['故俗']를 유지하였다. 그리고 남조국과 당 제국 그리고 토번 사이에서 생존을 위해 끊임없이 세력의 강약을 저울질 하였다. 이러한 현상은 '동만' 내의 지역 질서 안에서도 출현하였을 것이다.

V장의 목적은 당시 동남아시아 대륙의 표국과 전랍 그리고 여왕국 같은 고국들과 남조국, 그리고 이들 사이에 존재했던 수많은 정치체와 종족 공동체의 관계를 살펴보는 데 있었다. 그리고 그 과정에서 남조국의 강역과 경계를 확인하는 것이 본래 목적이었다. 이 결과 확인한 것은 남조국과 동남아시아 국제 질서의 겹침(overlap)이었다. '표신'을 자칭하는 것이나 '16국대군장'을 모아 조공을 받는 장면은 바로 동남아시아 대륙에서 강자로 부상한 남조국이 누층적으로 구성된 기존의 '국'제 질서의 최상층까지 올라간 것을 의미하였다. 즉 이 지역에서 남조국을 중심으로 하는 세계를 구성한 것이다. 이러한 결과를 만들어낸 과정의 시작은 '심전' 지

역의 정벌과 경영이었다. 그리고 이어진 은생 지역의 개발과 경영은 서쪽과 남쪽으로 진출하는 교두보가 되었다.

우선, 심전 지역 지배와 표국에 관한 내용이다. 이 절에서 가장 중요한 내용은 심전 지역이 가진 특성과 이에 대한 남조국의 지배 내용, 그리고 표국과의 관계에서 보이는 국제 질서의 양상이다. 심전은 '여수의 금'이라고 하는 질 좋은 황금이 나고, 인도로 이어지는 상업 교통로가 통과하는 곳이었다. 762년에 이 지역을 정벌한 남조국은 교통로를 중심으로 다수의 성진을 설치해 이 지역을 경영하였다. 이들 성진은 군대의 주둔지이고 행정 관서였으며, 상인과 상품의 집산지였다. 남조국은 이들 성진 조직을 통해 여수의 금을 채취하였고, 상업 유통망을 관리하였다. 물론 이 지역에 거주하였던 다양한 종족 부락들에 대한 통제와 인력 동원, 그리고 세금의 징수 같은 업무 또한 이들 성진에 의해 이루어졌을 것이다. 이러한 심전 지배는 이후 남조국 확장의 가장 큰 교두보가 되었다.

이들 성과 진 너머에는 표국과 미락국을 비롯한 고국들과 종족 부락들이 존재했고, 이들 인간 집단의 연쇄는 인도 동북부로 이어졌다. 그리고 중국 측 기록에 따르면, 당시 동남아시아 대륙의 서부 지역 즉 버마 지역에서 가장 큰 세력을 형성한 것은 역시 표국이었던 것으로 보인다. 290여 개의 부락 위에는 표국 왕이 역속하는 9개의 진성이 있었다. 그리고 그 바깥에는 표왕에 '통빙'하는 18개 이상의 '속국'이 존재하였다. 남조국은 바로 이 지역 세계 질서의 최정점에 있었던 것이다. 남조국은 심전 지역에 대한 지배를 바탕으로, 결국은 이 표국을 '기제(羈制)' 하에 두었다. 그리고 808년에는 새로 왕으로 즉위한 심각권이 스스로 '표신', 즉 '표의 왕'이라 칭하였다. 이것이 의미하는 바는 분명했다. 그 '세계'의 주인이 자신임을 선포한 것이다. 832년에는 대규모 군사 행동을 통해 이후 표국의 멸망과 버간 왕국의 성장에 치명적인 영향을 끼쳤다.

둘째로, 은생 지역의 경영과 진랍·여왕국과의 관계 문제였다. 우선 진랍국과 여왕국에 관하여 간단히 정리하였는데, 여기에서 주목한 점은 남조국의 군대가 진랍과 여왕국에도 진출했다는 것이다. 승리의 기록도 없고 심지어 여왕국에서는 패하기도 했지만, 중요한 것은 남조국의 진출이 이루어졌고 또 그것이 교통로의 유지로 이어졌다는 점이다. 이것이 가능했던 것은 교두보로 진남절도, 즉 개남절도의 설치가 선행되었기 때문이었다. 은생 지역은 심전 지역과 함께 남조국이 동남아시아 방면으로 확장하기 위한 2대 최전방 진지였다. 794년 은생 지역에 대한 정벌은 개남절도와 은생절도의 설치로 이어졌다. 이 지역에서도 그 숫자나 밀도는 떨어지지만, 심전 지역과 마찬가지로 성진의 설치가 이루어졌다. 경영 방식은 심전 지역과 크게 다르지 않았던 것으로 보인다. 그리고 이 지역의 교통로는 바다로 이어졌다. 즉 중국에서 인도로 이어지는 해안 교통로, '바다의 실크로드'에 접속한 것이다. 자세한 내용은 알 수 없지만, 기록에 따르면 남조국의 군대는 이 노선들을 통해 남해에 이르렀음이 분명하다.

끝으로, 두 방면에서 이루어진 남조국의 동남아시아 진출을 종합하여 이 지역에서 이루어진 남조국 중심의 국제 질서 구축을 확인하는 것이 그 내용이었다. '표신' 칭호의 선포와 '서남이 16국 대군장'을 모아 조공을 받는 남조국 왕의 모습은 '남조적 세계 질서'의 형성을 상상하게 만든다. 이런 내용을 구체적으로 증명할 자료는 많지 않지만, 9세기 중반에 이미 당 제국과 토번의 간섭으로부터 벗어난 남조국의 국력과 군사력은 이를 간단히 부정할 수 없게 만든다. 특히 남조국을 이어받은 대리국 시기에 만들어진 『장승온화권』〈십육대국주중(十六大國主眾)〉의 그림은 더욱 이러한 상상을 북돋운다. 게다가 그것이 기존 동남아시아 세계의 '봉건적' 국제 질서인 '무앙(Mueang;國)-반(Ban; 村)' 체제나 '만다라(曼茶羅, Mandala)'형 국가구조 위에 얹힌 것이라면, 그 존재의 가능성이 더욱 높아질 것이다. 마치 6~7세기 동북아시아에서 자신을 중심으로 책봉 조공 체제를 건설했던 고구려나 7~8세기 동아시아 대륙의 절반을 호령했던 토번과 같이, 남조국은 동아시아 세계와 동남아시아 세계에 걸쳐 자신을 중심으로 하는 작은 '세계'를 만들어 낸 것이다.

참고문헌

-사료-

『尚書』, [唐]孔穎達 等 撰, 北京: 中華書局, 1998.

『史記』, [前漢]司馬遷, 北京: 中華書局, 1982.

『後漢書』, [劉宋]范曄, 北京: 中華書局, 1982.

『後漢書集解』, [淸]王先謙 撰, 北京: 中華書局, 1984.

『三國志』, [西晉]陳壽, 北京: 中華書局, 1982.

『華陽國志校補圖注』, [晉]常璩 撰 任乃强 校注, 上海: 上海古籍出版社, 2007.

『水經注疏』, [北魏]酈道元 注, [民國]楊守敬 熊會貞 疏, 段熙仲 點校, 陳橋驛 復校,
    南京: 江蘇古籍出版社, 1989.

『魏書』, [北齊]魏收 撰, 北京: 中華書局, 1982.

『隋書』, [唐]魏徵, 北京: 中華書局, 1982.

「南詔德化碑」, 『大理歷代名碑』, 昆明: 雲南民族出版社, 2000, pp.3-13.

『全唐文』, [淸]董誥 等 編, 北京: 中華書局 影印本, 1996.

『雲南志校釋』, [唐]樊綽 撰, 趙呂甫 校釋, 北京: 中國社會科學出版社, 1985.

『雲南志補注』, [唐]樊綽 撰, 向達 原校, 木芹 補注, 昆明: 雲南人民出版社, 1995.

『册府元龜』, [北宋] 王欽若 等, 北京: 中華書局 影印本, 1960.

『大唐新語』, [唐]劉肅 撰, 北京: 中華書局, 1984.

『舊唐書』, [後晉]劉昫 等 撰, 北京: 中華書局, 1982.

『唐會要』, [宋]王溥 撰, 北京: 中華書局, 1990(1955初版).

『新唐書』, [宋]宋祁 歐陽修 編, 北京: 中華書局, 1982.

『通典』, [唐]杜佑 撰, 北京: 中華書局, 1992.

『新五代史』, [宋] 歐陽修 撰, 北京: 中華書局, 1982.

『五代會要』, [宋]王溥 撰, 北京: 中華書局, 1985.

『太平寰宇記』, [宋]樂史 撰, 北京: 中華書局, 2007.

『資治通鑑』, [宋] 司馬光 主編, 北京: 中華書局, 1976.

『宋史』, [元]脫脫 等, 北京: 中華書局, 1982.

「紀古滇說集」, 『雲南史料叢刊』第2卷, 1998, pp.652-663.

『元史』, [明]宋濂 王褘, 北京: 中華書局, 1982.

『元一統志』, 趙萬裏 輯校, 北京: 中華書局, 1966.

『大元混一方與勝覽』, 郭聲波 整理, 成都: 四川大學出版社, 2003.

『南詔野史會證』, 木芹 會證, 昆明: 雲南人民出版社, 1990.

『滇考』, [清]馮甦, 文淵閣四庫全書影印本, 臺北: 臺灣商務印書館, 1986.

『滇略』, [明]謝肇淛, 文淵閣四庫全書影印本, 臺北: 臺灣商務印書館, 1986.

『清史稿』, [民國]趙爾巽 主編, 北京: 中華書局, 1982.

『雲南史料叢刊』第2卷, 方國瑜 主編, 昆明: 雲南大學出版社, 1998.

『雲南史料叢刊』第11卷, 方國瑜 主編, 昆明: 雲南大學出版社, 2001.

-저서-

[法]伯希和著 馮承鈞譯(2003), 『鄭和下西洋考交廣印度兩道考(世界漢學論叢)』, 北京: 中華書局.

Bin Yang(2009), *Between Winds and Cloud*, Columbia University Press.

C. Patterson Giersch(2006), *Asian Borderlands: The Transformation of Qing China's Yunnan Frontier*, Harvard University Press.

Charles Backus(1981), *The Nan-chao kingdom and T'ang China's southwestern frontier*, Cambridge University Press.

I.R. 阿里亞爾, T.P. 頓格亞爾 著, 四川外語學院《新編尼泊爾史》編譯組 譯(1973), 『新編尼泊爾史』, 成都:四川人民出版社.

Thomas S. Mullaney(2011), *Coming to Terms with the Nation: Ehtnic Classification in Modern China*, Univeresity of California Press.

葛劍雄(1997), 『中國歷代疆域的變遷』, 北京: 商務印書館.

江應樑(1992), 『江應樑民族研究文集』, 北京: 民族出版社.

江鴻(1985), 『南詔興亡之追踪』, 臺北: 臺灣商務印書館.

格勒(2006), 『藏族早期歷史與文化』, 北京: 商務印書館.

谷口房男(1997), 『華南民族史研究』, 東京: 綠蔭書房.

谷躍娟(2003), 『南詔史概要』, 昆明: 雲南大學出版社.

金春子 王建民 編著(1994), 『中國跨界民族』, 北京: 民族出版社.

金翰奎(1982), 『古代中國的世界秩序研究』, 서울: 一潮閣.

김한규 등(1993), 『동양문화사(上)』, 서울: 을유문화사.

金翰奎(1997), 『古代東亞細亞幕府體制研究』, 서울: 一潮閣.

金翰奎(1999), 『한중관계사』, 서울: 아르케.

金翰奎(2003), 『티베트와 중국의 역사적 관계』, 서울: 혜안.

김한규(2005), 『天下國家』, 서울: 소나무.

盧勛 等(1996), 『隋唐民族史』, 四川民族出版社.

段金錄 張錫錄 主編(2000), 『大理歷代名碑』, 昆明: 雲南民族出版社.

段鼎周(1998), 『白子國探源』, 昆明: 雲南人民出版社.

譚其驤(1982), 『中國歷史地圖集 第5册』, 北京: 中國地圖出版社.

童紹玉 陳永森(2007), 『雲南壩子研究』, 昆明: 雲南大學出版社.

藤澤義美(1969), 『西南中國民族史の研究－南詔國の史的研究』, 東京: 大安.

梁曉强(2013), 『南詔史』, 北京: 中國社會科學出版社.

陸韌(2000), 『高原通途－雲南民族交通』, 昆明: 雲南教育出版社.

李曉岑(2010), 『南詔大理國科學技術史』, 北京: 科學出版社.

林超民 王躍勇 主編(2002), 『南中大姓與爨氏家族研究』, 北京: 民族出版社.

立石謙次(2010), 『雲南大理白族の歴史ものがたり:南詔国の王権伝説と
　　　白族の観音説話』, 東京: 雄山閣.

馬曜 主編(1977), 『雲南各族古代史略』, 昆明: 雲南人民出版社.

馬曜 主編(1994), 『雲南民族工作 40年(上卷)』, 昆明: 雲南民族出版社.

馬長壽(1961), 『南詔國內的部族組成和奴隷制度』, 上海: 上海人民出版社.

方國瑜(1987), 『中國西南歷史地理考釋』(上・下), 北京: 中華書局.

方國瑜(2001A), 『方國瑜文集』(第1輯), 昆明: 雲南教育出版社.

方國瑜(2001B), 『方國瑜文集』(第2輯), 昆明: 雲南教育出版社.

白鳥芳郎(1985), 『華南文化史研究』, 東京: 六興出版.

傅永壽(2003), 『南詔佛教的歷史民族學研究』, 昆明: 雲南民族出版社.

石井米雄 桜井由躬雄(1985), 『東南アジア世界の形成』, 東京: 講談社.

申旭(1994), 『中國西南對外關係史研究』, 昆明: 雲南美術出版社

楊毓才(1989), 『雲南各民族經濟發展史』, 昆明: 雲南民族出版社.

楊仲錄 張福三 張楠 主編(1991), 『南詔文化論』, 昆明: 雲南人民出版社.

嚴耕望(1986), 『唐代交通圖考 第四卷 山劍滇區』, 臺北: 臺灣商務印書館.

餘定邦(2000), 『中緬關係史』, 北京: 光明日報出版社.

吳興南(1997), 『雲南對外貿易』, 昆明: 雲南人民出版社.

王建民 等(1998), 『中國民族學史』下卷, 昆明: 雲南教育出版社.

王吉林(1992), 『唐代南詔與李唐關係之研究』, 臺北: 黎明文化事業股份有限公司.

王文光(1997), 『中國古代的民族識別』, 昆明: 雲南大學出版社.

王堯 陳踐(1992), 『敦煌本吐蕃歷史文書』北京: 民族出版社.

王忠(1963), 『新唐書南詔傳箋澄』, 北京: 中華書局.

尤中(1987), 『中國西南邊疆變遷史』, 昆明: 雲南教育出版社.

雲南省文物管理委員會 編(1992), 『南詔大理文物』, 文物出版社.

袁曉文 主編(2010), 『藏彝柱廊: 文化多樣性族際互動與發展(上)』,
　　　　北京: 民族出版社.

李昆聲・祁慶富(1984), 『南詔史話』, 文物出版社.

李霖燦(1967), 『南詔大理國新資料的綜合研究』(中央研究院民族學研究所專刊之九),
　　　　臺北: 中央研究院民族學研究所.

이성시 지음 박경희 옮김(2001), 『만들어진 고대 – 근대 국민 국가의 동아시아 이야기』,
　　　　서울: 삼인.

李孝聰(2004), 『中國區域歷史地理』, 北京: 北京大學出版社.

林旅芝(1981), 『南詔大理國史』(上・下册), 臺北: 大同印務有限公司.

張錫祿(1992), 『南詔與白族文化』, 北京: 華夏出版社.

張增祺(1997), 『滇國與滇文化』, 昆明: 雲南美術出版社.

趙寅松 主編(2008), 『白族研究百年』, 民族出版社.

趙鴻昌 輯著 袁任遠 審訂(1994), 『南詔編年史稿』, 昆明: 雲南人民出版社.

佐藤 長(1959), 『古代チベット史研究(下卷)』, 京都: 同朋舍.

詹全友(2002), 『南詔大理國文化』, 成都: 四川人民出版社.

최병욱(2006), 『동남아시아사 전통시대』, 서울: 대한교과서주식회사.

夏光南(1948), 『中印緬道交通史』, 北京: 中華書局.

韓昇(2009), 『東亞世界形成史論』, 上海: 復旦大學出版社.

黃布凡 馬德(2000), 『敦煌藏文吐蕃文獻譯注』, 蘭州: 甘肅教育出版社.

－논문－

[緬]吳儒性 李孝驥 節譯(1990), 「驃王朝時期的緬甸對外關係」,
　　　『東南亞』1990-1, pp.59-63.

[越]武文戎 范宏貴(1985), 「泰族是否爲南詔國的創立者」,
『世界民族』1985-5, pp.52-55.

[泰]威奈朋希迪(1991), 「南詔與素可泰的産生: 20世紀對泰族起源問題的辨論」,
『東南亞』1991-3, pp.55-64.

E. H. Parker(1893), "The Old Thai or Shan Empire of Western Yunnan,"
THE CHINA REVIEW Vol. 20 No. 6, pp.337-346.

Liang Yongjia(2010), Inalienable Narration: The Nanzhao History
between Thailand and China, *Asian Research Institute Working
Paper Series* No.148, Asia Research Institute, National University of
Singapore, pp.3-18.

Modern Carthew(1952), M.D.(Phya Ayuraved Vichakshana),
"The History of The Thai In Yunnan", *Journal of the Siam Society*,
vol.40.1, pp.1-38.

P. Pelliot(1904), "Deux itinéraires chinois de Chine en Inde à la fin du
VIIIe siècle", *Bulletin de l'École française d'Extrême-Orient(BEFEO)* Ⅳ,
pp. 131-413.

가네코슈이치 정병준(2011), 「동아시아세계론」, 『역사교육』 제12집,
역사와교육학회, pp.325-355

賈志偉(2013), 「騰沖神馬調研報告」, 『年畫研究』 2013年00期, pp.49-72.

葛全勝 何凡能 鄭景雲 滿志敏 方修琦(2005), 「20世紀中國歷史地理研究若干進展」
『中國歷史地理論叢』 2005-1, pp.6-15.

江應樑(1992), 「南詔不是傣族建立的國家」, 『雲南大學學報』 1959-1
(『江應樑民族研究文集』, 北京: 民族出版社, 1992, pp.234-260).

谷躍娟(2007), 「南詔對尋傳及銀生地區的經營及利益趨向」, 『雲南民族大學學報』
2007-5, pp.90-94.

郭大烈(1991), 「唐代吐蕃的南下與南詔的崛起」, 『南詔文化論』,
昆明: 雲南人民出版社, pp.147-160.

郭聲波 姚帥(2010), 「石刻資料與西南民族史地研究——《唐南寧州都督爨守忠墓志》
解讀」, 『中南民族大學學報(人文社會科學版)』 2010年 04期, pp.85-89.

祁慶富(1987), 「南詔王室族屬考辨」, 『西南民族研究 彝族專集』

(中國西南民族研究學會編, 雲南人民出版社, 1987), pp.136-151.

金申(2010), 「印度佛像的起源」, 『東方收藏』 2010年01期, pp.47-50.

김유철(1987), 「일본학계의 동아시아 세계론에 대한 비판적 검토」
　　『사회과학연구』 제5집, pp.197-220

김종섭(2009), 「당인의 영역 인식 -『원화군현도지』를 중심으로 -」
　　『중국고중세사연구』 제22집, pp.77-104.

金翰奎(1988), 「漢代의 天下思想과 〈羈縻之義〉」(全海宗 등 공저, 『中國의 天下思想』,
　　서울:民音社, 1988), pp.55-104.

金翰奎(1992), 「古代 東아시아의 民族關係史에 대한 現代 中國의 社會主義的
　　理解」, 『東亞研究』 24, pp.1-34.

金翰奎(1994), 「우리 나라의 이름 - '東國'과 '海東' 및 '三韓'의 개념 -」,
　　『李基白先生古稀紀念 韓國史學論叢[下] - 朝鮮時代편 · 近 · 現代篇 -』,
　　서울: 일조각, pp.1419-1471.

김한규(2000), 「전통시대 중국 중심의 동아시아 세계질서」
　　『역사비평』 50, pp.296-298.

單文(1991), 「南詔王室是白族先民」, 『雲南學術探索』 1991-5, pp.53-57.

段鼎周(1994), 「僰人 · 西爨白蠻和白人, 各有自己的源流」, 『雲南學術探索』
　　1994-2, pp.52-56.

杜玉亭 陳呂范(1978), 「忽必烈平大理國是否引起傣族大量南遷」, 『歷史研究』
　　1978-2, pp.57-65.

鄧輝(2001), 「區域歷史地理學研究的經和緯」, 『北京大學學報(哲學社會科學版)』
　　2001-1, pp.117-123.

羅二虎(2000), 「漢晉時期的中國 "西南絲綢之路"」, 『四川大學學報』,
　　2000-1, pp.84-105.

羅常培(1944), 「論藏緬語族的父子連名制」, 『邊疆人文』 1-3~4.

羅香林(1941), 「南詔種屬考」, 『中山學報』 1卷1期.

魯西奇(1996), 「歷史地理研究中的"區域"問題」, 『武漢大學學報(哲學社會科學版)』
　　1996-6, pp.81-86.

魯西奇(2000), 「再論歷史地理研究中的"區域"問題」, 『武漢大學學報(哲學社會科學版)』
　　2000-2, pp.222-228.

陸韌(1995),「南詔交通與城鎮關系初探」,『思想戰線』1995-2, pp.51-56.

陸韌(1997),「試論天寶戰爭與開步頭路」,『思想戰線』1997-10, pp.79-80.

凌純聲(1938),「唐代雲南的烏蠻與白蠻考」,『人類學集刊』1期, 1938年 12月.

林 謙一郎(1988),『蠻書』索引(武内剛氏と共編),『南方文化』第15輯, pp.163-185.

林 謙一郎(1990),「南詔國の成立」,『東洋史研究』49-1, pp.87-114.

林 謙一郎(1991),「南詔国後半期の動向：対外関係をめぐって」
『東南アジア史学会会報』No.54, 東南アジア史学会, 1991, p.5.

林 謙一郎(1992),「南詔後半期の對外遠征と國家構造」,『史林』75-4,
pp.554-585.

林 謙一郎(1995),「南詔國後半期與唐王朝的關係(中文)」,
『思想戰線』1995-6, pp.38-45.

林 謙一郎(1999a), "Historical Reseach in Yunnan", *Asian Research
Trends* No.9, pp. 43-61.

林 謙一郎(1999b),「「統一」を可能にしたもの−−南詔・大理国の国家形成
(特集 少数民族の謎の歴史−−西南中国からシャン文化圏へ)」『アジア遊学』
(9), pp. 33-50.

林 謙一郎(1999c),「南詔・大理国の統治体制と支配」,『東南アジア 歴史と文化』
(通号 28), pp.28-54.

林 謙一郎(2004),「大理国史研究の視角―中原資料の分析から―」
『名古屋大学文学部研究論集史学』v.50, 2004, pp.1-20.

林 謙一郎(2005),「南詔・大理国の成立と「白人」の形成(シンポジウム
アジアの少数民族と日本の古代−−"国家"の問題を視野に入れて)」,
『アジア民族文化研究』4, 2005, pp.63-71.

林 謙一郎(2009),「南詔王権の確立・変質と唐・吐蕃関係−−和親(公主降嫁)
の意味するもの」,『唐代史研究』12, pp.57-87.

林超民(1986),「唐前期雲南羈縻州縣述略」,『雲南社會科學』1986-4, pp.68-75.

林超民(1991),「白子國考」,『南詔文化論』(楊仲錄 等, 昆明: 雲南人民出版社),
pp.104-116.

立石謙次(2006),「清初雲南大理地方における白人の歴史認識について−
『白国因由』の研究」,『史學雜誌』Vol.115, No.6, pp.1079-1104.

馬曜(1987),「"滇"·"叟"·"爨"族屬与彝·白原流」,『雲南社會科學』1987-5,
　　　pp.53-60.

文薇 尹家政(2007),「"騰沖"、"柘俞"地名考注」『大理學院學報』2007年03期,
　　　pp.5-7.

聞宥(1941),「哀牢與南詔」,『邊政公論』1卷1期, 1941.

박근칠(2013),「돈황 막고굴 '유마힐경변' 도상의 시기적 변화와 그 의미」,
　　　『한성사학』제28집, pp.145-235.

박원호(2007),「근대 이전 한중관계사에 대한 시각과 논점 : 동아시아 국제질서의
　　　이론을 덧붙여」,『한국사시민강좌』제40집, 한글학회, pp.40-58.

박원호(2012),「「동아시아사로서의 한국사」를 위한 마지막 提言」,
　　　『역사학보』제216집, 역사학회, pp.33-56

班瑪更珠(2013),「論北方草原民族制度文化對吐蕃的影響——以行政區劃爲例」,
　　　『中國藏學』2013-S2. pp.48-56.

方國瑜(1936),「爨人與白子」,『益世報』1936. 10. 2.

方國瑜(1939),「南詔是否傣族國家」,『新動向』3卷6期.

方國瑜(2001Aa),「諸葛亮南征的路線考說」,『方國瑜文集』, 雲南教育出版社,
　　　p.414(原載:《思想戰線》1980年02期), pp.409-419.

方國瑜(2001Ba),「吐蕃勢力南進至西洱河之爭奪」,『方國瑜文集』(第二輯),
　　　昆明: 雲南教育出版社, pp.149-156.

方國瑜(2001Bb),「南詔鄰近的國名及城鎮」,『方國瑜文集』(第二輯),
　　　昆明: 雲南教育出版社, pp.230-252.

方國瑜(2001Bc),「有關南詔史料的幾個問題」『方國瑜文集』(第二輯), 昆明:
　　　雲南教育出版社(原載『北京師範大學學報』1962年 第3期), pp.367-394.

方國瑜 繆鸞和(1975),「雲南郡縣制度兩千年－斥蘇修對雲南地方歷史的惡意歪曲」,
　　　『思想战线』1975年05期, pp.43-48(나중에『方國瑜文集 第1輯』, 雲南
　　　教育出版社, 2001에 수록).

方岳 王方(1961),「駁斥帝國主義分子對白族古代史幾個問題的篡窃」,
　　　『學術研究(雲南)』1961-2.

方鐵(2013),「論中原王朝的夷狄觀」(吉林大學"985"工程中國邊疆史地哲學社會
　　　科學創新基地,《中國社會科學報》吉林記者站與吉林大學民族研究所聯合主

辦,〈中國古代邊疆問題研討會〉, 2013年 8月26—28日, 長春)

白鳥芳郎(1951),「南詔及び大理の民族とその遺民, 民家の言語系統について」,
　　『民族學研究』15-3・4(『華南文化史研究』, 六興出版, 1985, pp.24-54).

白鳥芳郎(1953a),「烏蠻・白蠻の住地と白子國及び南詔六詔との關係 –
　　雲南の蠻族, 烏蠻と白蠻とについて –(1)」,『民族學研究』17-2(『華南文化
　　史研究』, 六興出版, 1985, pp.55-101).

白鳥芳郎(1953b),「南詔大理の住民と爨・僰・羅羅・民家族との關係
　　雲南の蠻族, 烏蠻と白蠻とについて –(2)」,『民族學研究』17-3・4(『華南
　　文化史研究』, 六興出版, 1985, pp.102-164).

白鳥芳郎(1957),「父子連名制と爨氏の系譜」,『民族學研究』21-4
　　(『華南文化史研究』, 六興出版, 1985, pp.182-202).

傅光宇(1999),「段宗榜援緬傳說」,『雲南民族文學與東南亞』, 昆明: 雲南大學出版社,
　　pp.40-43.

徐國利(2007),「關於區域史研究中的理論問題──區域史的定義及其區域的
　　界定和選擇」,『學術月刊』2007-3, pp.121-128.

孫修身(1997),「唐敕使王玄策使印度路線再考」,『中國歷史地理論叢』1997-2,
　　pp.85-102.

孫華(2010),「南詔閣羅鳳開通"滇印道"說」,『中華文史論叢』2010-2
　　(總第98期), pp.179-192.

榮遠大(2009),「成都唐代爨守忠墓志考释」,『成都考古研究』2009年00期,
　　pp.511-514.

宋蜀華(2001),「論南詔的興亡及其和唐・吐蕃的關係」,『雲南民族學院學報』,
　　2001-5, pp.57-61.

瑟格・蘇郎甲楚(1998),「(唐)吐蕃時期的歷史地名"納川"考釋」,『西藏研究』
　　1998-4, pp.60-62.

阿旺(1989),「吐蕃法律綜述」,『中國藏學』1989-3, pp.44-59.

楊愛民(2012),「白子國散議」,『西南學刊』2012-1, pp.187-200.

楊永新 趙寅松(1984),「試論南詔王室的族屬問題」,『民族研究』1984-3,
　　pp.34-41.

楊廷福(1983),「南詔史上"大封人"及"鶴拓"略談」,『大理學院學報』1984-3,

pp.54-55.

楊政業(2001), 「白子國國王張樂進求及其家世評述」, 『雲南民族學院學報
(哲學社會科學版)』2001-5, pp.83-89.

吳松弟(2012), 「繼承與創新：近30年來中國歷史地理學的發展及未來走向」,
『江西社會科學』2012-4, pp.5-13.

王鯤(2010), 「列國時代與佛教的誕生」, 『飛碟探索』2010-6, pp.14-16.

王宏道(2001a), 「釋爨及西爨白蠻」, 『雲南民族學院學報』18卷 5期, pp.62-74.

王宏道(2001b), 「釋爨及西爨白蠻(續)」, 『雲南民族學院學報』18卷 6期,
pp.16-28.

王子今(1994), 「《禹貢》黑水與堂光古道」, 『文博』1994-2, pp.49-52.

劉堯漢(1954), 「南詔統治者蒙氏家族屬于彝族之新証」, 『歷史研究』1954-2,
pp.31-51.

劉堯漢(1962), 「彝族的主要源流－唐代滇西烏蠻中的順蠻, 南詔麼些彌,
羅伴及仲牟由」, 『學術研究(雲南)』1962-5, pp.1-4.

劉運東(1956), 「南詔國主出于"哀牢夷"考」, 『雲南日報』1956. 11. 17.

윤재운(2012), 「8~10세기 동아시아 무역네트워크」, 『한국고대사탐구』
Vol.12, 한국고대사탐구학회, pp.123-151.

栗原益南(1979), 「8世紀の東アジア世界」, 『隋唐帝國と東アジア世界』
(唐代史研究会編, 東京：汲古書院), pp.139-161.

李家瑞(1958), 「用文物補正南詔及大理國的紀年」, 『歷史研究』1958-7, pp.55-74.

李謀 李晨陽(1997), 「驃人族屬探源」, 『北京大學學報(哲學社會科學版)』1997-03,
pp.122-129

이성시(2012), 「일본 역사학계의 동아시아세계론에 대한 재검토 :
한국학계와의 대화로부터」, 『역사학보』제216집, 역사학회, pp.57-80.

林耀華(1984), 「中國西南地區的民族識別」, 『雲南社會科學』1984-2, pp.1-5.

張麗劍(2008), 「天寶戰爭及其影響」『黑龍江民族叢刊』2008-6, pp.84-87.

張錫祿(1990), 「從白族家譜看南詔大理國洱海地區的白蠻大姓──兼駁
"南詔是泰族建立的國家論"」, 『東南亞』1990年 2期(張錫祿, 『南詔與白族
文化』, 北京：華夏出版社, 1992, pp.1-18).

田峰(2010), 「吐蕃與南詔交往略考」, 『伊犁師範學院學報』2010-3, pp.132-134.

鄭勉(2007a),「後漢代 南夷 지역의 邊郡 지배와 '南中'・'南人' 개념의 출현」,
　　『중국사연구』49, pp.115-150.

鄭勉(2007b),「蜀漢・魏晉 王朝의 南中 지배와 南中大姓」,『동북아문화연구』
　　12, pp.199-232.

정면(2010a),「爨蠻'의 출현과 구성 ― '西爨白蠻'과 '東爨烏蠻'의 구분 문제 ―」,
　　『중국고중세사연구』23, 중국고중세사학회, pp.247-304.

鄭勉(2010b),「唐代 '南中' 지역과 '西爨' ―『爨守忠墓誌』의 해석을 중심으로―」,
　　『東洋史學研究』110, pp.89-137.

정면(2012),「白族과 '白蠻'―『白族簡史』의 백족 계보 구성 비판」,
　　『동북아문화연구』33, 동북아문화학회, pp.23-49.

鄭勉(2015),「당제국 시기 장가만과 장가국 – 서남 변경의 '만'과 '국'」,
　　동북아문화연구 42, 동북아문화학회, pp.57-73.

趙櫓(1990),「南詔北臣吐蕃發微」,『西藏研究』1990-4, pp.25-34.

趙心愚(2004),「吐蕃入滇路線及時間考」,『西藏民族學院學報(哲學社會科學版)』
　　2004-7, pp.13-15, p.21, p.22.

趙心愚(2009),「南詔吐蕃關系的加強與張虔陀事件的發生」,『社會科學研究』
　　2009-6, pp.154-158.

趙心愚(2010),「唐貞元鐵橋之戰後滇西北地區民族分布的變化 – 兼及唐代藏彝
　　柱廊南端民族遷徙的原因」,『藏彝柱廊: 文化多樣性'族際互動與發展(上)』
　　(袁曉文 主編, 北京: 民族出版社, 2010), pp.67-82.

趙鴻昌(1991),「唐代南詔城鎮散論」,『雲南社會科學』1991-4, pp.69-75.

趙懷仁 主編(2004),「"白子國"再辨」,『大理民族文化研究論叢』第1集,
　　民族出版社, 2004.

朱悅梅(2012),「吐蕃王朝人口研究」,『中國藏學』2012-1, pp.74-80.

陳橋驛 鄒逸麟 張修桂 葛劍雄(1994),「近10年來歷史地理研究的新進展」,
　　『地理學報』1994-S1, pp.701-709.

陳碧笙(1956),「試論白族源出于南詔」,『厦門大學學報』1956-5, pp.136-146.

陳天俊(1982),「羅殿國形成史」,『貴州民族研究』1982年04期 ,
　　pp.82-86, p.81.

肖秋 黃德榮(1978),「略談南詔國的族屬問題」,『文物』1978-10, pp.38-43.

平建友(2002),「爨碑考校三題」,『南中大姓與爨氏家族研究』, 北京: 民族出版社, pp.174-190.

包鷺賓(1942),「民家非白国后裔考」,『西南边疆问题研究报告』(華中大學中國文學系研究室編)1942年 第1期(『包鷺賓學術論著選』, 華中師範大學出版社, 2005).

馮智(1992),「吐蕃南詔神川鐵橋考」,『西藏研究』1992-2, pp.26-34.

賀冬(2014),「吐蕃軍事組織制度簡論」,『柴達木開發研究』2014-5, pp.52-55.

賀聖達(1990),「南詔傣族王國說的由來與破産」,『中國社會科學』1990-3, pp.209-222.

韓軍(1994),「論南詔爲烏蠻蒙氏與白蠻豪族共同建立的政權」,『雲南民族學院學報』1994-1, pp.24-30.

向達(1933),「南詔史略論」,『唐代長安與西域文明』(石家庄: 河北敎育出版社, 2001), pp.161-200.

許序雅 李曉亮(2004),「唐代驃國獻樂考」,『雲南社會科學』2004年05期, pp.119-120.

許雲樵(1947),「南詔非傣族故國考」,『南洋學報』(싱가폴) 4-2, 1947.

胡克敏(1994),「唐代中後期黔中地區誕生的羅殿國」,『貴州文史叢刊』1994-4, pp.51-52.

胡紹貨(1985),「從唐代傣族的社會經濟看茫部落的族屬」,『中央民族學院學報』1985-4, pp.26-30, p.53.

黄光成(2002),「西南丝绸之路是一个多元立体的交通网络」,『中国边疆史地研究』2002-4, pp.63-68.

黃惠焜(1976),「哀牢夷的族屬及其南詔的淵源」,『思想戰線』1976-6, pp.78-84.

侯甬堅(1994),「區域歷史地理申論──構建中國歷史地理學科體系的重要環節」『陝西師大學報(哲學社會科學版)1994-1, pp.119-125.

侯甬堅(2009),「1978~2008:歷史地理學研究的學術評論」,『中國歷史地理論叢』2009-4, pp.5-23.

색 인

ㅇ

ㅊ

ㅎ

중국어